SAMMLUNG TUSCULUM
Herausgegeben von
Karl Bayer, Manfred Fuhrmann, Gerhard Jäger

MARCUS TULLIUS CICERO

Hortensius
Lucullus
Academici libri

Lateinisch – deutsch

Herausgegeben, übersetzt
und kommentiert
von Laila Straume-Zimmermann,
Ferdinand Broemser und Olof Gigon

ARTEMIS VERLAG
MÜNCHEN UND ZÜRICH

CIP-Titelaufnahme der Deutschen Bibliothek

Cicero, Marcus Tullius:
Hortensius. Lucullus [u. a.]. Lateinisch-deutsch
Marcus Tullius Cicero. Hrsg., übers. u.
kommentiert von Laila Straume-Zimmermann...
München ; Zürich : Artemis-Verl., 1990
(Sammlung Tusculum); ISBN 3-7608-1657-6
NE: Straume-Zimmermann, Laila [Hrsg.];
Cicero, Marcus Tullius: [Sammlung]

© 1990 Artemis Verlag München und Zürich,
Verlagsort München.
Alle Rechte, einschließlich derjenigen des auszugsweisen
Abdrucks und der photomechanischen Wiedergabe, vorbehalten.
Satz: Filmsatz Schröter GmbH, München
Druck und Bindung: Pustet, Regensburg
Printed in Germany

INHALT

Text und Übersetzung
    Hortensius 6
    Lucullus 112
    Academici Libri 270

ANHANG

Einführung zur Trilogie Hortensius, Catulus, Lucullus . 311
Hortensius. Versuch einer Rekonstruktion 327
Catulus................................... 371
Kommentar zu Lucullus 374
Kommentar zu den Akademischen Untersuchungen I .. 454
Konkordanz zu den Fragmenten des Hortensius 477
Namenverzeichnis 480
Literaturhinweise 496

Für die Textgestaltung und Übersetzung des „Hortensius"
ist Laila Straume-Zimmermann verantwortlich, den Text
und die Übersetzung von „Lucullus" und den „Academici
libri" besorgten Ferdinand Broemser, Albert Stein und
Olof Gigon. Die Kommentare zu allen drei Dialogen sind
das Ergebnis der Gemeinschaftsarbeit von Laila Straume-
Zimmermann und Olof Gigon.

HORTENSIUS

1   Cicero, Lucullus 5–6

Ac vereor interdum ne talium personarum, cum amplificare velim, minuam etiam gloriam. sunt enim multi, qui omnino Graecas non ament litteras, plures qui philosophiam, reliqui qui etiam si haec non inprobent, tamen earum rerum disputationem principibus civitatis non ita decoram putent. ego autem cum Graecas litteras M. Catonem in senectute didicisse acceperim, P. autem Africani historiae loquantur in legatione illa nobili, quam ante censuram obiit, Panaetium unum omnino comitem fuisse, nec litterarum Graecarum nec philosophiae iam ullum auctorem requiro.

Restat ut iis respondeam qui sermonibus eius modi nolint personas tam graves inligari. quasi vero clarorum virorum aut tacitos congressus esse oportet aut ludicros sermones aut rerum conloquia leviorum. *etenim si quodam in libro vere est a nobis philosophia laudata, profecto eius tractatio optimo atque amplissimo quoque dignissima est.* nec quicquam aliud providendum est nobis, quos populus Romanus hoc in gradu conlocavit, nisi ne quid privatis studiis de opera publica detrahamus.

2   Cicero, De finibus I 1–3

Non eram nescius, Brute, cum, quae summis ingeniis exquisitaque doctrina philosophi Graeco sermone

HORTENSIUS

Indessen fürchte ich bisweilen, daß ich den Ruhm solcher Persönlichkeiten dadurch, daß ich ihn zu steigern trachte, vielmehr mindere. Denn es gibt eine Menge Leute, die die griechische Literatur insgesamt, noch mehr Leute, die die Philosophie nicht lieben; der Rest ist, auch wenn er dieses Interesse nicht geradezu mißbilligt, dennoch der Meinung, die Beschäftigung mit solchen Gegenständen sei nicht besonders schicklich für die ersten Männer im Staat. Aber ich weiß immerhin, daß M. Cato noch im Alter Griechisch gelernt hat, und die Geschichte berichtet, daß P. Africanus bei jener berühmten Gesandtschaft, die er vor seiner Censur übernahm, den Panaitios als einzigen persönlichen Begleiter bei sich hatte: So suche ich denn nicht weiter nach einer Autorität für die Beschäftigung mit griechischer Literatur und Philosophie.

Übrig bleibt mir, denen eine Antwort zu geben, die nicht wünschen, daß sich Männer von solchem Ansehen auf Gespräche dieser Art einlassen. Dies würde bedeuten, daß berühmte Männer, wenn sie sich treffen, entweder stumm bleiben oder sich oberflächlich über Nichtigkeiten unterhalten müßten. *Wenn ich jedenfalls in einem meiner Bücher mit Recht die Philosophie gelobt habe, dann ist sicherlich die Beschäftigung mit ihr auch für den besten und bedeutendsten Mann im höchsten Grade schicklich*, und wir, die das römische Volk auf eine so hohe Stufe gestellt hat, müssen nur darauf achten, daß unsere privaten Studien nicht unsere öffentliche Tätigkeit beeinträchtigen.

Als ich mich entschloß, das, was Philosophen von größter Begabung und erlesenem Wissen in griechischer Sprache behan-

tractavissent, ea Latinis litteris mandaremus, fore ut hic noster labor in varias reprehensiones incurreret.

Nam quibusdam, et iis quidem non admodum indoctis, totum hoc displicet philosophari. quidam autem non tam id reprehendunt, si remissius agatur, sed tantum studium tamque multam operam ponendam in eo non arbitrantur. erunt etiam, et ii quidem eruditi Graecis litteris, contemnentes Latinas, qui se dicant in Graecis legendis operam malle consumere. postremo aliquos futuros suspicor, qui me ad alias litteras vocent, genus hoc scribendi, etsi sit elegans, personae tamen et dignitatis esse negent.

Contra quos omnis dicendum breviter existimo. *quamquam philosophiae quidem vituperatoribus satis responsum est eo libro, quo a nobis philosophia defensa et collaudata est, cum esset accusata et vituperata ab Hortensio.* qui liber cum et tibi probatus videretur et iis, quos ego posse iudicare arbitrarer, plura suscepi veritus ne movere hominum studia viderer, retinere non posse.

Qui autem, si maxime hoc placeat, moderatius tamen id volunt fieri, difficilem quandam temperantiam postulant in eo, quod semel admissum coerceri reprimique non potest, ut propemodum iustioribus utamur illis, qui omnino avocent a philosophia, quam his, qui rebus infinitis modum constituant in reque eo meliore, quo maior sit, mediocritatem desiderent. sive enim ad sapientiam perveniri potest, non paranda nobis solum[ea], sed fruenda etiam sapientia est; sive

delt hatten, in die lateinische Literatur herüberzunehmen, da machte ich mir keine Illusionen darüber, Brutus, daß diese meine Anstrengung in verschiedener Weise auf Kritik stoßen würde.

Einigen, und zwar keineswegs Ungebildeten, ist das Philosophieren grundsätzlich zuwider. Andere wiederum tadeln es nicht, falls man es mit Maß betreibt, sind jedoch der Meinung, daß man eine so große Mühe und so viel Arbeit nicht darauf verwenden dürfe. Es wird abermals andere geben, und zwar griechisch gebildete Leute, die die lateinische Literatur verachten und behaupten, sie zögen es vor, ihre Bemühungen auf die Lektüre der griechischen Werke zu konzentrieren. Schließlich vermute ich, daß es auch solche geben wird, die mich zu anderer literarischer Tätigkeit auffordern und erklären werden, über derartige Dinge zu schreiben sei zwar kultiviert, aber unter dem Niveau meiner Person und meines Ranges.

Ich halte es für richtig, diesen allen kurz zu antworten. *Allerdings habe ich mich mit den Gegnern der Philosophie überhaupt schon ausreichend auseinandergesetzt in jenem Buche, in welchem ich die Philosophie verteidigt und gepriesen habe, nachdem sie von Hortensius angegriffen und beschimpft worden war.* Ich hatte den Eindruck, du seist mit dem Buche einverstanden und desgleichen jene, denen ich ein kompetentes Urteil zubilligte; und so habe ich weiteres unternommen, da ich befürchtete, es könnte so aussehen, als sei ich imstande, das Interesse der Menschen zwar zu erregen, nicht aber festzuhalten.

Was die anderen angeht, die die Philosophie zwar gelten lassen, aber fordern, daß man sie mit Maß betreibe, so verlangen sie eine Art von Zurückhaltung in einer Sache, die man, wenn man sich einmal auf sie eingelassen hat, nicht leicht einschränken und zurückdrängen kann; da möchte ich fast diejenigen, die uns gänzlich von der Philosophie wegführen wollen, für vernünftiger halten als jene, die einem unbegrenzten Unternehmen Grenzen setzen und die Mäßigung wünschen in einer Sache, die um so wichtiger wird, je mehr man sich mit ihr beschäftigt. Falls es nämlich möglich ist, zur Weisheit zu gelangen, dann muß es uns daran liegen, sie nicht nur zu erwerben, sondern sie auch für uns

hoc difficile est, tamen nec modus est ullus investigandi veri, nisi inveneris, et quaerendi defatigatio turpis est, cum id, quod quaeritur, sit pulcherrimum.

3 Cicero, Tusc. disp. II 1–2 und 4

Neoptolemus quidem apud Ennium philosophari sibi ait necesse esse, sed paucis; nam omnino haud placere: ego autem, Brute, necesse mihi quidem esse arbitror philosophari – nam quid possum, praesertim nihil agens, agere melius? -- sed non paucis. ut ille. difficile est enim in philosophia pauca esse ei nota, cui non sint aut pleraque aut omnia. nam nec pauca nisi e multis eligi possunt nec, qui pauca perceperit, non idem reliqua eodem studio persequetur. sed tamen in vita occupata atque, ut Neoptolemi tum erat, militari pauca ipsa multum saepe prosunt et ferunt fructus, si non tantos quanti ex universa philosophia percipi possunt, tamen eos quibus aliqua ex parte interdum aut cupiditate aut aegritudine aut metu liberemur.
...

Est enim philosophia paucis contenta iudicibus, multitudinem consulto ipsa fugiens eique ipsi et suspecta et invisa, ut, vel si quis universam velit vituperare, secundo id populo facere possit, vel si in eam quam nos maxime sequimur conetur invadere, magna habere possit auxilia e reliquorum philosophorum disciplinis.

Nos autem universae philosophiae vituperatoribus respondimus in Hortensio, pro Academia autem quae dicenda essent, satis accurate in Academicis quattuor libris explicata arbitramur; sed tamen tantum abest ut scribi contra nos nolimus, ut id etiam maxime optemus.

nutzbar zu machen; sollte sich dies als sehr schwierig erweisen, so darf man doch mit dem Suchen nach der Wahrheit nicht eher aufhören, als bis man sie gefunden hat; es wäre beschämend, im Suchen zu ermüden, wo das, was gesucht wird, der vollkommenste Gegenstand ist.

Neoptolemos sagt bei Ennius, „er habe es nötig zu philosophieren, aber mit Maß; denn schlechthin gefalle es ihm nicht". Ich meinerseits, Brutus, finde, es sei auch für mich nötig zu philosophieren (denn was soll ich Besseres tun, besonders da ich nichts zu tun habe?), aber nicht mit Maß wie jener. Denn in der Philosophie ist es schwierig, daß einer etwas mit Maß kennt, der nicht schon das meiste oder alles kennt. Weniges läßt sich nur aus vielem auslesen, und wer weniges begriffen hat, wird das übrige mit gleichem Eifer verfolgen.

Aber in einem beschäftigten Leben und einem kriegerischen, wie es damals für Neoptolemos war, nützt auch weniges viel und bringt Frucht, wenn auch nicht soviel, wie aus der gesamten Philosophie geschöpft werden kann; immerhin doch soviel, daß wir bis zu einem gewissen Grade von der Begierde oder dem Schmerz oder der Angst befreit werden.

...

Denn die Philosophie ist mit wenigen Richtern zufrieden, meidet mit Absicht die Menge und ist gerade ihr verhaßt und verdächtig; wenn man also die Philosophie im ganzen tadeln wollte, so könnte man dies unter dem Beifall des Volkes tun; und wenn man die Philosophie, der wir vor allem folgen, angreifen will, so wird man bei den Doktrinen der andern Philosophen willkommene Hilfe finden.

Wir haben nun den Tadlern der Philosophie überhaupt im Hortensius geantwortet, und was für die Akademie zu sagen ist, haben wir wohl in den vier Büchern der Academica hinreichend genau dargelegt. Dennoch sind wir so weit davon entfernt, zu mißbilligen, daß gegen uns geschrieben werde, daß wir es vielmehr sehr gerne wünschen.

4 Cicero, Tusc. disp. III 1–3 und 6

Quidnam esse, Brute, causae putem, cur, cum constemus ex animo et corpore, corporis curandi tuendique causa quaesita sit ars atque eius utilitas deorum inmortalium inventioni consecrata, animi autem medicina nec tam desiderata sit, ante quam inventa, nec tam culta, posteaquam cognita est, nec tam multis grata et probata, pluribus etiam suspecta et invisa? an quod corporis gravitatem et dolorem animo iudicamus, animi morbum corpore non sentimus? ita fit ut animus de se ipse tum iudicet, cum id ipsum, quo iudicatur, aegrotet.

Quodsi talis nos natura genuisset, ut eam ipsam intueri et perspicere eademque optima duce cursum vitae conficere possemus, haut erat sane quod quisquam rationem ac doctrinam requireret. nunc parvulos nobis dedit igniculos, quos celeriter malis moribus opinionibusque depravati sic restinguimus, ut nusquam naturae lumen appareat. sunt enim ingeniis nostris semina innata virtutum, quae si adolescere liceret, ipsa nos ad beatam vitam natura perduceret. nunc autem, simul atque editi in lucem et suscepti sumus, in omni continuo pravitate et in summa opinionum perversitate versamur, ut paene cum lacte nutricis errorem suxisse videamur. cum vero parentibus redditi, dein magistris traditi sumus, tum ita variis imbuimur erroribus, ut vanitati veritas et opinioni confirmatae natura ipsa cedat.

Accedunt etiam poetae, qui cum magnam speciem doctrinae sapientiaeque prae se tulerunt, audiuntur leguntur ediscuntur et inhaerescunt penitus in mentibus. cum vero eodem quasi maximus quidam magi-

Was soll ich für eine Ursache annehmen, Brutus, dafür, daß wir, die wir aus Leib und Seele bestehen, zwar zur Heilung und Bewahrung des Körpers uns um eine Wissenschaft bemüht haben, deren Nützlichkeit durch die Erfindung der unsterblichen Götter geheiligt wurde – daß dagegen ein Heilmittel für die Seele weder besonders begehrt war, bevor es entdeckt wurde, noch besonders benutzt wurde, als es entdeckt war, und auch nicht vielen Leuten erwünscht und willkommen ist als vielmehr manchen verdächtig und verhaßt? Ist es, weil wir die Beschwerden und den Schmerz des Leibes mit der Seele bemerken, die Krankheit der Seele aber mit dem Körper nicht empfinden? So kommt es, daß die Seele über sich selbst urteilt, während doch an ihr gerade, was urteilt, krank ist.

Wenn uns nun die Natur so geschaffen hätte, daß wir sie selbst betrachten und durchschauen und unter ihr als bester Leiterin den Lauf des Lebens vollenden könnten, so würde sicherlich niemand Gründe und Belehrung verlangen. Jetzt aber hat sie uns nur winzige Lichtlein gegeben, die wir, verdorben durch schlechte Sitten und Meinungen, rasch so gründlich auslöschen, daß uns nirgendwo das Licht der Natur erscheint. Denn in unserm Geiste sind Samen der Tugenden eingeboren, und wenn sie heranwachsen dürften, würde uns die Natur von selbst zum seligen Leben hinführen. Jetzt aber bewegen wir uns, sowie wir geboren und in die Gemeinschaft aufgenommen sind, sofort in jeglicher Schlechtigkeit und in vollkommener Verkehrtheit unserer Meinungen, so daß es aussieht, als hätten wir beinahe mit der Milch der Amme zusammen das Irren eingesogen. Wenn wir dann den Eltern zurückgegeben und später den Lehrern anvertraut sind, werden wir so sehr von den verschiedenen Irrtümern durchtränkt, daß die Wahrheit dem Schein und dem gefestigten Meinen die Natur selbst nachgibt.

Es kommen die Dichter dazu, die einen bedeutenden Anschein von Wissen und Weisheit anbieten und angehört, gelesen und auswendig gelernt werden und sich schließlich tief im Geiste festsetzen. Wenn überdies als der sozusagen größte Lehrer das

ster populus accessit atque omnis undique ad vitia consentiens multitudo, tum plane inficimur opinionum pravitate a naturaque desciscimus, ut nobis optime naturae vim vidisse videantur, qui nihil melius homini, nihil magis expetendum, nihil praestantius honoribus, imperiis, populari gloria iudicaverunt. ad quam fertur optumus quisque veramque illam honestatem expetens, quam unam natura maxime anquirit, in summa inanitate versatur consectaturque nullam eminentem effigiem virtutis, sed adumbratam imaginem gloriae. est enim gloria solida quaedam res et expressa, non adumbrata; ea est consentiens laus bonorum, incorrupta vox bene iudicantium de excellenti virtute, ea virtuti resonat tamquam imago; quae quia recte factorum plerumque comes est, non est bonis viris repudianda.

Est profecto animi medicina, philosophia; cuius auxilium non ut in corporis morbis petendum est foris, omnibusque opibus viribus, ut nosmet ipsi nobis mederi possimus, elaborandum est.

Quamquam *de universa philosophia, quanto opere et expetenda esset et colenda, satis, ut arbitror, dictum est in Hortensio.* de maxumis autem rebus nihil fere intermisimus postea nec disputare nec scribere.

5 Cicero, De divinatione II 1

Quaerenti mihi multumque et diu cogitanti quanam re possem prodesse quam plurimis, ne quando intermitterem consulere rei p., nulla maior occurrebat, quam si optimarum artium vias traderem meis civibus; quod conpluribus iam libris me arbitror consecutum. *nam et cohortati sumus ut maxime potuimus ad philosophiae studium eo libro qui est inscriptus Hortensius*, et quod genus philosophandi minime adrogans maximeque et constans et elegans arbitraremur quattuor Academicis libris ostendimus.

Volk dazukommt und die ganze Menge der Leute, die überall in den Lastern übereinstimmen, dann werden wir vollkommen von den verkehrten Meinungen überwältigt und fallen von der Natur ab und glauben, jene hätten am ehesten die Absicht der Natur begriffen, die überzeugt sind, es gebe nichts Besseres für den Menschen, nichts Erstrebenswerteres, nichts Vollkommeneres als Ehren, Ämter, Ruhm beim Volke. Darauf steuern nun die Besten und meinen die wahre Ehre zu suchen, die die Natur ausschließlich erstrebt, und treiben in der größten Eitelkeit umher und erreichen kein klares Bild der Tugend, sondern nur ein schattenhaftes Abbild des Ruhmes. Denn der wahre Ruhm ist eine feste und scharf umrissene Sache, kein Schatten. Er ist das übereinstimmende Lob der Guten, die unverdorbene Stimme jener, die über hervorragende Tugend richtig urteilen können. Er ist wie ein Echo, das der Tugend antwortet. Und da er zumeist rechten Taten folgt, so werden tüchtige Männer ihn nicht abweisen.

Es gibt nämlich ein Heilmittel für die Seele, die Philosophie. Damit sie hilft, muß man nicht wie bei den Krankheiten des Körpers auswärts suchen, sondern mit allen Mitteln und Kräften darauf hinarbeiten, daß wir uns selbst heilen können.

Über die gesamte Philosophie nun, wieweit sie zu erstreben und zu pflegen sei, habe ich, wie ich glaube, im Hortensius genug gesagt. Über die größten Dinge zu sprechen und zu schreiben habe ich auch inzwischen niemals aufgehört.

Ich habe mich oft gefragt und mir lange überlegt, womit ich möglichst vielen Bürgern nützen könnte, um ja nie aufzuhören, mich um den Staat zu kümmern. Da schien mir nichts bedeutender, als wenn ich meinen Mitbürgern die Wege zu den edelsten Künsten und Wissenschaften zeigte. Ich glaube, daß ich dieses Ziel in mehreren Büchern schon erreicht habe. *Denn ich habe, soweit mir dies möglich war, zur Beschäftigung mit der Philosophie ermahnt, und zwar in jenem Buch, das den Titel „Hortensius" trägt.* Welche Richtung aber in der Philosophie am wenigsten anmaßend und gleichzeitig, wie ich glaube, im höchsten Grade kultiviert ist, habe ich in den vier Büchern Academici gezeigt.

6 Cicero, De officiis II 4–6

Nihil agere autem cum animus non posset, in his studiis ab initio versatus aetatis existimavi honestissime molestias posse deponi, si me ad philosophiam retulissem. cui cum multum adulescens discendi causa temporis tribuissem, posteaquam honoribus inservire coepi meque totum rei publicae tradidi, tantum erat philosophiae loci, quantum superfuerat amicorum et rei publicae tempori. id autem omne consumebatur in legendo, scribendi otium non erat. maximis igitur in malis hoc tamen boni assecuti videmur, ut ea litteris mandaremus, quae nec erant satis nota nostris et erant cognitione dignissima. quid enim est, per deos, optabilius sapientia, quid praestantius, quid homini melius, quid homine dignius? hanc igitur qui expetunt, philosophi nominantur, nec quicquam aliud est philosophia, si interpretari velis, praeter studium sapientiae. sapientia autem est, ut a veteribus philosophis definitum est, rerum divinarum et humanarum causarumque, quibus eae res continentur, scientia. cuius studium qui vituperat haud sane intellego quidnam sit quod laudandum putet. nam sive oblectatio quaeritur animi requiesque curarum, quae conferri cum eorum studiis potest, qui semper aliquid anquirunt, quod spectet et valeat ad bene beateque vivendum? sive ratio constantiae virtutisque ducitur, aut haec ars est aut nulla omnino, per quam eas assequamur. nullam dicere maximarum rerum artem esse, cum minimarum sine arte nulla sit, hominum est

Da aber mein Geist nicht untätig bleiben konnte, dachte ich, der ich mich seit frühester Jugend mit diesen Problemen beschäftigt hatte, ich könnte auf die ehrenvollste Weise meine Bekümmernisse loswerden, wenn ich mich zur Philosophie zurückbegäbe. Während ich als junger Mensch viel Zeit auf sie verwendet hatte, um sie kennenzulernen, konnte ich später, als ich begonnen hatte, dem politischen Ehrgeiz nachzugeben und mich ganz dem Staate zur Verfügung zu stellen, der Philosophie nur noch so viel Raum gewähren, wie neben den Verpflichtungen für die Freunde und den Staat noch übrigblieb. Und dieser Raum wurde völlig beansprucht durch das Lesen; für das Schreiben hatte ich nicht genug Ruhe. Es scheint mir aber doch, daß ich nun mitten in dem größten Unglück das an Gutem erreicht habe, dies schriftlich niederzulegen, was unseren Leuten nicht genügend bekannt war und dabei doch im höchsten Grade verdiente, bekannt zu werden. Denn, bei den Göttern, was kann wünschenswerter sein als die Weisheit, was vortrefflicher, was für einen Menschen besser, was eines Menschen würdiger? Diejenigen, die diese Weisheit suchen, werden Philosophen genannt, und Philosophie heißt nichts anderes, wenn du das Wort übersetzen willst, als Liebe zur Weisheit. Die Weisheit wiederum wird von den alten Philosophen definiert als Wissenschaft von den göttlichen und menschlichen Dingen und von den Ursachen, auf denen eben jene beruhen. Wer das Bemühen um diese Wissenschaften tadelt, von dem begreife ich nicht, was er für lobenswert halten kann. Denn wenn man etwa eine erfreuliche Beschäftigung sucht für den Geist und eine Erholung von den Sorgen, was läßt sich mit der Arbeit jener vergleichen, die ununterbrochen nach etwas suchen, was sich auf das gute und glückselige Leben bezieht und zu diesem Leben beiträgt? Oder wenn man nach einem Prinzip der Beharrlichkeit und der Tugend sucht, so gibt es nur diese Wissenschaft oder überhaupt keine, durch die wir jenes erreichen können. Zu behaupten, daß es keine Wissenschaft von den größten Dingen gebe, während sogar von den kleinsten Dingen keines ohne Wissenschaft ist, dies können nur Men-

parum considerate loquentium atque in maximis rebus errantium. si autem est aliqua disciplina virtutis, ubi ea quaeretur, cum ab hoc discendi genere discesseris? *sed haec, cum ad philosophiam cohortamur, accuratius disputari solent, quod alio quodam libro fecimus.* hoc autem tempore tantum nobis declarandum fuit, cur orbati rei publicae muneribus ad hoc nos studium potissimum contulissemus.

7 Martianus Capella, De nuptiis philologiae et Mercurii, V, 441

Quaestio ipsa aut finita est aut infinita. finita est, cum nascitur de certo facto demonstratque personam, ut in Rosciana quaeritur Ciceronis, utrum interfecerit patrem Roscius. infinita illa est, quae generaliter quaerit, utrum sit aliquid appetendum, *ut, an philosophandum sit, in Hortensio disputatur.*

8 Augustinus, De beata vita, 1–4

Si ad philosophiae portum e quo iam in beatae vitae regionem solumque proceditur, vir humanissime atque magne Theodore, ratione institutus cursus et voluntas ipsa perduceret, nescio, utrum temere dixerim multo minoris numeri homines ad eum perventuros fuisse, quamvis nunc quoque, ut videmus, rari admodum paucique perveniant.

Cum enim in hunc mundum sive deus sive natura sive necessitas sive voluntas nostra sive coniuncta horum aliqua sive simul omnia – res enim multum obscura est, sed tamen a te iam inlustranda suscepta – velut in quoddam procellosum salum nos quasi temere passimque proiecerit, quotusquisque cognosce-

schen, die allzu unüberlegt daherreden und in den wichtigsten Dingen in die Irre gehen. Wenn es aber tatsächlich eine Lehre von der Tugend gibt, wo soll man sie suchen, wenn man auf diese Art des Lernens verzichtet? *Doch darüber pflege ich mich genauer zu äußern dort, wo ich zur Philosophie überhaupt auffordere, was ich in einem anderen Buch getan habe.* In diesem Augenblick lag es mir nur daran, zu erklären, weshalb ich, nachdem ich aus den politischen Aufgaben ausgeschlossen worden war, mich gerade diesem Gebiet zugewandt habe.

Eine Frage ist entweder bestimmt oder unbestimmt. Bestimmt ist diejenige, die von einer bestimmten Tatsache ausgeht und eine bestimmte Person meint, so wie in Ciceros Rede „Für Roscius" gefragt wird, ob Roscius seinen Vater getötet hat. Unbestimmt nennt man jene Frage, die ganz allgemein fragt, ob man etwas erstreben soll, *wie z. B. im „Hortensius" erörtert wird, ob man philosophieren soll.*

Wenn zum Hafen der Philosophie, von dem aus man in die Gegend und das Festland des glückseligen Lebens weiterschreitet, mein hochgebildeter und großer Freund Theodoros, (nur) der durch die Vernunft vorgezeichnete Weg und allein der Wille hinführen könnten, so glaube ich nicht vorschnell zu urteilen, wenn ich erkläre, daß die Menschen in noch sehr viel geringerer Zahl zu ihr gelangt wären, obschon bereits jetzt, wie wir sehen, nur seltene und sehr wenige sie erreichen.

Da uns nämlich entweder Gott oder die Natur oder die Notwendigkeit oder unser eigener Wille oder mehrere von diesen Ursachen oder alle zugleich – denn dies ist ein überaus dunkles Problem, das immerhin du schon zu erhellen begonnen hast – uns in diese Welt gewissermaßen zufällig und beliebig wie in irgendeinen Meeresstrudel hineingeworfen hat, wie selten würde da einer erkennen, wohin er zu streben und auf welchem Wege er

ret, quo sibi nitendum esset quave redeundum, nisi aliquando et invitos contraque obnitentes aliqua tempestas, quae stultis videtur adversa, in optatissimam terram nescientes errantesque conpingeret?

Igitur hominum, quos philosophia potest accipere, tria quasi navigantium genera mihi videor videre.

Unum est eorum, quos ubi aetas compos rationis adsumpserit, parvo impetu pulsuque remorum de proximo fugiunt seseque condunt in illa tranquillitate, unde ceteris civibus, quibus possunt, quo admoniti conentur ad se, lucidissimum signum sui alicuius operis erigunt.

Alterum vero est eorum superiorique contrarium, qui fallacissima facie maris decepti elegerunt in medium progredi longeque a sua patria peregrinari audent et eius saepe obliviscuntur. hos si nescio quo et nimis latente modo a puppi ventus, quem prosperum putant, fuerit prosecutus, penetrant in altissima miseriarum elati atque gaudentes, quod eius usque quaque fallacissima serenitas voluptatum honorumque blanditur. his profecto quid aliud optandum est quam quaedam in illis rebus, a quibus laeti excipiuntur, inprospera et, si parum est, saeviens omnino tempestas contrarieque flans ventus, qui eos ad certa et solida gaudia vel flentes gementesque perducat? huius generis tamen plerique nondum longius evagati quibusdam non ita gravibus molestiis reducuntur. hi sunt homines, quos cum vel lacrimabiles tragoediae fortunarum suarum vel inanium negotiorum anxiae difficultates quasi nihil aliud habentes, quod agant, in libros doctorum sapientissimorumque hominum truserint, in ipso quodam modo portu evigilant, unde

zurückzukehren hat, wenn nicht zuweilen irgendein Sturm, der den Toren widerwärtig zu sein scheint, die Menschen gegen ihren Willen und gegen ihren Widerstand, unwissend und irrend an das hocherwünschte Gestade schleudern würde?

So glaube ich denn auch unter den Menschen, die von der Philosophie aufgenommen werden können, wie unter Seefahrern drei Gruppen unterscheiden zu können.

Zur ersten Gruppe gehören diejenigen, die, sobald sie in das Alter gelangt sind, in dem sie ihre Vernunft zu gebrauchen fähig sind, mit geringer Anstrengung und leichtem Ruderschlag aus nächster Nähe sich in den Hafen flüchten und sich in jener Ruhe einrichten, von der aus sie ihren übrigen Mitbürgern, soweit sie es können, ein leuchtendes Signal ihrer Leistung errichten, das jene zu dem Versuch auffordern kann, zu ihnen zu gelangen.

Eine zweite Gruppe ist der ersten entgegengesetzt. Sie lassen sich durch den gefährlich täuschenden Anblick des Meeres betrügen und haben es vorgezogen, auf die hohe See hinauszufahren, und wagen es, weit weg vom Vaterland herumzuirren und öfters das Vaterland ganz zu vergessen. Wenn diesen ein auf unbekannte und verborgene Weise sich erhebender Wind, den sie für einen günstigen halten, von hinten ihr Schiff vorantreibt, geraten sie in alle Tiefen des Unheils, begeistert und freudig, solange sie die täuschende Helligkeit der Lust und des Ruhmes umschmeichelt. Für diese kann man nichts anderes wünschen als irgendein Mißgeschick in jenen Dingen, von denen sie so freudig aufgenommen werden, oder, wenn dies nicht ausreicht, einen ringsum wütenden Sturm und einen widrigen Gegenwind, der sie, wenn auch weinend und seufzend, zu den sicheren und zuverlässigen Freuden hinführt. Die meisten aus dieser Gruppe sind allerdings nicht weit hinaus aufs Meer gefahren und lassen sich durch einige nicht allzu schlimme Mißlichkeiten zurückführen. Das sind die Menschen, die, etwa durch einen vielbeweinten Zusammenbruch ihres Vermögens oder ängstigende Schwierigkeiten in ihren nichtigen Geschäften, auf die Bücher der gelehrtesten und weisesten Menschen gestoßen worden sind, als ob sie nichts anderes hätten, mit dem sie sich beschäftigen könnten. Diese wachen dann auf irgendeine Weise mitten im Hafen auf, und aus diesem Hafen

illos nulla maris illius promissa nimium falso ridentis excludant.

Est autem genus inter haec tertium eorum, qui vel in ipso adulescentiae limine vel iam diu multumque iactati tamen quaedam signa respiciunt et suae dulcissimae patriae quamvis in ipsis fluctibus recordantur et aut recto cursu in nullo falsi et nihil morati eam repetunt aut plerumque vel inter nubila deviantes vel mergentia contuentes sidera vel nonnullis inlecebris capti bonae navigationis tempora differentes errant diutius, saepe etiam periclitantur. quos item saepe nonnulla in fluxis fortunis calamitas, quasi conatibus eorum adversa tempestas, in optatissimam vitam quietamque compellit.

His autem omnibus, qui quocumque modo ad beatae vitae regionem feruntur, unus inmanissimus mons ante ipsum portum constitutus, qui etiam magnas ingredientibus gignit angustias, vehementissime formidandus cautissimeque vitandus est. nam ita fulget, ita mentiente illa luce vestitur, ut non solum pervenientibus nondumque ingressis incolendum se offerat et eorum voluntati pro ipsa beata terra satisfacturum polliceatur sed plerumque de ipso portu ad sese homines invitet, eosque nonnumquam detineat ipsa altitudine delectatos, unde ceteros despicere libeat. hi tamen admonent saepe venientes, ne aut occultis subter scopulis decipiantur aut ad se ascendere facile putent. et qua sine periculo ingrediantur ⟨in portum⟩ propter illius terrae vicinitatem, benivolentissime docent. ita cum eis invident vanissimam gloriam, locum securitatis ostendunt. nam quem montem alium vult intellegi ratio propinquantibus ad

wird sie keine Verlockung jenes allzu betrügerisch lachenden Meeres mehr ausschließen.

Zwischen beiden gibt es noch eine dritte Gruppe jener, die entweder gleich an der Schwelle des Jugendalters, oder nachdem sie schon lange und viel hin und her geworfen worden sind, dennoch auf gewisse Zeichen achten, sich an ihr geliebtes Vaterland mitten in den Fluten erinnern und nun in geradem Lauf, ohne sich täuschen zu lassen und ohne sich aufzuhalten, es aufsuchen wollen. Andere dagegen kommen im Nebel vom Wege ab oder beobachten nur die untergehenden Sterne oder lassen sich durch irgendwelche Verführungen ergreifen und versäumen so den Zeitpunkt einer günstigen Seefahrt. Sie irren also lange hin und her und geraten auch oft in Gefahren. Doch auch sie stößt oft irgendein Mißgeschick im Strome ihres Glücks, also ein scheinbar ihren Anstrengungen feindlicher Sturm, zum hocherwünschten und ruhigen Leben.

Alle diese, die auf irgendeine Weise zur Gegend des glückseligen Lebens sich hinbewegen, müssen einen riesigen Berg, der sich unmittelbar vor dem Hafen befindet und der auch diejenigen, die in den Hafen einfahren, in schwere Bedrängnisse bringt, auf das leidenschaftlichste fürchten und auf das sorgfältigste vermeiden. Denn er strahlt so sehr und ist mit einem derart täuschenden Lichte bekleidet, daß er nicht nur diejenigen, die erst ankommen und noch nicht in den Hafen eingefahren sind, dazu auffordert, auf ihm zu wohnen, und verspricht, er werde ihrem Wunsche so gut wie das glückselige Land selber Befriedigung verschaffen, sondern auch häufig Menschen mitten aus dem Hafen zu sich einlädt und zuweilen bei sich festhält, da sie die Höhe genießen, von der herab man die übrigen beobachten kann. Freilich ermahnen auch gerade diese oftmals die Ankommenden, sie sollten sich durch die unter der Oberfläche verborgenen Klippen nicht täuschen lassen oder meinen, der Aufstieg zu ihnen sei einfach. Sie machen sie aber auch auf das wohlwollendste darauf aufmerksam, auf welchem Wege sie ohne Gefahren in den Hafen einfahren können, da ja jenes Land ganz nahe ist. So mißgönnen sie ihnen gleichzeitig allen eitlen Ruhm und zeigen ihnen den Ort der Sicherheit. Denn von welchem anderen Berg

philosophiam ingressisve metuendum nisi superbum studium inanissimae gloriae, quod ita nihil intus plenum atque solidum habet, ut inflatos sibi superambulantes subcrepante fragili solo demergat ac sorbeat eisque in tenebras revolutis eripiat luculentam domum, quam paene iam viderant?

Quae cum ita sint, accipe mi Theodore – namque ad id, quod desidero, te unum intueor teque aptissimum semper admiror – accipe, inquam, et quod illorum trium genus hominum me tibi dederit et quo loco mihi esse videar et abs te cuius modi auxilium certus expectem.

Ego ab usque undevicesimo anno aetatis meae, postquam in schola rhetoris librum illum Ciceronis, qui Hortensius vocatur, accepi, tanto amore philosophiae succensus sum, ut statim ad eam me ferre meditarer. sed neque mihi nebulae defuerunt, quibus confunderetur cursus meus, et diu, fateor, quibus in errorem ducerer, labentia in Oceanum astra suspexi. nam et superstitio quaedam puerilis me ab ipsa inquisitione terrebat et, ubi factus erectior illam caliginem dispuli mihique persuasi docentibus potius quam iubentibus esse cedendum, incidi in homines, quibus lux ista, quae oculis cernitur, inter summe divina colenda videretur. non adsentiebar sed putabam eos magnum aliquid tegere illis involucris, quod essent aliquando aperturi.

At ubi discussos eos evasi maxime traiecto isto mari, diu gubernacula mea repugnantia omnibus ventis in mediis fluctibus Academici tenuerunt. deinde veni in has terras; hic septentrionem cui me crederem

kann die Vernunft meinen, daß ihn diejenigen zu fürchten haben, die zur Philosophie hinstreben und bereits den Hafen betreten haben, als vom ehrgeizigen Streben nach völlig eitlem Ruhm? Er hat in seinem Innern nichts Dichtes und Festes, derart daß diejenigen, die selbstsicher über ihn dahinspazieren, auf dem dünnen Boden einbrechen und versinken; da zieht er sie in sich hinein, stößt sie in die Dunkelheit zurück und raubt ihnen das prächtige Haus, das sie schon beinahe zu Gesicht bekommen hatten.

Da die Dinge sich also so verhalten, so höre nun auch, mein Theodoros – denn im Blick auf das, was ich begehre, blicke ich auf dich allein und bewundere dich als denjenigen, der jener Sache am nächsten steht – höre also, welche jener drei Gruppen von Menschen mich dir anvertraut hat, an welcher Stelle ich zu stehen glaube und welche Art von Hilfe ich mit Gewißheit von dir erwarte.

Ich bin nun seit meinem 19. Lebensjahr, nachdem ich in der Rhetorenschule jenes Buch Ciceros, das Hortensius heißt, kennengelernt hatte, von solcher Liebe zur Philosophie entflammt, daß ich damals dachte, mich gleich ihr zuzuwenden. Doch es fehlten mir nicht die Nebel, die meinen Lauf verwirrten, und während langer Zeit habe ich, ich gestehe es, nur die in den Ozean niedersinkenden Sterne beobachtet, durch die ich in den Irrtum geführt wurde. Denn es hat mich sowohl eine Art von kindischem Aberglauben von der Erforschung der Wahrheit selbst abgeschreckt, und wie ich etwas energischer geworden war und jenen Dunst zerstreute und mich davon überzeugt hatte, daß man eher auf die, die lehren, achten solle als auf die, die befehlen, da geriet ich unter Menschen, die glaubten, dieses Licht, das wir mit unsern Augen sehen, müsse als eine der größten Gottheiten verehrt werden. Ich stimmte zwar nicht zu, aber meinte doch, daß sie unter jener Hülle irgendein großes Geheimnis verbergen, das sie irgend einmal enthüllen würden.

Aber nachdem ich jene von mir geschüttelt hatte und entkommen war, vor allem indem ich über das Meer von ihnen wegfuhr, da haben für lange Zeit die Akademiker mitten unter den Wogen mein gegen alle Winde kämpfendes Steuerruder in der Hand gehalten. Schließlich kam ich in diese Gegenden. Hier lernte ich

didici. animadverti enim et saepe in sacerdotis nostri
et aliquando in sermonibus tuis, cum de deo cogitaretur,
nihil omnino corporis esse cogitandum, neque
cum de anima; nam id est unum in rebus proximum
deo. sed ne in philosophiae gremium celeriter advolarem,
fateor, uxoris honorisque inlecebra detinebar,
ut, cum haec essem consecutus, tum demum, me
quod paucis felicissimis licuit, totis velis, omnibus
remis in illum sinum raperem ibique conquiescerem.

Lectis autem Plotini paucissimis libris, cuius te esse
studiosissimum accepi, conlataque cum eis, quantum
potui, etiam illorum auctoritate, qui divina mysteria
tradiderunt, sic exarsi, ut omnes illas vellem ancoras
rumpere, nisi me nonnullorum hominum existimatio
commoveret. quid ergo restabat aliud, nisi ut inmoranti
mihi superfluis tempestas, quae putatur adversa,
succurreret? itaque tantus me arripuit pectoris dolor,
ut illius professionis onus sustinere non valens, qua
mihi velificabam fortasse ad Sirenas, abicerem omnia
et optatae tranquillitati vel quassatam navem fessamque
perducerem.

91 Augustinus, Confessiones, III, 7–8

Inter hos *ego inbecilla tunc aetate discebam libros
eloquentiae*, in qua eminere cupiebam fine damnabili
et ventoso per gaudia vanitatis humanae, *et usitato
iam discendi ordine perveneram in librum cuiusdam
Ciceronis, cuius linguam fere omnes mirantur, pectus
non ita. sed liber ille ipsius exhortationem continet ad
philosophiam et vocatur Hortensius. ille vero liber
mutavit affectum meum* et ad te ipsum, domine,

das Siebengestirn kennen, dem ich mich anvertrauen konnte. Ich beachtete nämlich sowohl häufig in den Reden unseres Priesters wie zuweilen auch in deinen Reden, daß man überhaupt an nichts Körperliches denken dürfe, wenn man über Gott oder über die Seele nachdächte; denn sie ist ja unter allen Dingen das, was Gott am nächsten steht. Was mich jedoch hinderte, unverzüglich in den Schoß der Philosophie zu eilen, war, wie ich gestehe, die Verlockung durch eine Gattin und durch eine Karriere, so daß ich hoffte, wenn ich dies einmal erreicht hätte, könne ich dann endlich, was nur wenigen und glückgesegneten Menschen verstattet war, mit vollen Segeln und mit der Kraft aller Ruder in jene Bucht eilen und dort meine Ruhe finden.

Nachdem ich aber einige wenige Bücher Plotins, von dem ich erfahren hatte, daß du ihn überaus hoch schätzt, gelesen hatte und mit ihnen, soweit ich es vermochte, auch die Autorität jener, die die göttlichen Geheimnisse überliefert haben, verglichen hatte, da entflammte ich so, daß ich am liebsten alle Anker zerrissen hätte, wenn mich nicht die Achtung vor bestimmten Menschen zurückgehalten hätte. Was blieb also anderes übrig, als daß mir, der ich beim Überflüssigen verweilte, ein Sturm, den man für widrig zu halten pflegt, zu Hilfe kam? So wurde denn der Schmerz in meiner Brust so stark, daß ich die Last jenes Berufes zu tragen nicht mehr fähig war, jenes Berufes, in dem ich bei günstigem Winde vielleicht zu den Sirenen zu fahren im Begriffe war. Ich warf also alles von mir und lenkte das zerschlagene und ermattete Schiff auf die ersehnte Ruhe hin.

In einer derartigen Umgebung (Karthago) *lernte ich damals in noch jugendlichem Alter die Bücher der Rhetorik kennen. In ihr wollte ich mich auszeichnen mit einem Ziel, das ebenso verdammenswert wie windig ist, aber der Eitelkeit der Menschen schmeichelt. Nach dem gebräuchlichen Lehrplan war ich auf das Buch eines gewissen Cicero gestoßen, dessen Sprache fast alle bewundern, nicht so seine Gesinnung. Doch enthält jenes Buch eine Ermahnung zur Philosophie und trägt den Titel „Hortensius". Jene Schrift hat meine geistige Haltung geändert* und auf

mutavit preces meas et vota ac desideria mea fecit alia. viluit mihi repente omnis vana spes et inmortalitatem sapientiae concupiscebam aestu cordis incredibili et surgere coeperam, ut ad te redirem. non enim ad acuendam linguam, quod videbar emere maternis mercedibus, cum agerem annum aetatis undevicensimum iam defuncto patre ante biennium, *non ergo ad acuendam linguam referebam illum librum neque mihi locutionem, sed quod loquebatur persuaserat.*

Quomodo ardebam, deus meus, quomodo ardebam revolare a terrenis ad te, et nesciebam quid ageres mecum! apud te est enim sapientia. *amor autem sapientiae nomen Graecum habet philosophiam, quo me accendebant illae litterae. sunt qui seducant per philosophiam magno et blando et honesto nomine colorantes et fucantes errores suos, et prope omnes, qui ex illis et supra temporibus tales erant, notantur in eo libro et demonstrantur,* et manifestatur ibi salutifera illa admonitio spiritus tui per servum tuum bonum et pium: "videte, ne quis vos decipiat per philosophiam et inanem seductionem secundum traditionem hominum, secundum elementa huius mundi et non secundum Christum, quia in ipso inhabitat omnis plenitudo divinitatis corporaliter." et ego illo tempore, scis tu, lumen cordis mei, quoniam nondum mihi haec apostolica nota erant, *hoc tamen solo delectabar in illa exhortatione, quod non illam aut illam sectam, sed ipsam quaecumque esset sapientiam ut diligerem et quaererem et adsequerer et tenerem atque amplexarer fortiter, excitabar sermone illo et accendebar et ardebam.*

HORTENSIUS

dich selbst, Herr, all meine Gebete, meine Wünsche und all mein Verlangen gerichtet und sie anders gemacht. Es wurde mir plötzlich all meine Hoffnung auf Nichtiges verächtlich, und mit unglaublicher Leidenschaft des Herzens verlangte ich nach der Unsterblichkeit der Weisheit und begann mich zu erheben, um zu dir zurückzukehren. Denn nicht um meine Sprache zu schärfen – dies, so schien es, erkaufte ich mir vom Gelde der Mutter, als ich 19 Jahre zählte und mein Vater schon seit zwei Jahren tot war –, *nicht also um meine Sprache zu schärfen, las ich immer und immer wieder dieses Buch, und nicht, wie es zu mir sprach, sondern, was es zu mir sprach, hatte es mir angetan.*

Wie brannte ich darauf, mein Gott, wie brannte ich, von den irdischen Dingen weg zu dir zurückzufliegen, und ich wußte dabei nicht, was du mit mir im Sinne hattest. Denn „ihren Sitz hat die Weisheit bei dir"; *Liebe zur Weisheit aber besagt das griechische Wort Philosophie, und zu dieser Liebe entflammte mich diese Schrift. Es gibt Verführer durch Philosophie, Leute, die mit dem großen, lockenden und ehrenreichen Namen ihre Irrtümer schminken und herausputzen, und fast alle von dieser Sorte, Zeitgenossen des Buches und Frühere, werden darin aufgeführt und kritisch behandelt,* und daran zeigt sich jene heilbringende Mahnung deines Geistes, die dein guter und frommer Knecht ausgesprochen hat: „Sehet zu, daß euch keiner betrüge durch die Philosophie und durch leere Verführung nach der Weise der Menschen, nämlich im Blick auf die Ursprünge der Welt und nicht auf Christus. Denn nur in ihm wohnt leibhaftig die ganze Fülle der Gottheit." Aber mir – du weißt es, Licht meines Herzens –, mir waren diese Apostelworte damals noch gar nicht bekannt, und *doch hatte ich an jener Aufforderung Ciceros allein schon darum meine Freude, weil ihr Wort mich erweckte, begeisterte, entflammte, nicht für diese oder jene Philosophenschule, sondern für die Weisheit überhaupt, was sie auch sei, mich zu entscheiden, sie zu erstreben, sie zu erlangen, sie festzuhalten, und mit aller Kraft zu umklammern.*

9 II Augustinus, Confessiones, VIII, 17

Tunc vero quanto ardentius amabam illos, de quibus audiebam salubres affectus, quod se totos tibi sanandos dederant, tanto exsecrabilius me conparatum eis oderam, quoniam multi mei anni mecum effluxerant – forte duodecim anni – ex quo ab undevicesimo anno aetatis meae *lecto Ciceronis Hortensio excitatus eram studio sapientiae et differebam contempta felicitate terrena ad eam investigandam vacare,* cuius non inventio, sed vel sola inquisitio iam praeponenda erat etiam inventis thesauris regnisque gentium et ad nutum circumfluentibus corporis voluptatibus...

9 III Augustinus, Soliloquia, I, 17, 2

Hoc quidem non nunc primum. nam cum triginta tres annos agam, quattuordecim fere anni sunt, ex quo ista cupere destiti. nec aliud quidquam in his, si quo casu offerrentur, praeter necessarium victum liberalemque usum cogitavi. *prorsus mihi unus Ciceronis liber facillime persuasit nullo modo appetendas esse divitias, sed si provenerint, sapientissime atque cautissime administrandas.*

10 Scriptores Historiae Augustae: Trebellius Pollio, Gallienus. 19, 7–8

Et haec quidem de Gallieno hoc interim libro dixisse sufficiet. nam et multa iam in Valeriani vita ⟨dicta sunt, multa⟩ in libro, qui de triginta tyrannis inscribendus est, iam loquemur, quae iterari ac saepius dici minus utile videbatur. huc accedit quod quaedam etiam studiose pratermisi, ne eius posteri multis rebus editis laederentur. *scis enim ipse, quales homines cum his, qui aliqua de maioribus eorum scripserint, quan-*

Je leidenschaftlicher ich also damals diejenigen liebte, von deren heilsamen Neigungen ich hörte und die sich ganz dir zu ihrer Heilung anvertraut hatten, desto entschiedener haßte ich mich selbst verglichen mit jenen. Damals nämlich waren schon viele meiner Jahre verflossen – etwa 12 Jahre –, seitdem ich im 19. Lebensjahr *den Hortensius Ciceros gelesen hatte und erfüllt war vom Streben nach der Weisheit und mich danach sehnte, alles irdische Glück zu verachten und mich ganz ihr zu widmen.* Denn nicht das Finden, sondern allein schon das Suchen dieser Weisheit war höher zu achten als der Besitz von Schätzen und Herrschaft über die Völker und als alle Lust, die nach Belieben den Körper umströmen mochte.

Dies tue ich jetzt nicht zum ersten Male. Jetzt bin ich nämlich 33 Jahre alt, und es sind schon ungefähr 14 Jahre her, seitdem ich aufgehört habe, dergleichen (äußere Güter) zu begehren; und ich bedachte, wenn sie sich etwa zufällig anboten, nichts anderes als die Möglichkeit, die notwendigen Bedürfnisse des Lebens großzügig zu befriedigen. *Denn in der Tat hat mich ein einziges Buch Ciceros mühelos davon überzeugt, daß man den Reichtum überhaupt nicht erstreben solle, und wenn er einem zufalle, dann müsse man ihn so weise und so behutsam wie möglich verwalten.*

Es genügt, in diesem Buch dies über Gallienus gesagt zu haben. Denn viel wurde schon in der Biographie des Valerianus gesagt, vieles werde ich auch in dem Buch, das den Titel „Über die 30 Tyrannen" führen soll, sagen, was zu wiederholen und öfters zu sagen nicht nützlich zu sein schien. Dazu kommt, daß ich auch einiges absichtlich weggelassen habe, damit nicht etwa die Nachkommen durch viele Dinge, die ich berichte, verletzt würden. *Du weißt nämlich selber genau, einen wie großen Krieg gewisse Leute führen mit den Schriftstellern, die über deren Vorfahren*

tum gerant bellum, nec ignota esse arbitror, quae dixit Marcus Tullius in Hortensio, quem ad exemplum protreptici scripsit.

11   NONIUS, P. 407, 3 ED. MERCERI APUD W. M. LINDSAY:

Tollere est elevare.
M. Tullius in Hortensio: 'nihil tamen esse, in quo se animus excellens tollere ⟨possit⟩ ...'

12   NONIUS, P. 270, 35:

Convenire, aptum esse.
M. Tullius in Hortensio: 'nam quod vereris, ne non conveniat nostris aetatibus ista oratio, quae spectet ad hortandum'.

13   NONIUS, P. 155, 15:

Praefractum, durum, inflexibile.
M. Tullius in Hortensio: 'his contrarius Aristo Chius, praefractus, ferreus, nihil bonum nisi quod rectum atque honestum est'.

14 I   NONIUS, P. 395, 11:

Segetem terram.
M. Tullius in Hortensio: 'ut enim segetes agricolae subigunt aratris multo ante quam serant'.

14 II   NONIUS, P. 401, 8:

Subigere, mollire vel exercere.
M. Tullius in Hortensio: 'ut enim segetes agricolae subigunt aratris multo ante quam serant'.

etwas geschrieben haben, und ich glaube auch, daß dir nicht unbekannt ist, was M. Tullius im Hortensius gesagt hat, den er nach dem Vorbild eines Protreptikos geschrieben hat.

M. Tullius im Hortensius: „Es sei dennoch nichts, worin sich eine hervorragende Seele erheben könne."

M. Tullius im Hortensius: „Denn, wenn du fürchtest, daß mit unserem Alter eine solche Rede nicht vereinbar sei, die das Mahnen zum Ziel hat..."

M. Tullius im Hortensius: „Im Gegensatz zu diesen sagt Ariston von Chios, schroff und eisern: Nichts ist gut, was nicht auch richtig und edel ist."

M. Tullius im Hortensius: „Wie nämlich die Bauern den Acker umpflügen, längst bevor sie säen, so..."

15 Nonius, p. 269, 11:

Conficere, facere.

M. Tullius in Hortensio: 'ea facultas maioribus nostris erat, qui confectis senatus consultis'.

16 Nonius, p. 297, 41:

Ecferre, edere, provehere.

M. Tullius in Hortensio: '⟨hunc⟩ praeter ceteros nostra extulit civitas'.

17 Nonius, p. 480, 13:

Verecundatur.

M. Tullius in Hortensio: '⟨hic⟩ nostri amici verecundantur, capti splendore virtutis'.

18 Lactantius, Institutiones divinae, III, 16, 3–6

Bonos enim facere oportet potius quam inclusos in angulis facienda praecipere quae ne ipsi quidem faciant qui locuntur; et quoniam se a veris actibus removerunt, apparet eos exercendae linguae causa vel avocandi ⟨animi⟩ gratia artem istam philosophiae repperisse. qui autem docent tantum nec faciunt, ipsi praeceptis suis detrahunt pondus. quis enim optemperet, cum ipsi praeceptores doceant non optemperare? bonum est autem recta et honesta praecipere, sed nisi et facias, mendacium est, et est incongruens atque ineptum non in pectore, sed in labris habere bonitatem. *non ergo utilitatem ex philosophia, sed oblectationem petunt. quod quidem Cicero testatus est. profecto, inquit, omnis istorum disputatio quamquam uberrimos fontes virtutis et scientiae continet, tamen conlata cum eorum actis perfectisque rebus*

M. Tullius im Hortensius: „... über diese Möglichkeit verfügten unsere Vorfahren, welche nach Vollendung der Senatsbeschlüsse..."

M. Tullius im Hortensius: „Über die übrigen hinaus hat unser Staat diesen gefördert."

M. Tullius im Hortensius: „An diesem Punkt scheuen sich unsere Freunde, gefesselt durch den Glanz der Tugend."

Es ist nämlich wichtiger, daß die Menschen gut werden und das Gute tun als in einem Winkel sitzen und vorschreiben, was man tun solle; denn dies tun nicht einmal jene selber, die so reden; und da sie auf wirkliche Taten verzichtet haben, so ist es klar, daß sie eine solche Philosophie erfunden haben, nur um stilistisch zu glänzen oder den Geist zu unterhalten. Wer aber bloß lehrt und nicht handelt, der entzieht selber seinen eigenen Vorschriften ihr Gewicht. Denn wer will Vorschriften gehorchen, wenn die Lehrer selbst lehren, daß man nicht zu gehorchen brauche? Es ist gut, Richtiges und Tugendhaftes vorzuschreiben, aber, wenn man es nicht auch tut, ist es eine Lüge, und es ist unpassend und unrichtig, das Gute nicht in der Brust, sondern nur auf den Lippen zu haben. *Sie erstreben also nicht Nutzen aus der Philosophie, sondern Unterhaltung; dies hat in der Tat Cicero bezeugt, wenn er sagt: „Obwohl in der Tat eine jede ihrer Erörterungen die reichhaltigsten Quellen der Tugend und Wissenschaft enthält, so fürchte ich doch, daß sie, verglichen mit ihren Taten und*

*vereor ne non tantum videatur utilitatis adtulisse
negotiis hominum quantam oblectationem otiis.* vereri quidem non debuit, cum verum diceret, sed quasi timeret ne proditi mysterii reus a philosophis citaretur, non est ausus confidenter pronuntiare quod fuit verum, illos non ideo disputare ut doceant, sed ut se oblectent in otio. qui quoniam auctores sunt rerum gerendarum nec ipsi quicquam gerunt, pro loquacibus sunt habendi.

19 ARUSIANUS MESSIUS II, 2 ED. MARMORALE:

Bellum cum illo gerit.
 Cicero in Hortensio: 'qui cum hodie bellum cum mortuo gerunt'.

20 NONIUS, P. 438, 12:

Adnuere concedere.
 M. Tullius in Hortensio: 'quod cum uterque nostrum adnuissent omnesque ad id tempus, quod erat dictum, postero die venissemus'.

21 ARUSIANUS MESSIUS VII, 3:

Gratum tibi est.
 Cicero in Hortensio: 'Luculloque noster adventus et gratus et iucundus fuisset'.

22 ARUSIANUS MESSIUS IV, 21:

Delector illa re.
 Cicero in Hortensio: 'hic primum Catulus delectatus ipso loco'.

23 SCHOLIASTA GRONOVIANUS IN CIC. VERR. I,
20, 54 P. 404. 20 BAIT.:

Neque in suburbana amicorum. Hortensium

Leistungen, den Menschen nicht so sehr Nutzen für die Arbeit als Unterhaltung für die Muße gebracht haben." Er hätte allerdings nicht zu fürchten gebraucht, da er ja die Wahrheit sagte; aber als ob er fürchtete, er würde von den Philosophen angeklagt, er verrate ihr Geheimnis, wagte er es nicht, offen zu erklären, was doch wahr war, nämlich, daß jene nicht so sehr diskutieren, um zu belehren, sondern nur, um sich in ihrer Muße zu beschäftigen. Da sie zwar zum Handeln führen wollen, aber selber nicht handeln, kann man sie nur als Schwätzer beurteilen.

Cicero im Hortensius: „welche, während sie heute Krieg mit einem Toten führen..."

M. Tullius im Hortensius: „...nachdem wir beide diesem Vorschlag zugestimmt hatten und alle zur abgemachten Zeit am folgenden Tag zusammengekommen waren."

Cicero im Hortensius: „...und dem Lucullus unsere Ankunft willkommen und angenehm gewesen war..."

Cicero im Hortensius: „Hier erfreute sich zuerst Catulus an dem Ort selbst."

„Er scheint speziell den Hortensius zu bezeichnen, welcher als

praecipue videtur significare, qui huiusmodi signis et tabulis pictis familiariter delectabatur. id manifestius in Hortensio ostendit dialogo: quam in villa Luculli ⟨...⟩ bellum esset omni apparatu venustatis ornatum.

24 NONIUS, P. 128, 3:

Inanima, sine anima.

M. Tullius in Hortensio: 'nam cum omnis sollertia admiranda est, tum ea, quae efficit ut, inanima quae sint, vivere et spirare videantur'.

25 NONIUS, P. 527, 28:

Vel pro "etiam" est.

M. Tullius in Hortensio: 'vidi in dolore podagrae nihilo illum vel omnium maximum Stoicorum, Posidonium, quam Nicomachum Tyrium, hospitem meum, fortiorem'.

26 SCHOLIASTA GRONOVIANUS IN CIC. PRO LEG. MAN. 10, 28, P. 441 BAIT.:

Quam ceteri legerunt. Constat Lucullum usque ad tempora consulatus expertem fuisse bellorum, post in consulatu historiis studuisse, ut bella destituta cognosceret. hoc in illo dialogo, qui scribitur Lucullus, Cicero docet, unde et in Hortensio Lucullus historiam laudavit. bene ergo, "plura bella gessit", et attendit Lucullum, "quam[quam] ceteri legere".

27 NONIUS, P. 315, 23:

Grave, solidum et firmum.

M. Tullius in Hortensio: 'unde aut ad agendum aut ad dicendum copia depromi maior gravissimorum exemplorum, quasi incorruptorum testimoniorum, potest?'

ein Kenner Statuen und Gemälde dieser Art schätzte und sich an ihnen erfreute. Dies zeigt er in seinem Dialog „Hortensius" deutlicher: ‚Wie sehr in der Villa des Lucullus... Krieg... mit jedem Aufwand von Anmut geschmückt sei.'"

M. Tullius im Hortensius: „Denn wenn man auch jede Kunstfertigkeit bewundern muß, so doch besonders jene, welche bewirkt, daß das, was keine Seele besitzt, zu leben und zu atmen scheint."

M. Tullius im Hortensius: „Ich sah, daß sogar jener Poseidonios, der doch von allen Stoikern der bedeutendste war, im Ertragen von Schmerzen der Gicht sich keineswegs tapferer zeigte als mein Gastfreund Nikomachos aus Tyros."

Es steht fest, daß Lucullus bis zu seiner Konsulatszeit keine Kriegserfahrung hatte, dann aber während des Konsulats die Geschichte studierte, um so die vergangenen Kriege kennenzulernen. Dies lehrt Cicero in jenem Dialog, der den Titel „Lucullus" trägt, weshalb denn Lucullus auch im Dialog „Hortensius" die Geschichte gelobt hat. Mit Recht also sagt er (in Pro lege Manilia 28) „er hat mehr Kriege geführt", – und er meint damit Lucullus – „als andere in den Büchern gelesen haben."

M. Tullius im Hortensius: „Woher kann man eine größere Anzahl gewichtigster Beispiele, sei es zum Handeln oder zum Reden, gewissermaßen als unverfälschte Zeugnisse entnehmen?"

28 Nonius, p. 275, 34:

Cognoscere, nosse vel perspicere.
M. Tullius in Hortensio: 'unde autem facilius quam ex annalium monumentis aut bellicae res aut omnis rei publicae disciplina cognoscitur?'

29 I Nonius, p. 315, 27:

Grave, sapiens cum auctoritate.
M. Tullius in Hortensio: 'quid enim aut Herodoto dulcius aut Thucydide gravius?'

29 II Nonius, p. 241, 10:

Acre, vehemens, saevum.
M. Tullius in Hortensio: 'aut Philisto brevius aut Theopompo acrius'.

29 III Nonius, p. 343, 10:

Mitis est tranquillus et lenis.
M. Tullius in Hortensio: 'aut Theopompo acrius aut Ephoro mitius inveniri potest'.

30 Nonius, p. 118, 21:

Gratificari, gratum facere.
M. Tullius in Hortensio: 'quare adgredere, quaeso, et gratificare rei publicae'.

31 Nonius, p. 204, 5:

Eventus generis est masculini vel neutri.
M. Tullius in Hortensio: 'tu me et alias nonnumquam et paulo ante adhortatus es, aliorum facta et eventa conquirerem'. –

M. Tullius im Hortensius: „Woraus aber läßt sich leichter das Kriegswesen oder überhaupt die ganze Staatsordnung erkennen als aus den Denkmälern der Annalen (Jahrbücher der Geschichte)?"

M. Tullius im Hortensius: „Was läßt sich nämlich finden, das süßer (und angenehmer) als Herodot, ernsthafter (und bedeutender) als Thukydides, knapper (und kürzer) als Philistos, heftiger (und kritischer) als Theopomp oder gar milder (und ruhiger) als Ephoros ist?"

M. Tullius im Hortensius: „Deshalb geh daran (beginne), ich bitte dich, und erweise dich dem Staat gefällig."

M. Tullius im Hortensius: „Du hast mich auch schon bei anderer Gelegenheit und soeben vorhin ermahnt, ich solle die Taten und Ereignisse anderer zusammensuchen."

32   Nonius, p. 307, 7:

Facessere significat recedere.

M. Tullius in Hortensio: 'facessant igitur omnes qui docere nihil possunt, quo melius sapientiusque vivamus'.

33 I   Nonius, p. 329, 6:

Intendere, innectere, inligare.

M. Tullius in Hortensio: 'quaero enim non quibus intendam rebus animum, sed quibus relaxem'.

33 II   Nonius, p. 383, 25:

Remittere, delectare.

M. Tullius in Hortensio: 'quaero enim non quibus intendam rebus animum, sed quibus relaxem ac remittam'.

34   Lactantius, Institutiones divinae, VI, 2, 14–15

Nihil enim tam praeclarum hominique conveniens potest esse quam erudire homines ad iustitiam. *aput Ciceronem Catulus in Hortensio philosophiam rebus omnibus praeferens malle se dicit vel unum parvum de officio libellum quam longam orationem pro seditioso homine Cornelio.* quae sententia non utique Catuli, qui illut fortasse non dixit, sed Ciceronis est putanda, qui scripsit, credo ut libros quos de officiis erat scripturus commendaret.

35   Nonius, p. 396, 27:

Sumere etiam significat eligere.

M. Tullius in Hortensio: 'quare velim dari mihi,

M. Tullius im Hortensius: „Alle, die nichts dazu beitragen können, damit wir besser und weiser leben, sollen sich also entfernen."

M. Tullius im Hortensius: „Ich suche nämlich nicht nach Dingen, auf die ich meinen Geist angespannt konzentrieren muß, sondern nach solchen, durch die er sich angenehm erholen kann."

Es kann nichts Wichtigeres und für den Menschen Passenderes geben, als die Menschen zur Gerechtigkeit zu erziehen. *Im Ciceronischen „Hortensius" sagt Catulus, der die Philosophie allen anderen Dingen vorzieht, er wolle lieber ein einziges kleines Büchlein über Pflichten (lesen) als eine lange Rede für einen aufrührerischen Mann wie Cornelius;* von diesem Satz muß man nicht meinen, er stamme von Catulus, der dies vielleicht gar nicht gesagt hat, sondern von Cicero, der es geschrieben hat, um, wie ich glaube, seine Bücher „De officiis", welche er bald schreiben wollte, zu empfehlen.

M. Tullius im Hortensius: „Deshalb bitte ich dich, Lucullus, zu

Luculle, iubeas indicem tragicorum, ut sumam, ⟨quae⟩ forte mihi desunt'.

36 NONIUS, P. 428, 2:

Priores et primores hanc habent diversitatem. priores enim conparativi sunt gradus; primores summae quaeque res.

M. Tullius in Hortensio: 'quid illud nescioquid, quod in primoribus habent, ut aiunt, labris'.

37 NONIUS, P. 30, 26:

Exordium est initium.

M. Tullius in Hortensio: 'perge, quaeso; nec enim imperite exorsus es'.

38 AUGUSTINUS, CONTRA IULIAN. PELAGIAN. V, 7, 29

Ita quippe potest facillime vera esse etiam illa vestra sententia, qua dicitis hominem sine peccato esse, si velit. non est enim quomodo faciat quod non licet, quando licet quidquid libet, quia bonum est quod naturaliter libet. si ergo adsunt, voluptatibus perfruatur: si autem non adsunt, ipsis earum cogitationibus, sicut Epicuro visum est, oblectetur, et erit sine peccato, nec se ullo fraudabit bono: nec cuiuscumque doctrinae opinionibus ⟨adductus⟩ resistat naturalibus motibus, *sed, sicut ait Hortensius, tunc obsequatur naturae, cum sine magistro senserit quid natura desideret. non enim potest quae bona est desiderare quod malum est*, aut negandum est bonae aliquod bonum. fiat itaque totum quod desiderat libido bonum, ne ipse sit malus qui resistit bono.

veranlassen, daß man mir das Verzeichnis der Tragiker gibt, damit ich auslesen kann, was mir etwa noch fehlt."

M. Tullius im Hortensius: „Welche jenes, ich weiß nicht was, zuvorderst auf den Lippen haben, wie man sagt."

M. Tullius im Hortensius: „Fahre fort, ich bitte dich; du hast nämlich nicht ungeschickt angefangen."

Unter jener Voraussetzung kann sehr wohl auch jene eure These wahr sein, in der ihr erklärt, der Mensch sei ohne Sünde, wenn er bloß wolle. Es ist nämlich nicht möglich, daß einer auf irgendeine Weise tut, was er nicht darf, wenn er alles darf, was er begehrt, da ja gut das ist, was man der Natur gemäß begehrt. Wenn also die Lust da ist, soll man sie genießen; wenn sie nicht da ist, soll man sich, wie es Epikurs Meinung ist, gerade an den Gedanken an sie erfreuen; man wird so ohne Sünde sein und gleichzeitig sich keines Guten berauben. Dann wird man auch keine philosophischen Lehren zuhilfe nehmen, um den natürlichen Regungen Widerstand zu leisten, *sondern, wie Hortensius sagt: „Man wird dann der Natur gehorchen, wenn man ohne Lehrer gemerkt hat, was die Natur verlangt." Denn die Natur, die selbst gut ist, kann nicht etwas begehren, was schlecht ist,* oder man muß der guten Natur abstreiten, daß sie gut ist. So mag also alles, was die Begierde erstrebt, gut sein, damit nicht etwa jener, der dem Guten Widerstand leistet, schlecht werde.

39 Nonius, p. 401, 36:

Summum, extremum.

M. Tullius in Hortensio: 'vixit ad summam senectutem optuma valitudine'.

40 I Nonius, p. 194, 12:

Balneae generis feminini vel neutri.

M. Tullius in Hortensio: 'primus balneola suspendit, inclusit pisces'.

40 II Valerius Maximus IX, 1, 1

C. Sergius Orata pensilia balinea primus facere instituit. quae inpensa ⟨a⟩ levibus initiis coepta ad suspensa caldae aquae tantum non aequora penetravit. idem, videlicet ne gulam Neptuni arbitrio subiectam haberet, peculiaria sibi maria excogitavit, aestuariis intercipiendo fluctus pisciumque diversos greges separatis molibus includendo, ut nulla tam saeva tempestas inciderit, qua non Oratae mensae varietate ferculorum abundarent. aedificiis etiam spatiosis et excelsis deserta ad id tempus ora Lucrini lacus pressit, quo recentiore usu conchyliorum frueretur: ubi dum se publicae aquae cupidius immergit, cum Considio publicano iudicium nanctus est. in quo L. Crassus adversus illum causam agens errare amicum suum Considium dixit, quod putaret Oratam remotum a lacu cariturum ostreis: namque ea, si inde petere non licuisset, in tegulis reperturum.

40 III C. Plinius, nat. hist. IX, 168–172

Ostrearum vivaria primus omnium Sergius Orata

M. Tullius im Hortensius: „Er lebte bis ins höchste Alter bei bester Gesundheit."

M. Tullius im Hortensius: „Er hat als erster schwebende Bäder gebaut und Fische in geschlossenen Bassins gehalten."

C. Sergius Orata beschloß als erster Schwebebäder zu bauen. Anfangs war der Aufwand hierzu noch gering und diente nur dazu, das warme Wasser schwebend zu halten, ohne dabei bis ans Meer zu gelangen. Derselbe hat sich, natürlich um seine Feinschmeckerei nicht der Willkür eines Neptun auszusetzen, Privatmeere in künstlichen Buchten ausgesonnen, indem er die Fluten abschnitt und durch gesonderte Dämme verschiedene Fischschwärme einschloß, so daß, selbst wenn der wildeste Sturm hereinbrach, die Tische des Orata trotzdem weiterhin einen Überfluß an den verschiedensten Gerichten aufweisen konnten. Auch hat er die zu jener Zeit (noch) unbewohnten Mündungen des Lucriner-Sees mit weiträumigen und hohen Gebäuden überdeckt, um so die Austern um so frischer genießen zu können. Im Moment aber, wo er sich allzu begierig nach den öffentlichen Gewässern zeigte, kam es für ihn zu einem Prozeß mit dem Staatspächter Considius. In diesem sagte L. Crassus, der den Prozeß gegen ihn führte, sein Freund Considius täusche sich, wenn er der Ansicht sei, Orata werde entfernt vom See die Austern vermissen; denn er werde diese, wenn es ihm nicht länger erlaubt sei, sie von dort zu holen, auf Ziegeln finden.

Bassins mit lebenden Austern hat als erster von allen Sergius

invenit in Baiano aetate L. Crassi oratoris ante Marsicum bellum, nec gulae causa, sed avaritiae, magna vectigalia tali ex ingenio suo percipiens, ut qui primus pensiles invenerit balineas, ita mangonicatas villas subinde vendendo. is primus optimum saporem ostreis Lucrinis adiudicavit, quando eadem aquatilium genera aliubi atque aliubi meliora, sicut lupi pisces in Tiberi amne inter duos pontes, rhombus Ravennae, murena in Sicilia, elops Rhodi, et alia genera similiter, ne culinarum censura peragatur. nondum Britannica serviebant litora, cum Orata Lucrina nobilitabat. postea visum tanti in extremam Italiam petere Brundisium ostreas, ac, ne lis esset inter duos sapores, nuper excogitatum famem longae advectionis a Brundisio conpascere in Lucrino.

Eadem aetate prior Licinius Murena reliquorum piscium vivaria invenit, cuius deinde exemplum nobilitas secuta est Philippi, Hortensi. Lucullus exciso etiam monte iuxta Neapolim maiore inpendio quam villam exaedificaverat euripum et maria admisit, qua de causa Magnus Pompeius Xerxen togatum eum appellabat. XL HS e piscina ea defuncto illo veniere pisces.

Murenarum vivarium privatim excogitavit ante alios C. Hirrius, qui cenis triumphalibus Caesaris dictatoris sex milia numero murenarum mutua appendit. nam permutare quidem pretio noluit aliave merce. huius villam infra quam modicam XL piscinae vendiderunt.

Invasit dein singulorum piscium amor. apud Baulos in parte Baiana piscinam habuit Hortensius ora-

Orata erfunden in seinem Landgut in Baiae, zur Zeit des Redners L. Crassus vor dem Marsischen Kriege, und dies nicht wegen der Feinschmeckerei, sondern aus Habgier. Denn er bezog große Einkünfte aus dieser seiner Begabung; er war ja auch der erste, der die hängenden Bäder erfand und ebenso täuschend prächtig hergerichtete Villen, die er nachher sogleich verkaufte. Er war der erste, der den Austern des Lucrinersees den besten Geschmack zubilligte, da ja dieselben Gattungen von Wassertieren an einer Stelle schmackhafter zu sein pflegen als an andern Stellen, so die Wolfsfische im Tiber zwischen den zwei Brücken, der Rhombus in Ravenna, die Muräne in Sizilien, der Elops in Rhodos usw. Ich will ja nicht die gesamten Küchenrezepte durchgehen. Die Küsten Britanniens waren noch nicht unterworfen, als Orata die Küsten des Lucrinersees berühmt machte. Später wurde es geschätzt, am äußersten Ende Italiens in Brundisium die Austern aufzusuchen, und damit es zwischen den beiden Geschmacksarten keinen Streit gebe, hat man neuerdings ausgedacht, den Hunger, den die Feinschmecker bei ihrer langen Anreise von Brundisium bekamen, im Lucrinersee zu stillen.

Zur selben Zeit erfand zuerst Licinius Murena die Bassins für die übrigen Fische, und seinem Vorbild sind dann die vornehmen Herren Philippus und Hortensius gefolgt. Lucullus ließ sogar in einem Berge neben Neapel einen Euripus ausbauen, und zwar mit größeren Kosten, als er auf den Bau seiner Villa verwendet hatte, und ließ durch diesen Kanal das Meerwasser hinzu; aus eben dieser Ursache nannte ihn Pompeius einen Xerxes in der Toga. Nach seinem Tode wurden die Fische aus seinem Fischteich für vierzigtausend Sesterzen verkauft.

Ein Bassin für lebende Muränen erfand vor den anderen C. Hirrius, der dann für die Festessen beim Triumphe des Diktators Caesar abgezählte sechstausend Muränen im Tauschgeschäft zur Verfügung stellte; denn er wollte weder in Geld noch mit irgendeiner andern Ware ausgezahlt werden. Dank der Fischteiche wurde seine mehr als bescheidene Villa für vier Millionen Sesterzen verkauft.

Dann wurde es Mode, einzelne Fische zu lieben. Bei Bauli in der Gegend von Baiae hatte der Redner Hortensius einen Fisch-

tor, in qua murenam adeo dilexit, ut exanimatam flesse credatur.

40 IV Augustinus, De beata vita, 26–28

Iam nunc videte, utrum etiam omnis, qui miser est, egeat. nam huic sententiae concedendae difficultatem illa res facit, quod multis in magna fortuitarum rerum copia constitutis, quibus ita facilia sunt omnia, ut ad eorum nutum praesto sit quidquid cupiditas poscit, difficilis quidem ista vita est. Sed fingamus aliquem tamen, *qualem Tullius fuisse dicit Oratam. quis enim facile dicat Oratam egestate laborasse, hominem ditissimum amoenissimum deliciosissimum, cui neque ad voluptatem quicquam defuit neque ad gratiam neque ad bonam integramque valetudinem? nam et praediis quaestuosissimis et amicis iucundissimis, quantum libuit, abundavit et illis omnibus aptissime ad salutem corporis usus est eiusque ut breviter totum explicem, omne institutum voluntatemque omnem successio prospera consecuta est.*

Sed fortasse inquiet aliquis vestrum plus illum, quam habebat, habere voluisse. hoc ignoramus. sed, quod satis est quaestioni, faciamus eum non desiderasse amplius, quam tenebat: videturne vobis eguisse? – Etiamsi concedam, inquit Licentius, nihil eum plus desiderasse, quod in homine non sapiente nescio quomodo accipiam, metuebat tamen – erat enim, ut dicitur, ingenii non mali – ne illa omnia sibi vel uno adverso impetu raperentur. non enim magnum erat intellegere talia cuncta, quantacumque essent, esse sub casibus constituta. – Tum ego arridens: Vides, inquam, Licenti, fortunatissimum istum hominem a beata vita ingenii bonitate inpeditum. quo enim erat acutior, eo videbat illa omnia se posse amittere; quo

teich, in dem er eine bestimmte Muräne derart liebte, daß er, wie man erzählt, geweint habe, als sie starb.

Prüft nun, ob auch jeder, der elend ist, bedürftig ist. Denn wenn man diesem Satz zustimmt, entsteht folgende Schwierigkeit, daß viele, die ein großes Vermögen beliebiger Dinge besitzen und denen alles so leicht ist, daß auf ihren Wink alles zur Verfügung steht, was ihre Begierde fordert, trotzdem ein schwieriges Leben haben. Stellen wir uns jemanden vor, *der so war, wie Tullius dies von Orata erzählt. Wer wird nämlich ohne weiteres zugeben, daß Orata Mangel gelitten habe, er, ein äußerst vermögender, angenehmer und wählerischer Mensch, dem weder etwas zu seinem Vergnügen noch zu seiner Beliebtheit und zu seiner vollen und unversehrten Gesundheit fehlte! Besaß er doch einen Überfluß an einträglichsten Besitztümern und liebenswürdigsten guten Freunden, so viel er nur wollte. All dies verwandte er auf das zweckmäßigste zur Erhaltung der Gesundheit, und – um es kurz zu sagen – jedes Unternehmen und jede Absicht erfüllten sich bei ihm auf das glücklichste.*

Doch vielleicht wird einer von euch vermuten, er habe immer noch mehr haben wollen, als er hatte. Darüber wissen wir nichts. In unserem Zusammenhang genügt es anzunehmen, daß er tatsächlich nicht mehr begehrte, als er besaß. Habt ihr da den Eindruck, er habe Mangel gelitten? – Darauf sagte Licentius: Auch wenn ich zugebe, daß er nicht mehr begehrte, (wobei ich nicht weiß, wie ich dies bei einem Menschen, der nicht weise war, verstehen soll), so pflegte er doch zu fürchten – er war nämlich, wie man sagt, ein kluger Mann –, daß ihm alles jenes durch einen einzigen widrigen Sturm geraubt werden könnte. Es war ja auch keine große Sache zu begreifen, daß alle jene Güter, so groß sie auch sein mochten, dem Zufall unterworfen seien. – Da lächelte ich und sagte: Da siehst du, Licentius, wie dieser glückgesegnete Mann durch die Trefflichkeit seines Verstandes vom glückseligen Leben ferngehalten wurde. Denn je scharfsinniger er war, desto klarer sah er, daß er alles jenes verlieren könne. Die Angst davor

metu frangebatur illudque vulgare satis asserebat infidum hominem malo suo esse cordatum.

Hic cum et ille et ceteri adrisissent: Illud tamen, inquam, diligentius adtendamus, quia, etsi timuit iste, non eguit, unde quaestio est. egere est enim in non habendo, non in timore amittendi quae habeas. erat autem iste miser quia metuebat, quamvis non egeret. non igitur omnis, qui miser est, eget. – Quod cum adprobavisset cum ceteris etiam ipsa, cuius sententiam defendebam, aliquantum tamen addubitans: *Nescio, inquit, tamen et nondum plane intellego, quomodo ab egestate possit miseria aut egestas a miseria separari. nam et iste, qui dives et locuples erat et nihil, ut dicitis, amplius desiderabat, tamen, quia metuebat ne amitteret, egebat sapientia.* ergone hunc egentem diceremus, si egeret argento et pecunia, cum egeret sapientia, non dicemus? – Ubi cum omnes mirando exclamassent me ipso etiam non mediocriter alacri atque laeto, quod ab ea potissimum dictum esset, *quod pro magno de philosophorum libris atque ultimum proferre paraveram*: Videtisne, inquam, aliud esse multas variasque doctrinas, aliud animum adtentissimum in deum? nam unde ista, quae miramur, nisi inde procedunt? – Hic Licentius laetus exclamans: Prorsus, inquit, nihil verius, nihil divinius dici potuit. nam et maior ac miserabilior egestas nulla est quam egere sapientia et, qui sapientia non eget, nulla re omnino egere potest.

Est ergo animi egestas, inquam, nihil aliud quam stultitia. haec est enim contraria sapientiae et ita contraria, ut mors vitae, ut beata vita miserae, hoc est sine aliquo medio. nam ut omnis non beatus homo miser est omnisque homo non mortuus vivit, sic omnem non stultum manifestum est esse sapientem. ex quo et illud iam licet videre, non ex eo tantum Sergium Oratam fuisse miserum, quod timebat, ne

drückte ihn, und so bestätigte er jenen bekannten Satz, „daß der mißtrauische Mensch zu seinem eigenen Unheil klug sei".

Als er und die übrigen dazu lachten, sagte ich: Wir müssen sorgfältig festhalten, daß jener, auch wenn er Angst hatte, dennoch nicht bedürftig war. Das ist ja unsere Frage. Denn Bedürftigkeit besteht im Nichtbesitzen, nicht in der Angst, zu verlieren, was man besitzt. Jener war also elend, weil er fürchtete, obwohl er nicht bedürftig war. Also ist nicht jeder bedürftig, der elend ist. Dies billigten sowohl die andern wie auch sie (die Mutter), deren These ich verteidigte. Doch sie sagte nach einigem Zögern: *Ich verstehe noch nicht ganz, wie Elend von Bedürftigkeit oder Bedürftigkeit von Elend getrennt werden kann. Denn auch jener da, der reich und begütert war und, wie ihr sagt, nichts weiter begehrte, ermangelte doch der Weisheit, da er zu verlieren fürchtete.* Sollten wir ihn nun bedürftig nennen, falls er des Silberzeugs und des Vermögens ermangelte, dagegen nicht, wenn er der Weisheit ermangelte? Da riefen ihren Worten alle begeistert Beifall; und auch ich selber war nicht wenig erregt und glücklich darüber, daß gerade sie das ausgesprochen hatte, *was ich als eine große und endgültige Einsicht aus den Büchern der Philosophen vorzutragen beabsichtigte.* Seht ihr also, sagte ich, daß es etwas ganz anderes ist, viele verschiedene Lehren zu kennen, und etwas anderes, seinen Geist auf Gott gerichtet zu haben? Denn woher könnte das ausgehen, was wir bewundern, wenn nicht von dort? – Da bemerkte Licentius erfreut: Man könnte in der Tat nichts Wahreres und nichts Göttlicheres sagen. Denn es gibt keine größere und jämmerlichere Bedürftigkeit als die Bedürftigkeit in der Weisheit, und wer in der Weisheit nicht bedürftig ist, der kann überhaupt in keiner Hinsicht bedürftig sein.

Also ist, sagte ich, die Bedürftigkeit der Seele nichts anderes als die Torheit. Sie ist nämlich der Weisheit entgegengesetzt, und zwar so wie der Tod dem Leben und wie dem glückseligen Leben das unselige, nämlich ohne jedes Zwischenglied. Denn wie jeder nicht glückselige Mensch unselig ist und jeder Mensch lebt, der nicht tot ist, so ist es auch klar, daß jeder, der nicht töricht ist, weise ist. Daraus kann man schon entnehmen, daß Sergius Orata nicht bloß darum elend war, weil er fürchtete, die Geschenke des

fortunae illa munera amitteret, sed quia stultus erat. quo fit, ut miserior esset, si tam pendulis nutantibusque his, quae bona putabat, nihil omnino metuisset. esset enim non fortitudinis excubiis sed mentis sopore securior et altiore stultitia demersius miser. at si omnis, qui caret sapientia, magnam patitur egestatem omnisque compos sapientiae nihilo eget, sequitur, ut stultitia sit egestas. ut autem omnis stultus miser, ita omnis miser stultus est. ergo ut omnis egestas miseria, ita omnis miseria egestas esse convincitur.

41 Nonius, p. 337:

Lentum significat tardum.
 M. Tullius in Hortensio: 'hunc Crassum, qui lentius, ut scitis, dicere solebat, ad imitationem quasi nostri generis contendisse'.

42 Nonius, p. 216, 14:

Ostrea generis feminini.
 M. Tullius in Hortensio: 'sollertiamque eam posse vel in tegulis proseminare ostreas'.

43 Priscianus, De institutione Grammatica, X, 2, 13, p. 506 H.:

Deponentia in 'quor' mutant eam in 'cu' et assumentia 'tum' faciunt supinum: 'loquor locutum', 'sequor secutum'; 'fruor' vero 'fructum' facit, sicut 'struo structum'. Cicero in Hortensio: et amoenitate summa perfructus est.

44 Nonius, p. 321, 14:

Invitare est delectare.
 M. Tullius in Hortensio: 'voluptates autem nulla ad res necessarias invitamenta adferunt sensibus'.

Glücks zu verlieren, sondern auch, weil er töricht war. Daraus ergibt sich, daß er noch elender gewesen wäre, wenn er für jene schwankenden und gebrechlichen Dinge, die er für Güter hielt, nicht gefürchtet hätte. Denn da wäre er sorgloser gewesen, nicht durch die Wachsamkeit seiner Tapferkeit, sondern durch die Stumpfheit seines Geistes, und er wäre noch tiefer im Elend seiner Torheit versunken. Aber wenn jeder, der der Weisheit ermangelt, unter einer großen Bedürftigkeit leidet und jeder, der sie besitzt, unbedürftig ist, so folgt, daß die Torheit Bedürftigkeit ist. Denn wie jeder Tor elend ist, so ist jeder Elende töricht; wie jede Bedürftigkeit Elend bedeutet, so ergibt sich, daß jedes Elend auch Bedürftigkeit ist.

M. Tullius im Hortensius: „... daß dieser Crassus, der ja, wie ihr wißt, überaus langsam zu reden pflegte, sich um die Nachahmung gleichsam unserer Art bemüht habe."

M. Tullius im Hortensius: „... und diese Geschicklichkeit, sogar auf Ziegeln Austern aussäen zu können."

Cicero im Hortensius: „... und er genoß (bis zum Ende) die höchste Annehmlichkeit."

M. Tullius im Hortensius: „Die Lust verschafft den Sinnen keinen Ansporn zu den notwendigen Dingen."

45 Nonius, p. 384, 21:

Redundare, abundare, superesse.
M. Tullius in Hortensio: 'tum intellegas quam illud non sit necessarium quod redundat'.

46 Nonius, p. 411, 34:

Tenue, parvum, exiguum.
M. Tullius in Hortensio: 'eundem non ⟨modo⟩ mediocri pecunia, sed etiam tenui percipere possumus'.

47 Nonius, p. 313, 24:

Fides, chordae quae appellantur.
M. Tullius in Hortensio: 'ponendae sunt fides et tibiae'.

48 Nonius, p. 337, 30:

Lautum, elegans, suave.
M. Tullius in Hortensio: 'quae est igitur philosophia, Socrate? nec dubito quin, quaecumque sit, lautum ac victum elegantem [magnifice] neque minus quam deceret colere instituisset ⟨nisi...⟩'.

49 Lactantius, Institutiones divinae, III, 16, 7–11

Sed profecto quia nihil ad vitam boni adferebant, nec ipsi decretis suis obtemperaverunt nec quisquam per tot saecula inventus est qui eorum legibus viveret. abicienda est igitur omnis philosophia, quia non studendum sapientiae, quod fine ac modo caret, sed sapiendum est et quidem mature. non enim nobis altera vita conceditur, ut cum in hac sapientiam quaeramus, in illa sapere possimus: in hac utrumque fieri

M. Tullius im Hortensius: „Dann magst du einsehen, wie wenig notwendig jenes ist, das im Überfluß vorhanden ist."

M. Tullius im Hortensius: „Denselben (Gewinn) können wir nicht (nur) mit einer durchschnittlichen Geldmenge, sondern sogar mit einer sehr geringen erlangen."

M. Tullius im Hortensius: „Abzulegen sind Lyra und Flöten."

M. Tullius im Hortensius: „Was ist also die Philosophie, Sokrates? Und ich zweifle nicht, daß sie, was immer sie auch sein mag, ... einen gepflegten und eleganten Lebenswandel [wunderbar] und nicht weniger, als es sich geziemt, begründet hätte."

Da sie in der Tat nichts Förderliches für das Leben beizubringen hatten, haben sie weder sich selber an ihre Lehren gehalten, noch hat sich in all den Jahrhunderten jemand gefunden, der nach ihren Vorschriften gelebt hätte. Also ist jede Philosophie zu verwerfen, da wir nicht nach der Weisheit zu streben haben, was ohne Ziel und Maß ist, sondern weise werden sollen, und zwar bald. Denn uns ist nicht ein anderes Leben zugebilligt, damit wir in diesem Leben die Weisheit suchen und im anderen sie besitzen können. Beides muß im gegenwärtigen Leben geschehen, also

necesse est. cito inveniri debet, ut cito suscipi possit, ne quid pereat ex vita, cuius finis incertus est. *Ciceronis Hortensius contra philosophiam disserens circumvenitur arguta conclusione, quod cum diceret philosophandum non esse, nihilominus philosophari videbatur, quoniam philosophi est quid in vita faciendum vel non faciendum sit disputare.* nos ab hac calumnia inmunes ac liberi sumus qui philosophiam tollimus, quia humanae cogitationis inventio est, sophiam defendimus, quia divina traditio est, eamque ab omnibus suscipi oportere testamur. ille cum philosophiam tolleret nec melius aliquid adferret, sapientiam tollere putabatur eoque facilius de sententia pulsus est, quia constat hominem non ad stultitiam, sed ad sapientiam nasci.

50 BOETHIUS, DE DIFFERENTIA TOPICORUM 2

Ut si quaeratur, utrum philosophiae studendum sit, erit argumentatio talis: "philosophia amor sapientiae est, huic studendum nemo dubitat: studendum igitur est philosophiae." hic enim non definitio rei, sed nominis interpretatio argumentum dedit, *quo Tullius etiam in Hortensio in eiusdem philosophiae usus est defensione.*

51 NONIUS, P. 253, 28:

Capere, decipere, circumvenire.
   M. Tullius in Hortensio: 'captum me fortasse, inquit, putas et id, quod nollem, confiteri coactum'.

müssen wir sie bald finden, um sie uns bald aneignen zu können, damit nicht inzwischen ein Teil des Lebens, dessen Ende unsicher ist, uns entläuft. *Hortensius, der im ciceronischen Dialog gegen die Philosophie spricht, wird mit einer scharfsinnigen Schlußfolgerung in eine Falle gelockt, weil er nämlich, wenn er behauptete, man solle nicht philosophieren, dann keineswegs weniger zu philosophieren schien, da es ja gerade die Aufgabe des Philosophen sei, Erörterungen darüber anzustellen, was man im Leben tun und nicht tun solle.* Wir sind von jenem Vorwurf nicht betroffen und frei, die wir die Philosophie beseitigen, da sie eine Erfindung des menschlichen Denkens ist, aber die Sophia verteidigen, da sie von Gott überliefert ist, und von der wir bezeugen, daß sie von allen entgegengenommen werden muß. Als jener die Philosophie beseitigte und nichts Besseres an ihre Stelle setzte, schien er die Weisheit selber zu beseitigen und wurde um so leichter widerlegt, weil es klar ist, daß der Mensch nicht zur Torheit, sondern zur Weisheit geboren ist.

Wenn man fragt, ob man sich um die Philosophie kümmern soll, wird die Argumentation so lauten: „Philosophie ist die Liebe zur Weisheit; daß man sich um diese bemühen soll, daran zweifelt keiner: also muß man sich um die Philosophie bemühen." Hier gab nämlich nicht die Definition der Sache, sondern die Erklärung des Namens das Argument, *welches Cicero auch im „Hortensius" in der Verteidigung derselben Philosophie verwendet hat.*

M. Tullius im Hortensius: „Vielleicht glaubst du, – sagte er, – daß ich mich fangen ließ und nun gezwungen bin, das zuzugestehen, was ich nicht wollte."

52 Lactantius, Institutiones divinae, III, 16, 12–16

Praeterea illut quoque argumentum contra philosophiam valet plurimum, quo idem est usus *Hortensius, ex eo posse intellegi philosophiam non esse sapientiam, quod principium et origo eius appareat. quando, inquit, philosophi esse coeperunt? Thales ut opinor primus. recens haec quidem aetas: ubi ergo aput antiquiores latuit amor iste investigandae veritatis?*

53 Nonius, p. 418, 13:

Urguere est premere, cogere.
 M. Tullius in Hortensio: 'itaque tunc Democriti manus urguebatur; est enim non magna'.

54 Nonius, p. 81, 32:

Comest pro comedit.
 M. Tullius in Hortensio: 'sicut pharmacopola bestiam se ad extremum pollicetur prolaturum, quae se ipsa comest, quod efficit dialecticorum ratio'.

55 Nonius, p. 364, 21:

Pressum, subtile.
 M. Tullius in Hortensio: 'quis te aut est aut fuit umquam in partiundis rebus, in definiundis, in explicandis pressior?'

56 Nonius, p. 258, 26:

Contendere, intendere.
 M. Tullius in Hortensio: 'magna etiam animi contentio adhibenda est in explicando Aristotele, si legas ⟨...⟩'.

Außerdem hat auch folgendes Argument gegen die Philosophie große Bedeutung, welches derselbe Hortensius vorgebracht hat: *Daß die Philosophie nicht die Weisheit sei, könne daraus ersichtlich werden, daß sich ihr Anfang und Ursprung deutlich zeige. „Seit wann", sagt er, „hat es Philosophen gegeben? Thales war, wie ich glaube, der erste. Doch dies ist freilich aus neuerer Zeit. Wo war also bei den Alten dieser Trieb, die Wahrheit aufzuspüren, verborgen?"*

M. Tullius im Hortensius: „Und daher versuchte man damals die Schar um Demokrit zu bedrängen; sie ist nämlich nicht groß."

M. Tullius im Hortensius: „So verspricht der Schausteller, daß er als Höhepunkt ein Tier zeigen werde, das sich selber auffrißt, wie dies auch die Methode der Dialektiker tut."

M. Tullius im Hortensius: „Wer ist oder war je genauer als du beim Einteilen der Dinge, beim Definieren oder Erklären?"

M. Tullius im Hortensius: „Es ist auch eine große Geistesanstrengung nötig beim Erklären des Aristoteles, wenn du etwa ⟨...⟩ liest."

57 Nonius, p. 372, 13:

Praecipere est iubere vel monere.

M. Tullius in Hortensio: 'praecipiunt haec isti, set facit nemo'.

58 Nonius, p. 371, 20:

Praestare, antecellere.

M. Tullius in Hortensio: 'itaque nec in philosophia cuiquam cessit et vitae gravitate praestitit'.

59 Augustinus, De dialect. 9

Itaque rectissime a dialecticis dictum est ambiguum esse omne verbum. nec moveat *quod apud Ciceronem calumniatur Hortensius: „hoc modo ambigua se aiunt audere explicare dilucide. idem omne verbum ambiguum esse dicunt. quomodo igitur ambigua ambiguis explicabunt? nam hoc est in tenebras extinctum lumen inferre"*. facete quidem atque callide dictum, sed hoc est quod apud eundem Ciceronem Scaevola dicit Antonio, denique ut sapientibus diserte, stultis etiam vere videaris dicere. quid enim aliud illo loco fecit Hortensius nisi acumine ingenii et lepore sermonis quasi meraco et suavi poculo inperitis caliginem obfudit? quod enim dictum est omne verbum esse ambiguum de verbis singulis dictum est; explicantur autem ambigua disputando et nemo utique verbis singulis disputat.

60 Nonius, p. 329, 21:

Increpat et increpitat paria sunt, et est aut incusare aut insultare.

M. Tullius im Hortensius: „Diese da schreiben solches vor, doch keiner tut es."

M. Tullius im Hortensius: „Und so ist er denn keinem in der Philosophie nachgestanden und hat sich gleichzeitig durch den Ernst seines Lebens hervorgetan."

Dies ist sehr richtig von den Dialektikern gesagt worden, daß jedes Wort zweideutig sei; und es soll uns nicht beeindrucken, *was Hortensius bei Cicero ihnen vorwirft: Sie erklären, sie würden es wagen, unter dieser Voraussetzung das Mehrdeutige klar zu bestimmen; dieselben Leute aber sagen, daß jedes Wort mehrdeutig sei; wie also werden sie Mehrdeutiges mit Mehrdeutigem erklären? Denn dies ist das gleiche, wie wenn man ein erloschenes Licht in die Finsternis trägt."* Dies ist gewiß witzig und schlau formuliert. Es ist genau das, was bei demselben Cicero Scaevola dem Antonius sagt, man erwecke damit bei den Weisen den Eindruck, man rede gewandt, und bei den Toren sogar, man sage die Wahrheit. Was anderes hat nämlich Hortensius an jener Stelle getan, als mit der Schärfe seines Geistes und der Eleganz seiner Worte gewissermaßen wie mit einem reinen und angenehmen Getränk die Unerfahrenen in Verwirrung zu stürzen? Wenn nämlich behauptet wird, jedes Wort sei mehrdeutig, so gilt dies nur für die einzelnen Worte; aber Mehrdeutigkeiten werden in der Diskussion geklärt, und niemand diskutiert nur mit einzelnen Wörtern.

M. Tullius in Hortensio: 'tum ψευδομένους et soritam et totam dialecticam aut inludis aut increpas'.

61   Nonius, p. 271, 31:

Caedere, excidere.

M. Tullius in Hortensio: 'aut tibi id ipsum pervertendum fuit, quod tu ne attigisti quidem, aut eius partes quasi membra quaedam caedenda.'

62   Lactantius, Institutiones divinae, I, 7, 3–5

Satis ut opinor et argumentis docui et testibus confirmavi quod per se satis clarum est, unum esse regem mundi unum patrem, unum dominum. sed fortasse quaerat aliquis a nobis idem illut *quod aput Ciceronem quaerit Hortensius, si deus unus est, quae esse beata solitudo queat.* tamquam nos quia unum dicimus, desertum ac solitarium esse dicamus. habet enim ministros, quos vocamus nuntios. et est illut verum quod dixisse in Exhortationibus Senecam supra rettuli, genuisse regni sui ministros deum.

63   Nonius, p. 399, 15:

Subducere, subputare.

M. Tullius in Hortensio: 'non et sine ea cogitatione ineundis subducendisque rationibus'.

64   Maximus Taurinus, Tractatus c. paganos Pl. LVII 783 Migne

Fato dicis omnia fieri. sed stultus stulta loquitur, et cor eius vana intelligit, et, sicut ille aiebat Tullius in Hortensio dicens: *Avia mea dicebat hoc quod dicis, fato omnia fieri; mater autem mulier sapiens non existimavit.* et nos possumus in veritate dicere.

M. Tullius im Hortensius: „Dann verspottest du entweder oder verhöhnst die Pseudomenoi (den Schluß vom Lügner), den Sorites (den Haufenschluß) und die ganze Dialektik."

M. Tullius im Hortensius: „Es war deine Aufgabe, entweder die Sache selbst, welche du ja nicht einmal berührt hast, ganz umzuwerfen, oder ihre Teile gleichsam wie die Glieder eines Körpers einzeln zu zerschneiden."

Ich habe, wie ich denke, hinreichend mit Argumenten bewiesen und mit Zeugen bestätigt, was in sich klar genug ist, daß nämlich ein König die Welt regiert, ein Vater und ein Herr. Vielleicht könnte einer dieselbe Frage stellen, *welche bei Cicero Hortensius vorträgt: „Wenn es nur einen Gott gibt, wie kann dann die Einsamkeit glückselig sein?"* Als ob wir behaupten wollten, weil er nur einer ist, sei er verlassen und einsam. Er hat nämlich seine Diener, die wir seine Boten nennen, und so ist es auch wahr, was ich aus den „Ermahnungen" Senecas mitgeteilt habe: „Gott habe Diener für sein Reich hervorgebracht."

M. Tullius im Hortensius: „Etwa ohne diese Überlegung beim Eintreten in die Berechnungen und beim Ziehen des Fazits."

Du sagst, alles geschehe durch das Fatum (Schicksal); aber ein Tor spricht Törichtes, und sein Herz erkennt nur Eitles; und so wie jener Tullius im „Hortensius" sagte: *„Meine Großmutter pflegte zu behaupten, was du sagst, alles geschehe nach dem Fatum, meine Mutter aber, eine weise Frau, glaubte nicht daran"*, – und wir können diesem mit Gewißheit zustimmen.

65 Nonius, p. 41, 29:

Prudentiam a providendo dictam dilucide ostendit
M. Tullius in Hortensio: 'id enim est sapientis, providere; ex quo sapientia est appellata prudentia'.

66 Nonius, p. 498, 36:

Genetivus pro ablativo.
M. Tullius in Hortensio: 'et qui expectat, pendet animi, quia semper, quid futurum sit, incertum est'.

67 Nonius, p. 235, 18:

Aptum rursum conexum et conligatum significat.
M. Tullius in Hortensio: 'altera est nexa cum superiore et inde apta atque pendens'.

68 Nonius, p. 170, 22:

Scripta, puncta tesserarum.
M. Tullius in Hortensio: 'itaque tibi concedo, quod in duodecim scriptis solemus, ut calculum reducas, si te alicuius dati paenitet'.

69 I/70 I Augustinus, De trinitate. XIII 7–8

Mirum est autem cum capessendae atque retinendae beatitudinis voluntas una sit omnium, unde tanta exsistat de ipsa beatitudine rursus varietas et diversitas voluntatum, non quod aliquis eam nolit, sed quod non omnes eam norint. si enim omnes eam nossent, non ab aliis putaretur esse in virtute animi, aliis in corporis voluptate, aliis in utraque, et aliis atque aliis, alibi atque alibi. ut enim eos quaeque res maxime delectavit ita in ea constituerunt vitam beatam. quomodo igitur ferventissime amant omnes quod non omnes sciunt? quis potest amare quod nescit, sicut

M. Tullius im Hortensius: „Dies ist nämlich Aufgabe des Weisen, vorauszusehen; daher ist die Weisheit ‚Voraussehen' genannt worden."

M. Tullius im Hortensius: „Und wer etwas abwartet, ist innerlich im Schwanken, weil das Zukünftige immer ungewiß ist."

M. Tullius im Hortensius: „Die zweite ist verknüpft mit der vorangehenden und zugleich an jene gebunden und von ihr abhängig."

M. Tullius im Hortensius: „Deshalb erlaube ich dir, wie wir im Brettspiel zu tun pflegen, ein Steinchen zurückzuziehen, falls es dich reut, etwas zugegeben zu haben."

Wenn nun alle denselben Willen haben, die Glückseligkeit zu ergreifen und festzuhalten, dann ist es merkwürdig, woher nun hinsichtlich der Glückseligkeit selber eine so große Verschiedenheit und Gegensätzlichkeit im Willen entstehen kann; es ist nicht so, daß einer sie nicht besitzen wollte, wohl aber so, daß nicht alle sie kennen. Wenn nämlich alle sie kennen würden, würden nicht die einen meinen, sie bestünde in der Tugend der Seele, die anderen, in der Lust des Körpers, und wieder andere, in beidem, und so immer wieder bald hier, bald dort etwas anderes. Denn was einen jeden am meisten erfreut, darin besteht für ihn die Glückseligkeit. Wie können aber nun die Menschen etwas mit der größten Leidenschaft lieben, was gar nicht alle kennen? Wie

iam de hac re in libris superioribus disputavi? cur ergo beatitudo amatur ab omnibus nec tamen scitur ab omnibus? an forte sciunt omnes ipsa quae sit, sed non omnes sciunt ubi sit et inde contentio est? quasi vero de aliquo mundi huius agatur loco ubi debeat quisque velle vivere qui vult beate vivere, ac non ita quaeratur ubi sit beatitudo sicut quaeritur quae sit. nam utique si in corporis voluptate est, ille beatus est qui fruitur corporis voluptate; si in virtute animi, ille qui hac fruitur; si in utraque, ille qui fruitur utraque. cum itaque alius dicit: 'Beate vivere est voluptate corporis frui.' alius autem: 'Beate vivere est virtute animi frui.' nonne aut ambo nesciunt quae sit beata vita aut non ambo sciunt? quomodo ergo ambo amant eam si nemo potest amare quod nescit? an forte falsum est quod pro verissimo certissimoque posuimus, beate vivere omnes homines velle? si enim beate vivere est verbi gratia secundum animi virtutem vivere, quomodo beate vivere vult qui hoc non vult? nonne verius dixerimus: 'Homo iste non vult beate vivere quia non vult secundum virtutem vivere, quod solum est beate vivere? non igitur omnes beate vivere volunt, immo pauci hoc volunt si non est beate vivere nisi secundum virtutem animi vivere, quod multi nolunt? itane falsum erit unde *nec ipse, cum Academicis omnia dubia sint, Academicus Cicero dubitavit qui cum vellet in Hortensio dialogo ab aliqua re certa de qua nullus ambigeret sumere suae disputationis exordium, beati certe, inquit, omnes esse volumus*? absit ut hoc falsum esse dicamus. quid igitur? an dicendum est etiamsi nihil sit aliud beate vivere quam secundum virtutem animi vivere, tamen et qui hoc non vult

kann jemand etwas lieben, was er nicht kennt, wie ich schon in den früheren Büchern dargelegt habe? Warum also wird die Glückseligkeit zwar von allen geliebt, aber nicht von allen begriffen? Oder wissen vielleicht alle, was sie ist, aber nicht, wo sie ist, und kommt daher die ganze Meinungsverschiedenheit? Als ob es sich um einen bestimmten Ort auf dieser Welt handelte, wo man leben müßte, wenn man glückselig leben will, und nicht die Frage, wo die Glückseligkeit sei, zusammenfiele mit der Frage, was sie sei. Wenn sie nämlich in der Lust des Körpers besteht, so ist der glückselig, der diese Lust genießt; wenn in der Tugend der Seele, dann der, der diese genießt; wenn in beidem, dann der, der beides genießt. Wenn nun einer sagt: „Das glückselige Leben ist, die Lust des Körpers zu genießen" und der andere: „Das glückselige Leben ist, die Tugend der Seele zu genießen", weiß doch entweder keiner von beiden, was die Glückseligkeit ist, oder nicht beide? Wie können beide sie lieben, wenn keiner das lieben kann, was er nicht kennt? Oder ist es etwa falsch, was wir als die sicherste und zuverlässigste Wahrheit angenommen haben, daß nämlich alle Menschen glückselig leben wollen? Wenn nämlich das glückselige Leben beispielsweise darin besteht, gemäß der Tugend der Seele zu leben, wie will dann der glückselig leben, der dies nicht will? Müßten wir nicht wahrheitsgemäßer sagen: Dieser Mensch will nicht glückselig leben, da er nicht gemäß der Tugend leben will, was doch die einzige Weise ist, glückselig zu leben? Also wollen wir nicht alle glückselig leben, oder vielmehr: nur wenige wollen glückselig leben, wenn das glückselige Leben in nichts anderem besteht als im Leben gemäß der Tugend, was die Mehrzahl gar nicht will. Also wäre falsch das, *woran nicht einmal der Akademiker Cicero zweifelte, obschon für die Akademiker alles zweifelhaft ist, Cicero, der, als er im Dialog Hortensius für seine Darlegungen einen sicheren Ausgangspunkt wählen wollte, an dem niemand zweifeln könne, erklärte:* „*Sicherlich wollen wir alle glückselig sein*"? Es sei ferne, daß wir dies für falsch erklären. Aber was nun? Sollen wir sagen, daß, auch wenn das glückselige Leben in nichts anderem bestehen kann als im Leben gemäß der Tugend der Seele, dennoch derjenige, der dies nicht will, glückselig leben will? Dies scheint jedoch gar zu

beate vult vivere? nimis quidem hoc videtur absurdum. tale est enim ac si dicamus: 'Et qui non vult beate vivere, beate vult vivere.' istam repugnantiam quis audiat, quis ferat? et tamen ad hanc contrudit necessitas, si et omnes beate velle vivere verum est, et non omnes sic volunt vivere quomodo solum vivitur beate.

An forte illud est quod nos ab his angustiis possit eruere, ut quoniam diximus ibi quosque posuisse beatam vitam quod eos maxime delectavit (ut voluptas Epicurum, virtus Zenonem, sic alium aliquid aliud), nihil dicamus esse beate vivere nisi vivere secundum delectationem suam, et ideo falsum non esse quod omnes beate vivere velint quia omnes ita volunt ut quemque delectat? nam et hoc populo si pronuntiatum esset in theatro, omnes id in suis voluntatibus invenirent. sed hoc quoque Cicero cum sibi ex adverso proposuisset, ita redarguit ut qui hoc sentiunt erubescant. ait enim: *Ecce autem non philosophi quidem sed prompti tamen ad disputandum omnes aiunt esse beatos qui vivant ut ipsi velint* hoc est quod nos diximus, ut quosque delectat, sed mox ille subiecit: *Falsum id quidem. velle enim quod non deceat id est ipsum miserrimum, nec tam miserum est non adipisci quod velis quam adipisci velle quod non oporteat.* praeclarissime omnino atque verissime. quis namque ita sit mente caecus et ab omni luce decoris alienus ac tenebris dedecoris involutus ut eum qui nequiter vivit ac turpiter et nullo prohibente, nullo ulciscente, nullo saltem reprehendere audente, insuper et laudantibus plurimis quoniam sicut ait scriptura divina: "Laudatur peccator in desideriis animae suae, et qui iniqua gerit benedicetur", implet omnes suas facinorosissimas et flagitiosissimas vo-

unsinnig. Denn das wäre, als wenn wir sagen wollten: „Auch der, der nicht glückselig leben will, will glückselig leben." Wer kann einen solchen Widerspruch anhören, wer ihn ertragen? Aber trotzdem sind wir dazu gezwungen, wenn auf der einen Seite alle glückselig leben wollen und dies wahr ist und auf der andern Seite nicht alle so leben wollen, wie man allein glückselig zu leben vermag.

Oder ist es etwa das folgende, das uns aus dieser Bedrängnis herausreißen kann. Als wir nämlich sagten, daß alle die Glückseligkeit dort angesetzt hätten, wo sie am meisten Freude empfänden (also die Lust für Epikur, die Tugend für Zenon und für andere wiederum anderes), wollten wir damit nichts anderes sagen als dies, daß glückseliges Leben nichts anderes sei als leben, wie es einem Freude mache; und darum sei es nicht falsch, daß alle glückselig leben wollen, weil jeder so leben will, wie es ihn freut? Denn wenn solche Worte dem Volk im Theater verkündigt würden, so würde ein jeder genau sie in seinem eigenen Willen vorfinden. Doch auch dies hat Cicero, nachdem er sich selbst diesen Einwand vorgebracht hatte, derart widerlegt, daß diejenigen, die so empfinden, erröten müssen. Er sagt nämlich: *„Beachte nämlich, daß zwar nicht Philosophen, aber immerhin Leute, die zur Diskussion gerne bereit sind, behaupten, alle seien glückselig, die so lebten, wie sie es selbst wollten."* (Das ist, wie wir formuliert haben, daß jeder so lebt, wie es ihm Freude macht). *Aber bald danach fügt jener bei: „Dies ist indessen falsch. Denn etwas zu wollen, was sich nicht geziemt, ist gerade das Unseligste; weniger unselig ist es, etwas nicht zu erlangen, was man will, als erlangen zu wollen, was sich nicht gehört."* Das ist überaus großartig und wahr gesagt. Wer könnte nämlich derart blind im Geiste sein, fern von allem Licht der Schicklichkeit und eingehüllt durch das Dunkel der Unschicklichkeit, daß er von dem, der gemein und schändlich lebt, ohne daß ihn jemand hindert oder bestraft oder auch nur zu tadeln wagt, ihn sogar die meisten loben – denn wie es die heilige Schrift sagt: „Der Sünder wird gelobt in den Begierden seiner Seele, und wer Unrecht treibt, wird gesegnet werden" –, und der alle seine verbrecherischen und schändlichen Wünsche erfüllt, sagt, daß er darum

luntates, ideo beatum dicat quia vivit ut vult, cum profecto, quamvis et sic miser esset, minus tamen esset si nihil eorum quae perperam voluisset habere potuisset? etiam mala enim voluntate vel sola quisque miser efficitur, sed miserior potestate qua desiderium malae voluntatis impletur.

Quapropter quoniam verum est quod omnes homines esse beati velint idque unum ardentissimo amore appetant et propter hoc cetera quaecumque appetunt, nec quisquam potest amare quod omnino quid vel quale sit nescit, nec potest nescire quid sit quod velle se scit, sequitur ut omnes beatam vitam sciant. omnes autem beati habent quod volunt, quamvis non omnes qui habent quod volunt continuo sint beati: continuo autem miseri qui vel non habent quod volunt vel id habent quod non recte volunt. beatus igitur non est nisi qui et habet omnia quae vult et nihil vult male.

69 II/70 II Augustinus, De beata vita, 10–11.

Atque ego rursus exordiens: Beatos nos esse volumus, inquam. – Vix hoc effuderam, occurrerunt una voce consentientes. – Videturne vobis, inquam, beatus esse, qui quod vult non habet? – Negaverunt. – Quid? omnis, qui quod vult habet, beatus est? – Tum mater: Si bona, inquit, velit et habeat, beatus est, si autem mala velit, quamvis habeat, miser est. – Cui ego arridens atque gestiens: ipsam, inquam, prorsus, mater, arcem philosophiae tenuisti. nam tibi procul dubio verba defuerunt, ut non sicut Tullius te modo panderes, cuius de hac sententia verba ista sunt. *nam in Hortensio quem de laude ac defensione philosophiae librum fecit: Ecce autem, ait, non philosophi quidem, sed prompti tamen ad disputandum omnes aiunt esse beatos, qui vivant ut ipsi velint. falsum id*

glückselig sei, weil er lebt, wie er will, während er doch offensichtlich zwar auch im folgenden Fall unselig wäre, aber doch weniger, wenn er nämlich nichts von dem, was er unsinnigerweise wollte, erlangen könnte? Denn allein schon durch den schlechten Willen wird ein jeder unselig, aber noch unseliger, wenn er auch die Macht hat, das Begehren seines schlechten Willens zu erfüllen.

Da es also wahr ist, daß alle Menschen glückselig sein wollen und dieses allein mit brennendem Eifer erstreben und alles übrige nur erstreben wegen dieses einen, und wenn ferner keiner etwas lieben kann, von dem er überhaupt nicht weiß, was und von welcher Qualität es ist, und wenn weiterhin keiner nicht wissen kann, was das sei, von dem er weiß, daß er es will, so folgt daraus, daß alle wissen, was das glückselige Leben ist. Alle Glückseligen haben denn auch, was sie wollen, obschon nicht alle, die haben, was sie wollen, sogleich auch glückselig sind. Unselig sind aber sogleich alle diejenigen, die entweder nicht haben, was sie wollen, oder das haben, was sie nicht in rechter Weise wollen. Glückselig ist also nur derjenige, der sowohl alles hat, was er will, wie auch nichts auf schlechte Weise will.

Ich nahm daher das Gespräch wieder auf und sagte: „Wir alle wollen glückselig sein." Kaum hatte ich dies vorgebracht, stimmten sie mir auch schon einmütig zu. „Was meint ihr", fragte ich sie, „ist etwa der glückselig, der nicht hat, was er begehrt?" Sie verneinten es. – „Wie aber? Ist jeder glückselig, der hat, was er begehrt?" Darauf antwortete die Mutter: „Wenn er etwas Gutes begehrt und es hat, ist er glückselig, wenn er aber etwas Schlechtes begehrt, ist er unselig, selbst wenn er es hat." Voller Freude lächelte ich ihr zu: „Mutter, du hast gerade die innerste Festung der Philosophie erobert. Denn ohne Zweifel fehlten dir nur die Worte, um dich fast wie Tullius auszubreiten, der diese Ansicht folgendermaßen wiedergibt. *Im „Hortensius" nämlich, einem Buch zum Lob und zur Verteidigung der Philosophie, sagt er: ‚Beachte nämlich, daß zwar nicht Philosophen, aber immerhin Leute, die zur Diskussion gerne bereit sind, behaupten, glückselig*

quidem: velle enim quod non deceat, id est ipsum miserrimum. nec tam miserum est non adipisci quod velis, quam adipisci velle quod non oporteat. plus enim mali pravitas voluntatis adfert quam fortuna cuiquam boni. –

69 III   c. acad. I, 2, 5: *"Beati certe"* inquit Trygetius, *"esse volumus."*

69 IV   de mor. eccl. I, 3, 4: *Beate certe omnes esse volumus.*

69 V   conf. X, 20, 29: *Nonne ipsa est beata vita, quam omnes volunt... nota est igitur omnibus, qui una voce, si interrogari possent, utrum beati esse vellent, sine dubitatione velle responderent.*

69 VI   c. Faust. XX, 5: *Cuius* (sc. dei) *solius participatione beatus homo fieri potest: quod omnes velle nemo ambigit.*

69 VII   de civ. X, 1: *Omnium certa sententia est, qui ratione quoquo modo uti possunt, beatos esse omnes homines velle.*

69 VIII   de trin. XIII, 8, 11: *Cum ergo beati esse omnes homines velint...*

69 IX   ib. XIII, 8, 11: *Deinde quomodo erit vera tam illa perspecta, tam examinata, tam eliquata, tam certa sententia, "beatos esse omnes homines velle", si ipsi, qui iam beati sunt, beati esse nec nolunt nec volunt?*

69 X   ib. XIII, 20, 25: *Beatos esse se velle omnium hominum est.*

69 XI   c. Iulian. op. imperf. V, 55: *Sunt et voluntaria necessaria, sicut beati esse volumus et necesse est ut velimus.*

seien alle, die so lebten, wie sie es selbst wollten; dies ist indessen falsch; denn etwas zu wollen, was sich nicht geziemt, ist gerade das Unseligste. Weniger unselig ist es, etwas nicht zu erlangen, was man will, als erlangen zu wollen, was sich nicht gehört. Mehr Unglück bringt nämlich für jeden die Schlechtigkeit des Willens als der Zufall an Gutem.'"

69 XII   ib. VI, 12: Immutabilis autem, cum qua homo creatus est et creatur, illa libertas est voluntatis, qua *beati esse omnes volumus* et nolle non possumus.

69 XIII   ib. VI, 26: "*Beati*" quippe "*omnes esse volumus*", quod ipsi quoque philosophi huius saeculi et Academici de rebus omnibus dubitantes teste patrono suo Tullio coacti sunt confiteri idque unum esse dixerunt, quod disputatione non egeat, quod nemo est qui non expectat.

69 XIV   in. Ps. 32, 15, serm. 2: *Omnes* enim *beati esse volunt*.

69 XV   retract. I, 13, 4: sicut dicimus *beatos esse omnes* homines *velle*.

69 XVI   epist. 104, 12: Quo quisquis perducitur, sine ulla dubitatione beatus est; *beati* autem *omnes esse volumus*.

69 XVII   Quintilianus, inst. V, 14, 13

Haec propositio aut confessa est ut proxima, aut probanda, ut: '*qui beatam vitam vivere volet, philosophetur oportet*', non enim conceditur; cetera sequi nisi confirmata prima parte non possunt. item adsumptio interim confessa est, ut: '*omnes autem volunt beatam vitam vivere*', interim probanda ut illa: 'quod est dissolutum sensu caret', cum soluta corpore anima an sit inmortalis vel ad tempus certum maneat sit in dubio. quod adsumptionem alii, rationem alii vocant.

69 XVIII   Iulius Victor, Cap. IX, De ratiocinatione

Syllogismorum propositio aut confessa est aut probanda; confessa, ut: omnes beatam vitam vivere vo-

Ein derartiger Vordersatz steht entweder schon fest oder ist wie im folgenden erst noch zu beweisen: *"Wer ein glückseliges Leben führen will, muß philosophieren"*, dies ist nämlich noch nicht zugegeben; das übrige kann nicht folgen, ohne daß der erste Teil bewiesen ist. Ebenso steht zuweilen auch der Untersatz schon fest, wie *"alle wollen ein glückseliges Leben führen"*, zuweilen bedarf er des Beweises, wie dieser: „Was aufgelöst ist, hat keine Empfindung mehr." Dabei ist es fraglich, ob die vom Körper gelöste Seele entweder unsterblich ist oder für eine bestimmte Zeit fortdauert. Eben dies nennen die einen einen Untersatz, die andern eine Begründung.

Der Vordersatz in einem Syllogismus steht entweder schon fest, oder man muß ihn noch beweisen: Fest steht, daß „alle ein

lunt. sequitur ergo argumentatio et conclusio; probanda, ut: *qui beatam vitam vivere volet, philosophetur oportet.* non enim conceditur, nisi confirmata fuerit. assumptio quoque interim confessa est, ut: *omnes autem volunt beatam vitam vivere.* interim probanda, ut: quod autem dissolutum est, sensu caret: quum hoc non constet, quia potest soluta corpore anima vel immortalis vel ad tempus manere. omnia genera conclusionum in syllogismis intelligi oportet.

70 III Augustinus, epist. 130, 10

Hic fortasse iam quaeras, quid sit ipsa beata vita, in qua quaestione multa philosophorum ingenia otiaque contrita sunt, qui tamen eam tanto minus invenire potuerunt, quanto minus eius fontem honoraverunt eique gratias egerunt. prius itaque adtende, utrum adquiescendum sit eis, qui dicunt eum *beatum esse, qui secundum suam vivit voluntatem.* sed absit, ut hoc verum esse credamus. quid, si enim nequiter velit vivere? nonne tanto miserior esse convincitur, quanto facilius mala voluntas eius impletur? merito hanc sententiam etiam ipsi, qui sine dei cultu philosophati sunt, respuerunt. nam quidam eorum vir eloquentissimus ait: "*Ecce autem alii non philosophi quidem, sed prompti tamen ad disputandum omnes aiunt esse beatos qui vivant ut ipsi velint. falsum id quidem; velle enim quod non deceat id est ipsum miserrimum, nec tam miserum est non adipisci quod velis quam adipisci velle quod non oporteat.*" quid tibi videntur haec verba? nonne ab ipsa veritate per quemlibet hominem dicta sunt?

glückseliges Leben führen wollen". Es folgen daher die Argumentation und die Konklusion; bewiesen werden muß: *„Wer ein glückseliges Leben führen will, muß philosophieren."* Denn dies wird nicht zugegeben, solange es nicht bewiesen ist. Immerhin ist auch der Untersatz zuweilen feststehend, wie: *„Alle wollen ein glückseliges Leben führen."* Zuweilen muß er bewiesen werden, wie ‚was sich aufgelöst hat, hat keine Empfindung mehr'. Denn dies steht keineswegs fest, da es möglich ist, daß auch abgelöst vom Körper die Seele entweder unsterblich ist oder doch eine Zeitlang überdauert. Alle Arten von Schlußfolgerungen müssen von einem Syllogismus her begriffen werden.

Hier magst du vielleicht schon fragen, was das glückselige Leben sei. Auf diese Frage haben schon viele Philosophen ihren Geist und ihre Zeit verwendet; doch konnten sie es um so weniger finden, als sie seine Quelle nicht ehrten und ihr Dank sagten. Achte also zunächst darauf, ob man denen zustimmen soll, die erklären, *glückselig sei der, der nach seinem eigenen Willen lebt.* Das sei ferne, daß wir dies für wahr halten. Denn was geschieht, wenn einer als Verbrecher leben will? Wird sich nicht zeigen, daß er um so elender ist, je leichter sein böser Wille sich erfüllt? So haben mit Recht auch jene, die ohne den Glauben an Gott philosophiert haben, jene These verworfen. Denn einer der Redegewandtesten unter ihnen sagt: *„Beachte nämlich, daß zwar nicht Philosophen, aber immerhin Leute, die zur Diskussion gern bereit sind, behaupten, glückselig seien alle, die so lebten, wie sie es selbst wollten; dies ist indessen falsch; denn etwas zu wollen, was sich nicht geziemt, ist gerade das Unseligste. Weniger unselig ist es, etwas nicht zu erlangen, was man will, als erlangen zu wollen, was sich nicht geziemt."* Was hältst du von diesen Worten? Sind sie nicht von der Wahrheit selber durch irgendeinen Menschen verkündet worden?

71 Nonius, p. 284, 35:

Differre, distare.
 M. Tullius in Hortensio: 'quantum inter se homines studiis moribus omni vitae ratione differant'.

72 Nonius, p. 438, 24:

Noxia, nocentia.
 M. Tullius in Hortensio: 'et ceteras quidem res, in quibus peccata non maxumas adferunt noxias, tamen inscii non attingunt'.

73 Nonius, p. 105, 6:

Eculeos diminutivum ab equis M. Tullius in Hortensio dici voluit: 'ut igitur domitores equorum non verbera solum adhibent ad domandum, sed cibum etiam saepe subtrahunt ⟨ut⟩ fame debilitetur eculeorum nimis effrenata vis ⟨sic...⟩'.

74 Nonius, p. 22, 21:

Gliscit est congelascit et colligitur, vel crescit, vel ignescit.
 M. Tullius in Hortensio: '⟨si accedit⟩ ad iuvenilem lubidinem copia voluptatum, gliscit illa, ut ignis oleo'.

75 Nonius, p. 289, 18:

Deducere, depravare, transvertere a recto.
 M. Tullius in Hortensio: 'habet enim ipsa (scil. natura) certam et definitam viam, ⟨sed⟩ ex ea multis vitiis et erroribus depravata deducitur'. –

M. Tullius im Hortensius: „Wie sehr sich die Menschen in ihren Bemühungen, ihren Sitten und in ihrer ganzen Lebensweise unterscheiden."

M. Tullius im Hortensius: „Und die übrigen Gebiete jedenfalls, worin die Fehler keinen besonders großen Schaden anrichten, die berühren sie in ihrer Unwissenheit nicht." ⟨Dagegen die Gebiete, in denen jeder Fehler den größten Schaden anrichtet, die behandeln sie, ohne sich darum zu kümmern, daß sie nichts davon wissen.⟩

M. Tullius im Hortensius: „Wie nämlich die Pferdebändiger zum Zähmen ihrer Tiere nicht nur Schläge anwenden, sondern ihnen auch oft die Nahrung entziehen, um so die allzusehr entfesselte Kraft der jungen Pferde durch Hunger zu schwächen, ⟨so...⟩".

M. Tullius im Hortensius: „⟨Wenn⟩ eine Menge von Lüsten zur jugendlichen Begierde ⟨dazukommt⟩, wächst diese wie Feuer mit Öl."

M. Tullius im Hortensius: „Denn sie (die Natur) hat selbst einen sicheren und bestimmten Weg, wird aber von ihm durch viele Fehler und Irrtümer verdorben weggeführt."

76   Nonius, p. 419, 13:

Vindicat, adsciscit, ad se trahit.
M. Tullius in Hortensio: 'deinde imitator, ut sibi quidem videtur, naturae mos vindicat'.

77   Nonius, p. 254, 10:

Capere, accipere.
M. Tullius in Hortensio: 'deinde boni mores et modestiores et ad capienda praecepta molliores'.

78 I   Nonius, p. 521, 19:

Inbuere consuetudo inducere existimat, cum sit proprie maculare vel polluere vel inficere.
M. Tullius in Hortensio: 'ut i, qui conbibi purpuram volunt, sufficiunt prius lanam medicamentis quibusdam, sic litteris talibusque doctrinis ante excoli animos et ad sapientiam concipiendam inbui et praeparari decet'.

78 II   Nonius, p. 386, 13:

Sufficere, ab inficiendo.
M. Tullius in Hortensio: 'ut i qui conbibi purpuram volunt, sufficiunt prius lanam medicamentis quibusdam'.

79 I   Nonius, p. 390, 17:

Severum, asperum, trucem.
M. Tullius in Hortensio: 'aliud ex silvis severum et triste'.

79 II   Nonius, p. 409, 20:

Triste est maestum aut infestum.
M. Tullius in Hortensio: 'aliud ex silvis severum et triste'.

M. Tullius im Hortensius: „Dann nimmt die Sitte, die Nachahmerin der Natur, wie es wenigstens ihr selber vorkommt, in Anspruch ⟨...⟩."

M. Tullius im Hortensius: „Dann ⟨machen⟩ gute Sitten sie (die jungen Leute) bescheidener und geneigter, Vorschriften anzunehmen."

M. Tullius im Hortensius: „Wie diejenigen, die einen Stoff mit Purpur einfärben wollen, zuerst die Wolle in gewissen Präparaten tränken, so sollen auch unsere Seelen durch die Wissenschaften und solche Lehren vorher bearbeitet und zum Erfassen der Weisheit durchtränkt und vorbereitet werden."

M. Tullius im Hortensius: „Etwas anderes aus den Wäldern, roh und finster."

80 Nonius, p. 300, 40:

Exultare, gloriari cum iactantia.

M. Tullius in Hortensio: 'inbecillis autem est pudoris magister timor; qui si quando paululum aberravit, statim spe inpunitatis exultat'.

81 Nonius, p. 288, 8:

Detrahere, tollere.

M. Tullius in Hortensio: 'ut ea sibi ratio vera restituat, quae consuetudo vitiosa detraxerat'.

82 I Nonius, p. 240, 39:

Acre, austerum, acidum, asperum, acerbum.

M. Tullius in Hortensio: 'quod alterius ingenium sicut acetum Aegyptium, alterius sic acre ut mel Hymettium dicimus'. –

82 II Augustinus, De beata vita 14

Tum ego ita rem posui: Si manifestum est, inquam, beatum non esse, qui quod vult non habet – quod paulo ante ratio demonstravit – nemo autem quaerit, quod invenire non vult, et quaerunt illi semper veritatem – volunt ergo invenire, volunt igitur habere inventionem veritatis – at non inveniunt, sequitur eos non habere quod volunt, et ex eo sequitur etiam beatos non esse. at nemo sapiens nisi beatus: sapiens igitur Academicus non est. – Hic repente illi quasi totum rapientes exclamaverunt. sed Licentius attentius et cautius advertens timuit adsensionem atque subiecit: nihil hinc admittam in viscera. (...) Dulcia, inquam, magis metuere Navigius deberet splene vitiosa. Hic ille arridens: plane me, inquit, talia sanabunt. nam nescio quo modo contortum hoc et aculeatum, quod posuisti, *ut ait ille de melle Hymettio, acriter dulce est nihilque inflat viscera.*

M. Tullius im Hortensius: „Für die Schwachen aber ist die Lehrerin der Scham die Furcht; wenn diese einmal nur ein wenig unachtsam war, so frohlockt die Seele sogleich in der Hoffnung auf Straflosigkeit."

M. Tullius im Hortensius: „⟨Der Mensch muß so erzogen werden⟩, daß ihm die richtige Einsicht das zurückerstattet, was ihm die fehlerhafte Gewohnheit entzogen hatte."

M. Tullius im Hortensius: „Weil des einen Geist wie ägyptischer Essig ⟨schmeckt⟩, der des anderen aber so bitter, wie wir es vom hymettischen Honig sagen."

Darauf formulierte ich die Lage folgendermaßen: Wenn es offensichtlich ist, daß der nicht glückselig ist, der nicht hat, was er will, – was vorhin bewiesen wurde – und wenn niemand sucht, was er nicht finden will, und wenn jene immer die Wahrheit suchen – denn sie wollen sie finden; sie wollen also die Entdeckung der Wahrheit – aber sie nicht finden, so folgt, daß sie nicht haben, was sie wollen, und daraus wieder ergibt sich, daß sie nicht glückselig sind. Aber weise ist nur der Glückselige, also ist der Akademiker nicht weise. Hier stimmten alle begeistert zu, außer Licentius, der aufmerksam und vorsichtig seine Zustimmung zurückhielt und erklärte, vorläufig nehme er diese Speise nicht an. (...) Darauf erwiderte ich, es müßte eher Navigius mit Süßspeisen vorsichtig sein, da er eine schwache Leber hat. Doch da sagte jener lächelnd: „Das, was du sagtest, wird mich sicher gesund machen; denn auf irgendeine Weise finde ich das, was du vorgeschlagen hast, verschlungen und spitzfindig, *etwa so wie jener vom hymettischen Honig spricht, nämlich als von etwas Bitter-Süßem, das auch die Eingeweide nicht bläht.*"

83 I Augustinus, Contra Iulian. Pelag. IV, 15, 76

Sed quis non quid prospexeris cernat? Ne scilicet in ipsa de voluptate quaestione unde tecum agimus, honestiores philosophi te obruerent, quos *Cicero propter ipsam honestatem tanquam consulares philosophos nuncupavit*; (...) non enim te adversus istos defenderet, non dico Epicurus, qui totum bonum hominis in voluptate corporis posuit, quia non quod ille tu sentis; sed Dinomachus: huius quippe dogma tibi placuit. nam ipse coniungendam voluptatem arbitratus est honestati, ut quemadmodum honestas, ita voluptas per se ipsam appetenda videretur.

83 II Augustinus, Contra Iulian. Pelag. VI, 16, 50

"Si autem, ut aliquo loco significasti, placet tibi secta Deinomachi, honestatem voluptatemque coniungens, quod *philosophi quoque huius mundi qui honestiores videbantur, Scyllaeum bonum esse dixerunt, ex humana scilicet natura beluinaque compactum* (...)".

83 III Augustinus, Epist. 104, 3

"Mortem autem malorum esse finem habent quidem vestrae litterae, sed nec ipsae omnes. Epicureorum est quippe ista sententia et si qui alii mortalem animam putant. at illi quos *Tullius quasi consulares philosophos appellat, quod eorum magni pendat auctoritatem, quoniam, cum extremum diem fungimur, non exstingui animam, sed emigrare censent, et ut merita quoque eius adserunt seu bona seu mala, vel ad beatitudinem vel ad miseriam permanere*".

HORTENSIUS

Aber wer kann nicht erkennen, was du beabsichtigst? Daß dich eben in dieser Frage nach der Lust – von der ja unsere Diskussion ausgeht – nicht die vornehmeren Philosophen überwältigen, jene nämlich, *welche Cicero gerade wegen ihrer Anständigkeit sozusagen als Konsulare unter den Philosophen bezeichnete."* (...) Gegen sie wird dich nicht Epikur verteidigen, der in der Lust des Körpers das ganze Gute für den Menschen erblickt, da du anders denkst als er, aber auch nicht Deinomachos. Seine Lehre gefällt dir. Denn er glaubte, man müsse die Lust und die Tugend so kombinieren, daß genauso wie die Tugend so auch die Lust ihrer selbst wegen zu erstreben sei.

Wenn nun, wie du irgendwo angedeutet hast, dir die Schule des Deinomachos gefällt, der die Tugend mit der Lust kombiniert, so haben sogar *jene Philosophen dieser Welt, die die anständigeren zu sein schienen, dies als ein Gut der Skylla bezeichnet, nämlich zusammengesetzt aus einem menschlichen und einem tierischen Teil.*

Daß der Tod das Ende allen Übels ist, lehren bekanntlich auch eure Bücher, wenn auch nicht alle. Denn dies ist die These der Epikureer und der anderen, die die Seele für sterblich halten. Aber jene, *die Tullius sozusagen die Konsulare unter den Philosophen nennt, da er ihre Autorität sehr schätzt, weil sie der Meinung sind, daß, wenn wir sterben, die Seele nicht verlösche, sondern auswandere, glauben, daß auch die Leistungen der Seele, die guten wie die schlechten, weiterdauern, auf die Glückseligkeit oder auf die Unseligkeit hin.*

84 I Augustinus, Contra Iulian. Pelag.
IV, 14, 72

Obsecro te, non sit honestior philosophia gentium, quam nostra Christiana, quae una est vera philosophia, quandoquidem studium vel amor sapientiae significatur hoc nomine. vide enim quid in Hortensio dialogo dicat Tullius: quae magis verba te delectare debuerant, quam Balbi Stoicorum partes agentis: quae licet vera, tamen de parte hominis inferiore, hoc est, de corpore fuerunt, et te nihil adiuvare potuerunt. vide quid iste pro vivacitate mentis contra voluptatem corporis dicat. *"An vero,"* inquit, *"voluptates corporis expetendae, quae vere et graviter a Platone dictae sunt illecebrae esse atque escae malorum? quae enim confectio est,"* inquit, *„valetudinis, quae deformatio coloris et corporis, quod turpe damnum, quod dedecus, quod non evocetur atque eliciatur voluptate? cuius motus ut quisque est maximus, ita est inimicissimus philosophiae. congruere enim cum cogitatione magna voluptas corporis non potest. quis enim cum utatur voluptate ea, qua nulla possit maior esse, attendere animo, inire rationem, cogitare omnino quidquam potest? cuius autem tantus est gurges, qui dies et noctes sine ulla minimi temporis intermissione velit ita moveri suos sensus, ut moventur in summis voluptatibus? quis autem bona mente praeditus non mallet nulla omnino nobis a natura voluptates datas?"*

84 II Augustinus, Contra Iulian. Pelag.
IV, 15, 76

Maximeque ipse Plato, *quem Cicero appellare non dubitat paene philosophorum deum*; cuius nec tu nomen praeterire posuisti, cum de naturalibus, non de moralibus philosophorum nobis dogmata inferres

Ich beschwöre dich, daß die Philosophie der Heiden nicht tugendhafter sein darf als unsere christliche Philosophie, die ja allein die wahre Philosophie ist, da ja dieses Wort das Bemühen oder die Liebe zur Weisheit bezeichnet. Beachte nämlich, was Tullius im Dialog Hortensius sagt: Seine Worte haben dich mehr erfreuen müssen als die des Balbus, der die Rolle der Stoiker übernommen hatte; diese mögen wahr sein, aber dennoch sprachen sie über den niedrigeren Teil des Menschen, d. h. über den Körper, und konnten dir in keiner Weise helfen. Sieh, was dieser da für die Lebendigkeit des Geistes, gegen die Lust des Körpers sagt: *„Soll man wirklich", so sagt er, „die körperlichen Vergnügen erstreben, welche wahrhaft und mit Nachdruck von Platon als Lockungen und Köder für das Schlechte bezeichnet worden sind? Welche Schwächung"*, sagt er weiter, *„gibt es nämlich für die Gesundheit, welche Entstellung der Gesichtsfarbe und des Körpers, welchen schimpflichen Verlust, welche Schande, die nicht durch die Lust hervorgerufen und hervorgelockt wird? Je größer die Erregung ist, die von ihr ausgeht, desto feindseliger steht sie der Philosophie gegenüber; denn eine große körperliche Lust kann nicht mit vernünftigem Denken zusammengehen. Wer ist nämlich imstande, wenn er jene Lust genießt, die größer ist als jede andere, sich mit dem Geist auf etwas zu konzentrieren, sich mit einer vernünftigen Überlegung zu befassen oder überhaupt etwas zu denken? Wer ist so unersättlich, daß er Tage und Nächte ohne die geringste zeitliche Unterbrechung seine Sinne derart erregen wollte, wie sie sich in der höchsten Lust zu erregen pflegen? Wer, mit gutem Menschenverstand ausgerüstet, würde es da nicht vorziehen, daß uns von der Natur überhaupt keine Lust gegeben worden wäre?"*

Vor allem soll *Platon* selbst, *den Cicero nicht zögert, beinahe den Gott der Philosophen zu nennen* und dessen Namen auch du nicht übergehen konntest, als du uns die Lehren der Philosophen nicht in der Ethik, sondern in der Physik vortrugst oder vor-

sive praeferres: *qui corporis voluptates vere et graviter dixisse perhibetur illecebras atque escas malorum.*

84 III Augustinus, Contra Iulian. Pelag.
V, 8, 33

Si autem in quibusdam veris sententiis saltem philosophorum litteris cederes, non surdo corde illud audires, *quod voluptates illecebras atque escas malorum, et vitiosam partem animi dixerunt esse libidinem.*

84 IV Augustinus, Contra Iulian. Pelag.
V, 10, 42

Quid enim cogitari potest tunc, quando mens ipsa, qua cogitatur, illa carnali delectatione submergitur? unde optime ille de voluptate disputans, cuius verba in libro superiore iam posui: *"cuius motus,"* inquit, *"ut quisque est maximus, ita est inimicissimus philosophiae. congruere enim cum cogitatione magna voluptas corporis non potest. quis enim cum utatur voluptate,"* inquit, *"ea qua nulla possit maior esse, attendere animo, inire rationem, cogitare omnino quidquam potest?"* non igitur etiam tu potuisti gravius accusare quam laudas, nisi fatendo in eius impetu neminem posse sancta cogitare. sed utique religiosus animus isto malo bene utens hoc cogitat, ut libidinem concumbendo patiatur, quod non potest cogitare cum patitur. sicut salutem homo cogitat, ut somno se impertiat, quod utique non potest cogitare cum dormit: sed somnus cum occupat membra, non ea facit inoboedientia voluntati; quia et ipsam voluntatem ab

zogst: *„die körperlichen Begierden wahrheitsgemäß und mit allem Nachdruck Lockungen und Köder für das Schlechte genannt haben."*

Wenn du wenigstens in einigen wahren Sätzen den Lehren der Philosophen vertrauen würdest, so würdest du nicht mit taubem Herzen hören, daß sie sagten, *die Vergnügungen seien Lockungen und Köder für das Schlechte und die Begierde sei der lasterhafte Teil der Seele.*

Was nämlich kann dann gedacht werden, wenn der Geist selbst, mit dem man denkt, durch jenen körperlichen Genuß ertränkt wird? So hat jener (Cicero) auf das beste über die voluptas diskutiert, dessen Worte ich im vorangehenden Buch schon zitiert habe: *„Je größer die Erregung ist, die von ihr ausgeht, desto feindseliger steht sie auch der Philosophie gegenüber; denn eine große körperliche Lust kann nicht mit vernünftigem Denken zusammengehen. Wer ist nämlich imstande"*, sagt er, *„wenn er jene Lust genießt, die größer ist als jede andere, sich mit dem Geist auf etwas zu konzentrieren oder sich mit einer vernünftigen Überlegung zu befassen oder überhaupt etwas zu denken?"* Auch du konntest sie nicht ärger anklagen, als du sie lobst, als du zugestanden hast, daß bei ihrem Ansturm niemand etwas Frommes zu denken vermag. Die gläubige Seele wird immerhin dieses Übel gut zu verwenden wissen, derart daß sie die sexuelle Leidenschaft gewähren läßt, obschon sie nichts denken kann, solange sie sie gewähren läßt. So wie der Mensch an seine Gesundheit denkt, wenn er sich dem Schlaf überläßt, obschon er nichts zu denken vermag, solange er schläft: Doch wenn der Schlaf die Glieder umfaßt, so tut er dies nicht aus Ungehorsam dem Willen gegenüber, vielmehr lenkt er den Wil-

huiuscemodi alienat imperio, avertendo animam ad visa somniorum, in quibus saepe etiam futura monstrata sunt. unde si erat in paradiso vicissitudo vigilandi atque dormiendi, ubi non erat malum concupiscendi, tam felicia erant somnia dormientium, quam vita vigilantium.

84 V Augustinus, Soliloquia, I, 3, 4

Deus, per quem discimus aliena esse, quae aliquando nostra, et nostra esse, quae aliquando aliena putabamus; Deus, per quem *'malorum escis atque illecebris'* non haeremus; Deus, per quem nos res minutae non minuunt.

84 VI Nonius, p. 269, 22:

Conficere, consumere, finire.
   M. Tullius in Hortensio: 'quae est enim confectio valitudinis, quae deformatio corporis?'

85 Nonius, p. 399, 28:

Subducere est subripere.
   M. Tullius in Hortensio: 'an, cum videat me et meos comites, fortitudinem, magnitudinem animi, patientiam, constantiam, gravitatem, fidem, ipsa se subducat?'

86 Priscianus, VI, 12, 66

Hic sanguis, huius sanguinis', quod veteres 'hoc sanguen' dixerunt.
   Cicero in Hortensio: "ut ait Ennius: refugiat timido sanguen atque exalbescat metu".

87 Nonius, p. 338, 8:

Lentum, patiens, placidum.
   M. Tullius in Hortensio: 'qui cum publicas iniurias lente tulisset, suam non tulit'.

len selbst ab von einer derartigen Herrschaft, indem er die Seele auf die Traumbilder hinlenkt. Dabei ist oftmals auch die Zukunft geoffenbart worden. Wenn es nun im Paradies einen Wechsel zwischen Wachen und Schlaf gab, dort, wo keine böse Begierde vorhanden war, so war damals der Traum der Schlafenden ebenso glücklich wie das Leben der Wachenden.

Gott, durch den wir lernen, daß uns fremd ist, was wir zuweilen als das Unsrige ansahen, und daß das Unsrige ist, was wir zuweilen für fremd hielten; *Gott, durch den wir „an den Lockungen und Ködern für das Schlechte nicht haften bleiben"*. Gott, durch den uns die kleinen Dinge nicht kleiner machen.

M. Tullius im Hortensius: „Denn was gibt es für eine Schwächung der Gesundheit, was für eine Entstellung des Körpers?"

M. Tullius im Hortensius: „Sollte sie (die Glückseligkeit) sich etwa selbst zurückziehen, wenn sie mich (die Gerechtigkeit) und meine Begleiterinnen sieht, die Tapferkeit, die Seelengröße, die Ausdauer, die Beständigkeit, die Ernsthaftigkeit und die Treue?"

Cicero im Hortensius: „Wie Ennius sagt: ,... daß dem Ängstlichen das Blut zurückweicht und er weiß wird vor Furcht!'"

M. Tullius im Hortensius: „⟨...⟩ der, obschon er das Unglück für den Staat mit Ruhe ertragen hatte, sein eigenes nicht ertrug."

88 Nonius, p. 42, 6:

Adpendix dicitur quod alii est adiunctum, quasi ex alio pendeat.

M. Tullius in Hortensio: 'vidit enim quod videndum fuit, adpendicem animi esse corpus nihilque esse in eo magnum'.

89 Nonius, p. 356, 7:

Occupare est etiam invenire, tenere vel possidere.

M. Tullius in Hortensio: 'et paulum agelli occupavisse'.

90 Nonius, p. 201, 33:

Contemtio feminini generis.

M. Tullius in Hortensio: 'magnitudo animi, patientia laborum, mortis dolorumque contemtio'.

91 I Augustinus, Contra Academicos I, 7

Quia beatum, inquit Trygetius, volumus esse perfectum in omnibus sapientem. qui autem adhuc quaerit, perfectus non est. hunc igitur quomodo asseras beatum omnino non video. – Et ille: Potest apud te vivere, inquit, auctoritas maiorum? – Non omnium, inquit Trygetius. – Quorum tandem? – Ille: eorum scilicet, qui sapientes fuerunt. – Tum Licentius: Carneades, inquit, tibi sapiens non videtur? – Ego, ait, Graecus non sum: nescio Carneades iste qui fuerit. – Quid, inquit Licentius, de illo nostro Cicerone quid tandem existimas? – Hic cum diu tacuisset: sapiens fuit, inquit. – Et ille: ergo eius de hac re sententia habet apud te aliquid ponderis? – Habet, inquit. – Accipe igitur quae sit; nam eam tibi excidisse arbitror. *placuit enim Ciceroni nostro beatum esse, qui veritatem investigat, etiamsi ad eius inventionem non valeat pervenire.* – Ubi hoc, inquit, Cicero dixit? – Et

M. Tullius im Hortensius: „Er sah nämlich, was man sehen mußte, daß der Körper ein Anhängsel der Seele sei und daß an ihm nichts Großes sei."

M. Tullius im Hortensius: „und ein wenig von einem Äckerchen besessen zu haben."

M. Tullius im Hortensius: „Die Seelengröße, das Erdulden von Mühen, das Verachten von Tod und Schmerzen."

‚Wir fordern', sagte Trygetius, ‚daß der Glückselige in allen Dingen vollkommen weise sei. Wer aber noch sucht, ist nicht vollkommen. Ich sehe in keiner Weise, wie du den glückselig nennen kannst.' Darauf fragte Licentius: ‚Hat bei dir die Autorität der Vorfahren etwas zu bedeuten?' ‚Nicht jede', erwiderte Trygetius. – ‚Welche denn?' – ‚Die Autorität derer, die weise waren.' Darauf Licentius: ‚Scheint dir Karneades nicht weise zu sein?' Jener erwiderte: ‚Ich bin kein Grieche und weiß nicht, wer dieser Karneades war.' – ‚Aber was hältst du von unserem Cicero?' Jener schwieg lange und sagte dann: ‚Er war weise.' – ‚Also hat seine Ansicht in dieser Sache bei dir einiges Gewicht?' – ‚Gewiß.' – ‚Also höre diese seine Meinung; ich habe nämlich den Eindruck, sie sei dir entfallen. *Die Meinung unseres Cicero war, daß der Mensch, der nach Weisheit forscht, auch wenn er nicht dazu gelangen kann, sie zu finden, dennoch glückselig sei.*' – ‚Wo hat Cicero dies gesagt?' (fragte Trygetius.) Darauf Licentius:

Licentius: *quis ignorat eum adfirmasse vehementer nihil ab homine percipi posse nihilque remanere sapienti nisi diligentissimam inquisitionem veritatis, propterea quia, si incertis rebus esset assensus, etiamsi fortasse verae forent, liberari errore non posset, quae maxima est culpa sapientis? quam ob rem si et sapientem necessario beatum esse credendum est et veritatis sola inquisitio perfectum sapientiae munus est, quid dubitamus existimare beatam vitam etiam per se ipsa investigatione veritatis posse contingere?*

91 II *c. acad. I, 5*: "Quid hoc ipsum?" inquam. "existimatisne *beatos* nos esse posse etiam *non inventa veritate*?" tunc Licentius: "possumus", inquit, "si verum quaeramus". hic cum ego ceterorum sententiam nutu flagitassem: "movet me", inquit Navigius, "quod a Licentio dictum est. potest enim fortasse hoc ipsum esse *beate* vivere, in *veritatis inquisitione* vivere."

91 III *c. acad. I, 6*: "Quid ergo? ut ad propositum", inquam, "redeamus, videturne tibi *non invento vero beate* posse vivi, si tantum *quaeratur*?"

91 IV *c. acad. ib.*: "Quoniam igitur alteri vestrum videtur *beatam vitam sola investigatione veritatis*, alteri non nisi *inventione* posse contingere..."

91 V *c. acad. I, 7*: "Quid dubitamus existimare *beatam vitam etiam per se ipsa investigatione veritatis* posse contingere?"

91 VI *c. acad. I, 9*: "Quisquis autem tantum, quantum homo potest ac debet, dat operam *inveniendae veritati*, etiamsi eam *non inveniat, beatus* est."

91 VII *c. acad. I, 11*: "Potest igitur sola *inquisitione veritatis*, etiamsi eam *invenire* minime possit, homini *beata vita* contingere."

‚Wer weiß denn nicht, daß er mit Nachdruck erklärt hat, der Mensch könne nichts begreifen, und es bleibe dem Weisen nichts anderes übrig als das sorgfältigste Suchen nach der Wahrheit und zwar deshalb, weil er bei der Zustimmung zu Unsicherem, selbst wenn dies zufällig wahr sein sollte, nicht vom Irrtum frei sein könne? Und dies ist der ärgste Fehler des Weisen. Wenn man darum (erstens) glauben muß, daß der Weise mit Notwendigkeit glückselig ist und wenn (zweitens) das bloße Forschen nach der Wahrheit die vollkommene Aufgabe des Weisen ist, wie können wir da (drittens) zweifeln, daß sich die Glückseligkeit gerade auch bei der bloßen Erforschung der Wahrheit einstellen wird?"

91 VIII   *c. acad. I, 12*: "Quam ob rem si et mea descriptio vera est et secundum eam non errat ille, qui perfecte *quaerit*, quamvis non *inveniat veritatem, beatusque* est ob eam rem ... cur quaeso nondum est ista inter nos quaestio dissoluta?"

91 IX   *c. acad. I, 14*: "Sapiens igitur erit ille, qui perfecte *quaesierit veritatem*, etiamsi ad eam nondum *pervenerit*. nam via quae ducit ad veritatem nulla, ut opinor, intellegitur melius quam diligens *inquisitio veritatis*. hac igitur sola via utens iam iste sapiens erit. et nemo sapiens miser; omnis autem homo aut miser aut beatus: beatum igitur faciet non tantum *inventio*, sed ipsa per se *investigatio veritatis*."

91 X   *c. Acad. I, 25*: "Nam cum beati esse cupiamus, sive id fieri non potest nisi *inventa* sive non nisi diligenter *quaesita veritate*, postpositis ceteris omnibus rebus nobis, si *beati* esse volumus, *perquirenda* est. quam ob rem iam istam ... disputationem terminemus ..."

92   Augustinus, Contra Academicos III, 32

"*Clamat Cicero se ipsum magnum esse opinatorem, sed de sapiente se quaerere.* quod si adhuc vos, adulescentes, ignotum habetis, *certe in Hortensio legistis: 'si igitur nec certi est quidquam nec opinari sapientis est, nihil umquam sapiens approbabit'*".

93   Nonius, p. 193, 11:

Aera neutri generis.

M. Tullius in Hortensio: 'quid? tu, inquam, soles, cum rationem a dispensatore accipis, si aera singula probasti, summam, quae ex his confecta sit, non probare?'

Cicero erklärt laut, daß er zwar ein großer Meiner sei, aber nach dem Weisen forsche. Wenn euch, ihr jungen Leute, das noch unbekannt ist, so habt ihr doch sicher *im „Hortensius"* gelesen: *„Wenn es also nichts Sicheres gibt, der Weise aber auch nicht bloß meinen darf, dann wird der Weise niemals irgendwo zustimmen."*

M. Tullius im Hortensius: „Was? Hast du etwa die Gewohnheit, jeweils, wenn du vom Kassierer die Abrechnung erhältst, dann die Summe nicht gutzuheißen, nachdem du die einzelnen Posten gebilligt hast, aus denen ja jene zusammengesetzt ist?"

94   Nonius, p. 274, 5:

Continens, continuum.

M. Tullius in Hortensio: 'ne in continentibus quidem terris vestrum nomen dilatari potest'.

95 I   Servius, Comm. in Verg. Aen. I, 269

Magnos orbes tria sunt genera annorum: aut enim lunaris annus est XXX dierum, aut solstitialis XII mensium, *aut secundum Tullium magnus, qui tenet XIIDCCCCLIIII annos, ut in Hortensio: Horum annorum, quos in fastis habemus, magnos XIIDCCCCLIIII amplectitur.*

95 II   Servius, Comm. in Verg. Aen. III, 284

Annum esse magnum voluerunt omnibus planetis in eundem recurrentibus locum, et hic fit, ut supra ⟨I 269⟩ diximus, *secundum Ciceronis Hortensium post annos XII DCCCCLIIII* solstitiales scilicet.

95 III   Tacitus, Dialogus 16, 7

Nam si, ut Cicero in Hortensio scribit, is est magnus et verus annus, quo eadem positio caeli siderumque, quae cum maxime est, rursum existet, isque annos horum quos nos vocamus annorum duodecim milia nongentos quinquaginta quattuor complectitur, incipit Demosthenes vester, quem vos veterem et antiquum fingitis, non solum eodem anno quo nos, sed etiam eodem mense extitisse.

96   Servius, Comm. in Verg. Aen. I, 331

Quo sub caelo aut sub qua parte coeli, aut *secundum Epicureos dixit, qui plures volunt esse caelos,* ut Cicero in Hortensio.

M. Tullius im Hortensius: „Nicht einmal über das ganze Festland hin kann sich euer Name ausbreiten."

Es gibt drei Arten von Jahren; denn entweder meint man das Mondjahr mit 30 Tagen oder das Sonnenjahr mit 12 Monaten *oder gemäß Tullius das „große", welches 12 954 Jahre umfaßt, wie er dies im „Hortensius" festhält: „Von solchen Jahren, die wir im Kalender haben, umfaßt das ‚große' Jahr 12 954."*

Sie meinten, daß ein „großes Jahr" dann vollendet sei, wenn alle Planeten wieder an derselben Stelle stünden. Und dies ereignet sich, wie wir oben gesagt haben, *gemäß dem „Hortensius" des Cicero, nach 12 954 Jahren*, natürlich Sonnenjahren.

Wenn, wie Cicero im „Hortensius" schreibt, dies das große und wahre Jahr ist, in dem die gleiche Stellung des Himmels und der Gestirne, die wir jetzt vorfinden, wieder eintritt, und dieses „große Jahr" 12 954 solcher Jahre umfaßt, die wir gewöhnlicherweise als Jahre bezeichnen, dann beginnt euer Demosthenes, den ihr als vergangen und alt hinstellt, nicht nur in demselben Jahr wie wir, sondern sogar im gleichen Monat gelebt zu haben.

Oder gemäß den Epikureern, die *mehrere Himmel* annehmen wollen, wie Cicero im „Hortensius" sagt.

97 Nonius, p. 402, 17:

Spectare est videre.

M. Tullius in Hortensio: 'caeli signorum admirabilem ordinem insatiabilemque pulcritudinem magis spectat'.

98 Augustin, De civitate Dei III, 15

In Hortensio vero dialogo cum de solis canonicis defectionibus loqueretur: *'Ut easdem, inquit, tenebras efficiat, quas effecit interitu Romuli, qui obscuratione solis est factus'* (...).

99 I Augustinus, Contra Iulian. Pelag. IV, 15, 78

Quanto ergo te melius veritatique vicinius de hominum generatione senserunt, quos Cicero *in extremis partibus Hortensii dialogi* velut ipsa rerum evidentia ductus compulsusque commemorat! *nam cum multa quae videmus et gemimus, de hominum vanitate atque infelicitate dixisset: 'Ex quibus humanae,' inquit, 'vitae erroribus et aerumnis fit, ut interdum veteres illi, sive vates, sive in sacris initiisque tradendis divinae mentis interpretes, qui nos ob aliqua scelera suscepta in vita superiore poenarum luendarum causa natos esse dixerunt, aliquid vidisse videantur: verumque sit illud quod est apud Aristotelem, simili nos affectos esse supplicio atque eos qui quondam, cum in praedonum Etruscorum manus incidissent, crudelitate excogitata necabantur, quorum corpora viva cum mortuis, adversa adversis accommodata, quam aptissime colligabantur; sic nostros animos cum corporibus copulatos, ut vivos cum mortuis esse coniunctos.'*

M. Tullius im Hortensius: „Die wunderbare Ordnung der Himmelszeichen und die unersättliche Schönheit betrachtet er/sie ⟨dann⟩ mehr."

Cicero sagte im Dialog „Hortensius", als er von den regelmäßig eintretenden Verfinsterungen der Sonne sprach: „So daß sie dieselbe Finsternis bewirkt, welche sie beim Untergang des Romulus bewirkte, der während einer Verdunkelung der Sonne geschehen ist."

Wieviel besser als du und der Wahrheit näher haben diejenigen über die Erschaffung des Menschen gedacht, welche Cicero *in den letzten Teilen seines Dialoges Hortensius* erwähnt, wie wenn er gewissermaßen von der Evidenz der Dinge selbst geleitet und angetrieben worden wäre! *Denn nachdem er viel von der Nichtigkeit und dem Unglück der Menschen in den Dingen, die wir sehen und über die wir seufzen, gesprochen hat, sagt er: „Aus diesen Irrtümern und Nöten des menschlichen Lebens ergibt sich, daß bisweilen jene Alten, seien es (nun) Seher oder Ausleger des Gedankens der Götter bei der Überlieferung heiliger Gebräuche und Mysterien, etwas gesehen zu haben scheinen, wenn sie gesagt haben, daß wir dazu geboren sind, Strafen zu verbüßen wegen irgendwelcher Verbrechen, die wir in einem früheren Leben begangen haben. Und so wäre denn jenes wahr, was bei Aristoteles steht, daß wir zu einer ähnlichen Folter verurteilt seien wie einst jene, die, als sie in die Hände etruskischer Seeräuber gefallen waren, mit einer ausgesuchten Grausamkeit getötet wurden; ihre lebendigen Körper wurden mit den Toten, die Vorderseiten einander entsprechend, möglichst passend zusammengebunden. So seien unsere Seelen mit den Körpern gekoppelt, wie Lebende mit Toten verbunden."*

99 II Augustinus, Contra Iulian. Pelag. IV, 16, 83

"Huius evidentia miseriae gentium philosophos nihil de peccato primi hominis sive scientes sive credentes compulit dicere *ob aliqua scelera suscepta in vita superiore poenarum luendarum causa nos esse natos et animos nostros corruptibilibus corporibus,* eo *supplicio, quo Etrusci praedones captos affligere consueverant, tamquam vivos cum mortuis esse coniunctos*".

99 III Servius, Comm. in Verg. Aen. VIII, 479

Hi (sc. Tyrrheni) diu piraticam exercuerunt, ut etiam Cicero *in Hortensio docet, cum captivos novis poenis adfligerent, occisorum eos religantes cadaveribus.*

99 IV Servius, Comm. in Verg. Aen. VIII, 485

Mortua quin etiam quod supra dictum est: quod Cicero etiam in Hortensio de Tuscis dixit.

99 V Valerius Maximus, IX, 2 ext. 10

Ac ne Etrusci quidem parum feroces in poena excogitanda, qui vivorum corpora cadaveribus adversa adversis alligata atque constricta, ita ut singulae membrorum partes singulis essent adcommodatae, tabescere simul patiebantur, amari vitae pariter ac mortis tortores.

100 Nonius, p. 288, 22:

Despicere, desuper aspicere.

M. Tullius in Hortensio: 'consolabitur eam magni-

Die Evidenz dieses Elendes hat die heidnischen Philosophen, die von der Sünde des ersten Menschen entweder nichts wußten oder nicht an sie glaubten, dazu getrieben, zu erklären, *wir seien geboren, um die Strafe abzubüßen für bestimmte Verbrechen, die wir in einem früheren Leben begangen hätten; und so seien unsere Seelen an den vergänglichen Körper gebunden gewissermaßen wie Lebende an Tote durch dieselbe Folter, die die etruskischen Seeräuber ihren Gefangenen zuzufügen pflegten.*

Diese (die Tyrrhener) haben sich lange als Seeräuber betätigt, wie auch Cicero im Hortensius erklärt, wobei sie die Gefangenen mit einer neuen Art von Strafe quälten, indem sie sie mit den Körpern von Getöteten zusammenbanden.

Ja, er (Mezentius) band sogar tote Körper an Lebende, was schon oben erwähnt worden ist: was Cicero auch im Hortensius über die Etrusker gesagt hat.

Auch die Etrusker waren nicht gerade wenig grausam im Ausdenken einer Strafe: Sie banden die Körper der Lebenden mit denen der Toten Vorderseite an Vorderseite zusammen. So aneinandergeknüpft entsprachen die einzelnen Glieder einander. Sie machten dies, damit jene so dahinsiechten, bittere Folterknechte des Lebens wie des Todes.

M. Tullius im Hortensius: „Die Seelengröße und eine gera-

tudo animi et humanarum opinionum alta quaedam despectio'.

101 Augustinus, De trin. XIV, 12

De omnibus tamen quattuor (scil. virtutibus) magnus auctor eloquentiae Tullius in Hortensio dialogo disputans: *"Si nobis", inquit, "cum ex hac vita migraverimus, in beatorum insulis immortale aevum, ut fabulae ferunt, degere liceret, quid opus esset eloquentia, cum iudicia nulla fierent: aut ipsis etiam virtutibus? nec enim fortitudine egeremus, nullo proposito aut labore aut periculo, nec iustitia, cum esset nihil quod appeteretur alieni, nec temperantia, quae regeret eas quae nullae essent libidines; nec prudentia quidem egeremus, nullo delectu proposito bonorum et malorum una igitur essemus beati cognitione naturae et scientia, qua sola etiam deorum est vita laudanda. ex quo intellegi potest, cetera necessitatis esse, unum hoc voluntatis."*

Ita ille tantus orator cum philosophiam praedicaret recolens ea quae a philosophis acceperat et praeclare ac suaviter explicans in hac tantum vita quam videmus *aerumnis et erroribus plenam* omnes quattuor necessarias dixit esse virtutes, nullam vero earum cum ex hac vita emigrabimus si liceat ibi vivere ubi vivitur beate, sed bonos animos sola beatos esse cognitione et scientia, hoc est contemplatione naturae.

102 Augustinus, De trin. XIV, 26

Cicero commendans (scil. sapientiam contemplativam) *in fine dialogi Hortensii: "Quae nobis", inquit,*

dezu tiefe Verachtung der menschlichen Meinungen werden sie (die philosophisch gebildete Natur) trösten."

Über alle vier Tugenden diskutiert der große Meister der Beredsamkeit Tullius im Dialog „Hortensius", indem er sagt: *„Wenn es uns, nachdem wir aus diesem Leben ausgewandert sein werden, erlaubt wäre, wie die Mythen es erzählen, eine unsterbliche Zeit auf den Inseln der Seligen zu verbringen, wozu brauchten wir da die Redekunst, da es ja gar keine Prozesse mehr gäbe? oder wozu sogar die Tugenden selbst? Wir kämen ohne Tapferkeit aus, da ja dort keine Mühen oder Gefahren auf uns warteten; ferner ohne Gerechtigkeit, da es ja nichts Fremdes gäbe, das man sich aneignen wollte; dann auch ohne Selbstzucht, welche die Begierden lenken müßte, die gar nicht mehr existierten. Nicht einmal der Klugheit bedürften wir mehr, da gar keine Entscheidung zwischen Gutem und Schlechtem von uns erwartet würde. Wir wären also glückselig ausschließlich durch die eine Kenntnis und das eine Wissen von der Natur, welche allein sogar das Leben der Götter lobenswert macht. Daraus kann ersehen werden, daß dieses eine allein Sache des freien Willens ist, das übrige aber Sache der Notwendigkeit."*

So sagt jener große Redner beim Lob der Philosophie, wo er das, was er von den Philosophen übernommen hat, wieder aufnimmt und klar und schön erklärt, daß alle vier Tugenden nur in diesem Leben, das wir voll Sorgen und Irrtümer sehen, notwendig seien; doch keine einzige von ihnen dann, wenn wir von diesem Leben wegwandern werden, wenn wir nämlich dann dort leben dürfen, wo man glückselig leben kann; die Seelen der Guten seien vielmehr glückselig ausschließlich durch das Erkennen und das Wissen, nämlich durch die Betrachtung der Natur.

Cicero empfiehlt die Weisheit des Erkennens am Ende seines Dialoges „Hortensius" folgendermaßen: *„Wenn wir solche Be-*

"dies noctesque considerantibus acuentibusque intellegentiam quae est mentis acies caventibusque ne quando illa hebescat, id est in philosophia viventibus, magna spes est, aut si hoc quod sentimus et sapimus mortale et caducum est, iucundum nobis perfunctis muneribus humanis occasum neque molestam exstinctionem et quasi quietem vitae fore; aut si ut antiquis philosophis hisque maximis longeque clarissimis placuit aeternos animos ac divinos habemus sic existimandum est, quo magis hi fuerint semper in suo cursu, id est in ratione et investigandi cupiditate, et quo minus se admiscuerint atque implicaverint hominum vitiis et erroribus, hoc his faciliorem ascensum et reditum in caelum fore".

Deinde addens hanc ipsam clausulam repetendoque sermonem finiens: *"Quapropter"*, inquit, *"ut aliquando terminetur oratio, si aut exstingui tranquille volumus cum in his artibus vixerimus, aut si ex hac in aliam haud paulo meliorem domum sine mora demigrare, in his studiis nobis omnis opera et cura ponenda est."*

Hic miror hominem tanti ingenii *"perfunctis muneribus humanis"* hominibus *"in philosophia viventibus"* quae contemplatione veritatis beatos facit *"iucundum promittere occasum"* si hoc quod sentimus et sapimus mortale et caducum est, "quasi hoc moriatur et intercidat quod non diligebamus vel potius quod atrociter oderamus, *"ut iucundus nobis sit eius occasus"*. Verum hoc non didicerat a philosophis, quos magnis laudibus praedicat, sed ex illa nova Academia, ubi ei dubitare etiam de rebus manifestissimis placuit, ista sententia redolebat. a philosophis autem sicut ipse confitetur, *"maximis longeque clarissimis,"* aeter-

trachtungen Tag und Nacht anstellen und unsere Vernunft schärfen, was soviel wie Schärfe des Geistes bedeutet, und darauf achten, daß jene nicht einst stumpf wird, d. h. wenn wir in der Philosophie leben, so besteht eine große Hoffnung: Entweder, wenn das, womit wir empfinden und weise sind, sterblich und hinfällig ist, erwartet uns, nachdem wir die menschlichen Ämter zu Ende verwaltet haben, ein angenehmer Untergang und ein Auslöschen ohne Mühsal und gleichsam ein Ausruhen vom Leben; oder aber, wenn wir nach der Meinung der alten Philosophen, und zwar besonders der größten und weitaus berühmtesten, ewige und göttliche Seelen haben, dann wird, wie man annehmen muß, für diese, je mehr sie sich stets auf ihrer Bahn bewegen, d. h. in der Vernunft und in der Begierde des Forschens, und je weniger sie sich in die Laster und Irrtümer der Menschen vermischt und verwickelt haben, der Aufstieg und die Rückkehr in den Himmel um so leichter sein."

Später fügt er noch folgenden Satz an, um so durch eine Wiederholung das Gespräch zu beenden. „Deshalb", sagt er, „um die Rede einmal zu Ende zu bringen, müssen wir in diesen *Bemühungen jegliche Mühe und Sorge aufwenden: sei es, daß wir ruhig erlöschen wollen, nachdem wir in solchen Künsten (Wissenschaften) gelebt haben, sei es, daß wir ohne Verzug aus diesem in ein nicht wenig besseres Haus auswandern wollen."*

An dieser Stelle wundere ich mich, daß ein Mann von so großer Begabung den Menschen, nachdem sie *die menschlichen Ämter zu Ende verwaltet haben und in derjenigen Philosophie leben, die durch die Betrachtung der Wahrheit die Menschen glückselig macht,* einen angenehmen Untergang verspricht, falls das, *womit wir empfinden und weise sind, sterblich und hinfällig ist:* Wie wenn das stürbe und unterginge, was wir nicht liebten, oder vielmehr, was wir erbittert haßten, so daß uns *sein Untergang angenehm sein müßte.* Allerdings hat er dies nicht bei den Philosophen gelernt, die er mit großem Lobe preist, sondern diese Meinung schmeckte nach jener Neuen Akademie, wo er sogar an den offensichtlichsten Dingen zu zweifeln behauptete. Bei den Philosophen dagegen, und zwar, wie er selbst bekennt, *den größten und weitaus berühmtesten,* hatte er erfahren, daß die

nos esse animos acceperat. aeterni quippe animi non inconvenienter hac exhortatione excitantur ut in suo cursu reperiantur cum venerit vitae huius extremum, *id est in ratione et investigandi cupiditate, minusque se admisceant atque implicent hominum vitiis et erroribus, ut eis facilior sit regressus* ad deum.

103 NONIUS, P. 385, 36:

Sublatum, erectum.

M. Tullius in Hortensio: 'eloquentia tueri, quam tu in caelum, Hortensi, credo, ut ipse cum ea simul ascenderes, sustulisses'.

Seelen ewig seien. Die ewigen Seelen werden nun in der Tat nicht unangemessen durch diese Ermahnung angefeuert, daß sie *in ihrem Laufe* so vorgefunden werden, wenn das Ende dieses Lebens herankommt, nämlich *in der Vernunft und in der Begierde des Forschens, und daß sie sich möglichst wenig vermischen und verwickeln in die Laster und Irrtümer der Menschen, damit ihnen der Rückweg* zu Gott *um so leichter werde.*

M. Tullius im Hortensius: „Mit der Redekunst zu verteidigen, welche du, Hortensius, wie ich glaube, gerne in den Himmel erhoben hättest, damit du mit ihr zusammen gleich hättest hinaufsteigen können."

LUCULLUS

Magnum ingenium L. Luculli magnumque optimarum artium studium, tum omnis liberalis et digna homine nobili ab eo percepta doctrina quibus temporibus florere in foro maxume potuit caruit omnino rebus urbanis. ut enim [urbanis] admodum adulescens cum fratre pari pietate et industria praedito paternas inimicitias magna cum gloria est persecutus, in Asiam quaestor profectus ibi permultos annos admirabili quadam laude provinciae praefuit; deinde absens factus aedilis, continuo praetor (licebat enim celerius legis praemio), post in Africam, inde ad consulatum; quem ita gessit ut diligentiam admirarentur omnes, ingenium ⟨prudentes⟩ agnoscerent. post ad Mithridaticum bellum missus a senatu non modo opinionem vicit omnium quae de virtute eius erat sed etiam gloriam superiorum. idque eo fuit mirabilius quod ab eo laus imperatoria non admodum expectabatur, qui adulescentiam in forensi opera, quaesturae diuturnum tempus Murena bellum in Ponto gerente in Asiae pace consumpserat. sed incredibilis quaedam ingenii magnitudo non desideravit indocilem usus disciplinam. itaque cum totum iter et navigationem consumpsisset partim in percontando a peritis partim in rebus gestis legendis, in Asiam factus imperator venit, cum esset Roma profectus rei militaris rudis. habuit enim divinam quandam memoriam

LUCULLUS

Die große Begabung des L. Lucullus, seine große Hingabe an die bedeutendsten Wissenschaften, ferner die ganze edle, eines freien und vornehmen Mannes würdige Bildung, die er sich angeeignet hatte, fanden keine Betätigung im politischen Leben Roms gerade zu jener Zeit, als sie auf dem Forum am ehesten hätten glänzen können. Denn kaum hatte er als ganz junger Mann mit seinem Bruder, der das gleiche Pflichtgefühl und den gleichen Eifer hatte, die Feinde seines Vaters auf das ruhmvollste bekämpft, da ging er schon als Quaestor in die Provinz Asia und verwaltete dort das Land sehr viele Jahre lang in einer Weise, die ihm Lob und Bewunderung einbrachte; dann wurde er, noch in Abwesenheit, zum Aedil, gleich darauf zum Praetor gewählt – es war ihm nämlich auf Grund eines besonderen Gesetzes erlaubt, schneller als üblich aufzurücken. Danach ging er in die Provinz Afrika und wurde anschließend Konsul. Als solcher bewährte er sich derart, daß alle seine Gewissenhaftigkeit bewunderten und die Erfahrenen seine Begabung anerkannten. Darauf wurde er vom Senat in den Krieg gegen Mithridates geschickt; dort übertraf er nicht nur die Erwartungen, die alle in seine Tüchtigkeit gesetzt hatten, sondern auch die Ruhmestaten seiner Vorgänger. Das war um so erstaunlicher, als man von ihm Feldherrnruhm nicht ohne weiteres erwarten konnte; denn er hatte seine Jugend mit Rechtsstreitigkeiten, eine lange Zeit seiner Quaestur friedlich in der Provinz Asia verbracht, während Murena Krieg im Pontos führte. Aber die kaum glaubliche Größe seiner Begabung ließ vergessen, daß sich sein Wissen nicht auf Erfahrung stützte.

Vielmehr verbrachte er seine ganze Reise zu Land und zur See teils damit, daß er erfahrene Männer ausfragte, teils mit der Lektüre von Kriegsberichten; auf diese Weise kam er nach Asia als ausgebildeter Feldherr, obwohl er doch Rom völlig ohne Kenntnisse in der Kriegführung verlassen hatte. Er besaß näm-

rerum – verborum maiorem Hortensius; sed quo plus in negotiis gerendis res quam verba prosunt, hoc erat memoria illa praestantior. quam fuisse in Themistocle, quem facile Graeciae principem ponimus, singularem ferunt; qui quidem etiam pollicenti cuidam se artem ei memoriae, quae tum primum proferebatur, traditurum respondisse dicitur oblivisci se malle discere, credo quod haerebant in memoria quaecumque audierat et viderat. tali ingenio praeditus Lucullus adiunxerat etiam illam quam Themistocles spreverat disciplinam; itaque ut litteris consignamus quae monimentis mandare volumus sic ille in animo res insculptas habebat. tantus ergo imperator in omni genere belli fuit, proeliis oppugnationibus navalibus pugnis totiusque belli instrumento et adparatu, ut ille rex post Alexandrum maxumus hunc a se maiorem ducem cognitum quam quemquam eorum quos legisset fateretur. in eodem tanta prudentia fuit in constituendis temperandisque civitatibus, tanta aequitas, ut hodie stet Asia Luculli institutis servandis et quasi vestigiis persequendis. sed etsi magna cum utilitate rei publicae, tamen diutius quam vellem tanta vis virtutis atque ingenii peregrinata afuit ab oculis et fori et curiae. quin etiam cum victor a Mithridatico bello revertisset, inimicorum calumnia triennio tardius quam debuerat triumphavit; nos enim consules introduximus paene in urbem currum clarissimi viri. cuius mihi consilium et auctoritas quid tum in maximis rebus profuisset dicerem, nisi de me ipso dicendum esset, quod hoc tempore non est necesse; ita privabo

3

lich ein geradezu großartiges Erinnerungsvermögen für Tatsachen, während Hortensius ein größeres Wortgedächtnis hatte; aber sofern bei der Bewältigung von Aufgaben Tatsachen nützlicher sind als Worte, um so mehr Wert hatte jene Art von Gedächtnis für ihn. Ein solch einzigartiges Gedächtnis, heißt es, habe Themistokles besessen, welchen wir ohne Bedenken den bedeutendsten Mann Griechenlands nennen können; dieser soll jemandem, der ihn die damals gerade aufkommende Gedächtniskunst zu lehren versprach, geantwortet haben, er möchte lieber das Vergessen lernen – vermutlich, weil ihm alles, was er hörte und sah, im Gedächtnis haften blieb. Lucullus fügte einer ähnlichen Begabung noch die Ausbildung hinzu, die Themistokles verschmäht hatte. Wie wir die Dinge niederschreiben müssen, an die wir uns erinnern wollen, so hatte er sie in seinem Geiste fest eingeprägt. Ein so großer Feldherr also war er in jeder Art der Kriegführung, in Kämpfen, Belagerungen, Seegefechten und in der Beschaffung jeglicher Art von Kriegsmaterial und Rüstung, daß jener nach Alexander größte König bekannte, er habe in ihm einen größeren Heerführer kennengelernt, als es irgendeiner von denen gewesen sei, über die er gelesen habe. Zugleich besaß er eine so große Klugheit bei der Einrichtung und Lenkung von Staatswesen, einen so großen Gerechtigkeitssinn, daß die Provinz Asia noch heute dadurch Bestand hat, daß sie seine Maßnahmen bewahrt und gewissermaßen in seinen Spuren wandelt. Aber mag dies alles auch von großem Nutzen für den Staat gewesen sein, so blieb doch diese überragende Tüchtigkeit und Begabung länger, als ich es gewünscht hätte, den Augen des Forums und der Kurie fern; ja sogar, nachdem er als Sieger aus dem Krieg gegen Mithridates zurückgekehrt war, konnte er wegen der Intrigen seiner Gegner erst drei Jahre später, als es ihm zugestanden hätte, seinen Triumph feiern. Denn erst ich war es, der als Konsul den Triumphwagen des hochberühmten Mannes geradezu in die Stadt hineingeführt hat. Wie nützlich mir damals sein Rat und sein Einfluß bei den wichtigsten politischen Ereignissen waren, darüber würde ich berichten, wenn ich dabei nicht von mir selbst sprechen müßte, was im gegenwärtigen Augenblick jedoch nicht notwendig ist; deshalb will ich lieber die ihm zustehende Aner-

potius illum debito testimonio quam id cum mea laude communicem.

Sed quae populari gloria decorari in Lucullo debuerunt, ea fere sunt et Graecis litteris celebrata et Latinis. nos autem illa externa cum multis, haec interiora cum paucis ex ipso saepe cognovimus. maiore enim studio Lucullus cum omni litterarum generi tum philosophiae deditus fuit quam qui illum ignorabant arbitrabantur, nec vero ineunte aetate solum sed et pro quaestore aliquot annos et in ipso bello, in quo ita magna rei militaris esse occupatio solet ut non multum imperatori sub ipsis pellibus otii relinquatur. cum autem e philosophis ingenio scientiaque putaretur Antiochus Philonis auditor excellere, eum secum et quaestor habuit et post aliquot annos imperator, quique esset ea memoria quam ante dixi ea saepe audiendo facile cognovit quae vel semel audita meminisse potuisset. delectabatur autem mirifice lectione librorum de quibus audierat.

Ac vereor interdum ne talium personarum cum amplificare velim minuam etiam gloriam. sunt enim multi qui omnino Graecas non ament litteras, plures qui philosophiam, reliqui qui etiam si haec non inprobent tamen earum rerum disputationem principibus civitatis non ita decoram putent. ego autem cum Graecas litteras M. Catonem in senectute didicisse acceperim, P. autem Africani historiae loquantur in legatione illa nobili, quam ante censuram obiit, Panaetium unum omnino comitem fuisse, nec litterarum Graecarum nec philosophiae iam ullum auctorem requiro.

Restat ut iis respondeam qui sermonibus eius modi

kennung zurückhalten, als sie mit meinem eigenen Lob verbinden.

Was nun an öffentlichen Leistungen des Lucullus zu rühmen war, das ist in der Hauptsache in griechischen und lateinischen Werken gepriesen worden. Seinen äußeren Lebensweg habe ich also mit vielen anderen, sein inneres Wesen aber mit nur wenigen zusammen durch ihn selbst vielfach kennengelernt. Denn Lucullus beschäftigte sich auf jedem Gebiet der Wissenschaft, besonders auf dem der Philosophie, mit größerem Eifer, als diejenigen annahmen, die ihn nicht gekannt haben; dies nicht nur in seinen Jugendjahren, sondern auch einige Jahre als Proquaestor, ja sogar noch während des Feldzuges, in dem doch die Belastung mit militärischen Problemen gewöhnlich so groß ist, daß dem Feldherrn sogar in seinem Zelt nicht viel Muße übrigbleibt. Da aber unter den damaligen Philosophen Antiochos, der Schüler Philons, als der bedeutendste an Begabung und Wissen galt, hatte ihn Lucullus schon als Quaestor und ein paar Jahre später als Feldherr bei sich; und da Lucullus eine solche Gedächtniskraft besaß, wie oben gesagt, so lernte er leicht durch öfteres Hören, wessen er sich auch bei einmaligem Hören hätte erinnern können. Besondere Freude aber hatte er, wenn er Bücher über die Gegenstände las, über die er Antiochos hatte sprechen hören.

Indessen fürchte ich bisweilen, daß ich den Ruhm solcher Persönlichkeiten dadurch, daß ich ihn zu steigern trachte, vielmehr mindere. Denn es gibt eine Menge Leute, die die griechische Literatur insgesamt, noch mehr Leute, die die Philosophie nicht lieben; der Rest ist, auch wenn er dieses Interesse nicht geradezu mißbilligt, dennoch der Meinung, die Beschäftigung mit solchen Gegenständen sei nicht besonders schicklich für die ersten Männer im Staat. Aber ich weiß immerhin, daß M. Cato noch im Alter Griechisch gelernt hat, und die Geschichte berichtet, daß P. Africanus bei jener berühmten Gesandtschaft, die er vor seiner Censur übernahm, den Panaitios als einzigen persönlichen Begleiter bei sich hatte: so suche ich denn nicht weiter nach einer Autorität für die Beschäftigung mit griechischer Literatur und Philosophie.

Übrig bleibt mir, denen eine Antwort zu geben, die nicht

nolint personas tam graves inligari. quasi vero clarorum virorum aut tacitos congressus esse oporteat aut ludicros sermones aut rerum conloquia leviorum. etenim si quodam in libro vere est a nobis philosophia laudata, profecto eius tractatio optimo atque amplissimo quoque dignissima est; nec quicquam aliud providendum est nobis, quos populus Romanus hoc in gradu conlocavit, nisi ne quid privatis studiis de opera publica detrahamus. quod si cum fungi munere debebamus non modo operam nostram umquam a populari coetu removimus sed ne litteram quidem ullam fecimus nisi forensem, quis reprehendet otium nostrum, qui in eo non modo nosmet ipsos hebescere et languere nolumus sed etiam ut plurimis prosimus enitimur. gloriam vero non modo non minui sed etiam augeri arbitramur eorum quorum ad populares inlustrisque laudes has etiam minus notas minusque pervolgatas adiungimus.

Sunt etiam, qui negent in is qui ⟨in⟩ nostris libris disputent fuisse earum rerum de quibus disputatur scientiam. qui mihi videntur non solum vivis sed etiam mortuis invidere.

Restat unum genus reprehensorum, quibus Academiae ratio non probatur. quod gravius ferremus, si quisquam ullam disciplinam philosophiae probaret praeter eam quam ipse sequeretur; nos autem quoniam contra omnes qui ⟨se scire arbitrantur⟩ dicere quae videntur solemus, non possumus quin alii a nobis dissentiant recusare. quamquam nostra quidem causa facilis est, qui verum invenire sine ulla contentione volumus idque summa cura studioque conquirimus. etsi enim omnis cognitio multis est obstructa difficultatibus eaque est et in ipsis rebus obscuritas et

wünschen, daß sich Männer von solchem Ansehen auf Gespräche dieser Art einlassen. Dies würde bedeuten, daß berühmte Männer, wenn sie sich treffen, entweder stumm bleiben oder sich oberflächlich über Nichtigkeiten unterhalten müßten. Wenn ich jedenfalls in einem meiner Bücher mit Recht die Philosophie gelobt habe, dann ist sicherlich die Beschäftigung mit ihr auch für den besten und bedeutendsten Mann im höchsten Grade schicklich, und wir, die das römische Volk auf eine so hohe Stufe gestellt hat, müssen nur darauf achten, daß unsere privaten Studien nicht unsere öffentliche Tätigkeit beeinträchtigen. Wenn ich also, solange ich ein Staatsamt zu verwalten hatte, niemals meine Arbeitskraft dem öffentlichen Leben entzogen habe, ja nicht einmal einen Buchstaben geschrieben habe, der nicht mit politischen Dingen zu verbinden gewesen wäre, – wer will mich dann tadeln, wenn ich in meiner Muße nicht abstumpfen und ermüden möchte, sondern mich statt dessen bemühe, möglichst vielen Bürgern nützlich zu sein. Auf jeden Fall glaube ich, daß ich den Ruhm solcher Männer nicht mindere, sondern vergrößere, wenn ich an das Lob, das ihnen öffentlich in reichem Maße zuteil wird, dieses weniger bekannte und weniger verbreitete anschließe.

Es gibt auch Leute, die behaupten, daß die Personen, die in meinen Büchern miteinander diskutieren, von den Dingen, über die sie reden, keine Ahnung gehabt hätten: Diese Leute beleidigen, meine ich, nicht nur Lebende, sondern auch solche, die schon tot sind.

Es bleibt noch die Gruppe von Tadlern übrig, die die Lehre der Akademie nicht billigen. Dies könnte ich schwerer ertragen, wenn jemand irgendeine philosophische Lehre außer derjenigen, der er selbst anhängt, gelten zu lassen bereit wäre; aber weil wir die Gewohnheit haben, gegen alle zu sprechen, die sicheres Wissen zu besitzen glauben, kann ich mich nicht beklagen, wenn andere meine Meinung nicht teilen. Allerdings ist mein Fall insofern einfacher, als ich das Wahre ohne jegliche Rechthaberei finden will und diese Absicht mit größtem Interesse und Eifer verfolge. Denn wenn auch alles Erkennen durch viele Schwierigkeiten behindert ist und wenn auch Dunkel das Wesen der Dinge verbirgt und wenn unser Erkenntnisvermögen derart schwach

in iudiciis nostris infirmitas, ut non sine causa antiquissimi et doctissimi invenire se posse quod cuperent diffisi sint, tamen nec illi defecerunt neque nos studium exquirendi defatigati relinquemus.

Neque nostrae disputationes quicquam aliud agunt nisi ut in utramque partem dicendo et audiendo eliciant et tamquam exprimant aliquid quod aut verum sit aut ad id quam proxime accedat; nec inter nos et eos qui se scire arbitrantur quicquam interest nisi quod illi non dubitant quin ea vera sint quae defendunt, nos probabilia multa habemus, quae sequi facile, adfirmare vix possumus. hoc autem liberiores et solutiores sumus, quod integra nobis est iudicandi potestas nec ut omnia quae praescripta [et quibus] et quasi imperata sint defendamus necessitate ulla cogimur. nam ceteri primum ante tenentur adstricti quam quid esset optimum iudicare potuerunt; deinde infirmissimo tempore aetatis aut obsecuti amico cuidam aut una aliquoius quem primum audierunt oratione capti de rebus incognitis iudicant et ad quamcumque sunt disciplinam quasi tempestate delati ad eam tamquam ad saxum adhaerescunt. nam quod dicunt omnia se credere ei quem iudicent fuisse sapientem, probarem, si id ipsum rudes et indocti iudicare potuissent (statuere enim qui sit sapiens vel maxime videtur esse sapientis). sed ut potuerunt, ⟨fecerunt. pauci quidem aut paulo instructiores⟩ omnibus rebus auditis, cognitis etiam reliquorum sententiis iudicaverunt, aut re semel audita ad unius se auctoritatem contulerunt.

Sed nescio quo modo plerique errare malunt eamque sententiam quam adamaverunt pugnacissime de-

ist, daß nicht ohne Ursache die ältesten und weisesten Männer daran zweifelten, das finden zu können, was sie suchten, so haben sie dennoch ihre Bemühungen nicht aufgegeben, und auch ich will nicht müde werden in meinem Eifer, nach der Wahrheit zu forschen.

Mit meinen Untersuchungen beabsichtige ich nichts anderes, als im Hin und Her von Reden und Hören etwas, was wahr ist oder doch dem Wahren möglichst nahe kommt, herauszulocken und sozusagen sprachlich nachzubilden. Zwischen mir und denen, die Sicheres zu wissen glauben, besteht also kein anderer Unterschied als der, daß jene nicht an der Wahrheit dessen zweifeln, was sie vertreten, während wir vieles für glaubwürdig halten, dem wir uns zwar leicht anschließen können, das wir aber schwerlich zu beweisen vermögen. Gerade darin aber sind wir freier und unbefangener, weil unser Urteilsvermögen nicht eingeschränkt ist und nichts uns zwingt, alles mögliche, das uns empfohlen, ja geradezu vorgeschrieben wird, zu verteidigen. Denn die anderen sind erstens schon festgelegt, ehe sie selbst Gelegenheit hatten zu beurteilen, was das Beste sei; zweitens urteilen sie in unreifem Alter, einem Freund zuliebe oder gefesselt durch eine einzige Rede irgendeines Mannes, den sie gerade gehört haben, über Sachen, die sie nicht verstehen; und an welche Lehre auch immer sie gewissermaßen der Sturm verschlagen hat, an diese klammern sie sich an wie an einen Felsen. Denn wenn sie behaupten, sie vertrauten ganz und gar demjenigen, von dem sie überzeugt sind, daß er weise gewesen sei, so würde ich dies billigen, wenn sie – ungebildet und ohne Kenntnis, wie sie sind – gerade über dies hätten urteilen können (doch um beurteilen zu können, wer weise ist, dazu muß man selber wohl vor allem weise sein). Sie haben eben getan, was sie konnten. Einige wenige, die etwas erfahrener waren, haben alles angehört und ihr Urteil gefällt, nachdem sie auch die Meinungen der übrigen kennengelernt hatten; oder sie haben sich, schon nachdem sie die Sache ein einziges Mal gehört hatten, an die Autorität eines einzigen Lehrers angeschlossen.

Merkwürdigerweise wollen jedoch die meisten Menschen lieber im Irrtum verharren und die Meinung, die sie liebgewonnen

fendere quam sine pertinacia quid constantissime dicatur exquirere.

Quibus de rebus et alias saepe nobis multa quaesita et disputata sunt et quondam in Hortensi villa quae est ad Baulos, cum eo Catulus et Lucullus nosque ipsi postridie venissemus quam apud Catulum fuissemus. quo quidem etiam maturius venimus, quod erat constitutum si ventus esset Lucullo in Neapolitanum mihi in Pompeianum navigare. cum igitur pauca in xysto locuti essemus, tum eodem in spatio consedimus.

Hic Catulus 'Etsi heri' inquit 'id quod quaerebatur paene explicatum est, ut tota fere quaestio tractata videatur, tamen expecto ea quae te pollicitus es Luculle ab Antiocho audita dicturum.'

'Equidem' inquit Hortensius 'feci plus quam vellem; totam enim rem Catule Lucullo integram servatam oportuit. et tamen fortasse servata est; a me enim ea quae in promptu erant dicta sunt, a Lucullo autem reconditiora desidero.'

Tum ille 'Non sane' inquit 'Hortensi conturbat me expectatio tua, etsi nihil est iis qui placere volunt tam adversarium; sed quia non laboro quam [quam] valde ea quae dico probaturus sim, eo minus conturbor. dicam enim nec mea nec ea, in quibus non si non fuerint ⟨probabilia⟩ vinci me malim quam vincere. sed mehercule, ut quidem nunc se causa habet, etsi hesterno sermone labefacta est, mihi tamen videtur esse verissima. agam igitur sicut Antiochus agebat. nota enim mihi res est; nam et vacuo animo illum audiebam et magno studio, eadem de re etiam sae-

haben, aufs hartnäckigste verteidigen, statt ohne Eigensinn das zu untersuchen, was am ehesten Bestand zu haben vermag.

Diese Dinge habe ich sowohl bei anderen Gelegenheiten oft untersucht und diskutiert wie auch einmal in der Villa des Hortensius bei Bauli: Dorthin waren Catulus, Lucullus und ich selbst gekommen an dem Tage, nachdem wir bei Catulus gewesen waren. Und zwar kamen wir sehr zeitig dorthin, weil verabredet war, daß bei günstigem Wind Lucullus zu seiner Villa bei Neapel, ich zu der meinigen bei Pompeii fahren sollten. Nachdem wir also in der Halle ein paar Worte gewechselt hatten, setzten wir uns an demselben Orte zum Gespräch nieder.

Dann begann Catulus: „Wenn auch gestern das Problem, das zu untersuchen war, beinahe gelöst worden ist, so daß also die Frage fast vollständig beantwortet zu sein scheint, so erwarte ich doch, Lucullus, daß Du Dein Versprechen einlösest und uns vorträgst, was Du von Antiochos dazu gehört hast."

Hier fiel Hortensius ein: „Ich jedenfalls habe gestern mehr gesagt, als ich eigentlich wollte; ich hätte besser daran getan, Catulus, die Sache überhaupt nicht anzurühren, sondern sie vollständig dem Lucullus zu überlassen; immerhin bleibt ihm vielleicht noch das meiste überlassen: Denn ich habe gestern nur das gesagt, was mir gerade in den Sinn kam; von Lucullus aber wünsche ich mir heute weiter ausgreifende Überlegungen."

Darauf antwortete Lucullus: „Deine Erwartung, Hortensius, bringt mich nicht besonders in Verlegenheit, wenn auch nichts so hinderlich ist für jemand, der eindrucksvoll reden möchte; aber da es mir nicht darum geht, wieweit mein Vortrag überzeugend sein wird, stört es mich nicht allzusehr. Denn ich werde weder meine eigenen Ansichten vortragen, noch solche, bei denen ich nicht lieber unterliegen als siegen möchte, falls sie verkehrt sind. Doch beim Herkules, wie es jetzt um meine Sache bestellt ist, so scheint sie mir, obwohl sie bei unserem gestrigen Gespräch fragwürdig geworden ist, dennoch völlig richtig zu sein. Ich werde sie also behandeln, wie Antiochos sie zu behandeln pflegte; ich kenne mich nämlich gut darin aus, denn ich habe ihn aufmerksam und mit großem Interesse gehört, und zwar mehr-

pius: ut etiam maiorem expectationem mei faciam quam modo fecit Hortensius.'

Cum ita esset exorsus, ad audiendum animos ereximus.

At ille 'Cum Alexandriae pro quaestore' inquit 'essem, fuit Antiochus mecum, et erat iam antea Alexandriae familiaris Antiochi Heraclitus Tyrius, qui et Clitomachum multos annos et Philonem audierat, homo sane in ista philosophia, quae nunc prope dimissa revocatur, probatus et nobilis; cum quo et Antiochum saepe disputantem audiebam – sed utrumque leniter; et quidem isti libri duo Philonis, de quibus heri dictum a Catulo est, tum erant allati Alexandriam tumque primum in Antiochi manus venerant; et homo natura lenissimus (nihil enim poterat fieri illo mitius) stomachari tamen coepit. mirabar; nec enim umquam ante videram. at ille Heracliti memoriam inplorans quaerere ex eo viderenturne illa Philonis aut ea num vel e Philone vel ex ullo Academico audivisset aliquando. negabat, Philonis tamen scriptum agnoscebat; nec id quidem dubitari poterat, nam aderant mei familiares docti homines P. et C. Selii et T. Etrilius Rogus, qui se illa audivisse Romae de Philone et ab eo ipso duo illos libros dicerent descripsisse. tum et illa dixit Antiochus quae heri Catulus commemoravit a patre suo dicta Philoni et alia plura; nec se tenuit quin contra suum doctorem librum etiam ederet, qui Sosus inscribitur.

Tum igitur et cum Heraclitum studiose audirem contra Antiochum disserentem et item Antiochum contra Academicos, dedi Antiocho operam diligentius, ut causam ex eo totam cognoscerem. itaque

mals über den gleichen Gegenstand, so daß ich also von meinem Vortrag noch mehr erwarte, als es Hortensius soeben getan hat."

Nach dieser Einleitung waren wir gespannt zu hören, was er vortragen würde.

„Während ich als Proquaestor in Alexandria war", so begann Lucullus, „war Antiochos bei mir; und schon vorher hielt sich in Alexandria Herakleitos von Tyros auf, ein Freund des Antiochos, der viele Jahre sowohl Schüler des Kleitomachos gewesen war wie auch Philon gehört hatte, ein kenntnisreicher und geachteter Vertreter derjenigen philosophischen Schule, die lange fast vergessen war, aber jetzt wieder erneuert wird. Ich hörte oft zu, wie Antiochos mit ihm diskutierte, aber beide blieben ganz ruhig dabei. Doch gerade damals waren die beiden bekannten Bücher Philons, von denen Catulus gestern gesprochen hat, nach Alexandria gebracht worden und zum ersten Mal in die Hände des Antiochos gelangt. Dieser Mann, von Natur ein so ruhiger Charakter (etwas Sanftmütigeres als ihn konnte es nämlich nicht geben), begann sich zu ärgern; ich wunderte mich darüber, denn so hatte ich ihn vorher noch nie gesehen. Er aber bat Herakleitos, sich zu erinnern, und fragte ihn, ob ihm dies wirklich die Lehre Philons zu sein scheine oder ob er dergleichen jemals etwa von Philon oder einem anderen Vertreter der Akademie gehört habe. Er bestritt dies, erkannte aber trotzdem darin den Stil Philons; dies konnte auch nicht angezweifelt werden, denn es waren Freunde von mir anwesend, gebildete Männer, nämlich P. und S. Selius und T. Etrilius Rogus, die bestätigten, daß sie in Rom dies von Philon gehört und auf seine Veranlassung eine Abschrift der beiden Bücher gemacht hätten. Da berichtete ihm denn auch Antiochos das, was, wie Catulus gestern erwähnte, sein – des Catulus – Vater dem Philon gegenüber erklärt hatte, und anderes mehr. Er konnte sich denn auch nicht enthalten, gegen seinen Lehrer sogar ein Buch herauszugeben, das den Titel Sosos trägt.

Während ich also unter diesen Umständen den Herakleitos eifrig gegen Antiochos und ebenso den Antiochos gegen die Akademiker reden hörte, gab ich mir besonders Mühe, von Antiochos die ganze Ursache der Auseinandersetzung kennenzulernen. Wir verbrachten daher mehrere Tage lang eine Menge

conplures dies adhibito Heraclito doctisque conpluribus et in is Antiochi fratre Aristo et praeterea Aristone et Dione, quibus ille secundum fratrem plurumum tribuebat, multum temporis in ista una disputatione consumpsimus. sed ea pars quae contra Philonem erat praetermittenda est; minus enim acer est adversarius is qui ista quae sunt heri defensa negat Academicos omnino dicere; etsi enim mentitur, tamen est adversarius lenior. ad Arcesilan Carneademque veniamus.'

Quae cum dixisset, sic rursus exorsus est: 'Primum mihi videmini' (me autem nomine appellabat) 'cum veteres physicos nominatis facere idem quod seditiosi cives solent cum aliquos ex antiquis claros viros proferunt quos dicant fuisse populares, ut eorum ipsi similes esse videantur. repetunt ii a P. Valerio qui exactis regibus primo anno consul fuit, commemorant reliquos qui leges populares de provocationibus tulerint cum consules essent; tum ad hos notiores, C. Flaminium qui legem agrariam aliquot annis ante secundum Punicum bellum tribunus plebis tulerit invito senatu et postea bis consul factus sit, L. Cassium Q. Pompeium. illi quidem etiam P. Africanum referre in eundem numerum solent; duo vero sapientissimos et clarissimos fratres P. Crassum et P. Scaevolam aiunt Tib. Graccho legum auctores fuisse, alterum quidem ut videmus palam, alterum ut suspicantur obscurius. addunt etiam C. Marium; et de hoc quidem nihil mentiuntur. horum nominibus tot virorum atque tantorum expositis eorum se institutum sequi dicunt.

Similiter vos cum perturbare ut illi rem publicam sic vos philosophiam bene iam constitutam velitis, Empedoclen Anaxagoran Democritum Parmeniden

13

14

Zeit allein damit, über dieses Thema zu diskutieren, wobei wir den Herakleitos und mehrere andere Philosophen hinzuzogen, unter ihnen Aristos, den Bruder des Antiochos, außerdem Ariston und Dion, welche Antiochos nächst seinem Bruder am meisten schätzte. Aber den Teil des Gesprächs, der sich gegen Philon richtete, können wir übergehen; denn ein weniger gefährlicher Gegner ist der, der behauptet, die These, die gestern hier vertreten wurde, sei überhaupt nicht die der Akademie; denn wenn er auch Unrecht hat mit dem, was er behauptet, so ist er dennoch ein harmloserer Gegner: Wir wollen uns lieber Arkesilaos und Karneades zuwenden."

Nach diesen Worten begann Lucullus von neuem: „Zunächst einmal scheint Ihr mir – er nannte mich ausdrücklich beim Namen –, indem Ihr Euch auf die alten Naturphilosophen beruft, genauso zu verfahren, wie es aufrührerische Bürger zu tun pflegen, wenn sie gewisse berühmte Männer aus alten Zeiten anführen, von denen sie behaupten, sie seien volksfreundlich gewesen, mit der Absicht, selbst ihnen ähnlich zu erscheinen. Sie beginnen mit P. Valerius, der im ersten Jahr nach der Vertreibung der Könige Konsul war; sie erwähnen die übrigen Männer, die volksfreundliche Gesetze über Berufungsrechte einbrachten, als sie Konsuln waren; dann gehen sie zu den uns bekannteren Leuten über wie C. Flaminius, der ein paar Jahre vor dem Zweiten Punischen Krieg als Volkstribun gegen den Willen des Senats ein Ackergesetz einbrachte und danach zweimal Konsul gewesen ist; sie nennen L. Cassius und Q. Pompeius; sie pflegen sogar P. Africanus zu dieser Gruppe zu rechnen und behaupten, zwei so kluge und berühmte Männer wie die Brüder P. Crassus und P. Scaevola hätten den Tib. Gracchus zu seinen Gesetzen veranlaßt, der eine in der Tat, wie wir wissen, offen, der andere, wie sie vermuten, eher im Verborgenen; sie fügen auch noch C. Marius hinzu, und diesen sogar mit Recht. Wenn sie die Namen all dieser vielen und bedeutenden Männer aufgezählt haben, dann erklären sie, sie handelten nach deren Grundsätzen.

Genauso führt Ihr den Empedokles, Anaxagoras, Demokrit, Parmenides, Xenophanes, sogar Platon und Sokrates an, wenn Ihr die längst festgegründete Philosophie verwirren wollt, wie

Xenophanen, Platonem etiam et Socratem profertis. sed neque Saturninus, ut nostrum inimicum potissimum nominem, simile quicquam habuit veterum illorum, nec Arcesilae calumnia conferenda est cum Democriti verecundia. et tamen isti physici raro admodum, cum haerent aliquo loco, exclamant quasi mente incitati, Empedocles quidem ut interdum mihi furere videatur, abstrusa esse omnia, nihil nos sentire nihil cernere nihil omnino quale sit posse reperire; maiorem autem partem mihi quidem omnes isti videntur nimis etiam quaedam adfirmare plusque profiteri se scire quam sciant.

Quod si illi tum in novis rebus quasi modo nascentes haesitaverunt, nihilne tot saeculis summis ingeniis maxumis studiis explicatum putamus? nonne cum iam philosophorum disciplinae gravissimae constitissent tum exortus est ⟨ut⟩ in optuma re publica Tib. Gracchus qui otium perturbaret sic Arcesilas qui constitutam philosophiam everteret et in eorum auctoritate delitisceret qui negavissent quicquam sciri aut percipi posse. quorum e numero tollendus est et Plato et Socrates, alter quia reliquit perfectissimam disciplinam, Peripateticos et Academicos nominibus differentes re congruentes, a quibus Stoici ipsi verbis magis quam sententiis dissenserunt, – Socrates autem de se ipse detrahens in disputatione plus tribuebat is quos volebat refellere; ita cum aliud diceret atque sentiret, libenter uti solitus est ea dissimulatione quam Graeci εἰρωνείαν vocant; quam ait etiam in Africano fuisse Fannius, idque propterea vitiosum in illo non putandum quod idem fuerit in Socrate.

jene den Staat. Aber weder Saturninus, um meinen ärgsten Feind zu nennen, hatte etwas gemein mit jenen alten Staatsmännern, noch kann man die Aggressivität des Arkesilaos vergleichen mit der Zurückhaltung Demokrits. Dennoch verkünden die genannten Naturphilosophen höchst selten, wenn sie irgendwo steckenbleiben, wie vom Geiste getrieben – Empedokles sogar so leidenschaftlich, daß er mir zuweilen wahnsinnig zu sein scheint –, alles sei völlig verborgen, nichts könnten wir wahrnehmen, nichts unterscheiden, überhaupt nichts in seinem Wesen erfassen. Aber der größte Teil von ihnen, in meinen Augen sogar alle, scheinen manche Dinge gerade viel zu sicher zu behaupten und überzeugt zu sein, mehr zu wissen, als sie wirklich tun.

Wenn diese Philosophen auch damals mit neuen Problemen gewissermaßen wie neugeborene Kinder zurechtkamen – glauben wir deshalb, daß in den vielen Jahrhunderten seither durch so große Begabungen und so große Anstrengungen keine Fortschritte erzielt worden sind? Hat sich dann aber nicht, als die wichtigen Formen der Philosophie schon aufgebaut waren, ähnlich wie in unserem aufs beste eingerichteten Staat Tib. Gracchus den Frieden störte, Arkesilaos erhoben, um die schon aufgebaute Philosophie zu zerstören und sich dabei hinter der Autorität derer zu verstecken, die behauptet hätten, man könne nichts wissen oder begreifen? Aus der Zahl dieser Philosophen muß Platon wie auch Sokrates ausgenommen werden, der eine, weil er ein vollkommen ausgearbeitetes Lehrsystem hinterlassen hat, nämlich die Schulen der Peripatetiker und Akademiker, die sich nur in den Namen unterscheiden, in der Sache aber übereinstimmen und von denen auch die Stoiker mehr in den Begriffen als in den Ansichten abweichen; Sokrates wiederum setzte in der Diskussion sein eigenes Wissen herab und ließ im Gespräch vor allem diejenigen reden, die er widerlegen wollte. Indem er also anders redete als er dachte, pflegte er gern jene Verstellung zu benutzen, die die Griechen εἰρωνεία nennen; eine Eigenart, die, wie Fannius behauptet, auch Africanus besaß und die ihm deshalb nicht als Fehler angerechnet werden dürfe, weil auch Sokrates sie gehabt habe.

Sed fuerint illa vetera si voltis incognita: nihilne est 16
igitur actum, quod investigata sunt, postea quam
Arcesilas Zenoni ut putatur obtrectans nihil novi
reperienti sed emendanti superiores inmutatione verborum, dum huius definitiones labefactare volt, conatus est clarissimis rebus tenebras obducere? cuius
primo non admodum probata ratio (quamquam floruit cum acumine ingenii tum admirabili quodam
lepore dicendi) proxime a Lacyde solo retenta est,
post autem confecta a Carneade, qui est quartus ab
Arcesila; audivit enim Hegesinum, qui Euandrum
audierat Lacydi discipulum, cum Arcesilae Lacydes
fuisset. sed ipse Carneades diu tenuit, nam nonaginta
vixit annos, et qui illum audierant admodum floruerunt. e quibus industriae plurimum in Clitomacho
fuit (declarat multitudo librorum), ingenii non minus
in Hagnone, in Charmada eloquentiae, in Melanthio
Rhodio suavitatis; bene autem nosse Carneaden Stratoniceus Metrodorus putabatur. iam Clitomacho
Philo vester operam multos annos dedit. Philone
autem vivo patrocinium Academiae non defuit.

Sed, quod nos facere nunc ingredimur, ut contra 17
Academicos disseramus, id quidam e philosophis et
ii quidem non mediocres faciundum omnino non
putabant, nec vero esse ullam rationem disputandi
cum is qui nihil probarent, Antipatrumque Stoicum
qui multus in eo fuisset reprehendebant; nec definiri
aiebant necesse esse quid esset cognitio aut perceptio
aut, si verbum e verbo volumus, conprehensio, quam
κατάλημψιν illi vocant; eosque qui persuadere vellent esse aliquid quod conprehendi et percipi posset

Aber mögen wir auch, wenn ihr wollt, nichts über die Absichten der alten Philosophen wissen: Ist denn inzwischen gar nichts geschehen und weiter geforscht worden, und zwar auch, nachdem Arkesilaos, der nach allgemeiner Ansicht gegen Zenon polemisieren wollte mit der Behauptung, er habe gar nichts Neues gefunden, sondern nur Fehler seiner Vorgänger beseitigt durch die Änderung der Begriffe, versucht hat, Zenons Definitionen zu erschüttern, dadurch daß er die klarsten Erkenntnisse wieder ins Dunkel gerückt hat? Seine Lehre fand zunächst überhaupt keine Anhänger, obwohl er sich durch großen Scharfsinn und vor allem durch eine erstaunliche Eleganz seiner Sprache auszeichnete; fürs erste war es nur Lakydes, der sie festhielt. Später allerdings wurde sie von Karneades ausgearbeitet; er war der vierte Nachfolger des Arkesilaos, denn er hatte Hegesinos gehört, den Schüler Euanders, der wiederum des Lakydes Schüler gewesen war, wie Lakydes derjenige des Arkesilaos. Karneades selbst stand lange an der Spitze der Schule, denn er lebte 90 Jahre, und auch seine Schüler kamen zu hohem Ansehen. Unter ihnen tat sich Kleitomachos vor allem durch seinen Fleiß hervor (wie es die Menge seiner Schriften beweist), ebenso Hagnon durch seine Intelligenz, Charmadas durch seine Beredsamkeit und Melanthios aus Rhodos durch seine Liebenswürdigkeit. Den Karneades soll aber auch Metrodoros aus Stratonike gut gekannt haben. Euer Philon wiederum ist viele Jahre lang bei Kleitomachos in die Schule gegangen. Solange er lebte, war die Akademie würdig vertreten.

Aber was ich jetzt zu tun beginne, nämlich mich mit den Akademikern auseinanderzusetzen, das haben einige Philosophen, und keineswegs die schlechtesten, für ganz und gar unangebracht gehalten: Denn es habe gar keinen Sinn, mit Leuten zu streiten, die keine Wahrheit anerkennten; deshalb tadelten sie auch den Stoiker Antipater, der sich viel damit abgegeben hatte. Sie behaupteten auch, es sei nicht notwendig zu definieren, was ‚Erkennen' oder ‚Erfassen' oder, um es wörtlich zu übersetzen, ‚Begreifen' sei, was sie κατάλημψις nennen; sie behaupteten weiter, daß diejenigen, die beweisen wollten, es gebe Dinge, die erfaßt und begriffen werden könnten, gedankenlos handelten

inscienter facere dicebant, propterea quod nihil esset clarius ἐναργείᾳ – ut Graeci, perspicuitatem aut evidentiam nos si placet nominemus fabricemurque si opus erit verba, ne hic sibi' (me appellabat iocans) 'hoc licere soli putet – sed tamen orationem nullam putabant inlustriorem ipsa evidentia reperiri posse, nec ea quae tam clara essent definienda censebant. alii autem negabant se pro hac evidentia quicquam priores fuisse dicturos, sed ad ea quae contra dicerentur dici oportere putabant, ne qui fallerentur. plerique tamen et definitiones ipsarum etiam evidentium rerum non inprobant et rem idoneam de qua quaeratur et homines dignos quibuscum disseratur putant.

18

Philo autem dum nova quaedam commovet, quod ea sustinere vix poterat quae contra Academicorum pertinaciam dicebantur, et aperte mentitur ut est reprehensus a patre Catulo, et ut docuit Antiochus in id ipsum se induit quod timebat. cum enim ita negaret quicquam esse quod conprehendi posset (id enim volumus esse ἀκατάλημπτον), si illud esset, sicut Zeno definiret, tale visum (iam enim hoc pro φαντασίᾳ verbum satis hesterno sermone trivimus) – "visum igitur inpressum effictumque ex eo unde esset quale esse non posset ex eo unde non esset" (id nos a Zenone definitum rectissime dicimus; qui enim potest quicquam conprehendi, ut plane confidas perceptum id cognitumque esse, quod est tale quale vel falsum esse possit?) – hoc cum infirmat tollitque Philo, iudicium tollit incogniti et cogniti; ex quo efficitur nihil posse conprehendi. ita inprudens eo quo minime volt revolvitur. quare omnis oratio contra Academiam suscipitur a nobis, ut retineamus eam

deshalb, weil ja nichts einleuchtender sei als die ἐνάργεια, wie es die Griechen nennen – ich nenne es, wenn Ihr erlaubt, ‚Klarheit' oder ‚Evidenz' und werde, wenn nötig, noch andere Wörter bilden, damit der da (und dabei zeigte er scherzend auf mich) nicht glaubt, er dürfe das allein tun –; jedenfalls waren sie der Ansicht, keine Aussage könne als einleuchtender gelten als die Evidenz selbst; das, was derart klar sei, brauche man nicht noch zu definieren. Andere Philosophen aber erklärten, daß sie nicht als erste zugunsten der Evidenz geredet haben würden, waren aber der Meinung, es müsse etwas erwidert werden auf das, was man gegen die Evidenz anführe, damit sich niemand täuschen lasse. Die meisten jedoch mißbilligen die Definitionen gerade dieser einleuchtenden Dinge nicht, sondern sind der Ansicht, daß die Sache der Untersuchung wert sei und daß es Menschen gebe, mit denen es sich lohne, darüber zu diskutieren.

Philon aber führte gewisse Neuerungen ein, weil er nicht ertragen konnte, was gegen den Starrsinn der Akademiker geäußert wurde; dabei lügt er offen – was ihm schon der Vater des Catulus vorgeworfen hat – und verfällt zudem, wie Antiochos bewiesen hat, genau in den Fehler, vor dem er sich fürchtete. Da er nämlich behauptete, es gebe nichts, was erfaßt werden könne (so will ich nämlich ἀκατάληπτον übersetzen), wenn dieses Etwas von der Art sei, wie Zenon es definiere, nämlich ein Sinneseindruck – dieses Wort für φαντασία haben wir schon im gestrigen Gespräch ausgiebig benutzt –, eingeprägt und abgebildet durch den Gegenstand, von dem er herrühre, in einer solchen Weise, wie es unmöglich zustande kommen könne durch einen Gegenstand, von dem er nicht herrühre (diese Definition Zenons halte ich für völlig richtig: Denn wie kann etwas derart erfaßt werden, daß man ganz davon überzeugt ist, es begriffen und erkannt zu haben, wenn es derart ist, daß es zugleich auch falsch sein könnte?) – indem also Philon diese Möglichkeit ausschließt und aufhebt, macht er es zugleich unmöglich, zwischen Unerkennbarem und Erkennbarem zu entscheiden. Daraus folgt, daß nichts erfaßt werden kann. So fällt Philon unvorsichtigerweise gerade auf die Position zurück, die er vermeiden wollte. Deshalb zielt meine ganze Rede gegen die Akademiker dahin, jene De-

definitionem quam Philo voluit evertere; quam nisi optinemus, percipi nihil posse concedimus.

Ordiamur igitur a sensibus. quorum ita clara iudicia et certa sunt, ut, si optio naturae nostrae detur et ab ea deus aliqui requirat contentane sit suis integris incorruptisque sensibus an postulet melius aliquid, non videam quid quaerat amplius.

Nec vero hoc loco expectandum est dum de remo inflexo aut de collo columbae respondeam; non enim is sum qui quidquid videtur tale dicam esse quale videatur; Epicurus hoc viderit et alia multa. meo autem iudicio ita est maxima in sensibus veritas, si et sani sunt ac valentes et omnia removentur quae obstant et inpediunt. itaque et lumen mutari saepe volumus et situs earum rerum quas intuemur, et intervalla aut contrahimus aut diducismus, multaque facimus usque eo dum aspectus ipse fidem faciat sui iudicii. quod idem fit in vocibus in odore in sapore, ut nemo sit nostrum qui in sensibus sui cuiusque generis iudicium requirat acrius. adhibita vero exercitatione et arte, ut oculi pictura teneantur, aures cantibus, quis est quin cernat quanta vis sit in sensibus. quam multa vident pictores in umbris et in eminentia quae nos non videmus; quam multa quae nos fugiunt in cantu exaudiunt in eo genere exercitati, qui primo inflatu tibicinis Antiopam esse aiunt aut Andromacham, cum id nos ne suspicemur quidem. nihil necesse est de gustatu et odoratu loqui, in quibus intellegentia etsi vitiosa est quaedam tamen. quid de tactu et eo quidem quem philosophi interiorem vocant aut doloris aut voluptatis, in quo Cyrenaici solo putant

finition zu verteidigen, die Philon zu widerlegen suchte; gelingt mir dies nicht, dann gebe ich zu, daß nichts begriffen werden kann.

Beginnen wir also mit den Sinnen, deren Urteile so klar und sicher sind, daß ich, wenn unserer Natur die freie Wahl gegeben würde und ein Gott sie fragte, ob sie zufrieden sei mit ihren unversehrten und gesunden Sinnen oder ob sie sich etwas Besseres wünsche, nicht sehe, was sie sich noch zusätzlich erbitten sollte.

Man erwarte hier jedoch nicht, daß ich über das im Wasser gebrochene Bild des Ruders oder über den in der Sonne schillernden Hals der Taube Rechenschaft gebe; denn ich gehöre nicht zu den Leuten, die behaupten, daß alles, was wir sehen, so beschaffen sei, wie es uns erscheine; damit wie mit vielem anderen muß sich Epikur auseinandersetzen. Nach meinem Urteil sind die Sinne dann am zuverlässigsten, wenn sie gesund und leistungsfähig sind und wenn alles beseitigt ist, was ihre Betätigung stört und hindert: Deshalb wollen wir ja oft Beleuchtung und Lage der Gegenstände ändern, die wir betrachten; wir verkleinern oder vergrößern ihren Abstand zu uns und tun alles mögliche, bis der Anblick selbst unser Urteil unmittelbar bestätigt. Dasselbe geschieht beim Hören, Riechen und Schmecken, so daß niemand von uns sich ein genaueres Urteil wünscht, als es im jeweiligen Sinnesvermögen enthalten ist. Kommen außerdem noch Übung und Ausbildung hinzu, so daß die Augen etwas von Malerei, die Ohren etwas von Gesang verstehen – wer wird da nicht einsehen, welch große Fähigkeit in den Sinnen liegt. Wie vieles sehen die Maler im Schatten und in der Ferne, was wir nicht sehen; wie vieles, was uns im Gesang entgeht, hören die, die darin geübt sind: Beim ersten Ton des Flötenspielers sagen sie, daß es sich um die „Antiope" handelt oder um die „Andromache", während wir darüber noch nicht einmal eine Vermutung anstellen können. Es erübrigt sich, vom Schmecken und Riechen zu reden, deren Erkenntnisvermögen zwar mangelhaft, aber doch eindeutig vorhanden ist. Was soll ich vom Tastsinn sagen, und zwar von dem, den die Philosophen den ‚inneren' nennen, nämlich denjenigen, der Schmerz oder Lust empfindet, in dem, wie die Kyrenaiker

veri esse iudicium, quia sentiatur – potestne igitur 21
quisquam dicere inter eum qui doleat et inter eum qui
in voluptate sit nihil interesse, aut ita qui sentiet non
apertissime insaniat?

Atqui qualia sunt haec quae sensibus percipi dici‑
mus talia secuntur ea quae non sensibus ipsis percipi
dicuntur sed quodam modo sensibus, ut haec: 'illud
est album, hoc dulce, canorum illud, hoc bene olens.
hoc asperum': animo iam haec tenemus conprehensa
non sensibus. 'ille' deinceps 'equus est, ille canis'.
cetera series deinde sequitur maiora nectens, ut haec
quae quasi expletam rerum conprehensionem am‑
plectuntur: 'si homo est, animal est mortale rationis
particeps'. quo e genere nobis notitiae rerum inpri‑
muntur, sine quibus nec intellegi quicquam nec
quaeri aut disputari potest. quod si essent falsae 22
notitiae (ἐννοίας enim notitias appellare tu videbare)
– si igitur essent eae falsae aut eius modi visis inpres‑
sae qualia visa a falsis discerni non possent, quo
tandem his modo uteremur, quo modo autem quid
cuique rei consentaneum esset quid repugnaret vide‑
remus?

Memoriae quidem certe, quae non modo philoso‑
phiam sed omnis vitae usum omnesque artes una
maxime continet, nihil omnino loci relinquitur. quae
potest enim esse memoria falsorum, aut quid quis‑
quam meminit quod non animo conprehendit et te‑
net?
Ars vero quae potest esse nisi quae non ex una aut
duabus sed ex multis animi perceptionibus constat?
quas si subtraxeris, qui distingues artificem ab inscio:
non enim fortuito hunc artificem dicemus esse illum

behaupten, allein das Kriterium der Wahrheit liege, weil er unmittelbar zu empfinden fähig sei: Kann also jemand behaupten, zwischen demjenigen, der Schmerz, und dem, der Freude empfinde, bestehe keinerlei Unterschied, oder ist der, der das meint, nicht ganz offenbar verrückt?

Wie es sich aber mit dem verhält, was, wie wir sagen, mit den Sinnen erfaßt wird, so verhält es sich auch mit dem, was, wie es heißt, nicht mehr von den Sinnen selbst, sondern nur mittelbar durch die Sinne erfaßt wird, wie zum Beispiel: „Jenes ist weiß, dieses süß; jenes ist wohlklingend, dieses wohlriechend, dieses rauh"; dies stellen wir schon mit der Vernunft fest, nicht mehr mit den Sinnen; dasselbe gilt für Sätze wie: „Dies ist ein Pferd, jenes ein Hund". Die nächste Stufe ist dann die Begriffskette, die umfassendere Verknüpfungen herstellt, etwa folgende, die sozusagen eine vollständige Beschreibung erfaßter Dinge enthält: „Wenn es den Menschen gibt, so gibt es ihn als ein sterbliches, der Vernunft teilhaftiges Wesen". Auf diese Weise prägen sich uns jene Begriffe der Dinge ein, ohne die nichts verstanden, untersucht oder diskutiert werden kann. Wenn aber die Begriffe falsch wären (ich erinnere mich, daß Du die ἔννοια mit „notitia" – Begriff übersetzt hast) – wenn sie also falsch wären oder durch Sinneswahrnehmungen von solcher Art eingeprägt, daß sie von falschen nicht zu unterscheiden wären: Was könnten wir dann damit anfangen, und wie könnten wir erkennen, welcher Eindruck mit dem jeweiligen Gegenstand übereinstimmt, welcher ihm widerspricht?

Für das Gedächtnis jedenfalls, das als solches nicht nur die Lehren der Philosophie, sondern auch die gesamte Lebensführung, alle Wissenschaften und Künste umfaßt, bliebe überhaupt kein Platz mehr; denn wie kann es eine Erinnerung an Falsches geben, oder wie kann man sich an etwas erinnern, was man nicht mit der Vernunft begriffen hat und festhält?

Vor allem die Wissenschaft kann nur bestehen als eine solche, die nicht aus einem oder zwei, sondern aus vielen Begriffen der Vernunft aufgebaut ist. Nimmst Du diese Begriffe weg, wie kannst Du dann noch den Kenner vom Laien unterscheiden? Denn nicht willkürlich werden wir den einen als Kenner bezeich-

negabimus, sed cum alterum percepta et conprehensa
tenere videmus alterum non item. cumque artium
aliud eius modi genus sit ut tantum modo animo rem
cernat, aliud ut moliatur aliquid et faciat, quo modo
aut geometres cernere ea potest quae aut nulla sunt
aut internosci a falsis non possunt, aut is qui fidibus
utitur explere numeros et conficere versus? quod
idem in similibus quoque artibus continget, quarum
omne opus est in faciendo atque agendo. quid enim
est quod arte effici possit nisi is qui artem tractabit
multa perceperit?

Maxime vero virtutum cognitio confirmat percipi 23
et conprehendi multa posse. in quibus solis inesse
etiam scientiam dicimus, quam nos non conprehensionem modo rerum sed eam stabilem quoque et
immutabilem esse censemus, itemque sapientiam artem vivendi, quae ipsa ex sese habeat constantiam; ea
autem constantia si nihil habeat percepti et cogniti,
quaero unde nata sit aut quo modo.

Quaero etiam, ille vir bonus, qui statuit omnem
cruciatum perferre, intolerabili dolore lacerari potius
quam aut officium prodat aut fidem, cur has sibi tam
graves leges inposuerit, cum, quam ob rem ita oporteret, nihil haberet conprehensi percepti cogniti con-
stituti. nullo igitur modo fieri potest ut quisquam
tanti aestimet aequitatem et fidem ut eius conservan-
dae causa nullum supplicium recuset, nisi is rebus
adsensus sit quae falsae esse non possint.

Ipsa vero sapientia si se ignorabit sapientia sit 24
necne, quo modo primum obtinebit nomen sapientiae? deinde quo modo suscipere aliquam rem aut
agere fidenter audebit, cum certi nihil erit quod sequatur? cum vero dubitabit quid sit extremum et

nen, dem anderen diese Bezeichnung versagen, sondern nur dann, wenn wir sehen, daß der eine das zuverlässig Begriffene festhält, der andere nicht. Da weiterhin von den Kenntnissen die eine von der Art ist, daß sie die Gegenstände nur mit der Vernunft erfaßt, die andere von der Art, daß sie etwas unternimmt und herstellt: Wie kann dann der Mathematiker zum Beispiel etwas sehen, was es entweder nicht gibt oder was vom Falschen nicht zu unterscheiden ist? Oder wie kann der Kitharaspieler den Rhythmus festhalten und die Verse ihm anpassen? Das gleiche gilt für verwandte Fertigkeiten, deren Leistung ganz im Herstellen und im praktischen Tun besteht. Denn was kann eine bloße Fertigkeit zustande bringen, wenn nicht der, der sie ausübt, sehr viel begriffen hat?

Am besten indessen beweist uns die Lehre von den Tugenden, daß der Mensch vieles begreifen und erfassen kann. Auf dieser Tatsache allein, so behaupte ich, beruht unser Wissen. Dieses ist für mich nicht ein bloßes Erfassen einzelner Dinge, sondern wir verstehen es als gesichert und unveränderlich, und damit ist es zugleich Weisheit, Lebenskunst, die ihre Unwandelbarkeit aus sich selbst bezieht. Wenn aber diese Unwandelbarkeit nicht auf Begriffenem und Erfaßtem beruhte, dann frage ich, woher und auf welche Weise sie sonst entstanden sein sollte.

Ich frage außerdem: Jener ‚tugendhafte Mensch‘, der für seine Person beschlossen hat, lieber alle Marter zu ertragen, lieber von unerträglichen Schmerzen zerrissen zu werden, als Pflicht und Versprechen zu verraten, warum hätte er sich so schwere Gebote auferlegt, wenn er nichts Erfaßtes, Begriffenes, Festgelegtes besäße, das ihn zwänge, so zu handeln? Unter keinen Umständen also ist es denkbar, daß jemand Gerechtigkeit und Treue so hoch schätzt, daß er, um sie zu bewahren, jede Strafe auf sich nimmt, wenn er nicht solchen Prinzipien zugestimmt hätte, die nicht falsch sein können.

Die Weisheit selbst aber, wenn sie nicht weiß, ob sie Weisheit ist oder nicht, wie wird sie dann erstens den Namen Weisheit behaupten können, zweitens, wie wird sie es wagen können, irgend etwas zu unternehmen oder zuversichtlich auszuführen, wenn es nichts Sicheres gibt, nach dem sie sich richten kann?

ultimum bonorum, ignorans quo omnia referantur, qui poterit esse sapientia? atque etiam illud perspicuum est, constitui necesse esse initium quod sapientia cum quid agere incipiat sequatur, idque initium esse naturae adcommodatum. nam aliter adpetitio (eam enim volumus esse ὁρμὴν qua ad agendum impellimur et id adpetimus quod est visum) moveri non potest. illud autem quod movet prius oportet videri eique credi; quod fieri non potest, si id quod visum erit discerni non poterit a falso. quo modo autem moveri animus ad adpetendum potest, si id quod videtur non percipitur adcommodatumne naturae sit an alienum? itemque, si quid officii sui sit non occurrit animo, nihil umquam omnino aget, ad nullam rem umquam inpelletur, numquam movebitur. quod si aliquid aliquando acturus est, necesse est id ei verum quod occurrit videri.

Quid quod, si ista vera sunt, ratio omnis tollitur quasi quaedam lux lumenque vitae: tamenne in ista pravitate perstabitis? nam quaerendi initium ratio attulit, quae perfecit virtutem, cum esset ipsa ratio confirmata quaerendo; quaestio autem est adpetitio cognitionis quaestionisque finis inventio; at nemo invenit falsa, nec ea quae incerta permanent inventa esse possunt, sed cum ea quae quasi involuta ante fuerunt aperta sunt, tum inventa dicuntur: sic ⟨ratio⟩ et initium quaerendi et exitus percipiundi et comprehendedi tenet. itaque argumenti conclusio, quae est Graece ἀπόδειξις, ita definitur: 'ratio quae ex rebus perceptis ad id quod non percipiebatur adducit'. quod si omnia visa eius modi essent qualia isti dicunt, ut ea vel falsa esse possent neque ea posset ulla

Wenn sie wirklich daran zweifelt, was das höchste und oberste Gut sei, und wenn sie nicht weiß, worauf sich alles bezieht – wie kann sie dann Weisheit sein? Aber auch dies ist evident, daß notwendigerweise ein Ausgangspunkt des Handelns festgelegt werden muß, an den die Weisheit anknüpfen kann, wenn sie etwas zu tun unternimmt, und daß dieser Ausgangspunkt mit der Natur übereinstimmen muß. Denn auf andere Weise kann das Streben – so will ich nämlich ὁρμή übersetzen –, das uns zum Handeln veranlaßt, so daß wir nach dem streben, was sich uns zeigt, nicht angeregt werden. Dasjenige aber, was in Bewegung versetzt, muß sich erst einmal zeigen und zuverlässig zeigen: Dies kann aber nicht geschehen, wenn das, was sich gezeigt hat, vom Falschen nicht zu unterscheiden ist. Wie aber kann die Seele veranlaßt werden, nach etwas zu streben, wenn sie nicht begreift, ob das, was sich ihr zeigt, der Natur angemessen oder ihr fremd ist? Desgleichen wird die Vernunft überhaupt nie etwas tun, wenn ihr das nicht begegnet, was ihre Pflicht ist; sie wird zu keinem Handeln jemals angeregt, jemals in Bewegung gebracht werden. Wenn sie also irgendwann irgend etwas tun soll, dann muß ihr notwendigerweise als wahr erscheinen, was ihr begegnet.

Endlich – wenn jene These wahr ist, dann wird jede Vernunft aufgehoben, die doch geradezu das erhellende Licht des Lebens ist: Dennoch wollt Ihr auf einer solchen Verkehrtheit bestehen?

Denn die Vernunft hat den Beginn des Fragens gesetzt; sie führt zur vollkommenen Einsicht; sie selbst wird durch das Fragen bestärkt. Fragen aber bedeutet Streben nach Erkenntnis, und das Ziel des Fragens ist das Finden; niemand aber findet Falsches, und das, was unklar bleibt, kann auch nicht als gefunden gelten; wenn aber das, was zuvor gewissermaßen verhüllt war, enthüllt ist, dann nennt man das ein Finden: So umfaßt die Vernunft zugleich den Beginn, nämlich das Fragen, und das Ende, nämlich das Begreifen und Erfassen. Deshalb wird auch die Schlußfolgerung, griechisch ἀπόδειξις, so definiert: ‚Ein Gedankengang, der von begriffenen Gegenständen zu dem hinführt, was noch nicht begriffen war'. Denn wenn alle Sinneseindrücke derart wären, wie jene behaupten, daß sie vielleicht auch falsch sein könnten, und wenn es kein Kriterium gäbe, um dies zu

notio discernere, quo modo quemquam aut conclusisse aliquid aut invenisse dicemus, aut quae esset conclusi argumenti fides? ipsa autem philosophia, quae rationibus progredi debet, quem habebit exitum? sapientiae vero quid futurum est, quae neque de se ipsa dubitare debet neque de suis decretis (quae philosophi vocant δόγματα), quorum nullum sine scelere prodi poterit; cum enim decretum proditur, lex veri rectique proditur, quo e vitio et amicitiarum proditiones et rerum publicarum ⟨ruinae⟩ nasci solent; non potest igitur dubitari quin decretum nullum falsum possit esse sapientis neque satis sit non esse falsum sed etiam stabile fixum ratum esse debeat, quod movere nulla ratio queat; talia autem neque esse neque videri possunt eorum ratione qui illa visa, e quibus omnia decreta sunt nata, negant quicquam a falsis interesse.

Ex hoc illud est natum, quod postulabat Hortensius, ut id ipsum saltem perceptum a sapiente diceretis, nihil posse percipi. sed Antipatro hoc idem postulanti, cum diceret ei qui adfirmaret nihil posse percipi [consentaneum esse] unum tamen illud dicere percipi posse consentaneum esse ut alia non possent, Carneades acutius resistebat. nam tantum abesse dicebat ut id consentaneum esset, ut maxime etiam repugnaret. qui enim negaret quicquam esse quod perciperetur, eum nihil excipere; ita necesse esse ne id ipsum quidem quod exceptum non esset conprehendi et percipi ullo modo posse. 28

Antiochus ad istum locum pressius videbatur accedere. quoniam enim id haberent Academici decretum (sentitis enim iam hoc me δόγμα dicere), nihil posse percipi, non debere eos in suo decreto sicut in ceteris 29

unterscheiden – wie wollen wir dann behaupten, es könne jemand einen Schluß ziehen oder etwas finden, oder welche Sicherheit gäbe es dann für eine Schlußfolgerung? Welches Schicksal würde erst die Philosophie als solche haben, die doch in ihrem Fortschreiten auf Vernunftschlüsse angewiesen ist? Was vollends würde aus der Weisheit werden, die weder an sich selbst zweifeln darf noch an ihren Lehrsätzen (welche die Philosophen δόγματα nennen), von denen keiner ungestraft verraten werden kann? Denn wenn ein Lehrsatz verraten wird, dann wird das Gesetz des Wahren und des Richtigen verraten – eine Mißachtung, aus der der Verrat von Freundschaften und von Staaten zu entstehen pflegt. Deshalb kann man nicht daran zweifeln, daß kein Satz der Weisheit falsch sein könne, noch, daß es genüge, daß er vermutlich nicht falsch sei; er muß vielmehr so fest, sicher und gültig sein, daß ihn kein Vernunftgrund zu erschüttern vermag. Solches aber kann weder möglich sein noch auch nur als möglich erscheinen nach der Ansicht der Leute, die behaupten, daß die Phänomene, von denen alle Lehrsätze ausgegangen sind, vom Falschen nicht zu unterscheiden seien.

Dies hat ja auch dazu geführt, daß Hortensius forderte, Ihr möchtet dann doch wenigstens dies eine als ein vom Weisen Begriffenes behaupten, daß nichts begriffen werden könne. Als aber einst Antipater die gleiche Forderung erhob, indem er sagte, derjenige, der behaupte, nichts könne begriffen werden, müsse doch selbstverständlich das eine zugeben, gerade dies könne begriffen werden, daß nichts anderes begriffen werden könne, da widersprach ihm Karneades auf das schärfste; er behauptete, die Sache sei nicht nur nicht selbstverständlich, sondern vielmehr in sich äußerst widersprüchlich. Wer nämlich sage, es gebe nichts, was begriffen werden könne, der dürfe davon nichts ausnehmen; deshalb könne notwendigerweise nicht einmal dies irgendwie erfaßt und begriffen werden, weil eben keine Ausnahme möglich sei.

Antiochos scheint mir genau auf diesen Punkt sorgfältiger einzugehen. Denn, so sagt er, wenn die Akademiker den Lehrsatz vertreten (Ihr versteht ja, daß ich damit δόγμα übersetze), nichts könne begriffen werden, dann dürften sie hinsichtlich

rebus fluctuari, praesertim cum in eo summa consisteret: hanc enim esse regulam totius philosophiae, constitutionem veri falsi cogniti incogniti; quam rationem quoniam susciperent docereque vellent quae visa accipi oporteret quae repudiari, certe hoc ipsum, ex quo omne veri falsique iudicium esset, percipere eos debuisse; etenim duo esse haec maxima in philosophia, iudicium veri et finem bonorum, nec sapientem posse esse qui aut cognoscendi esse initium ignoret aut extremum expetendi, ut aut unde proficiscatur aut quo perveniendum sit nesciat; haec autem habere dubia nec is ita confidere ut moveri non possint abhorrere a sapientia plurimum. hoc igitur modo potius erat ab his postulandum ut hoc unum saltem, percipi nihil posse, perceptum esse dicerent. sed de inconstantia totius illorum sententiae – si ulla sententia cuiusquam esse potest nihil adprobantis – sit ut opinor dictum satis.

Sequitur disputatio copiosa illa quidem sed paulo 30
abstrusior – habet enim aliquantum a physicis, ut verear ne maiorem largiar ei qui contra dicturus est libertatem et licentiam; nam quid eum facturum putem de abditis rebus et obscuris, qui ⟨manifestis⟩ lucem eripere conetur?

Sed disputari poterat subtiliter quanto quasi artificio natura fabricata esset primum animal omne deinde hominem maxime, quae vis esset in sensibus, quem ad modum prima visa nos pellerent, deinde adpetitio ab his pulsa sequeretur, tum ut sensus ad res percipiendas intenderemus. mens enim ipsa, quae

dieses Satzes nicht schwanken, wie bei den übrigen Dingen, zumal da ja dieser Satz der Kernpunkt ihrer Lehre sei. Dies sei ja das Grundprinzip der ganzen Philosophie, die Bestimmung des Wahren und Falschen, des Erkennbaren und nicht Erkennbaren. Wenn sie sich zu diesem Prinzip bekennten und lehren wollten, welche Sinneseindrücke anzunehmen, welche abzulehnen seien, dann hätten sie eigentlich gerade das begreifen müssen, woher jedes Kriterium für Wahr und Falsch herrühre; dies nämlich seien die beiden Hauptpfeiler der Philosophie: Das Urteil über Wahr und Falsch und der Ansatz des höchsten Gutes; keiner könne ein Weiser sein, der weder einen Ausgangspunkt der Erkenntnis noch ein Ziel des Strebens kenne, so daß er weder wisse, von wo er ausgehen, noch wohin er gelangen müsse. In dieser Hinsicht im Zweifel zu sein und kein solches Vertrauen zu haben, daß es nicht ins Wanken gebracht werden könne, dies habe mit der Weisheit überhaupt nichts zu tun. Unter diesen Umständen muß um so mehr von ihnen das Eingeständnis verlangt werden, mindestens dies eine könne begriffen werden, daß nichts begriffen werden könne. Doch über diese Inkonsequenz ihres ganzen Denkens ist damit wohl genug gesagt, wenn man überhaupt von Denken reden kann bei jemandem, der sich jeder Entscheidung entzieht.

Es folgt bei Antiochos eine Untersuchung, die zwar sehr ausführlich, aber auch ziemlich schwer zu verstehen ist; denn sie enthält einiges aus dem Gebiete der Naturphilosophie, so daß ich fürchte, ich werde dem, der gegen mich sprechen wird, allzuviel Freiheit und Spielraum überlassen. Denn was wird derjenige wohl erst mit den verborgenen und verhüllten Dingen anstellen, der sogar versucht, uns die Einsicht in das Unverborgene zu rauben?

Dennoch müßte es möglich sein, im einzelnen darzustellen, mit welcher Kunstfertigkeit die Natur die Lebewesen überhaupt, vor allem aber den Menschen geschaffen hat, welche Fähigkeit die Sinne besitzen; wie erstens einmal die Sinneswahrnehmungen uns in Bewegung versetzen, wie zweitens das von ihnen in Gang gesetzte Streben zum Handeln folgt, drittens, wie wir die Sinnesorgane darauf richten, die Dinge zu erfassen. Denn da die Ver-

sensuum fons est atque etiam ipsa sensus est, naturalem vim habet, quam intendit ad ea quibus movetur. itaque alia visa sic arripit ut iis statim utatur, alia quasi recondit, e quibus memoria oritur; cetera autem similitudinibus construit, ex quibus efficiuntur notitiae rerum, quas Graeci tum ἐννοίας tum προλήμψεις vocant; eo cum accessit ratio argumentique conclusio rerumque innumerabilium multitudo, tum et perceptio eorum omnium apparet et eadem ratio perfecta is gradibus ad sapientiam pervenit. ad rerum igitur scientiam vitaeque constantiam aptissima cum sit mens hominis amplectitur maxime cognitionem et istam κατάλημψιν, quam ut dixi verbum e verbo exprimentes conprehensionem dicemus, cum ipsam per se amat (nihil enim est ei veritatis luce dulcius) tum etiam propter usum. quocirca et sensibus utitur et artes efficit quasi sensus alteros et usque eo philosophiam ipsam corroborat ut virtutem efficiat, ex qua re una vita omnis apta sit. ergo ii qui negant quicquam posse conprehendi haec ipsa eripiunt vel instrumenta vel ornamenta vitae, vel potius etiam totam vitam evertunt funditus ipsumque animal orbant animo, ut difficile sit de temeritate eorum perinde ut causa postulat dicere.

31

Nec vero satis constituere possum quod sit eorum consilium aut quid velint. interdum enim cum adhibemus ad eos orationem eius modi, si ea quae disputentur vera sint tum omnia fore incerta, respondent: 'quid ergo istud ad nos? num nostra culpa est? naturam accusa, quae in profundo veritatem ut ait Democritus penitus abstruserit'. alii autem elegantius, qui etiam queruntur quod eos insimulemus om-

32

LUCULLUS 147

nunft als solche die Quelle aller Sinne und insofern selbst ein Sinn ist, besitzt sie eine naturgegebene Fähigkeit, die sie hinwendet auf die Dinge, durch welche sie in Bewegung gesetzt wird. So greift sie die einen Sinneseindrücke derart auf, daß sie unmittelbar auf sie reagiert; andere speichert sie gewissermaßen auf, aus denen die Erinnerung entsteht; die übrigen aber ordnet sie nach ihrer Ähnlichkeit, und daraus entstehen die Begriffe von den Dingen, die die Griechen bald ἔννοιαι, bald προλήψεις nennen. Wenn dann noch die Verstandestätigkeit hinzukommt, das schlußfolgernde Denken auf Grund einer unzählbaren Menge von Dingen, dann ergibt sich, daß all dies begriffen ist und daß die Vernunft, von der wir sprechen, in der genannten Stufenfolge sich vollendet und zur Weisheit gelangt. Da nun die Vernunft den Menschen aufs beste befähigt, die Dinge zu erkennen und ein folgerichtiges Leben zu führen, so schätzt sie aufs höchste das Erkenntnisvermögen und die oben genannte κατάληψις, die wir, wie gesagt, wörtlich übersetzt, mit ‚Erfassen' wiedergeben; und sie liebt sie als solche – denn nichts ist ihr süßer als das Licht der Wahrheit –, dann aber auch wegen ihres Nutzens. Deshalb eben bedient sie sich der Sinne, bringt Fertigkeiten hervor sozusagen als zusätzliche Sinnesorgane und verschafft gerade der Philosophie eine solche Kraft, daß sie die Tugend hervorbringt, in der allein das Leben seine Angemessenheit findet. Diejenigen Menschen also, die leugnen, daß etwas begriffen werden könne, entreißen uns gerade diese Hilfe und Ausrüstung für das Leben, ja, sie zerstören das ganze Leben von Grund auf und rauben den Vernunftwesen ihre Vernunft; und deshalb ist es so schwer, über die Tollheit ihrer Meinungen so zu sprechen, wie man sprechen müßte.

Ich kann in der Tat nicht genau genug feststellen, was ihre Absicht dabei ist, noch auch, was sie damit wollen. Denn trägt man ihnen eine derartige Überlegung vor, es müsse alles im ungewissen bleiben, wenn ihre Behauptungen wahr seien, dann antworten sie bisweilen: „Was geht das denn uns an? Ist es etwa unsere Schuld? Klage die Natur an, die, wie Demokrit sagt, die Wahrheit in der Tiefe verborgen hat!" Andere antworten eleganter; sie beklagen, daß wir sie beschuldigen, sie nennten alles

nia incerta dicere, quantumque intersit inter incertum et id quod percipi non possit docere conantur eaque distinguere.

Cum his igitur agamus, qui haec distinguunt, illos, qui omnia sic incerta dicunt ut stellarum numerus par an impar sit, quasi desperatos aliquos relinquamus. volunt enim (et hoc quidem vel maxime vos animadvertebam moveri) probabile aliquid esse et quasi veri simile, eaque se uti regula et in agenda vita et in quaerendo ac disserendo. quae ista regula est veri et falsi, si notionem veri et falsi propterea quod ea non possunt internosci nullam habemus? nam si habemus, interesse oportet ut inter rectum et pravum sic inter verum et falsum. si nihil interest, nulla regula est, nec potest is cui est visio veri falsique communis ullum habere iudicium aut ullam omnino veritatis notam. nam cum dicunt hoc se unum tollere, ut quicquam possit ita ⟨verum⟩ videri ut non eodem modo falsum etiam possit [ita] videri, cetera autem concedere, faciunt pueriliter. quo enim omnia iudicantur sublato reliqua se negant tollere; ut si quis quem oculis privaverit dicat ea quae cerni possent se ei non ademisse. ut enim illa oculis modo agnoscuntur sic reliqua visis, sed propria veri, non communi veri et falsi nota. quam ob rem sive tu probabilem visionem sive [in]probabilem et quae non inpediatur, ut Carneades volebat, sive aliud quid proferes quod sequare, ad visum illud de quo agimus tibi erit revertendum.

33

ungewiß, und versuchen, uns den großen Unterschied zwischen dem Ungewissen und dem Unbegreifbaren klarzumachen und beides auseinanderzuhalten.

Mit diesen Leuten also, die diese Unterscheidung treffen, wollen wir uns auseinandersetzen; jene dagegen, die behaupten, alles sei so ungewiß wie etwa, ob die Zahl der Sterne gerade oder ungerade sei, wollen wir als hoffnungslose Fälle außer Betracht lassen. Die anderen behaupten nämlich – und gerade das hat den größten Eindruck auf Euch gemacht, wie ich bemerkt habe –, es gebe etwas Glaubwürdiges und gewissermaßen Wahrscheinliches, und dies gebrauchten sie als Maßstab sowohl in der Lebensführung wie auch beim theoretischen Fragen und Diskutieren. Doch was ist dies für ein Maßstab des Wahren und Falschen, wenn wir keinen Begriff von Wahr und Falsch haben, weil dies nicht voneinander unterschieden werden kann? Denn haben wir einen solchen Begriff, dann muß notwendigerweise ein Unterschied bestehen zwischen Gut und Schlecht ebenso wie zwischen Wahr und Falsch. Besteht kein Unterschied, dann gibt es auch keinen Maßstab, und der, der unter Wahr und Falsch dasselbe versteht, kann keinerlei Urteil oder auch nur einen Anhaltspunkt für die Wahrheit haben. Denn wenn sie behaupten, sie bestritten nur den einen Satz, es könne etwas derart als wahr erscheinen, daß es nicht gleichermaßen auch als falsch erscheinen könne, gäben aber das übrige zu, dann reden sie kindisch. Wenn sie nämlich den Maßstab verworfen haben, mit dem alles beurteilt wird, dann aber behaupten, alles übrige ließen sie bestehen – so ist dies, wie wenn man jemanden der Augen beraubt hat und ihm dann sagt, das, was man sehen könne, habe man ihm ja nicht weggenommen; denn wie man dies nur mit den Augen, so kann man das übrige nur durch die Eindrücke erkennen, und zwar mit Hilfe der charakteristischen Merkmale des Wahren und nicht etwa mit Merkmalen, die dem Wahren und Falschen gemeinsam sind. Ob Du nun einen glaubwürdigen Eindruck behauptest oder einen glaubwürdigen, dem nichts widerspricht, wie es Karneades wollte, oder etwas anderes, was Du vertrittst – Du mußt unweigerlich auf jenen Sinneseindruck zurückkommen, den ich meine.

In eo autem si erit communitas cum falso, nullum erit iudicium, quia proprium in communi signo notari non potest. sin autem commune nihil erit, habeo quod volo; id enim quaero quod ita mihi videatur verum ⟨ut⟩ non possit item falsum videri. simili in errore versantur cum convicio veritatis coacti perspicua a perceptis volunt distinguere et conantur ostendere esse aliquid perspicui, verum illud quidem et inpressum in animo atque mente, neque tamen id percipi ac conprehendi posse. quo enim modo perspicue dixeris album esse aliquid, cum possit accidere ut id quod nigrum sit album esse videatur, aut quo modo ista ⟨...⟩ aut perspicua dicemus aut inpressa subtiliter, cum sit incertum vere inaniterne animus moveatur: ita neque color neque corpus nec veritas nec argumentum nec sensus neque perspicuum ullum relinquitur. ex hoc illud is usu venire solet, ut quicquid dixerint a quibusdam interrogentur 'ergo istuc quidem percipis?'. sed qui ita interrogant ab iis inridentur. non enim urguent ut coarguant neminem ulla de re posse contendere nec adseverare sine aliqua eius rei quam sibi quisque placere dicit certa et propria nota.

Quod est igitur istuc vestrum probabile? nam si quod cuique occurrit et primo quasi aspectu probabile videtur id confirmatur, quid eo levius; sin ex circumspectione aliqua et accurata consideratione quod visum sit id se dicent sequi, tamen exitum non habebunt, primum quia is visis inter quae nihil interest aequaliter omnibus abrogatur fides; deinde, cum dicant posse accidere sapienti ut cum omnia fecerit

Sollte es dabei eine Übereinstimmung des Wahren mit dem Falschen geben, dann ist ein Urteil nicht möglich, weil dort, wo die Merkmale dieselben sind, kein besonderes Merkmal festgestellt werden kann. Besteht aber eine solche Übereinstimmung nicht, dann habe ich erreicht, was ich will: Denn ich suche ja das, was mir in solcher Weise als wahr erscheint, daß es mir nicht zugleich als falsch erscheinen kann. Im gleichen Irrtum befinden sie sich, wenn sie, von der Macht der Wahrheit gezwungen, einen Unterschied konstruieren wollen zwischen dem Evidenten und dem Begriffenen und zu beweisen versuchen, daß es zwar Evidentes gibt, daß es aber, mag es auch in Seele und Geist eingeprägt sein, dennoch nicht als wahr erkannt und begriffen werden kann. Wie kann man nämlich behaupten, es sei evident, daß etwas weiß sei, wenn es möglich sein kann, daß das, was schwarz ist, auch als weiß erscheint? Oder wie können wir etwas evident nennen oder dem Geiste deutlich eingeprägt, wenn unsicher ist, ob es sich um einen wahren oder einen falschen Sinneseindruck handelt? So bleibt weder eine Farbe noch ein Körper, weder eine Wahrheit noch ein Beweis, weder eine Sinneswahrnehmung noch irgendeine Evidenz übrig. Infolgedessen pflegt es ihnen zu geschehen, daß sie, was immer sie behaupten, von irgendwelchen Leuten gefragt werden: „Also dies begreifst Du als wahr?" Aber diejenigen, die so fragen, werden von ihnen ausgelacht. Sie machen sich nämlich gar nicht die Mühe, den Beweis zu führen, daß niemand etwas über eine Sache zuverlässig versichern oder behaupten könne, ohne daß er eindeutige und charakteristische Kennzeichen der jeweiligen Sache hätte, die er für wahr hält.

Was also hat es auf sich mit dieser Eurer Glaubwürdigkeit? Wenn jemand einfach das für richtig hält, was sich ihm zufällig darbietet und sozusagen auf den ersten Blick wahrscheinlich vorkommt, was gibt es dann Leichtsinnigeres als dies? Wenn sie aber behaupten, sie folgten einem Sinneseindruck nur nach umsichtiger Prüfung und genauer Überlegung, so finden sie damit dennoch keinen Ausweg: Denn erstens muß ohne Unterschied allen Sinneseindrücken, die sich nicht deutlich voneinander unterscheiden lassen, die Glaubwürdigkeit abgesprochen werden; wenn sie zweitens behaupten, es könne dem Weisen widerfah-

diligentissimeque circumspexerit existat aliquid quod et veri simile videatur et absit longissime ⟨a⟩ vero, ⟨ne⟩ si ⟨aut⟩ magnam partem quidem, ut solent dicere, ad verum ipsum aut quam proxime accedant confidere sibi poterunt. ut enim confidant, notum iis esse debebit insigne veri; quo obscurato et oppresso quod tandem verum sibi videbuntur attingere? quid autem tam absurde dici potest quam cum ita locuntur: 'est hoc quidem illius rei signum aut argumentum, et ea re id sequor, sed fieri potest ut id quod significatur aut falsum sit aut nihil sit omnino'.

Sed de perceptione hactenus; si quis enim ea quae dicta sunt labefactare volet, facile etiam absentibus nobis veritas se ipsa defendet.

His satis cognitis quae iam explicata sunt nunc de adsensione atque adprobatione, quam Graeci συγκατάθεσιν vocant, pauca dicemus, non quo non latus locus sit, sed paulo ante iacta sunt fundamenta. nam cum vim quae esset in sensibus explicabamus, simul illud aperiebatur, conprehendi multa et percipi sensibus, quod fieri sine adsensione non potest. deinde cum inter inanimum et animal hoc maxime intersit, quod animal agit aliquid (nihil enim agens ne cogitari quidem potest quale sit), aut ei sensus adimendus est aut ea quae est in nostra potestate sita reddenda adsensio. et vero animus quodam modo eripitur iis quos neque sentire neque adsentiri volunt. ut enim necesse est lancem in libram ponderibus inpositis deprimi sic animum perspicuis cedere. nam quo modo non potest animal ullum non adpetere id quod adcommodatum ad naturam adpareat (Graeci id

ren, daß sich trotz aller Vorsicht und sorgfältigstem Überlegen etwas ergebe, das wahrscheinlich, aber doch denkbar weit von der Wahrheit entfernt sei, dann können sie sich selbst keinen Glauben schenken, auch dann nicht, wenn sie, wie sie es auszudrücken pflegen, zu einem großen Teil oder ganz nahe an die Wahrheit herankommen. Um nämlich zuverlässig glauben zu können, muß ihnen ein Kennzeichen der Wahrheit bekannt sein; wenn dieses aber unklar oder verborgen ist, welche Wahrheit glauben sie dann erreichen zu können? Kann es etwas Absurderes geben als ihre Behauptung: „Dies ist zwar ein Kennzeichen oder ein Beweis für diese Sache, und deshalb halte ich mich daran; aber möglicherweise ist das, was dieses Kennzeichen besitzt, falsch oder existiert überhaupt nicht."

Soviel zur Erkenntnislehre; wenn jemand das Gesagte erschüttern wollte, so wird die Wahrheit sich auch in unserer Abwesenheit mühelos selbst zu verteidigen vermögen.

Da nun hinreichend geklärt ist, was der Gegenstand unserer bisherigen Erörterungen war, wollen wir jetzt über Zustimmung und Billigung, was die Griechen συγκατάθεσις nennen, einiges wenige sagen, nicht, weil es sich dabei nicht um ein wichtiges Thema handelte, sondern weil wir die Grundlagen dazu gerade vorhin schon gelegt haben. Denn als ich ausführte, welche Fähigkeiten die Sinne besitzen, wurde zugleich klar, daß das Erfassen und Begreifen so vieler Dinge durch die Sinne nicht geschehen kann ohne die Zustimmung der Vernunft. Da ferner zwischen etwas Leblosem und einem Lebewesen dieser Hauptunterschied besteht, daß das Lebewesen eine Tätigkeit ausübt – denn wenn es nicht handelte, könnte man sich gar nicht vorstellen, was es eigentlich sei –, so muß man ihm entweder das Sinnesvermögen wegnehmen oder ihm auch jene Zustimmung zugestehen, die in unserem Ermessen liegt. In der Tat entreißt man gewissermaßen das Leben denjenigen, denen man weder das Wahrnehmen noch das Zustimmen zugestehen will. Wie nämlich notwendigerweise die Waagschale an der Waage sinkt, wenn man Gewichte hineinlegt, so muß auch die Vernunft sich der Evidenz beugen. Denn wie es keinem Lebewesen möglich ist, nicht nach dem zu streben, was seiner Natur angemessen zu sein scheint –

οἰκεῖον appellant), sic non potest animus obiectam rem perspicuam non adprobare. quamquam si illa de quibus disputatum est vera sunt, nihil attinet de adsensione omnino loqui; qui enim quid percipit adsentitur statim. sed haec etiam secuntur, nec memoriam sine adsensione posse constare nec notitias rerum nec artes; idque quod maximum est, ut sit aliquid in nostra potestate, in eo qui rei nulli adsentietur non erit. ubi igitur virtus, si nihil situm est in ipsis nobis? maxime autem absurdum vitia in ipsorum esse potestate neque peccare quemquam nisi adsensione, hoc idem in virtute non esse, cuius omnis constantia et firmitas ex is rebus constat quibus adsensa est et quas adprobavit. omninoque ante videri aliquid quam agamus necesse est eique quod visum sit adsentiatur. quare qui aut visum aut adsensum tollit is omnem actionem tollit e vita.

Nunc ea videamus quae contra ab his disputari solent. sed prius oportet totius eorum rationis quasi fundamenta cognoscere. conponunt igitur primum artem quandam de his quae visa dicimus, eorumque et vim et genera definiunt, in his quale sit id quod percipi et conprehendi possit, totidem verbis quot Stoici. deinde illa exponunt duo, quae quasi contineant omnem hanc quaestionem: quae ita videantur ut etiam alia eodem modo videri possint nec in is quicquam intersit, non posse eorum alia percipi alia non percipi; nihil interesse autem non modo si omni ex parte eiusdem modi sint sed etiam si discerni non

die Griechen nennen das οἰκεῖον –, so ist es ihm auch nicht möglich, einer evidenten Sache, die sich ihm zeigt, die Zustimmung zu verweigern. Jedenfalls, wenn richtig ist, was ich bisher ausgeführt habe, dann brauche ich über die Zustimmung kein Wort mehr zu verlieren: Denn wer begreift, stimmt sogleich zu. Daraus ergibt sich aber auch das Folgende: Ohne die Zustimmung kann es weder eine Erinnerung geben noch Begriffe von den Dingen noch Wissenschaften; und was das Wichtigste ist, nämlich, daß etwas in unserem Ermessen liegt, das kann bei dem nicht gegeben sein, der sich jeglicher Zustimmung enthält. Wo bleibt denn dann die Tugend, wenn nichts unserer eigenen Entscheidung vorbehalten bleibt? Völlig unsinnig aber ist die Behauptung, daß jeder Fehler von unserer eigenen Entscheidung abhänge und niemand ohne Zustimmung etwas Schlechtes tue, während dies bei der Tugend nicht der Fall sein soll, deren ganze Festigkeit und Sicherheit auf den Dingen beruht, denen sie zugestimmt und die sie gebilligt hat. Notwendigerweise muß uns in jedem Fall, bevor wir handeln, etwas sichtbar werden, und dieser Eindruck muß unsere Zustimmung erhalten. Deshalb nimmt derjenige, der sowohl den Sinneseindruck als auch die Zustimmung beseitigt, jedes Handeln aus dem Leben.

Jetzt wollen wir betrachten, was diese Leute gegen unsere Ansichten vorzubringen pflegen. Vorher aber sollt Ihr die Gelegenheit haben, die Grundlagen ihres ganzen Systems kennenzulernen. Sie bilden also zuerst einmal eine bestimmte Theorie von dem, was wir Sinneseindrücke nennen, und bestimmen ihr Wesen und ihre Arten; dabei beschreiben sie die Eigentümlichkeit dessen, was begriffen und erfaßt werden kann, mit der gleichen Ausführlichkeit wie die Stoiker. Zweitens entwickeln sie die beiden bekannten Sätze, die das ganze Problem gewissermaßen in sich enthalten:

(I) Wenn ein Gegenstand sich derart zeigt, daß sich auch ein anderer auf die gleiche Weise zeigen kann, und wenn es zwischen diesen keinen Unterschied gibt, dann kann von diesen beiden nicht der eine erfaßt, der andere nicht erfaßt werden.

(II) Dabei macht es keinen Unterschied, ob die beiden Gegenstände als solche völlig gleichartig oder ob sie lediglich nicht

possint. quibus positis unius argumenti conclusione tota ab his causa conprehenditur. conposita autem ea conclusio sic est: 'eorum quae videntur alia vera sunt alia falsa; et quod falsum est id percipi non potest, quod autem verum visum est, id omne tale est ut eiusdem modi falsum etiam possit videri'; et quae visa sint eius modi ut in is nihil intersit, non posse accidere ut eorum alia percipi possint alia non possint; 'nullum igitur est visum quod percipi possit'.

Quae autem sumunt ut concludant id quod volunt, ex his duo sibi putant concedi (neque enim quisquam repugnat); ea sunt haec: quae visa falsa sint ea percipi non posse; et alterum: inter quae visa nihil intersit, ex is non posse alia talia esse ut percipi possint alia ut non possint. reliqua vero multa et varia oratione defendunt, quae sunt item duo: unum, quae videantur eorum alia vera esse alia falsa; alterum, omne visum quod sit a vero tale esse quale etiam a falso possit esse. haec duo proposita non praetervolant sed ita dilatant ut non mediocrem curam adhibeant et diligentiam. dividunt enim in partes et eas quidem magnas, primum in sensus, deinde in ea quae ducuntur a sensibus et ab omni consuetudine, quam obscurari volunt; tum perveniunt ad eam partem ut ne ratione quidem et coniectura ulla res percipi possit. haec autem universa concidunt etiam minutius. ut enim in sensibus hesterno sermone vidistis item faciunt de reliquis, in

voneinander unterscheidbar sind. Aufgrund dieser beiden Sätze wird von ihnen die ganze Frage in einer einzigen Schlußfolgerung zusammengefaßt. Diese Schlußfolgerung aber lautet folgendermaßen:

(III) 1. Von dem, was sich uns zeigt, ist das eine wahr, das andere falsch. 2. Was falsch ist, das kann nicht erfaßt werden. 3. Was sich aber als wahr gezeigt hat, ist alles derart, daß es sich ebensogut als falsch zeigen kann. 4. Wenn zwei Eindrücke derart sind, daß zwischen ihnen kein Unterschied besteht, dann ist es unmöglich, daß der eine von ihnen begriffen, der andere nicht begriffen werden kann: Es gibt also überhaupt keinen Sinneseindruck, der begriffen werden könnte.

Von den Voraussetzungen aber, die sie zu der gewünschten Schlußfolgerung bringen, werden ihnen, wie sie glauben, zwei zugestanden – es widerspricht ihnen nämlich keiner –; diese beiden sind: Erstens: Sinneseindrücke, die falsch sind, können nicht erfaßt werden; zweitens: Sinneseindrücke, zwischen denen kein Unterschied besteht, von denen können nicht die einen derart sein, daß sie erfaßt, die anderen derart, daß sie nicht erfaßt werden können. Den Rest verteidigen sie in ausführlicher und wechselnder Argumentation; dabei handelt es sich wieder um zwei Sätze. Erstens: Von den Sinneswahrnehmungen seien die einen wahr, die anderen falsch; zweitens: Jede Sinneswahrnehmung, die von etwas Wahrem herrühre, sei so beschaffen, daß sie auch von etwas Falschem herrühren könne. Diese beiden Sätze behandeln sie nicht etwa nur beiläufig, sondern führen sie breit aus, wobei sie nicht geringe Sorgfalt und Genauigkeit aufbieten. Sie teilen sie nämlich in einzelne Teilstücke, und zwar in recht umfangreiche: Zuerst behandeln sie die Sinneswahrnehmungen als solche, dann das, was von den Sinneswahrnehmungen und von der allgemeinen Erfahrung abgeleitet wird, der sie allerdings keine Bedeutung beimessen möchten; dann gelangen sie zu dem Teil, der besagt, nicht einmal mit Hilfe von Vernunft und Vermutung könne man irgendeine Sache begreifen. Diese Hauptstücke unterteilen sie dann in noch kleinere Abschnitte. Denn wie Ihr es schon bei dem gestrigen Gespräch über die Sinneswahrnehmungen gesehen habt, so verfahren sie auch mit

singulisque rebus, quas in minima dispertiunt, volunt
efficere iis omnibus quae visa sint veris adiuncta esse
falsa quae a veris nihil differant; ea cum talia sint non
posse conprehendi.

Hanc ego subtilitatem philosophia quidem dignis- 43
simam iudico sed ab eorum causa qui ita disserunt
remotissimam. definitiones enim et partitiones et
horum luminibus utens oratio, tum similitudines dis-
similitudinesque et earum tenuis et acuta distinctio
fidentium est hominum illa vera et firma et certa esse
quae tutentur, non eorum qui clament nihilo magis
vera illa esse quam falsa. quid enim agant, si cum
aliquid definierint roget eos quispiam num illa definitio possit in aliam rem transferri quamlubet: si posse
dixerint, quid [enim] dicere habeant cur illa vera
definitio sit; si negaverint, fatendum sit, quoniam
[vel] illa vera definitio transferri non possit in falsum,
quod ea definitione explicetur id percipi posse; quod
minime illi volunt. eadem dici poterunt in omnibus
partibus. si enim dicent ea de quibus disserent se 44
dilucide perspicere nec ulla communione visorum
inpediri, conprehendere ea se fatebuntur; sin autem
negabunt vera visa a falsis posse distingui, qui poterunt longius progredi? occurretur enim, sicut occur-
sum est. nam concludi argumentum non potest nisi is
quae ad concludendum sumpta erunt ita probatis ut
falsa eiusdem modi nulla possint esse. ergo si rebus
conprehensis et perceptis nisa et progressa ratio hoc

den übrigen Eindrücken; indem sie jede einzelne Wahrnehmung aufs feinste zergliedern, wollen sie beweisen, daß mit allen wahren Sinneseindrücken falsche verbunden seien, die sich von den wahren nicht unterschieden; und weil dies so sei, könne nichts erfaßt werden.

So sehr ich überzeugt bin, daß eine solche Genauigkeit der Philosophie angemessen ist, so ist sie doch völlig fehl am Platze bei einer Lehre, wie sie diese Leute vertreten. Denn Begriffsbestimmungen und Einteilungen und eine Sprache, die mit solchen Mitteln Klarheit zu schaffen sucht, dazu das Aufspüren von Ähnlichkeiten und Unähnlichkeiten und das sorgfältige und scharfsinnige Unterscheiden dieser Dinge – dies alles ist angebracht bei Leuten, die gewiß sind, daß ihre Behauptungen wahr, fest und sicher sind, aber nicht bei solchen, die laut verkünden, ihre Lehren seien um nichts eher wahr als falsch. Was wollen sie nämlich, wenn sie etwas definiert haben, antworten auf die Frage, ob diese Definition auf einen beliebigen anderen Gegenstand übertragen werden könne? Wenn sie sagen, dies sei möglich, welchen Grund können sie dann anführen, warum jene Definition wahr sein solle? Leugnen sie es aber, dann müssen sie eingestehen, da ja eine richtige Definition nicht auf etwas Falsches übertragbar ist, daß dann das begriffen werden könne, was durch jene Definition festgestellt wird; gerade dies aber wollen sie unter keinen Umständen zugeben. Das gleiche Argument kann man in allen anderen Fällen gegen sie vorbringen. Wenn sie nämlich behaupten, sie durchschauten ganz klar, was sie lehren, und würden durch keine Unterschiedslosigkeit von Sinneseindrücken am Erkennen gehindert, dann gestehen sie damit ein, daß sie die Dinge begreifen; leugnen sie jedoch, daß wahre Sinneseindrücke von falschen unterschieden werden können, wie wollen sie dann weiterkommen? Man wird ihnen entgegnen, wie ihnen soeben entgegnet worden ist. Denn man kann nur dann eine Schlußfolgerung ziehen, wenn man die Voraussetzungen, die dazu gemacht worden sind, derart als richtig anerkennt, daß sie nicht in derselben Hinsicht auch falsch zu sein vermögen. Wenn also die Vernunft sich auf Begriffenes und Erfaßtes stützt und dann im Fortschreiten zu dem Ergebnis kommt, nichts

efficiet, nihil posse conprehendi, quid potest reperiri quod ipsum sibi repugnet magis? cumque ipsa natura accuratae orationis hoc profiteatur, se aliquid patefacturam quod non appareat, et quo id facilius adsequatur adhibituram et sensus et ea quae perspicua sint, qualis est istorum oratio qui omnia non tam esse quam videri volunt? maxime autem convincuntur cum haec duo pro congruentibus sumunt tam vehementer repugnantia, primum esse quaedam falsa visa (quod cum volunt, declarant quaedam esse vera), deinde ibidem, inter falsa visa et vera nihil interesse. at primum sumpseras tamquam interesset: ita priore posterius, posteriore superius convincitur.

Sed progrediamur longius et ita agamus ut nihil nobis adsentati esse videamur, quaeque ab iis dicuntur; sic persequamur ut nihil in praeteritis relinquamus. primum igitur perspicuitas illa quam diximus satis magnam habet vim, ut ipsa per sese ea quae sint nobis ita ut sint indicet. sed tamen ut maneamus in perspicuis firmius et constantius, maiore quadam opus est vel arte vel diligentia, ne ab is quae clara sint ipsa per sese quasi praestrigiis quibusdam et captionibus depellamur. nam qui voluit subvenire erroribus Epicurus iis qui videntur conturbare veri cognitionem dixitque sapientis esse opinionem a perspicuitate seiungere nihil profecit; ipsius enim opinionis errorem nullo modo sustulit. quam ob rem cum duae causae perspicuis et evidentibus rebus adversentur, auxilia totidem sunt contra conparanda. adversantur enim primum quod parum defigunt animos et inten-

könne erfaßt werden: Was kann es dann noch geben, was in sich so widersprüchlich wäre? Wenn ferner das eigentliche Wesen einer sorgfältigen Untersuchung darin besteht, daß sie etwas sichtbar machen möchte, was unsichtbar ist, und daß sie, um dies desto leichter zu erreichen, sich auf die Sinneswahrnehmungen und die Evidenzen stützt: Wieviel ist dann die Aussage der Leute wert, die behaupten, daß alles eigentlich nicht eher existiert als zu existieren scheint? Am eindeutigsten aber lassen sie sich widerlegen, wenn sie die folgenden beiden Sätze, die im äußersten Gegensatz zueinander stehen, als miteinander vereinbar gelten lassen: Erstens, es gebe falsche Sinneseindrücke – womit sie zugleich erklären, daß es auch wahre Eindrücke gebe –; zweitens erklären sie gleichzeitig, zwischen falschen und wahren Sinneseindrücken bestehe kein Unterschied. Im ersten Satze hattest Du doch zugestanden, daß es einen Unterschied gibt: So wird durch den vorhergehenden Satz der spätere, durch den späteren der vorhergehende widerlegt.

Aber ich möchte noch weiterschreiten, und zwar so vorgehen, daß ich nichts für schon bewiesen halten werde, sondern allem, was von ihnen geäußert wird, so nachgehe, daß ich nicht das Geringste auslasse. Zunächst einmal hat also die Evidenz, die wir schon angeführt haben, genügend Gewicht, uns allein durch sich selbst das, was ist, so, wie es ist, anzuzeigen. Um aber dennoch an den Evidenzen um so sicherer und standhafter festzuhalten, bedarf es einer großen Kunst und Sorgfalt, damit wir nicht an dem, was in sich selbst klar ist, durch irgendwelche verfänglichen Spitzfindigkeiten und Täuschungen wieder irre gemacht werden. Denn auch Epikur wollte ja den Irrtümern, welche die Erkenntnis der Wahrheit zu trüben scheinen, begegnen mit der Bemerkung, es sei Sache des Weisen, die bloße Meinung von der Evidenz zu trennen. Aber er hat damit nichts erreicht; denn die Tatsache, daß es irrige Meinungen gibt, hat er damit nicht aus der Welt geschafft. Da angesichts dieser Sachlage zwei Ursachen eine evidente Erkenntnis verhindern, müssen ebenso viele Gegengründe bereitgestellt werden. Der erste Hinderungsgrund ist, daß man gewöhnlich die Aufmerksamkeit zu wenig auf das, was evident ist, richtet und hinwendet und zu wenig daran festhält,

dunt in ea quae perspicua sunt, ut quanta luce ea circumfusa sint possint agnoscere; alterum est quod fallacibus et captiosis interrogationibus circumscripti atque decepti quidam cum eas dissolvere non possunt desciscunt a veritate. oportet igitur et ea quae pro perspicuitate responderi possunt in promptu habere, de quibus iam diximus, et esse armatos ut occurrere possimus interrogationibus eorum captionesque discutere, quod deinceps facere constitui.

Exponam igitur generatim argumenta eorum, quoniam ipsi etiam illi solent non confuse loqui. primum conantur ostendere multa posse videri esse quae omnino nulla sint, cum animi inaniter moveantur, eodem modo rebus iis quae nullae sint ut is quae sint. 'nam cum dicatis' inquiunt 'visa quaedam mitti a deo, velut ea quae in somnis videantur quaeque oraculis auspiciis extis declarentur' (haec enim aiunt probari a Stoicis, quos contra disputant) – quaerunt ⟨ergo⟩ quonam modo falsa visa quae sint ea deus efficere possit probabilia, quae autem [plane] proxume ad verum accedant efficere non possit, aut si ea quoque possit cur illa non possit quae perdifficiliter internoscantur tamen, et si haec, cur non inter quae nihil sit omnino.

47

'Deinde cum mens moveatur ipsa per sese, ut et ea declarant quae cogitatione depingimus et ea quae vel dormientibus vel furiosis videntur nonnumquam, veri simile est sic etiam mentem moveri, ut non modo non internoscat vera illa visa sint anne falsa, sed ut in is nihil intersit omnino', ut si qui tremerent et exalbescerent vel ipsi per se motu mentis aliquo vel

48

als daß man erkennen könnte, mit wieviel Helligkeit es umstrahlt ist; zweitens gibt es Leute, die, durch trügerische und verfängliche Fragen umgarnt und getäuscht, von der Wahrheit abfallen, wenn sie diese Fragen nicht beantworten können. Deshalb müssen wir das, was zugunsten der Evidenz geantwortet werden kann – davon haben wir schon gesprochen –, ständig zur Hand haben und gewappnet sein, den Fragen dieser Leute begegnen und ihre Fallstricke zerreißen zu können. Dies möchte ich im folgenden tun.

Und deshalb werde ich nun ihre Argumente Punkt für Punkt darlegen, da sie ja selbst in strenger Folgerichtigkeit zu reden pflegen. Zunächst einmal versuchen sie zu beweisen, daß vieles scheinbar existieren könne, was in Wirklichkeit überhaupt nicht existiert, da doch die Menschen fälschlicherweise von Dingen, die nicht existieren, genauso bewegt würden wie von solchen, die existieren. „Denn wenn Ihr behauptet", so sagen sie, „bestimmte Sinneseindrücke würden von Gott gesandt, etwa das, was man in den Träumen sieht, was durch Orakel, Vogelflug oder Eingeweideschau kundgetan wird" – dies nämlich, behaupten sie, hielten die Stoiker, deren Gegner sie sind, für wahr –, so stellen sie die Frage, wie denn Gott Sinneseindrücke, die falsch seien, zu wahrscheinlichen machen könne; wieso er dann nicht auch solche, die der Wahrheit ganz nahe kämen, bewirken könne, oder, wenn er dies auch könne, warum er dann nicht solche bewirken könne, die zwar mit Mühe, aber dennoch voneinander zu unterscheiden seien? Und wenn er dies könne, warum nicht auch solche, zwischen denen überhaupt kein Unterschied bestehe?

„Da ferner der Geist durch sich selbst in Bewegung gesetzt werden kann, wie sowohl das beweist, was wir uns in Gedanken ausmalen, als auch das, was uns im Schlaf oder in einer Halluzination bisweilen erscheint: Sollte es da nicht wahrscheinlich sein, daß der Geist in einer Weise bewegt wird, daß er nicht nur nicht unterscheiden kann, welche Erscheinungen wahr und welche falsch sind, sondern sogar so, daß zwischen solchen Erscheinungen überhaupt kein Unterschied besteht?" So daß etwa, wenn jemand ins Zittern gerate oder erbleiche, sei es von sich aus durch eine Bewegung des Geistes selbst oder aber durch den Eindruck

obiecta terribili re extrinsecus, nihil ut esset qui distingueretur tremor ille et pallor, neque ut quicquam interesset ⟨inter⟩ intestinum et oblatum. 'Postremo si nulla visa sunt probabilia quae falsa sint, alia ratio est; sin autem sunt, cur non etiam quae non facile internoscantur, cur non ut plane nihil intersit, praesertim cum ipsi dicatis sapientem in furore sustinere se ab omni adsensu, quia nulla in visis distinctio appareat.'

Ad has omnes visiones inanes Antiochus quidem et permulta dicebat et erat de hac una re unius diei disputatio. mihi autem non idem faciundum puto sed ipsa capita dicenda.

Et primum quidem hoc reprehendendum, quod captiosissimo genere interrogationis utuntur, quod genus minime in philosophia probari solet, quom aliquid minutatim et gradatim additur aut demitur: soritas hoc vocant, qui acervum efficiunt uno addito grano, vitiosum sane et captiosum genus. sic enim ascenditis: 'Si tale visum obiectum est a deo dormienti ut probabile sit, cur non etiam ut valde veri simile; cur deinde non ut difficiliter a vero internoscatur, deinde ut ne internoscatur quidem, postremo ut nihil inter hoc et illud intersit.' huc si perveneris me tibi primum quidque concedente, meum vitium fuerit, sin ipse tua sponte processeris, tuum. quis enim tibi dederit aut omnia deum posse aut ita facturum esse si possit? quo

einer furchterregenden Sache von außen, keine Möglichkeit bestehe, die Arten dieses Zitterns und Erblassens auseinanderzuhalten und kein Unterschied bestehe zwischen dem im Geiste selber Entstandenen und dem von außen Bewirkten. „Schließlich", so sagen sie, „ist die Sachlage eine andere, wenn es keinerlei falsche Sinneseindrücke gibt, die etwas Wahrscheinliches an sich haben; aber wenn es dennoch solche Eindrücke gibt, warum dann nicht auch solche, bei denen man Wahr und Falsch nur schwer unterscheiden kann; warum nicht auch solche, bei denen schlechthin gar kein Unterschied besteht, zumal da Ihr doch selbst behauptet, daß der Weise sich im Zustand der Halluzination jeder Zustimmung enthalte, weil sich ihm dann kein Unterschied in den Eindrücken zeige."

Zu dieser ganzen Masse leerer Vorstellungen pflegte Antiochos sehr ausführlich zu sprechen, und die Erörterung dieses einen Punktes dauerte einen ganzen Tag. Ich glaube aber nicht, daß ich es ebenso machen muß, sondern beschränke mich auf die Hauptpunkte.

Zunächst einmal muß getadelt werden, daß sie sich einer höchst verfänglichen Art der Fragestellung bedienen, einer Art, die für gewöhnlich in der Philosophie nicht gebilligt wird, daß man nämlich Stück für Stück und schrittweise hinzufügt oder wegnimmt: Sie nennen dies Sorites; wenn sie nämlich die Frage stellen, vom wievielten Korne an man von einem „Haufen" Getreide reden könne – in der Tat eine fehlerhafte und verfängliche Verfahrensweise. Dabei geht Ihr folgendermaßen vor: Wenn einem Schlafenden von Gott ein Eindruck vermittelt wird, der „glaubhaft" ist, warum dann nicht auch ein solcher, der „sehr wahrscheinlich" ist; warum weiter keiner, den man nur schwer von einem wahren unterscheiden kann; weshalb ferner keiner, der von einem wahren überhaupt nicht zu unterscheiden ist; und warum schließlich keiner von der Art, daß keinerlei Unterschied zwischen dem einen und dem anderen besteht? Wenn Du zu diesem Schluß kommst, indem ich Dir jeweils die einzelnen Schritte zugestehe, dann ist dies wohl mein Fehler, wenn Du aber selbst auf eigene Faust so vorgehst, ist es Dein Fehler. Denn wer gesteht Dir zu, daß Gott entweder alles kann oder daß er so

modo autem sumis ut si quid cui simile esse possit sequatur ut etiam difficiliter internosci possit, deinde ut ne internosci quidem, postremo ut eadem sit ⟨res⟩? et si lupi canibus similes, eosdem dices ad extremum? et quidem honestis similia sunt quaedam non honesta et bonis non bona et artificiosis minime artificiosa: quid dubitamus igitur adfirmare nihil inter haec interesse? ne repugnantia quidem videmus? nihil est enim quod e suo genere in aliud genus transferri possit; at si efficeretur ut inter visa differentium generum nihil interesset, reperirentur quae et in suo genere essent et in alieno; quod fieri qui potest?

Omnium deinde inanium visorum una depulsio 51 est, sive illa cogitatione informantur, quod fieri solere concedimus, sive in quiete sive per vinum sive per insaniam. nam ab omnibus eiusdem modi visis perspicuitatem, quam mordicus tenere debemus, abesse dicemus. quis enim, cum sibi fingit aliquid et cogitatione depingit, non simul ac se ipse commovit atque ad se revocavit, sentit quid intersit inter perspicua et inania? eadem ratio est somniorum. num censes Ennium, cum in hortis cum Ser. Galba vicino suo ambulavisset, dixisse 'Visus sum mihi cum Galba ambulare'? at cum somniavit ita narravit 'Visus Homerus adesse poeta', idemque in Epicharmo 'Nam videbar somniare me ego esse mortuum'. itaque simul ut experrecti sumus visa illa contemnimus neque ita habemus ut ea quae in foro gessimus. 'At enim dum 52 videntur, eadem est in somnis species eorum quae vigilantes videmus' primum interest, sed id omitta-

handeln wird, falls er es kann? Wie kannst Du außerdem annehmen, daß, wenn eins dem anderen ähnlich sein könne, daraus folge, daß beide auch schwer zu unterscheiden seien, ferner, daß sie überhaupt nicht voneinander zu unterscheiden seien, schließlich, daß sie miteinander identisch seien? Willst Du zum Beispiel auch, wenn der Wolf dem Hunde ähnlich ist, am Ende behaupten, sie seien identisch? Auch ist ja manchem Anständigen manches Unanständige ähnlich und Gutem Schlechtes und Kunstreichem Kunstloses. Was zögern wir also zu versichern, zwischen ihnen bestehe kein Unterschied? Erkennen wir in einem solchen Falle nicht einmal mehr den Widerspruch? Es gibt doch nichts, was sich aus seiner Gattung in eine andere verwandeln könnte! Aber einmal angenommen, daß zwischen Eindrücken verschiedener Art kein Unterschied bestünde, so müßten sich Dinge finden lassen, die zugleich zu ihrer eigenen Gattung und zu einer anderen gehörten. Wie kann das möglich sein?

Gegen all diese leeren Vorstellungen aber gibt es ein einziges Abwehrmittel, mögen sie nun durch die Phantasie hervorgerufen werden, eine Möglichkeit, die wir zugestehen, oder im Schlaf, durch den Genuß von Wein oder im Wahn. Denn mit allen Eindrücken dieser Art, so behaupten wir, hat die Evidenz, an der wir mit Zähnen und Klauen festhalten müssen, nichts gemein. Welcher Mensch nämlich, der sich etwas einbildet und in seiner Phantasie ausmalt, merkt nicht, sobald er sich einen Ruck gegeben hat und wieder zu sich gekommen ist, welcher Unterschied besteht zwischen einer Evidenz und nichtigen Vorstellungen? Ebenso ist es mit den Träumen. Glaubst Du etwa, daß Ennius, nachdem er in seinem Garten mit seinem Nachbarn Servius Galba spazierengegangen war, gesagt hätte: „Mir schien, ich hätte mit Galba einen Spaziergang gemacht?" Als er aber einmal geträumt hatte, da erzählte er davon so: „Mir erschien, der Dichter Homer sei bei mir gewesen." Ebenso im Epicharmus: „Denn im Traum schien mir, ich sei gestorben." Deshalb mißachten wir, sobald wir erwacht sind, diese Traumgesichte und beurteilen sie nicht so wie das, was wir auf dem Forum getan haben. „Aber im Schlaf haben doch die Dinge, während sie uns vor Augen treten, das gleiche Aussehen, wie wenn wir wach

mus; illud enim dicimus, non eandem esse vim neque integritatem dormientium et vigilantium nec mente nec sensu. ne vinulenti quidem quae faciunt eadem adprobatione faciunt qua sobrii: dubitant haesitant revocant se interdum iisque quae videntur inbecillius adsentiuntur, cumque edormierunt illa visa quam levia fuerint intellegunt. quod idem contingit insanis, ut et incipientes furere sentiant et dicant aliquid quod non sit id videri sibi, et cum relaxentur sentiant atque illa dicant Alcmeonis 'Sed mihi neutiquam cor consentit cum oculorum aspectu'. 'At enim ipse sapiens sustinet se in furore ne adprobet falsa pro veris.' Et alias quidem saepe, si aut in sensibus ipsius est aliqua forte gravitas aut tarditas, aut obscuriora sunt quae videntur, aut a perspiciendo temporis brevitate excluditur. quamquam totum hoc, sapientem aliquando sustinere adsensionem, contra vos est. si enim inter visa ⟨perspicua et inania⟩ nihil interesset, aut semper sustineret aut numquam.

Sed ex hoc genere toto perspici potest levitas orationis eorum qui omnia cupiunt confundere. quaerimus gravitatis constantiae firmitatis sapientiae iudicium, utimur exemplis somniantium furiosorum ebriosorum: illud ⟨non⟩ adtendimus, in hoc omni genere quam inconstanter loquamur? non enim proferremus vino aut somno oppressos aut mente captos tam absurde, ut tum diceremus interesse inter vigilantium visa et sobriorum et sanorum et eorum qui essent aliter adfecti, tum nihil interesse. ne hoc qui-

sind!" Hier wäre sogleich ein Unterschied festzustellen, aber lassen wir das; denn es liegt mir daran zu sagen, daß die Schlafenden und die Wachenden nicht die gleichen uneingeschränkten Fähigkeiten haben, weder im Denken noch im Wahrnehmen. Auch die Betrunkenen stimmen dem, was sie tun, nicht in der gleichen Weise zu wie im nüchternen Zustand: Sie sind unschlüssig, bleiben stecken, besinnen sich bisweilen und tun sich schwer, dem zuzustimmen, was sie sehen; wenn sie dann ausgeschlafen haben, sehen sie ein, wie sinnlos ihre Vorstellungen waren. Dasselbe geschieht auch den Halluzinierenden: Sie merken, daß sie anfangen, Wahnvorstellungen zu haben, und erklären, sie sähen etwas, was nicht der Wirklichkeit entspreche; sie merken es auch, wenn sie wieder zu sich kommen, und sagen dann mit Alkmeon: „Aber mein Herz stimmt keineswegs mit dem überein, was meine Augen sahen!" „Doch sogar der Weise hütet sich davor, in einem solchen Zustand Falschem statt Wahrem zuzustimmen." Das tut er auch sonst oft, wenn er entweder in seinen Sinnesorganen etwa eine Schwerfälligkeit oder Langsamkeit verspürt oder wenn das, was er sieht, zu sehr im Dunkeln ist oder wenn er durch die Kürze der Zeit an einem genauen Erkennen gehindert wird. Dennoch spricht dieser Tatbestand, daß der Weise mitunter seine Zustimmung zurückhält, gegen Euch. Denn wenn zwischen evidenten und nichtigen Eindrücken keinerlei Unterschiede bestünden, dann würde er sich entweder immer der Zustimmung enthalten oder nie.

Aber aus diesen ganzen Überlegungen kann man die Leichtfertigkeit in der Argumentation dieser Leute erkennen, die alles nur durcheinanderbringen wollen. Wir suchen Ernsthaftigkeit, Beständigkeit, Festigkeit und Weisheit im Urteil, und dann benutzen wir die Beispiele von Träumern, Verrückten und Trunkenen: Merken wir denn nicht, wie inkonsequent wir in dieser ganzen Auseinandersetzung verfahren? Denn sonst würden wir nicht vom Wein oder vom Schlaf Überwältigte oder Halluzinierende in so verkehrter Weise anführen, daß wir einmal behaupten, zwischen den Eindrücken von Wachenden, Nüchternen und Gesunden einerseits und denen im umgekehrten Zustand andererseits bestehe ein Unterschied, dann aber wieder, es bestehe keiner.

dem cernunt, omnia se reddere incerta, quod nolunt?
(ea dico incerta qua ἄδηλα Graeci.) si enim res se ita
habeat ut nihil intersit utrum ita cui videatur ut insano
an sano, cui possit exploratum esse de sua sanitate?
quod velle efficere non mediocris insania est.

Similitudines vero aut geminorum aut signorum
anulis inpressorum pueriliter consectantur. quis enim
nostrum similitudines negat esse, cum eae plurimis in
rebus appareant. sed si satis est ad tollendam cognitionem similia esse multa multorum, cur eo non estis
contenti, praesertim concedentibus nobis, et cur id
potius contenditis quod rerum natura non patitur, ut
non suo quidque genere sit tale quale est, nec sit in
duobus aut pluribus nulla re differens ulla communitas? ut sibi sint et ova ovorum et apes apium similli-
mae: quid pugnas igitur aut quid tibi vis in geminis?
conceditur enim similes esse, quo contentus esse
potueras; tu autem vis eosdem plane esse, non similes, quod fieri nullo modo potest.

Dein confugis ad physicos eos qui maxime in Aca- 55
demia inridentur, a quibus ne tu quidem iam te
abstinebis, et ais Democritum dicere innumerabiles
esse mundos, et quidem sic quosdam inter sese non
solum similes sed undique perfecte et absolute ita
pares ut inter eos nihil prorsus intersit, et eo quidem
innumerabiles ⟨...⟩ itemque homines. deinde
postulas ut, si mundus ita sit par alteri mundo ut inter
eos ne minimum quidem intersit, concedatur tibi ut
in hoc quoque nostro mundo aliquid alicui sic sit par
ut nihil differat nihil intersit. 'Cur enim' inquies 'ex

Sehen sie denn nicht, daß sie mit diesem Verfahren alles ungewiß machen, was sie doch nicht wollen? Ich nenne das ‚ungewiß', was die Griechen ἄδηλα nennen. Denn wenn sich die Sache so verhielte, daß keinerlei Unterschied bestünde, ob jemand etwas im Wahnsinn oder bei Verstand sähe, wie könnte man dann seines eigenen Verstandes sicher sein? Dies beweisen zu wollen, zeugt selber von nicht geringem Wahnsinn.

Sie bringen ja auch kindischerweise die Ähnlichkeiten zwischen Zwillingen oder Abdrücken von Siegelringen an: Wer von uns leugnet denn, daß es solche Ähnlichkeiten gibt, da diese doch bei einer Menge von Dingen auftreten! Aber wenn es zur Aufhebung der Erkenntnismöglichkeit genügt, daß viele Dinge vielen ähnlich sind, weshalb seid Ihr damit nicht zufrieden, zumal wir Euch das zugestehen? Weshalb besteht Ihr vielmehr auf etwas, was die Natur der Dinge nicht erlaubt, nämlich daß jedes Ding innerhalb seiner Gattung nicht so ist, wie es ist, sondern daß es zwischen zwei oder mehreren Dingen eine Gleichheit gebe ohne jede Möglichkeit der Unterscheidung? Mag ein Ei dem anderen und eine Biene der anderen auch noch so ähnlich sein: Was streitest Du noch, oder was willst Du noch mit den Zwillingen? Wir geben ja zu, daß sie ähnlich sind, und damit hättest Du zufrieden sein können. Aber Du willst, daß sie einander völlig gleich sind, nicht nur ähnlich, und dies ist auf keinen Fall möglich.

Dann nimmst Du Deine Zuflucht zu den Naturphilosophen, und zwar zu denjenigen, die in der Akademie am meisten verlacht werden, auf die aber auch Du Dich jetzt berufst, und behauptest, Demokrit lehre, es gebe unzählige Welten, und manche von ihnen seien einander nicht nur ähnlich, sondern allseits so völlig und uneingeschränkt gleich, daß zwischen ihnen keinerlei Unterschied bestehe; und infolgedessen gebe es auch unzählige Sonnen, Monde, Meere, Länder, Einzeldinge und ebenso unzählige Menschen. Aufgrund dessen verlangst Du, man möge Dir, wenn eine Welt der anderen derart gleich ist, daß es zwischen ihnen nicht den geringsten Unterschied gibt, zugestehen, daß auch in dieser unserer Welt eins dem anderen so gleich sein könne, daß kein Unterschied, keine Verschiedenheit bestehe. „Wenn nämlich", wirst Du sagen, „aus jenen Atomen,

illis individuis, unde omnia Democritus gigni adfirmat, in reliquis mundis et in iis quidem innumerabilibus innumerabiles Q. Lutatii Catuli non modo possint esse sed etiam sint, in hoc tanto mundo Catulus alter non possit effici?' Primum quidem me ad Democritum vocas; cui non adsentior potiusque refello propter id quod dilucide docetur a politioribus physicis, singularum rerum singulas proprietates esse. fac enim antiquos illos Servilios, qui gemini fuerunt, tam similes quam dicuntur, num censes etiam eosdem fuisse? 'Non cognoscebantur foris': at domi; 'Non ab alienis': at a suis. an non videmus hoc usu venire, ut quos numquam putassemus a nobis internosci posse eos consuetudine adhibita tam facile internosceremus ⟨ut⟩ ne minimum quidem similes viderentur. hic pugnes licet, non repugnabo, quin etiam concedam illum ipsum sapientem. de quo omnis hic sermo est, cum ei res similes occurrant quos non habeat dinotatas, retenturum adsensum nec umquam ulli viso adsensurum nisi quod tale fuerit quale falsum esse non possit. sed et ad ceteras res habet quandam artem qua vera a falsis possit distinguere, et ad similitudines istas usus adhibendus est: ut mater geminos internoscit consuetudine oculorum, sic tu internosces si adsueveris. videsne ut in proverbio sit ovorum inter se similitudo: tamen hoc accepimus, Deli fuisse complures salvis rebus illis, qui gallinas alere permultas quaestus causa solerent; ii cum ovum inspexerant

aus denen nach Demokrits Behauptung alles entsteht, in den übrigen Welten, die auch noch unzählige sind, unzählige Quinti Catuli nicht nur existieren können, sondern tatsächlich existieren, warum sollte dann in dieser unserer so großen Welt ein zweiter Catulus nicht entstehen können?" Zunächst also verweisest Du mich an Demokrit; dem Manne stimme ich nicht zu, verwerfe vielmehr seine Ansichten zugunsten dessen, was überzeugend gelehrt wird von sorgfältigeren Naturphilosophen, daß nämlich die einzelnen Dinge je ihre Besonderheiten haben. Nimm meinetwegen an, daß die alten Servilier, die Zwillinge waren, einander so ähnlich waren, wie man es behauptet, glaubst Du deshalb etwa, sie seien identisch gewesen? „Man konnte sie außerhalb des Hauses nicht voneinander unterscheiden!" Aber zu Hause konnte man es. „Fremde konnten sie nicht unterscheiden!" Aber ihre Angehörigen konnten es. Erleben wir es denn nicht immer wieder, daß wir Leute, von denen wir niemals geglaubt hätten, wir könnten sie unterscheiden, nach längerem Umgang so leicht voneinander unterscheiden, daß sie uns nicht mehr im geringsten ähnlich erscheinen? In diesem Punkte magst Du unnachgiebig sein, ich werde Dir nicht widersprechen, im Gegenteil, ich werde sogar zugeben, daß gerade jener Weise, von dem hier ständig die Rede ist, wenn ihm ähnliche Dinge vor Augen kommen, an denen er keine unterscheidenden Merkmale festzustellen vermag, seine Zustimmung zurückhalten und einem Sinneseindruck nur dann zustimmen wird, wenn dieser so geartet ist, daß er nicht falsch sein kann. Doch wie er für die übrigen Dinge eine bestimmte Technik hat, mit deren Hilfe er das Wahre vom Falschen zu unterscheiden vermag, so muß er bei den eben genannten Ähnlichkeiten die Erfahrung zu Hilfe nehmen: Wie eine Mutter ihre Zwillinge dadurch unterscheiden lernt, daß sie sie ständig vor Augen sieht, so wirst auch Du das Unterscheiden lernen, wenn Du Dir eine bestimmte Gewöhnung angeeignet hast. Du kennst ja wohl das Sprichwort: „So ähnlich wie ein Ei dem anderen": Und doch habe ich davon gehört, daß es in Delos, als es noch nicht verwüstet war, eine Reihe von Leuten gegeben hat, die große Mengen von Hühnern des Erwerbs wegen hielten; wenn diese Leute sich ein Ei anschauten, konnten sie regelmäßig

quae id gallina peperisset dicere solebant. neque id est 58
contra vos; nam vobis satis est ova illa non internoscere; nihilo enim magis adsentirer hoc illud esse quam si inter illa omnino nihil interesset. habeo enim regulam, ut talia visa vera iudicem qualia falsa esse non possint; ad hac mihi non licet transversum ut aiunt digitum discedere, ne confundam omnia; veri enim et falsi non modo cognitio sed etiam natura tolletur, si nihil erit quod intersit.

Ut etiam illud absurdum sit quod interdum soletis dicere, cum visa in animos inprimantur, non vos id dicere, inter ipsas inpressiones nihil interesse, sed inter species et quasdam formas eorum. quasi vero non specie visa iudicentur; quae fidem nullam habebunt sublata veri et falsi nota.

Illud vero perabsurdum quod dicitis, probabilia 59
vos sequi si nulla re inpediamini. primum qui potestis non inpediri, cum a veris falsa non distent? deinde quod iudicium est veri, cum sit commune falsi? ex his illa necessario nata est ἐποχή id est adsensionis retentio, in qua melius sibi constitit Arcesilas, si vera sunt quae de Carneade non nulli existimant. si enim percipi nihil potest, quod utrique visum est, tollendus adsensus est; quid enim est tam futtile quam quicquam adprobare non cognitum? Carneadem autem etiam heri audiebamus solitum esse ⟨eo⟩ delabi interdum ut diceret opinaturum id est peccaturum esse sapientem. mihi porro non tam certum est esse aliquid quod conprehendi possit, de quo iam nimium

angeben, welche Henne dieses Ei gelegt hatte. Aber das ist ja kein Argument gegen Euch; denn Ihr seid ja damit zufrieden, daß Ihr jene Eier nicht unterscheiden könnt; ebensowenig würde ich freilich zustimmen, daß dieses Ei identisch mit jenem sei, so als ob zwischen ihnen gar kein Unterschied bestünde. Ich bleibe nämlich bei der Regel, daß ich solche Sinneseindrücke für wahr halte, welche nicht falsch sein können; und von dieser Regel darf ich nicht einen Fingerbreit, wie man sagt, abweichen, wenn ich nicht alles in Verwirrung bringen will. Denn nicht nur die Erkenntnismöglichkeit, sondern auch das Wesen von Wahr und Falsch würde aufgehoben, wenn zwischen ihnen keine Unterschiede bestünden.

Deswegen ist auch die Behauptung, die Ihr bisweilen aufstellt, unsinnig, wenn Sinneseindrücke in die Seele eingeprägt würden, so erkläret Ihr nicht, zwischen den Eindrücken als solchen bestehe kein Unterschied, wohl aber zwischen ihren verschiedenen Erscheinungsformen; als ob die Eindrücke nicht gerade aufgrund ihrer Erscheinungsform beurteilt würden. Diese wiederum würden keinerlei Glaubwürdigkeit besitzen, wenn man ihnen die Kennzeichen von Wahr und Falsch nähme.

Völlig absurd aber ist Eure Behauptung, Ihr folgtet dem Wahrscheinlichen, wenn Ihr durch nichts daran gehindert würdet. Denn erstens: Wie könnt Ihr nicht daran gehindert werden, da sich doch das Falsche nicht vom Wahren unterscheidet? Ferner: Was ist das für ein Kriterium der Wahrheit, das genauso für das Falsche gilt? Zwangsläufig ist daraus jene ἐποχή entstanden, also die Zurückhaltung der Zustimmung, in der Arkesilaos konsequenter war als Karneades, wenn es stimmt, was einige Leute von Karneades glauben. Wenn nämlich nichts begriffen werden kann, wie es beide annehmen, dann muß jede Art von Zustimmung aufgegeben werden; denn was ist so windig, wie etwas zu billigen, was man nicht erkannt hat? Karneades aber, so haben wir gestern wiederholt gehört, sei bisweilen so weit gegangen zu behaupten, der Weise könne Meinungen haben, also fehlbar sein. Ich bin jedenfalls weniger überzeugt davon, daß es etwas gibt, was begriffen werden kann, worüber ich jetzt schon allzu lange rede, als davon, daß der Weise niemals Meinungen

etiam diu disputo, quam sapientem nihil opinari, id est numquam adsentiri rei vel falsae vel incognitae.

Restat illud quod dicunt veri inveniundi causa contra omnia dici oportere et pro omnibus. volo igitur videre quid invenerint. 'Non solemus' inquit 'ostendere'. Quae sunt tandem ista mysteria, aut cur celatis quasi turpe aliquid sententiam vestram? 'Ut qui audient' inquit 'ratione potius quam auctoritate ducantur'. Quid si utrumque, num peius est? unum tamen illud non celant, nihil esse quod percipi possit. an in eo auctoritas nihil obest? mihi quidem videtur vel plurimum. quis enim ista tam aperte perspicueque et perversa et falsa secutus esset, nisi tanta in Arcesila, multo etiam maior in Carneade et copia rerum et dicendi vis fuisset?

Haec Antiochus fere et Alexandreae tum et multis annis post multo etiam adseverantius, in Syria cum esset mecum paulo ante quam est mortuus. sed iam confirmata causa te hominem amicissimum' (me autem appellabat) 'et aliquot annis minorem natu non dubitabo monere. tune, cum tantis laudibus philosophiam extuleris Hortensiumque nostrum dissentientem commoveris, eam philosophiam sequere quae confundit vera cum falsis, spoliat nos iudicio, privat adprobatione omni, orbat sensibus? et Cimmeriis quidem, quibus aspectum solis sive deus aliquis sive natura ademerat sive eius loci quem incolebant situs, ignes tamen aderant quorum illis uti lumine licebat: isti autem quos tu probas tantis offusis tenebris ne scintillam quidem ullam nobis ad dispiciendum reliquerunt; quos si sequamur iis vinclis simus astricti ut

hat, also niemals einer falschen oder nicht begriffenen Sache zustimmt.

Übrig bleibt mir noch ihre Behauptung, um die Wahrheit zu finden, müsse man gegen alles und für alles sprechen. Ich möchte daher gern wissen, was sie schließlich gefunden haben. „Das pflegen wir nicht zu zeigen", sagt jener. Was sind denn dies für Mysterien, oder weshalb verbergt Ihr Eure Ansicht wie etwas Böses? „Damit diejenigen, die sie zu hören bekommen", erklärt jener, „mehr durch Vernunft als durch Autorität geleitet werden". Was aber, wenn man von beiden geleitet würde, was wäre daran besonders schlimm? Das eine jedenfalls verbergen sie nicht: Nichts gebe es, was begriffen werden könne. Schadet bei diesem Satz die Autorität nicht? Mir scheint, sehr sogar. Denn wer wäre wohl diesem ganz offenbar und evident widersinnigen und falschen Satz gefolgt, wenn nicht Arkesilaos und noch weit mehr Karneades ein so reiches Wissen und eine solche Kraft der Rede gehabt hätten?

So ungefähr sprach Antiochos damals in Alexandria und viele Jahre später noch weit entschiedener, als er in Syrien bei mir war, kurz bevor er starb. Aber nachdem ich jetzt meinen Standpunkt begründet habe, zögere ich nicht, an Dich, meinen trefflichen Freund – damit sprach er mich an –, der Du einige Jahre jünger bist als ich, ein paar mahnende Worte zu richten. Willst Du wirklich, nachdem Du die Philosophie so hoch gepriesen und unseren Freund Hortensius zur Philosophie bekehrt hast, derjenigen Philosophie folgen, die das Wahre mit dem Falschen vermischt, uns des Urteils beraubt, uns um jede Möglichkeit der Zustimmung bringt und uns den Gebrauch der Sinne nimmt? Selbst die Kimmerier, denen ein Gott oder die Natur oder die Lage des Landes, das sie bewohnten, den Anblick der Sonne genommen hatte, besaßen wenigstens das Feuer, das sie als Licht benutzen konnten: Die Leute aber, deren Lehre Du billigst, haben solche Finsternis über uns gebracht, daß uns nicht einmal ein einziger Lichtfunke übrigbleibt, um uns zurechtzufinden; wenn wir ihnen folgen, sind wir in solche Ketten verstrickt, daß wir uns nicht mehr bewegen können. Denn indem sie uns die Möglichkeit der Zustimmung genommen haben, haben sie uns

nos commovere nequeamus. sublata enim adsensione 62
omnem et motum animorum et actionem rerum sustulerunt; quod non modo recte fieri sed omnino fieri
non potest. provide etiam ne uni tibi istam sententiam
minime liceat defendere. an tu, cum res occultissimas
aperueris in lucemque protuleris iuratusque dixeris ea
te conperisse (quod mihi quoque licebat qui ex te illa
cognoveram), negabis esse rem ullam quae cognosci
conprehendi percipi possit? vide quaeso etiam atque
etiam ne illarum quoque rerum pulcherrimarum a te
ipso minuatur auctoritas.'

Quae cum dixisset ille, finem fecit. Hortensius autem 63
vehementer admirans (quod quidem perpetuo Lucullo loquente fecerat, ut etiam manus saepe tolleret:
nec mirum; nam numquam arbitror contra Academiam dictum esse subtilius) me quoque, iocansne an
ita sentiens (non enim satis intellegebam), coepit
hortari ut sententia desisterem.

Tum mihi Catulus 'Si te' inquit 'Luculli oratio
flexit, quae est habita memoriter accurate copiose,
taceo neque te quo minus si tibi ita videatur sententiam mutes deterrendum puto. illud vero non censuerim, ut eius auctoritate moveare. tantum enim te
[non] modo monuit' inquit adridens, 'ut caveres ne
quis inprobus tribunus plebis, quorum vides quanta
copia semper futura sit, arriperet te et in contione
quaereret qui tibi constares cum idem negares quicquam certi posse reperiri idem te conperisse dixisses.
hoc quaeso cave ne te terreat. de causa autem ipsa
malim quidem te ab hoc dissentire; sin cesseris, non

auch jede Tätigkeit des Geistes und jede Möglichkeit zu handeln genommen; dies ist nicht nur verwerflich, sondern überhaupt unmöglich. Bedenke auch, daß es sich gerade für Dich am wenigsten schickt, eine solche These zu verteidigen. Oder willst Du, nachdem Du die geheimsten Dinge aufgedeckt, ans Licht gebracht und unter Eid ausgesagt hast, Du habest über sie sichere Nachrichten (was auch ich behaupten durfte, weil ich es von Dir wußte), willst Du leugnen, daß es etwas gibt, was man erkennen, begreifen, erfassen kann? Ich bitte Dich also immer und immer wieder ausdrücklich, sieh zu, daß Du nicht selbst das Gewicht jener ruhmvollen Taten schmälerst."

Mit diesen Worten beendete Lucullus seine Rede. Hortensius aber bewunderte sie überschwenglich, und das hatte er schon, während Lucullus sprach, immer wieder gezeigt, indem er oft sogar die Hände erhob: Kein Wunder, denn meiner Ansicht nach ist gegenüber der Akademie nie scharfsinniger argumentiert worden; und so begann er denn auch, im Scherz oder weil er es wirklich so meinte – denn genau konnte ich es nicht feststellen –, mich zu mahnen, ich solle doch von meiner Meinung ablassen.

Da wandte sich Catulus an mich: „Wenn Dich die Rede des Lucullus unsicher gemacht hat, eine Rede aus genauer Erinnerung, sorgfältig formuliert und inhaltsreich, dann schweige ich, weil ich nicht glaube, daß es meine Sache ist, Dich davon abzuhalten, Deine Meinung zu ändern, wenn Du dies für richtig hältst. Nicht billigen aber könnte ich es, wenn Du Dich lediglich durch seine Autorität beeinflussen ließest. Denn er hat Dich soeben bloß ermahnt", sagte er lächelnd, „Du möchtest Dich hüten, daß ein unverschämter Volkstribun, deren Anzahl, wie Du weißt, immer sehr groß sein wird, Dich beim Wort nimmt und in der Volksversammlung befragt, wie es mit Deiner Konsequenz stehe, wenn Du einmal leugnest, etwas Sicheres könne gefunden werden, dann wiederum behauptest, Du habest sichere Erkenntnisse gewonnen. Laß Dich bitte dadurch nicht einschüchtern! Aber in der Sache selbst wäre es mir persönlich lieber, Du würdest dabei bleiben, ihm zu widersprechen. Solltest Du aber Deine Position aufgeben, so werde ich mich darüber

magnopere mirabor: memini enim Antiochum ipsum, cum annos multos alia sensisset, simul ac visum sit sententia destitisse.'

Haec cum dixisset Catulus, me omnes intueri. tum ego non minus conmotus quam soleo in causis maioribus ⟨ab⟩ huius modi quadam oratione sum exorsus.

'Me Catule oratio Luculli de ipsa re ita movit ut docti hominis et copiosi et parati et nihil praetereuntis eorum quae pro illa causa dici possent, non tamen ut ei respondere posse diffiderem; auctoritas autem tanta plane me movebat, nisi tu opposuisses non minorem tuam. adgrediar igitur, si pauca ante quasi de fama mea dixero.

Ego enim si aut ostentatione aliqua adductus aut studio certandi ad hanc potissimum philosophiam me adplicavi, non modo stultitiam meam sed etiam mores et naturam condemnandam puto. nam si in minimis rebus pertinacia reprehenditur, calumnia etiam coercetur, ego de omni statu consilioque totius vitae aut certare cum aliis pugnaciter aut frustrari cum alios tum etiam me ipsum velim? itaque nisi ineptum putarem in tali disputatione id facere quod cum de re publica disceptatur fieri interdum solet, iurarem per Iovem deosque penates me et ardere studio veri reperiendi et ea sentire quae dicerem. qui enim possum non cupere verum invenire, cum gaudeam si simile veri quid invenerim? sed ut hoc pulcherrimum esse iudico, vera videre, sic pro verbis probare falsa turpissimum est. nec tamen ego is sum qui nihil umquam falsi adprobem qui numquam adsentiar qui nihil opiner; sed quaerimus de sapiente. ego vero ipse et

nicht sehr wundern; denn ich erinnere mich sehr wohl, daß auch Antiochos lange Jahre anderer Ansicht war, aber sie dann preisgab, sobald er es für richtig hielt."

Als Catulus so gesprochen hatte, schauten mich alle erwartungsvoll an. Da begann ich denn, nicht weniger aufgeregt als sonst gewöhnlich bei schwierigen Prozessen, meine Gegenrede etwa folgendermaßen:

„Mich hat die Rede des Lucullus über die Sache, um die es geht, derart beeindruckt, Catulus, wie es die Rede eines Mannes vermag, der, gebildet, wortgewandt und geistesgegenwärtig, nichts übergeht von den Dingen, die zugunsten jener Ansicht beigebracht werden können. Dies heißt jedoch nicht, daß ich es mir nicht zutraute, ihm antworten zu können. Allerdings hätte mich seine außerordentliche Autorität sicherlich überwältigt, hättest Du ihm nicht Deine ebenso große Autorität entgegengesetzt. So will ich denn beginnen, nicht ohne vorher einiges zu bemerken, was gewissermaßen meinen persönlichen Ruf betrifft.

Wenn ich mich aus einer Art von Prahlerei oder Streitlust gerade dieser Philosophie angeschlossen hätte, dann müßten meiner Meinung nach sowohl meine Torheit als auch mein Charakter und meine Natur verurteilt werden. Wenn nämlich schon in den nichtigsten Dingen Eigensinn getadelt, Leichtfertigkeit sogar bestraft wird, wie sollte ich dann Lust daran haben, über Haltung und Führung des ganzen Lebens mit anderen Leuten herumzustreiten oder die anderen und auch mich selbst zu betrügen? Hielte ich es nicht für geschmacklos, bei einem solchen Gespräch so zu verfahren, wie es bei politischen Entscheidungen bisweilen zu geschehen pflegt, dann würde ich bei Iupiter und den Penaten schwören, daß ich vor Eifer brenne, die Wahrheit zu finden, und aufrichtig das denke, was ich sage. Warum sollte ich denn nicht danach streben wollen, die Wahrheit zu finden, wenn ich mich schon darüber freue, etwas gefunden zu haben, was der Wahrheit nahekommt? Doch wie ich es für das Schönste halte, Wahres zu erkennen, so ist es für mich das Schimpflichste, Falsches als wahr zu behaupten. Dennoch bin ich keineswegs der Mann, der niemals Falsches billigte, ihm niemals zustimmte, keine bloßen Meinungen äußerte; aber wir fragen ja

magnus quidam sum opinator (non enim sum sapiens) et meas cogitationes sic dirigo, non ad illam parvulam Cynosuram, qua 'fidunt duce nocturna Phoenices in alto', ut ait Aratus, eoque directius gubernant quod eam tenent quae 'cursu interiore brevi convertitur orbe' – sed ad Helicen et clarissimos Septentriones id est rationes has latiore specie non ad tenue limatas; eo fit ut errem et vager latius. sed non de me, ut dixi, sed de sapiente quaeritur. visa enim ista cum acriter mentem sensumve pepulerunt accipio iisque interdum etiam adsentior. nec percipio tamen: nihil enim arbitror posse percipi. non sum sapiens; itaque visis cedo nec possum resistere.

Sapientis autem hanc censet Arcesilas vim esse maximam Zenoni adsentiens, cavere ne capiatur, ne fallatur videre; nihil est enim ab ea cogitatione, quam habemus de gravitate sapientis, errore levitate temeritate diiunctius. quid [quid] igitur loquar de firmitate sapientis? quem quidem nihil opinari tu quoque Luculle concedis. quod quoniam a te probatur, ut praepostere tecum agam iam (mox referam me ad ordinem), haec primum conclusio quam habeat vim considera: 'Si ulli rei sapiens adsentietur umquam, aliquando etiam opinabitur; numquam autem opinabitur: nulli igitur rei adsentietur'. hanc conclusionem Arcesilas probabat; confirmabat enim et primum et secundum. Carneades non numquam secundum illud dabat, adsentiri aliquando; ita sequebatur etiam opi-

67

hier nach dem Weisen. Ich für meine Person bin allerdings ein großer Meinender (ich bin nämlich kein Weiser), und ich richte meine Überlegungen nicht nach dem winzigen Polarstern, „dessen Führung sich die Phönizier auf nächtlicher See anvertrauen", wie Arat sagt, und die umso geraderen Kurs halten, weil sie denjenigen Stern vor Augen haben, „der sich auf der inneren Laufbahn im kleinen Kreise bewegt", sondern ich richte mein Denken nach dem großen Bären, dem hellstrahlenden Siebengestirn, mit anderen Worten, ich richte mich nach Überlegungen, die großräumiger vorgehen und nicht nach solchen, die genau ausgearbeitet sind. So kommt es, daß ich mich irre und weit umherschweife. Aber es dreht sich, wie schon gesagt, nicht um mich, sondern um den Weisen. Denn wenn die erwähnten Sinneseindrücke meinen Geist oder meine Sinne kräftig genug angeregt haben, so nehme ich sie wohl zur Kenntnis, und bisweilen stimme ich ihnen auch zu; dennoch begreife ich sie nicht: Denn ich bin der Überzeugung, daß man nichts begreifen kann. Ich bin kein Weiser; und deshalb gebe ich den Sinneseindrücken nach, ohne ihnen widerstehen zu können.

Arkesilaos allerdings vertritt in Übereinstimmung mit Zenon die Ansicht, die größte Stärke des Weisen bestehe darin, sich vor Irrtum zu hüten und vor Täuschung in acht zu nehmen: Nichts ist nämlich von der Vorstellung, die wir uns von der Würde des Weisen machen, weiter entfernt als Irrtum, Leichtsinn und Voreiligkeit. Was also soll ich noch von der Festigkeit des Weisen reden? Denn auch Du, Lucullus, räumst ein, daß er sich nicht der bloßen Meinung überläßt. Da Du dies billigst, um zunächst einmal von hinten anzufangen – bald werde ich wieder die richtige Reihenfolge einhalten –, überlege erst einmal, welche Bedeutung folgendem Schluß zukommt: (1) „Wenn der Weise irgendwann irgendeiner Sache zustimmt, dann wird er irgendwann auch einmal Meinungen äußern; (2) er wird jedoch niemals bloße Meinungen haben; (3) also wird er keiner Sache zustimmen." Diese Schlußfolgerung billigte Arkesilaos, denn er stimmte dem ersten wie dem zweiten Satz zu. Karneades setzte bisweilen als zweiten Satz, der Weise stimme mitunter zu; daraus folgte, daß er auch Meinungen habe, was Du nicht zugeben

nari, quod tu non vis, et recte ut mihi videris. sed illud primum, sapientem si adsensurus esset etiam opinaturum, falsum esse Stoici dicunt et eorum adstipulator Antiochus; posse enim eum falsa a veris et quae non possint percipi ab iis quae possint distinguere. nobis autem primum etiam si quid percipi possit tamen ipsa consuetudo adsentiendi periculosa esse videtur et lubrica. quam ob rem cum tam vitiosum esse constet adsentiri quicquam aut falsum aut incognitum, sustinenda est potius omnis adsensio, ne praecipitet si temere processerit. ita enim finitima sunt falsa veris eaque quae percipi non possunt ⟨iis quae possunt⟩ (si modo ea sunt quaedam; iam enim videbimus), ut tam in praecipitem locum non debeat se sapiens committere. sin autem omnino nihil esse quod percipi possit a me sumpsero et quod tu mihi das accepero, sapientem nihil opinari, effectum illud erit, sapientem adsensus omnes cohibiturum, ut videndum tibi sit idne malis an aliquid opinaturum esse sapientem. 'Neutrum' inquies 'illorum' [nitamur]. nitamur igitur nihil posse percipi; etenim de eo omnis est controversia. 68

Sed prius pauca cum Antiocho, qui haec ipsa quae a me defenduntur et didicit apud Philonem tam diu ut constaret diutius didicisse neminem, et scripsit de iis rebus acutissime; et idem haec non acrius accusavit in senectute quam antea defensitaverat. quamvis igitur fuerit acutus, ut fuit, tamen inconstantia levatur auctoritas. quis [quam] enim iste dies inluxerit quaero, qui illi ostenderit eam quam [quam] multos annos esse negitavisset veri et falsi notam. excogitavit aliquid? eadem dicit quae Stoici. paenituit illa sensisse? 69

willst, und zwar mit Recht, wie mir scheint. Aber jener erste Satz, wenn der Weise zustimme, dann meine er auch, sei falsch, behaupten die Stoiker und ihr Anhänger Antiochos. Denn der Weise könne das Falsche vom Wahren und das, was nicht begriffen werden könne, von dem, was man begreifen könne, durchaus unterscheiden. Uns aber scheint es zunächst einmal so zu sein: Selbst wenn etwas begriffen werden kann, ist gerade die Gewohnheit des Zustimmens dennoch gefährlich und verführerisch. Deshalb wird man, weil es offensichtlich ein Fehler ist, etwas Falschem oder nicht Begriffenem zuzustimmen, lieber jede Zustimmung zurückhalten, damit man nicht stürzt, falls man unbesonnen vorgeht. Denn das Falsche ist dem Wahren und das nicht Begreifbare dem Begreifbaren so eng benachbart (wenn es überhaupt derartiges gibt, auf diese Frage werde ich gleich kommen), daß der Weise sich auf einen so gefährlichen Boden nicht begeben darf. Wenn ich aber nun zu meiner Aussage, es gebe gar nichts, was begreifbar sei, das hinzunehme, was Du mir anbietest, der Weise habe keine Meinungen, dann ergibt sich dabei, daß der Weise sich jeglicher Zustimmung enthalten wird, so daß Du Dir überlegen mußt, ob Dir dies lieber ist oder daß der Weise Meinungen nachgibt. „Keins von beiden", wirst Du sagen. Ich muß mich also anstrengen zu beweisen, daß nichts begriffen werden könne. Darum dreht sich die ganze Kontroverse.

Vorher aber noch ein paar Worte zu Antiochos, der die Lehre, die ich verteidige, bei Philon so lange gelernt hat, daß feststand, niemand habe länger gelernt, und der auch mit größtem Scharfsinn darüber geschrieben hat: Derselbe Mann hat diese Lehre im Alter genauso scharf angegriffen, wie er sie vorher verteidigt hatte. Mag er also noch so scharfsinnig gewesen sein – und er war es wirklich –, so wird dennoch seine Autorität durch seine Unbeständigkeit gemindert. Ich frage mich nämlich, was das für ein Tag gewesen ist, der ihm die Erleuchtung gebracht und ihm das Kennzeichen für Wahr und Falsch gezeigt hat, dessen Existenz er so viele Jahre lang geleugnet hatte. Hat er sich selbst etwas Neues ausgedacht? Er lehrt ja dasselbe wie die Stoiker. Hat

cur non se transtulit ad alios, et maxime ad Stoicos? eorum enim erat propria ista dissensio. quid eum Mnesarchi paenitebat, quid Dardani; qui erant Athenis tum principes Stoicorum. numquam a Philone discessit, nisi postea quam ipse coepit qui se audirent habere. unde autem subito vetus Academia revocata est? nominis dignitatem videtur, cum a re ipsa desciceret, retinere voluisse. quod erant qui illum gloriae causa facere dicerent, sperare etiam fore ut ii qui se sequerentur Antiochii vocarentur; mihi autem magis videtur non potuisse sustinere concursum omnium philosophorum. etenim de certis sunt inter illos non nulla communia; haec Academicorum est una sententia quam reliquorum philosophorum nemo probet. itaque cessit, et ut ii qui sub novis solem non ferunt item ille cum aestuaret veterum ut maenianorum sic Academicorum umbram secutus est. quoque solebat uti argumento tum cum ei placebat nihil posse percipi, cum quaereretur, Dionysius ille Heracleotes utrum conprehendisset certa illa nota qua adsentiri dicitis oportere, illudne quod multos annos tenuisset Zenonique magistro credidisset, honestum quod esset id bonum solum esse, an quod postea defensitavisset, honesti inane nomen esse, voluptatem esse summum bonum – qui ex illius commutata sententia docere vellet nihil ita signari in animis nostris a vero posse quod non eodem modo possit a falso, is curavit quod argumentum ex Dionysio ipse sumpsisset ex eo ceteri sumerent. sed cum hoc alio loco plura; nunc ad ea quae a te Luculle dicta sunt.

es ihn gereut, jene Lehre vertreten zu haben? Warum hat er sich dann nicht gleich einer anderen Schule angeschlossen, am besten den Stoikern? Denn gerade sie vertraten ja diese besondere Auffassung. Was hatte er gegen Mnesarchos oder Dardanos, die damals in Athen die Häupter der stoischen Schule waren? Von Philon trennte er sich erst, als er selbst anfing, Schüler zu haben. Woher aber diese plötzliche Wiederentdeckung der Alten Akademie? Anscheinend wollte er, wenn er auch in der Sache selbst anderer Meinung war, ihren ehrwürdigen Namen behalten. Es hat auch Leute gegeben, die behaupteten, er habe dies des Ruhmes wegen getan und habe sogar gehofft, daß seine Schüler ‚Antiocheer' genannt würden. Mir scheint eher, daß er die Gegnerschaft sämtlicher Philosophen nicht ertragen konnte. Zwar gibt es unter den Philosophen manche Übereinstimmung in anderen Fragen: Dieser eine Satz der Akademiker ist es jedoch, den kein einziger der übrigen Philosophen billigt. Deshalb gab er nach und flüchtete, weil es ihm zu heiß wurde, in den Schatten der Alten Akademie, so wie die Leute, die auf dem offenen Forum die Sonnenhitze nicht aushalten können, in den Schatten der gedeckten Hallen fliehen. Er pflegte auch zu der Zeit, als er noch den Satz vertrat, nichts könne begriffen werden, als Argument die Frage zu stellen, welchen von den beiden Sätzen Dionysios von Heraklea durch jenes sichere Kennzeichen, aufgrund dessen man nach Eurer Meinung zustimmen muß, als wahr erkannt habe: den einen, den Dionysios viele Jahre vertreten und seinem Lehrer Zenon geglaubt habe, was sittlich sei, das allein sei erstrebenswert, oder den anderen, den er später verteidigt habe: Der Begriff des Sittlichen sei ein leeres Wort, und die Lust sei das höchste Gut. Antiochos wollte durch diese Meinungsänderung des Dionysios beweisen, kein Zeichen des Wahren in unserer Seele könne so klar sein, daß es nicht ebensogut von Falschem herrühren könne; er hat dafür gesorgt, daß die übrigen Philosophen das Argument, das er selbst dem Verhalten des Dionysios entnommen hatte, auf seine eigene Person anwendeten. Aber mehr über ihn ein anderes Mal. Jetzt zu dem, was Du, Lucullus, geäußert hast.

Et primum quod initio dixisti videamus quale sit, 72
similiter a nobis de antiquis philosophis commemorari atque seditiosi solerent claros viros sed tamen populares aliquos nominare. illi cum res ⟨non⟩ bonas tractent similes bonorum videri volunt; nos autem ea dicimus nobis videri quae vosmet ipsi nobilissimis philosophis placuisse conceditis. Anaxagoras nivem nigram dixit esse. ferres me si ego idem dicerem? tu ne si dubitarem quidem. at quis est? num hic sophistes (sic enim appellabantur ii qui ostentationis aut quaestus causa philosophabantur)? maxima fuit et gravitatis et ingenii gloria. quid loquar de Democrito? quem cum eo conferre possumus non modo 73
ingenii magnitudine sed etiam animi, qui ita sit ausus ordiri 'Haec loquor de universis': nihil excipit de quo non profiteatur, quid enim esse potest extra universa; quis hunc philosophum non anteponit Cleanthi Chrysippo reliquis inferioris aetatis, qui mihi cum illo collati quintae classis videntur. atque is non hoc dicit quod nos, qui veri esse aliquid non negamus, percipi posse negamus; ille esse verum plane negat [esse]; sensus quidem non obscuros dicit sed tenebricosos (sic enim appellat eos). is qui hunc maxime est admiratus, Chius Metrodorus initio libri qui est de natura 'Nego' inquit 'scire nos sciamusne aliquid an nihil sciamus, ne id ipsum quidem nescire aut scire ⟨scire⟩ nos, nec omnino sitne aliquid an nihil sit'.
Furere tibi Empedocles videtur: at mihi dignissimum 74
rebus is de quibus loquitur sonum fundere. num ergo is excaecat nos aut orbat sensibus, si parum magnam vim censet in is esse ad ea quae sub eos subiecta sunt

Zuerst wollen wir sehen, wie es mit dem steht, was Du zu Anfang behauptet hast: Wir zitierten die alten Philosophen so, wie es aufrührerische Bürger zu tun pflegen, die die Namen berühmter und angeblich volksfreundlicher Männer ins Feld führen; damit wollen sie als gute Bürger erscheinen, obwohl sie nichts Gutes im Sinne haben. Wir dagegen behaupten, daß wir genau dies für richtig halten, von dem Ihr selbst zugebt, daß es die Lehre bedeutendster Philosophen sei. Anaxagoras hat gelehrt, der Schnee sei schwarz. Würdest Du Dir es gefallen lassen, wenn ich dasselbe sagte? Nicht einmal dann würdest Du es annehmen, wenn ich dies nur zögernd vortrüge. Aber wer war Anaxagoras? Etwa ein Sophist (so nämlich nannte man die Leute, die aus Prahlerei oder des Gewinnes wegen Philosophie trieben)? Keineswegs. Seine Ernsthaftigkeit und seine Begabung wurden aufs höchste gerühmt. Was soll ich von Demokrit sagen? Wen können wir mit ihm vergleichen, nicht nur an Größe der Begabung, sondern auch an Selbstbewußtsein, der es gewagt hat, eines seiner Werke so zu beginnen: „Dies behaupte ich vom Ganzen." Er nimmt also nichts aus von seinem Anspruch; denn was kann es außerhalb des „Ganzen" noch geben? Wer wird diesen Philosophen nicht einem Kleanthes, einem Chrysippos und den übrigen Philosophen jüngeren Datums vorziehen, die nach meiner Meinung, mit jenem verglichen, in die fünfte Zensusklasse gehören? Dabei behauptet dieser Mann nicht etwa dasselbe wie wir, die wir nicht leugnen, daß es etwas Wahres gibt, sondern nur, daß man es begreifen könne. Jener erklärt rundweg, es gebe nichts Wahres; die Sinne seien nicht nur getrübt, sondern völlig verfinstert (so nennt er sie tatsächlich). Der Mann, der ihn am meisten bewundert hat, Metrodoros von Chios, sagt zu Beginn seines Buches über die Natur: „Ich behaupte, daß wir nicht wissen, ob wir etwas wissen oder ob wir nichts wissen, und daß wir nicht einmal diese Behauptung nicht wissen oder wissen, noch ob überhaupt etwas existiert oder ob nichts existiert." Empedokles scheint Dir nicht bei Sinnen zu sein: Mir aber scheint er eine sehr angemessene Tonart zu wählen bei den Dingen, über die er spricht. Blendet er uns also etwa, oder beraubt er uns der Sinne, wenn er behauptet, es sei in ihnen zu wenig Kraft, um das zu beurteilen,

iudicanda? Parmenides Xenophanes minus bonis quamquam versibus sed tamen illi versibus increpant eorum adrogantiam quasi irati, qui cum sciri nihil possit audeant se scire dicere. et ab iis aiebas removendum Socratem et Platonem. cur, an de ullis certius possum dicere? vixisse cum iis equidem videor, ita multi sermones perscripti sunt e quibus dubitari non possit quin Socrati nihil sit visum sciri posse; excepit unum tantum, scire se nihil se scire, nihil amplius. quid dicam de Platone, qui certe tam multis libris haec persecutus non esset nisi probavisset; ironeam enim alterius, perpetuam praesertim, nulla fuit ratio persequi.

Videorne tibi non ut Saturninus nominare modo 75 inlustres homines, sed etiam imitari numquam nisi clarum nisi nobilem? atqui habebam molestos vobis sed minutos, Stilbonem Diodorum Alexinum, quorum sunt contorta et aculeata quaedam sophismata (sic enim appellantur fallaces conclusiunculae). sed quid eos colligam, cum habeam Chrysippum, qui fulcire putatur porticum Stoicorum: quam multa ille contra sensus, quam multa contra omnia quae in consuetudine probantur. 'At dissolvit idem.' Mihi quidem non videtur, sed dissolverit sane: certe tam multa non collegisset quae nos fallerent probabilitate magna, nisi videret is resisti non facile posse. quid 76 Cyrenaici videntur, minime contempti philosophi, qui negant esse quicquam quod percipi possit extrinsecus, ea se sola percipere quae tactu intumo sentiant, ut dolorem ut voluptatem; neque se quo quid colore

was sich ihnen darbietet? Parmenides und Xenophanes, mögen sie auch nicht besonders gute Verse gemacht haben, tadeln dennoch in Versen voller Zorn die Anmaßung der Leute, die zu behaupten wagen, sie wüßten etwas, obwohl man nichts wissen könne. Und von diesen Philosophen, so behauptest Du, müßten Sokrates und Platon getrennt werden. Warum? Kann ich über irgend jemand anderen etwas Bestimmteres sagen? Mir ist, als hätte ich mit beiden zusammengelebt. So viele Gespräche sind aufgezeichnet worden, nach denen es keinen Zweifel geben kann, daß Sokrates glaubte, man könne nichts wissen; davon nahm er nur das eine aus, er wisse, daß er nichts wisse, nichts mehr. Was soll ich von Platon sagen, der bestimmt nicht in so vielen Werken dieser Überzeugung Ausdruck verliehen hätte, wenn er sie nicht gebilligt hätte. Wäre es lediglich die Ironie eines anderen gewesen, und zwar eine dauernde, hätte kein Grund bestanden, sie festzuhalten.

Siehst Du nun, daß ich nicht, wie Saturninus, die Namen bedeutender Männer nur im Munde führe, sondern auch keinen jemals nachahme, es sei denn einen berühmten und angesehenen Mann? Dabei hätte ich immerhin auch ein paar Leute, die Euch wohl in Verlegenheit bringen könnten, die aber von geringerem Range sind: Stilpon, Diodoros und Alexinos, die mit verwickelten und spitzigen Sophismen (denn so nennt man diese lächerlichen Trugschlüsse) aufwarten. Doch warum soll ich diese Leute anführen, habe ich doch Chrysippos, der für die Hauptstütze der stoischen Wandelhalle gilt: Wieviel hat er nicht gesagt gegen die Sinneswahrnehmungen, wieviel gegen das, was durch die Gewohnheit gebilligt wird! „Dies hat er aber auch widerlegt!" Mir scheint es zwar nicht so, aber mag er es immerhin widerlegt haben: Sicherlich hätte er nicht so vieles zusammengetragen, was uns durch seine hohe Wahrscheinlichkeit täuscht, wenn er nicht festgestellt hätte, daß man ihm gar nicht leicht widerstehen kann. Was hältst Du von den Kyrenaikern, durchaus unverächtlichen Philosophen: Sie behaupten, daß es nichts Äußeres gebe, das begriffen werden könne; allein das könnten sie begreifen, was sie durch innere Berührung empfänden, wie Schmerz und Lust; sie könnten nicht wissen, welche Farbe oder welchen Klang ein

aut quo sono sit scire, sed tantum sentire adfici se quodam modo.

Satis multa de auctoribus. quamquam ex me quaesieras, nonne putarem post illos veteres tot saeculis inveniri verum potuisse tot ingeniis tantisque studiis quaerentibus. quid inventum sit paulo post videro, te ipso quidem iudice. Arcesilan vero non obtrectandi causa cum Zenone pugnavisse sed verum invenire voluisse sic intellegitur. nemo umquam superiorum non modo expresserat sed ne dixerat quidem posse hominem nihil opinari, nec solum posse sed ita necesse esse sapienti. visa est Arcesilae cum vera sententia tum honesta et digna sapienti; quaesivit de Zenone fortasse quid futurum esset si nec percipere quicquam posset sapiens nec opinari sapientis esset. ille credo nihil opinaturum, quoniam esset quod percipi posset. quid ergo id esset. 'visum' credo. 'quale igitur visum?' tum illum ita definisse: ex eo quod esset sicut esset inpressum et signatum et effictum. post requisitum etiamne si eius modi esset visum verum quale vel falsum. hic Zenonem vidisse acute nullum esse visum quod percipi posset, si id tale esset ab eo, quod est, ut eiusdem modi ab eo, quod non est, posset esse. recte consensit Arcesilas ad definitionem additum, neque enim falsum percipi posse neque verum si esset tale quale vel falsum; incubuit autem in eas disputationes ut doceret nullum tale esse visum a vero ut non eiusdem modi etiam a falso possit esse. haec est una

Gegenstand habe, sondern sie empfänden lediglich, daß sie in irgendeiner Weise affiziert würden.

Doch genug jetzt von den philosophischen Autoritäten. Du hattest mich aber auch gefragt, ob ich nicht der Ansicht sei, daß nach jenen alten Philosophen und in so vielen Jahrhunderten die Wahrheit habe gefunden werden können, wo doch so große Geister in so umfangreichen Untersuchungen danach geforscht hätten. Was gefunden worden ist, davon werde ich bald reden, und Du selbst wirst dabei Richter sein. Arkesilaos jedenfalls hat den Streit mit Zenon nicht gesucht, um diesen herabzusetzen, sondern weil ihm daran lag, die Wahrheit zu finden; das geht aus folgendem hervor. Keiner von den früheren Philosophen hat jemals den Satz aufgestellt oder auch nur die Ansicht geäußert, der Mensch könne ohne Meinungen sein – im Gegenteil: Er könne sehr wohl, und der Weise müsse sogar notwendigerweise Meinungen haben. Dem Arkesilaos schien diese Behauptung richtig und für den Weisen durchaus ehrenhaft und würdig. Vielleicht hat er Zenon gefragt, was sich ergeben werde, wenn der Weise nichts begreifen könne, aber auch nicht meinen dürfe; jener, so nehme ich an, hat geantwortet, der Weise habe es nicht nötig zu meinen, da es ja etwas gebe, das begreifbar sei. – Was das denn sei? „Der Sinneseindruck", nehme ich an, war die Antwort. „Wie ist denn dieser Sinneseindruck beschaffen?" Darauf wird jener ihn folgendermaßen definiert haben: „Der Sinneseindruck ist etwas, das von einem Gegenstand, so wie er wirklich ist, eingeprägt, eingezeichnet und abgebildet ist." Dann habe Arkesilaos weiter gefragt, ob dies auch der Fall sei, wenn der wahre Sinneseindruck von der gleichen Art sei wie ein falscher? Da habe Zenon vernünftigerweise eingesehen, es gebe keinen Sinneseindruck, der begriffen werden könne, wenn er von dem, was ist, ebenso herrühren könne wie von etwas, was nicht ist. Mit Recht stimmte Arkesilaos der so erweiterten Definition zu, denn weder könne Falsches begriffen werden, noch Wahres, wenn es von genau derselben Beschaffenheit sei wie das Falsche. Er verfolgte diese Frage so weit, daß er schließlich lehrte, kein Sinneseindruck von etwas Wahrem sei derart, daß er nicht in der gleichen Weise auch von etwas Falschem herrühren könne. Das

contentio quae adhuc permanserit. nam illud, nulli rei adsensurum esse sapientem, nihil ad hanc controversiam pertinebat. licebat enim 'nihil percipere et tamen opinari'; quod a Carneade dicitur probatum: equidem Clitomacho plus quam Philoni aut Metrodoro credens hoc magis ab eo disputatum quam probatum puto.

Sed id omittamus. illud certe opinatione et perceptione sublata sequitur, omnium adsensionum retentio, ut si ostendero nihil posse percipi tu concedas numquam adsensurum esse.

Quid ergo est quod percipi possit, si ne sensus quidem vera nuntiant? quos tu Luculle communi loco defendis. quod ne id facere posses, idcirco heri non necessario loco contra sensus tam multa dixeram; tu autem te negas infracto remo neque columbae collo commoveri. primum cur? nam et in remo sentio non esse id quod videatur, et in columba pluris videri colores nec esse plus uno. deinde nihilne praeterea diximus? 'Maneant illa omnia; iaceat ista causa: veracis suos esse sensus dicit ⟨Epicurus⟩'. Igitur semper auctorem habes, et eum qui magno suo periculo causam agat; eo enim rem demittit Epicurus, si unus sensus semel in vita mentitus sit, nulli umquam esse credendum. hoc est verum esse, confidere suis testibus et importune insistere; itaque Timagoras Epicureus negat sibi umquam cum oculum torsisset duas ex lucerna flammulas esse visas; opinionis enim esse mendacium non oculorum: quasi quaeratur quid sit, non quid videatur. sic hic quidem, maiorum

ist die einzige Streitfrage, die bis heute bestehen geblieben ist. Der andere strittige Punkt nämlich, der Weise stimme keiner Sache zu, hatte mit jener Auseinandersetzung nichts zu tun; denn es war immerhin möglich, ‚nichts zu begreifen und dennoch zu meinen'. Dieser Satz wurde, wie es heißt, auch von Karneades gebilligt: Ich persönlich vertraue allerdings Kleitomachos mehr als Philon und Metrodoros und glaube, daß Karneades diesen Satz mehr diskutiert als wirklich gebilligt hat.

Aber lassen wir das. Wenn jedenfalls Meinen und Begreifen ausgeschlossen sind, dann folgt daraus die Zurückhaltung jeglicher Zustimmung; demnach mußt Du zugestehen, daß niemals eine Zustimmung möglich ist, wenn ich Dir bewiesen habe, daß nichts begriffen werden kann.

Was also kann begriffen werden, wenn nicht einmal die Sinne Wahres vermitteln? Du, Lucullus, verteidigst sie mit alltäglichen Argumenten. Damit Dir das nicht gelingt, deshalb habe ich gestern so vieles und ohne unmittelbare Notwendigkeit gegen die Sinne gesagt. Du jedenfalls behauptest, daß Dich das gebrochene Ruder und der Hals der Taube nicht beeindrucken können. Da frage ich zuerst: Warum denn? Denn beim Ruder bin ich mir klar, daß das nicht stimmt, was sich mir zeigt, und bei der Taube sehe ich mehrere Farben, obwohl sie nicht mehr als eine einzige hat; zweitens jedoch: Habe ich denn außerdem nichts weiter angeführt? ⟨Wenn das alles unwiderlegt bleibt, dann ist der ganze Fall erledigt.⟩ „Epikur behauptet, seine Sinne seien zuverlässig!" Siehst Du, Du findest immer einen Gewährsmann, diesmal allerdings einen, der seine Sache unter großer eigener Gefahr führt; denn Epikur kommt zu folgendem Ergebnis: Wenn auch nur ein Sinn ein einziges Mal im Leben getrogen habe, dann dürfe man keinem je wieder trauen. Das also nennst Du der Wahrheit dienen: nur den eigenen Autoritäten vertrauen und auf der eigenen Verkehrtheit bestehen. Deshalb sagt ja auch der Epikureer Timagoras, daß er noch nie, wenn er einmal ein Auge verdreht habe, zwei Flammen aus der Laterne habe leuchten sehen; dies sei eine Täuschung des Meinens, nicht der Augen. Als ob es sich darum handelte, was ist, und nicht darum, was zu sein scheint. Aber mag jener reden wie seine Vorgänger. Du jedoch,

⟨suorum⟩ similis; tu vero, qui visa sensibus alia vera dicas esse alia falsa, qui ea distinguis? et desine quaeso communibus locis; domi nobis ista nascuntur. 'Si' inquis 'deus te interroget "sanis modo et integris sensibus num amplius quid desideras", quid respondeas?' Utinam quidem roget: audiet quam nobiscum male egerit. ut enim vera videamus, quam longe videmus? ego Catuli Cumanum ex hoc loco cerno; regionem video ⟨Pompeiani, ipsum⟩ Pompeianum non cerno, neque quicquam interiectum est quod obstet, sed intendi acies longius non potest. o praeclarum prospectum: Puteolos videmus; at familiarem nostrum P. Avianium fortasse in porticu Neptuni ambulantem non videmus. 'At ille nescio qui, qui in scholis nominari solet, mille et octingenta stadia quod abesset videbat.' Quaedam volucres longius; responderem igitur audacter isti vestro deo me plane his oculis non esse contentum. dicit me acrius videre quam illos pisces fortasse, qui neque videntur a nobis (et nunc quidem sub oculis sunt) neque ipsi nos suspicere possunt; ergo ut illis aqua sic nobis aer crassus offunditur. 'At amplius non desideramus.' Quid talpam num desiderare lumen putas? neque tam quererer cum deo quod parum longe quam quod falsum viderem. videsne navem illam: stare nobis videtur; at iis qui in nave sunt moveri haec villa. quaere rationem cur ita videatur; quam ut maxime inveneris, quod haut scio an non possis, non tu verum testem habere, sed eum non sine causa falsum testimonium dicere ostenderis. quid ego de nave? vidi

81

82

der Du behauptest, von den durch die Sinne aufgenommenen Eindrücken seien die einen wahr, die anderen falsch, wie unterscheidest Du sie? Und laß bitte die üblichen Gemeinplätze beiseite; diese kennen wir selber schon zur Genüge. Du fragst, was Du antworten sollst, wenn Gott Dir die Frage stellte: „Was wünschest Du Dir mehr als gesunde und unversehrte Sinne?" Es wäre schön, wenn er einmal fragen wollte. Dann würde er hören, wie schlecht er mit uns verfahren ist. Mögen wir immerhin Wahres sehen, wie weit können wir denn sehen? Die Villa des Catulus in Cumae kann ich von dieser Stelle aus sehen, ich kann auch die Gegend um meine Villa in Pompei sehen, aber die Villa in Pompei sehe ich nicht, obwohl nichts dazwischen liegt, was den Blick hemmt. Die Sehkraft des Auges reicht eben nicht so weit. Welch wunderbarer Ausblick: Puteoli sehen wir, aber unseren Freund P. Avianius, der vielleicht gerade in der Säulenhalle des Neptunus spazierengeht, können wir nicht sehen. „Aber jener Mann – wie heißt er doch, der im Schulunterricht immer genannt wird – konnte Dinge noch über 1800 Stadien hinweg sehen!": Manche Vögel sehen noch weiter. Ich würde also Eurem Gott kühn antworten, daß ich mit diesen meinen Augen durchaus nicht zufrieden bin. Er würde mir dann erwidern, ich könne immerhin noch besser sehen als etwa jene Fische, die wir nicht zu sehen vermögen, obwohl sie jetzt unter unseren Augen herumschwimmen, und die ihrerseits nicht zu uns heraufschauen können; so hindert also, wie diese das Wasser, so uns die schwere Luft, weiter zu sehen. „Aber wir wünschen uns ja gar nicht mehr!" Natürlich, auch ein Maulwurf wünscht sich Deiner Meinung nach kein Licht. Ich jedenfalls würde mit Gott nicht so sehr darüber streiten, daß ich nicht weit genug sehe, als vielmehr darüber, daß ich Falsches sehe! Siehst Du dieses Schiff dort? Uns scheint es stehenzubleiben, aber denen, die auf dem Schiff sind, scheint sich dieses Landhaus zu bewegen. Such nach dem Grund, warum dies so scheint; magst Du ihn auch ohne weiteres finden – ich bin sicher, daß Du es kannst –, dann hast Du damit nicht bewiesen, daß Du einen Zeugen für die Wahrheit hast, sondern nur, daß dieser Zeuge nicht ohne Grund ein falsches Zeugnis ablegt. Doch was rede ich von einem Schiff? Ich habe ja gehört,

enim a te remum contemni: maiora fortasse quaeris.
quid potest sole maius, quem mathematici amplius
duodeviginti partibus confirmant maiorem esse quam
terram? quantulus nobis videtur; mihi quidem quasi
pedalis; Epicurus autem posse putat etiam minorem
esse eum quam videatur, sed non multo; ne maiorem
quidem multo putat esse. vel tantum esse quantus
videatur, ut oculi aut nihil mentiantur [tamen] aut
non multum – mentiantur ⟨tamen⟩: ubi igitur illud
est 'semel'? – sed ab hoc credulo, qui numquam
sensus mentiri putat, discedamus, qui ne nunc quidem, ⟨...⟩ cum ille sol, qui tanta incitatione fertur
ut celeritas eius quanta sit ne cogitari quidem possit,
tamen nobis stare videatur.

Sed ut minuam controversiam, videte quaeso quam 83
in parvo lis sit: quattuor sunt capita quae concludant
nihil esse quod nosci percipi conprehendi possit, de
quo haec tota quaestio est. e quibus primum est esse
aliquod visum falsum, secundum non posse id percipi, tertium inter quae visa nihil intersit fieri non
posse ut eorum alia percipi possint alia non possint,
quartum nullum esse visum [verum] a sensu profec-
tum cui non adpositum sit visum aliud quod ab eo
nihil intersit quodque percipi non possit. horum
quattuor capitum secundum et tertium omnes conce-
dunt; primum Epicurus non dat, vos, quibuscum res
est, id quoque conceditis; omnis pugna de quarto est.

Qui igitur P. Servilium Geminum videbat, si 84
Quintum se videre putabat, incidebat in eius modi
visum quod percipi non posset, quia nulla nota verum
distinguebatur a falso; qua distinctione sublata quam
haberet in C. Cotta, qui bis cum Gemino consul fuit,
agnoscendo eius modi notam quae falsa esse non
possit? negas tantam similitudinem in rerum natura

daß Du von dem Beispiel mit dem Ruder nichts hältst. Vielleicht wünschest Du Dir Größeres. Was kann nun größer sein als die Sonne, von der die Mathematiker versichern, sie sei achtzehnmal größer als die Erde. Und wie klein erscheint sie uns! Mir jedenfalls nur etwa einen Fuß groß. Epikur glaubt, sie könne sogar noch kleiner sein, als sie uns erscheint, wenn auch nicht viel; oder sie könne auch etwas größer sein, aber nicht viel; oder sie könne genau so groß sein, wie sie uns erscheint, so daß uns also die Augen nicht oder nicht sehr täuschen. Aber sie täuschen eben doch. Wo bleibt also jenes ‚Nur einmal‘? Aber wenden wir uns von diesem Leichtgläubigen ab, der meint, die Sinne würden uns nie betrügen, nicht einmal dann, wenn diese Sonne, die sich doch mit solch großer Geschwindigkeit dreht, wie man sich dies nicht einmal vorstellen kann, uns dennoch stillzustehen scheint.

Aber um den Streit zu reduzieren: Seht doch bitte, wie gering unsere Meinungsverschiedenheiten sind. Vier Hauptsätze sind es, aus denen folgt, es gebe nichts, das erkannt, begriffen und erfaßt werden könne; und darum geht ja unsere ganze Untersuchung. Der erste lautet, es gebe falsche Sinneseindrücke; der zweite, diese könnten nicht begriffen werden; der dritte, von den Sinneseindrücken, zwischen denen kein Unterschied bestehe, könnten unmöglich die einen begriffen, die anderen nicht begriffen werden; der vierte, es gebe keinen von einem Sinnesorgan vermittelten Sinneseindruck, neben dem nicht ein anderer Eindruck stehe, der sich von jenem in nichts unterscheide und deshalb nicht begriffen werden könne. Von diesen vier Hauptsätzen stimmen alle dem zweiten und dritten zu. Den ersten gibt Epikur nicht zu; Ihr, mit denen ich es hier zu tun habe, stimmt auch diesem zu. Der ganze Streit geht also um den vierten Satz.

Wer also den P. Servilius Geminus sah und glaubte, Quintus zu sehen, verfiel einem Sinneseindruck, der nicht begriffen werden konnte, weil das Wahre vom Falschen durch kein Merkmal zu unterscheiden war. Wenn nun aber bei den beiden Serviliern eine solche Unterscheidung unmöglich war, welches Merkmal hätte man dann gehabt, um auch C. Cotta, der zweimal mit Geminus Konsul war, mit Sicherheit zu identifizieren? Du leugnest, daß es in der Natur so große Ähnlichkeiten gibt: In diesem

esse; pugnas omnino, sed cum adversario facili. ne sit sane: videri certe potest; fallet igitur sensum. et si una fefellerit similitudo, dubia omnia reddiderit; sublato enim iudicio illo quo oportet agnosci, etiam si ipse erit quem videris qui tibi videbitur, tamen non ea nota iudicabis qua dicis oportere ut non possit esse eiusdem modi falsa. quando igitur potest tibi P. Geminus Quintus videri, quid habes explorati cur non possit tibi Cotta videri qui non sit, quoniam aliquid videtur esse quod non est? omnia dicis sui generis esse, nihil esse idem quod sit aliud. Stoicumst id quidem nec admodum credibile, nullum esse pilum omnibus rebus talem qualis sit pilus alius, nullum granum. haec refelli possunt, sed pugnare nolo; ad id enim quod agitur nihil interest omnibusne partibus ⟨res⟩ visa re nihil differat an internosci non possit etiam si differat. sed si hominum similitudo tanta esse non potest, ne signorum quidem? dic mihi: Lysippus eodem aere eadem temperatione, eodem caelo aqua ceteris omnibus centum Alexandros eiusdem modi facere non posset? qua igitur notione discerneres? quid si in eius modi cera centum sigilla hoc anulo inpressero, ecquae poterit in agnoscendo esse distinctio? an tibi erit quaerendus anularius aliqui, quoniam gallinarium invenisti Deliacum illum, qui ova cognosceret?

85

86

Punkte hast Du gut streiten, aber nur, wenn es sich um einen schwachen Gegner handelt. Denn mag auch in der Wirklichkeit keine solche Ähnlichkeit bestehen, zu bestehen scheinen kann sie sicherlich, und damit kann sie also unsere Wahrnehmung täuschen. Und wenn nur eine einzige Ähnlichkeit getäuscht hat, wird dadurch alles zweifelhaft. Wenn nämlich das Kriterium aufgehoben ist, dessen man bedarf, um jemanden mit Sicherheit zu erkennen, dann wirst Du, auch wenn es sich wirklich um denjenigen handelt, den Du zu sehen glaubst, dennoch nicht nach dem Merkmal urteilen, dessen es nach Deiner Aussage bedarf, damit es sich nicht um etwas Falsches handeln kann. Wenn es also möglich ist, daß Dir P. Geminus als Quintus erscheint, wie kannst Du dann den Fall ausschließen, daß Dir jemand als Cotta erscheint, der es nicht ist, da ja immer etwas erscheinen kann als das, was es nicht ist? Alles, sagst Du, gehöre seiner eigenen bestimmten Gattung an, und nichts, was seine eigene Identität besitze, könne eine andere Identität annehmen. Es gibt einen solchen stoischen Satz, der freilich nicht sehr glaubwürdig ist, kein Haar und kein Korn sei in jeder Hinsicht genauso beschaffen wie das andere. Das ließe sich widerlegen, aber ich möchte nicht streiten; denn hinsichtlich dessen, um was es hier geht, kommt es nicht darauf an, ob ein Gegenstand, den ich sehe, sich der Sache nach in keiner Einzelheit von einem anderen unterscheidet, oder ob er lediglich nicht unterschieden werden kann, obwohl er verschieden ist. Wenn jedoch die Ähnlichkeit unter Menschen so groß nicht sein kann, kann sie es auch unter Bildwerken nicht? Was meinst Du: Hätte nicht Lysippos aus demselben Erz, derselben Mischung, mit demselben Meißel, demselben Wasser und all den übrigen Werkzeugen nicht hundert Alexanderstatuen von gleicher Art schaffen können? Nach welchem Kriterium würdest Du sie denn unterscheiden? Was ist, wenn ich mit diesem Siegelring in die gleiche Wachsplatte hundert Zeichen eindrücke: Welche Möglichkeit kann es geben, um die einzelnen Zeichen voneinander zu unterscheiden? Du müßtest einen Spezialisten für Siegelabdrücke suchen, da Du ja auch einen Hühnerkenner auf Delos gefunden hast, der die Eier voneinander zu unterscheiden vermochte.

Sed adhibes artem advocatam etiam sensibus: 'Pictor videt quae nos non videmus' et 'Simul inflavit tibicen a perito carmen adnoscitur'. Quid hoc nonne videtur contra te valere, si sine magnis artificiis; ad quae pauci accedunt, nostri quidem generis admodum, nec videre nec audire possimus? iam illa praeclara, quanto artificio esset sensus nostros mentemque et totam constructionem hominis fabricata natura – cur non extimescam opinandi temeritatem? etiamne hoc adfirmare potes Luculle, esse aliquam vim, cum prudentia et consilio scilicet, quae finxerit vel ut tuo verbo utar quae fabricata sit hominem? qualis ista fabrica est, ubi adhibita, quando, cur, quo modo? tractantur ista ingeniose, disputantur etiam eleganter; denique videantur sane, ne adfirmentur modo.

Sed de physicis mox, et quidem ob eam causam, ne tu, quid id me facturum paulo ante dixeris, videare mentitus. sed ut ad ea quae clariora sunt veniam, res iam universas profundam, de quibus volumina inpleta sunt non a nostris solum sed etiam a Chrysippo (de quo queri solent Stoici, dum studiose omnia conquisierit contra sensus et perspicuitatem contraque omnem consuetudinem contraque rationem, ipsum sibi respondentem inferiorem fuisse, itaque ab eo armatum esse Carneadem); ea sunt eius modi, quae a te diligentissime tractata sunt. dormientium et vinulentorum et furiosorum visa inbecilliora esse dicebas quam vigilantium siccorum sanorum. quo modo? quia cum experrectus esset Ennius non diceret se vidisse Homerum sed ⟨adesse⟩ visum esse, Alcmeo autem 'Sed mihi neutiquam cor consentit'; simi- 87

88

Doch Du ziehst auch die Kunst als Stütze der Sinneswahrnehmungen heran: „Der Maler sieht, was wir nicht sehen" und: „Kaum hat der Flötenspieler den ersten Ton geblasen, weiß der Kenner, um welches Lied es sich handelt." Scheint dies nicht gerade gegen Dich zu sprechen, wenn wir zwar ohne besonderes Kunstverständnis, wozu nur wenige, etwa Leute unsres Standes, gelangen, weder sehen noch hören können? Dann folgt Deine Lobeshymne auf die Natur, die mit solch großer Kunst unsere Sinne, unseren Geist und den ganzen Organismus des Menschen aufgebaut habe. Ich bekomme geradezu Angst vor solcher Verwegenheit des Meinens. Kannst Du denn mit Sicherheit erklären, Lucullus, es gebe eine Kraft, natürlich mit Voraussicht und Verstand begabt, die den Menschen auf diese Weise gebildet, oder, um Dein Wort zu benutzen, aufgebaut hat? Was ist das für ein Bauen, wo ist es angewendet worden, wann, warum, wie? Ihr äußert Euch zwar geistreich darüber und wißt es auch geschmackvoll darzustellen, und das mag schließlich auch ganz annehmbar aussehen, nur kann man sich darauf nicht verlassen.

Doch auf die Naturphilosophen werde ich später zu sprechen kommen, und zwar in der Absicht, Dich nicht zu desavouieren, als Du kurz zuvor sagtest, ich würde so vorgehen. Doch um zuerst auf das zu kommen, was klarer zu erkennen ist, will ich jetzt all das ausbreiten, wovon ganze Bücher vollgeschrieben sind, nicht nur von unseren Leuten, sondern auch von Chrysippos, über den sich auch die Stoiker ständig beklagen, er habe zwar eifrig alle Argumente gegen die Sinne und deren Evidenz, gegen die Gewohnheit und die Vernunft zusammengesucht, sei aber seiner eigenen Einwände nicht Herr geworden; und so habe er dem Karneades die Waffen geliefert. Diese Fragen sind von Dir aufs sorgfältigste behandelt worden. Die Sinneseindrücke von Schlafenden, Betrunkenen und Halluzinierenden sind nach Deiner Behauptung unzuverlässiger als die von Wachenden, Nüchternen und geistig Gesunden. Inwiefern? Nur weil Ennius, als er aufgewacht war, nicht sagte, er habe Homer gesehen, sondern dieser sei ihm erschienen, und weil Alkmeon sagte: „Mein Gefühl stimmt keineswegs überein..."? Ähnlich bei den Trunke-

lia de vinulentis. quasi quisquam neget et qui experrectus sit eum ⟨non⟩ somniare, et cuius furor consederit putare non fuisse ea vera quae essent sibi visa in furore. sed non id agitur; tum cum videbantur quo modo viderentur, id quaeritur. nisi vero Ennium non putamus ita totum illud audivisse 'O pietas animi', si modo id somniavit, ut si vigilans audiret. experrectus enim potuit illa visa putare, ut erant, et somnia; dormienti vero aeque ac vigilanti probabantur. quid Iliona somno illo 'mater te appello' nonne ita credit filium locutum ut experrecta etiam crederet? unde enim illa 'age asta, mane audi; iteradum eadem istaec mihi': num videtur minorem habere visis quam vigilantis fidem?

Quid loquar de insanis: qualis tandem fuit adfinis tuus Catule Tuditanus, quisquam sanissimus tam certa putat quae videt quam is putabat quae videbantur? quid ille qui 'Video video te; vive Ulixes dum licet' nonne etiam bis exclamavit se videre, cum omnino non videret; quid apud Euripidem Hercules, cum ut Eurysthei filios ita suos configebat sagittis, cum uxorem interemebat, cum conabatur etiam patrem, non perinde movebatur falsis ut veris moveretur; quid ipse Alcmeo tuus, qui negat cor sibi cum oculis consentire, nonne ibidem incitato furore 'Unde haec flamma oritur' et illa deinceps 'Incede incede, adsunt me expetunt'; quid cum virginis fidem implorat:

89

nen. Als ob jemand abstreiten wollte, daß derjenige, der erwacht ist, nicht mehr träumt und der, dessen Wahn sich gelegt hat, der Meinung sei, das, was ihm im Wahnsinn erschienen sei, entspreche nicht der Wahrheit. Aber darum handelt es sich gar nicht, sondern die Frage ist, wie sich ihm die Dinge gezeigt haben zu der Zeit, als sie sich zeigten. Denn wir müßten ja sonst annehmen, Ennius habe jenen ganzen Ausruf „O Frömmigkeit des Herzens", wenn er es wirklich geträumt hat, nicht so gehört, wie er es wachend hätte hören können. Denn erst nach dem Erwachen konnte er jene Dinge als das verstehen, was sie waren, nämlich als Gesichte und Träume; aber im Schlaf waren sie ihm genauso überzeugend wie im Wachen. Hat denn Ilione nicht geglaubt, ihr Sohn habe in dem bekannten Traum „Mutter, ich rufe Dich!" so deutlich ausgerufen, daß sie es noch nach dem Erwachen zu hören glaubte? Denn woher sollten sonst ihre Worte kommen: „Halt, bleib stehen, warte, höre zu, sage mir noch einmal, was Du gesagt hast!" Scheint sie etwa den Traumgesichten weniger Glauben zu schenken als dem, was sie wachend wahrnimmt?

Was soll ich von den Wahnsinnigen sagen? Wie war es denn mit Deinem Schwager Tuditanus, Catulus: Kann jemand, der völlig bei Verstand ist, das, was er sieht, so fest glauben, wie dieser geglaubt hat, was ihm im Wahn erschien? Was war mit jenem, der ausrief: „Ich sehe, ich sehe Dich! Leb, Odysseus, solange es Dir noch vergönnt ist!" Hat er nicht sogar zweimal ausgerufen, er sehe ihn, obwohl er doch gar nichts sah? Was war mit Herakles bei Euripides, als er mit seinen Pfeilen die eigenen Söhne erschoß, als seien es die des Eurystheus, und als er seine Gattin tötete und dasselbe sogar bei seinem Vater versuchte? Wurde er dazu nicht durch falsche Sinneseindrücke genauso veranlaßt, wie er durch wahre veranlaßt worden wäre? Was geschah mit Deinem Alkmeon selbst, der sagt, sein Gefühl stimme nicht mit seinen Augen überein – ruft er nicht an der gleichen Stelle aus, als sein Wahnsinn sich steigert: „Woher kommt diese Flamme?" Und anschließend dies: „Hilfe! Hilfe! Da sind sie, sie holen mich!" Und wenn er die Jungfrau um Hilfe anfleht:

'Fer mi auxilium, pestem abige a me, flammiferam
   hanc vim, quae me excruciat,
caeruleae incinctae angui incedunt, circumstant cum
   ardentibus taedis',
num dubitas quin sibi haec videre videatur? itemque
   cetera '⟨dextra⟩
   intendit crinitus Apollo
   arcum auratum, luna innixus,
   Diana facem iacit a laeva':
qui magis haec crederet si essent quam credebat quia 90
videbantur; apparet enim iam cor cum oculis consentire. omnia autem haec proferuntur ut illud efficiatur, quo certius nihil potest esse, inter visa vera et falsa ad animi adsensum nihil interesse. vos autem nihil agitis, cum illa falsa vel furiosorum vel somniantium ⟨visa⟩ recordatione ipsorum refellitis. non enim id quaeritur, qualis recordatio fieri soleat eorum qui experrecti sunt aut eorum qui furere destiterint, sed qualis visio fuerit aut furentium aut somniantium tum cum movebantur.

   Sed abeo a sensibus; quid est quod ratione percipi 91
possit? dialecticam inventam esse dicitis veri et falsi quasi disceptatricem et iudicem. cuius veri et falsi, et in qua re? in geometriane quid sit verum aut falsum dialecticus iudicabit an in litteris an in musicis? at ea non novit. in philosophia igitur: sol quantus sit quid ad illum? quod sit summum bonum quid habet ut queat iudicare? quid igitur iudicabit? quae coniunctio quae diiunctio vera sit, quid ambigue dictum sit, quid sequatur quamque rem quid repugnet: si haec et horum similia iudicat, de se ipsa iudicat; plus autem

„Bring mir Hilfe, vertreibe die Krankheit von mir,
            diese Flammengewalt, die mich peinigt;
blau gegürtet mit Schlangengetier kommen sie daher
            und umstehn mich mit brennenden Fackeln!",
Kannst Du da noch zweifeln, daß er glaubt, dies vor Augen zu sehen? Desgleichen das Nächste:
„Es spannt mit der rechten Hand der lockige Apollo
Den goldenen Bogen, auf den Mond gestützt, und
Diana schleudert die Fackel von links her."

Wie hätte er, wenn es wirklich so gewesen wäre, fester daran glauben können, als er es glaubte, weil es ihm so erschien? Denn offensichtlich stimmen hier Gefühl und Augen überein. Das alles aber bringe ich hier vor, damit die Tatsache bestätigt wird, der gegenüber nichts sicherer sein kann, daß nämlich zwischen wahren und falschen Sinneseindrücken kein Unterschied hinsichtlich der Zustimmung des Geistes besteht. Ihr aber erreicht nichts damit, wenn Ihr jene falschen Eindrücke Verrückter oder Träumender durch deren eigene spätere Erinnerung widerlegen wollt. Denn die Frage geht ja nicht dahin, von welcher Art die Erinnerung bei den Erwachten oder von einer Halluzination Geheilten zu sein pflegt, sondern welcher Art das Erscheinungsbild der Irren oder Träumenden zu dem Zeitpunkt war, als sie davon bewegt wurden.

Aber ich verlasse jetzt das Problem der Sinneswahrnehmungen. Wie steht es mit den Dingen, die man durch die Vernunft begreifen kann? Ihr behauptet, die Dialektik sei gewissermaßen als eine entscheidende und richtende Instanz über Wahr und Falsch erfunden worden. Über was für ein Wahr und Falsch? Und auf welchem Gebiet? Wird der Dialektiker auf dem Felde der Mathematik beurteilen, was wahr oder falsch ist, oder auf dem der Literatur oder der Musik? Doch davon versteht er nichts. Also in der Philosophie? Wie groß die Sonne sei, was geht ihn das an? Was das höchste Gut sei, welche Möglichkeiten hat er, dies zu beurteilen? Worüber also wird er urteilen? Welche Verbindung, welche Trennung von Sätzen zulässig sei, was unklar ausgedrückt sei, was aus einem Satz folge und was ihm widerspreche: Wenn die Dialektik darüber und über Ähnliches

pollicebatur. nam haec quidem iudicare ad ceteras res, quae sunt in philosophia multae atque magnae, non est satis.

Sed quoniam tantum in ea arte ponitis, videte ne contra vos tota nata sit; quae primo progressa festive tradit elementa loquendi et ambiguorum intellegentiam concludendique rationem, tum paucis additis venit ad soritas, lubricum sane et periculosum locum, quod tu modo dicebas esse vitiosum interrogandi genus. quid ergo istius vitii num nostra culpa est? rerum natura nullam nobis dedit cognitionem finium, ut ulla in re statuere possimus quatenus, nec hoc in acervo tritici solum, unde nomen est, sed nulla omnino in re minutatim interrogati, dives pauper clarus obscurus sit, multa pauca magna parva longa brevia lata angusta, quanto aut addito aut dempto certum respondeamus non habemus. 'At vitiosi sunt soritae.' Frangite igitur eos si potestis, ne molesti sint; erunt enim nisi cavetis. 'Cautum est' inquit; 'placet enim Chrysippo, cum gradatim interrogetur verbi causa tria pauca sint anne multa, aliquanto prius quam ad multa perveniat quiescere' (id est quod ab his dicitur ἡσυχάζειν). 'Per me vel stertas licet' inquit Carneades 'non modo quiescas.' Sed quid proficit? sequitur enim qui te ex somno excitet et eodem modo interroget: 'Quo in numero conticuisti, si ad eum numerum unum addidero, multane erunt?' progrediere rursus quoad videbitur. quid plura? hoc enim fateris, neque

92

93

urteilt, dann urteilt sie nur über sich selbst. Aber sie hatte doch mehr versprochen. Denn über solche Dinge zu urteilen reicht nicht aus, um die vielen und großen Fragen zu beantworten, welche die Philosophie stellt.

Da Ihr nun aber einen solchen Wert auf diese Wissenschaft legt, dann seht nur zu, daß sie sich nicht ganz und gar gegen Euch wendet. Zunächst schreitet sie munter fort und vermittelt die Grundlehren des Redens, die Einsicht in das Vieldeutige und die Methode der Schlußfolgerung; dann aber gerät sie, wenn sie nur noch ein wenig weitergeht, auf den Sorites, ein wahrhaft schlüpfriges und gefährliches Gebiet, das Du gerade vorhin eine fehlerhafte Art des Fragens genannt hast. Wie, tragen wir etwa die Schuld an diesem fehlerhaften Verfahren? Die Natur hat uns nicht in die Lage versetzt, die Grenzen unserer Erkenntnis festzustellen, so daß wir in jeder Hinsicht sagen könnten: bis hierher und nicht weiter, nicht nur bei dem berühmten Getreidehaufen, woher der Name stammt, sondern auch in jedem anderen Falle, in dem es sich um die Frage des kleinsten Zuwachses handelt, von wann an einer reich oder arm, berühmt oder unbedeutend ist, ob etwas viel oder wenig, groß oder klein, lang oder kurz, breit oder schmal ist: Wir sind nicht in der Lage zu sagen, wieviel hinzugefügt oder weggenommen werden muß, damit wir eine bestimmte Antwort geben können. „Aber der Sorites ist fehlerhaft!" Dann widerlegt ihn doch, wenn Ihr könnt, damit er Euch nicht mehr lästig ist; das wird er nämlich sein, wenn Ihr Euch nicht vorseht. „Das ist schon geschehen!" behauptet unser Gegner, „Chrysippos möchte nämlich, wenn zum Beispiel schrittweise gefragt wird, ob drei noch wenig sei oder schon viel, daß man eine Weile, bevor man zu ‚viel' kommt, eine Ruhepause einlegt (das ist es, was diese Leute ἡσυχάζειν nennen). „Meinetwegen darfst Du sogar schnarchen", erwidert Karneades darauf, „nicht nur ausruhen! Aber was nützt Dir das? Denn anschließend kommt jemand, der Dich aus dem Schlaf weckt und genauso fragt wie vorhin: ‚Wenn ich zu der Zahl, bei der Du verstummt bist, noch eine hinzuzähle, wird es dann ‚viel' sein?' Du wirst also wieder weitermachen, bis es Dir ‚viel' erscheint!" Was soll ich noch weiter reden: Du gibst doch zu, daß

ultimum te paucorum neque primum multorum respondere posse. cuius generis error ita manat, ut non videam quo non possit accedere. 'Nihil me laedit' inquit; 'ego enim ut agitator callidus priusquam ad finem veniam equos sustinebo, eoque magis si locus is quo ferentur equi praeceps erit. sic me' inquit 'ante sustineo nec diutius captiose interroganti respondeo.' Si habes quod liqueat neque respondes, superbe; si non habes, ne tu quidem percipis. si quia obscura, concedo; sed negas te usque ad obscura progredi; ⟨in⟩ inlustribus igitur rebus insistis. si id tantum modo ut taceas, nihil adsequeris; quid enim ad illum qui te captare vult, utrum tacentem inretiat te an loquentem? sin autem usque ad novem verbi gratia sine dubitatione respondes pauca esse, in decumo insistis, etiam a certis et inlustrioribus cohibes adsensum; hoc idem me in obscuris facere non sinis. nihil igitur te contra soritas ars ista adiuvat, quae nec augendi nec minuendi quid aut primum sit aut postremum docet. quid quod eadem illa ars quasi Penelopae telam retexens tollit ad extremum superiora? utrum ea vestra an nostra culpa est? nempe fundamentum dialecticae est, quidquid enuntietur (id autem appellant ἀξίωμα, quod est quasi ecfatum) aut verum esse aut falsum. quid igitur haec vera an falsa sunt: 'si te mentiri dicis idque verum dicis, mentiris ⟨an⟩ verum dicis'? haec scilicet inexplicabilia esse dicitis; quod est odiosius quam illa quae nos non conprehensa et non percepta dicimus – sed hoc omitto, illud quaero: si ista explicari non possunt nec eorum ullum iudicium invenitur, ut respondere possitis verane an

Du weder in der Lage bist, das Ende von ‚wenig' noch den Anfang von ‚viel' anzugeben. Diese Art Unsicherheit ist aber von solcher Tragweite, daß es meines Erachtens keinen Punkt gibt, den sie nicht beträfe. „Das kümmert mich nicht!" erwidert jener, „denn wie ein erfahrener Wagenlenker halte ich die Pferde an, bevor ich ans Ziel komme, und zwar um so eher, wenn das Gelände, auf dem die Pferde traben, abschüssig ist. Ich halte also vorher an und gebe dem, der mir verfängliche Fragen stellt, weiter keine Antwort." Wenn Du aber eine klare Antwort hast und nicht antwortest, so ist das Hochmut; hast Du keine, dann weißt Du eben auch nichts. Wenn Du nicht antwortest, weil Du Dir im unklaren bist, dann habe ich dafür Verständnis; aber Du behauptest ja, daß Du nicht bis zu dem Punkte gehst, wo das Unklare beginnt, Du machst also da halt, wo die Dinge noch klar und deutlich sind. Wenn Du das nur tust, um nicht antworten zu müssen, dann erreichst Du damit nichts. Denn was macht es dem, der Dich einfangen will, aus, ob er Dich als Schweigenden oder als Redenden ins Netz lockt? Wenn Du aber etwa bis zur Zahl Neun ohne Zögern antwortest, das sei ‚wenig', bei zehn aber aufhörst zu antworten, dann enthältst Du Dich auch bei ganz klaren und deutlichen Dingen der Zustimmung. Mir aber erlaubst Du nicht, eben dies bei unklaren Dingen zu tun! Nichts also hilft Dir die Wissenschaft gegen den Sorites, die weder beim Vermehren noch beim Vermindern lehrt, was der Anfang oder das Ende sei. So also löst genau diese Wissenschaft, gleichwie Penelope, ihr eigenes Gewebe wieder auf und läßt am Ende die Grundsätze, die sie am Anfang gelehrt hat, nicht mehr gelten. Ist das Eure oder unsere Schuld? Es ist doch die Grundlage der Dialektik, daß alles, was ausgesagt wird (das nennen sie ἀξίωμα, was etwa als „Satz" zu übersetzen wäre), entweder wahr oder falsch ist. Ist also folgendes wahr oder falsch: „Wenn Du behauptest, daß Du lügst, und sagst die Wahrheit, lügst Du dann, oder sagst Du die Wahrheit?" Natürlich sagt Ihr, solche Schlüsse seien unauflösbar. Diese Behauptung ist noch anstößiger, als wenn wir von nicht erfaßbaren und nicht begreifbaren Dingen reden. Aber ich lasse dieses Thema beiseite und stelle folgende Frage: Wenn solche Schlüsse nicht aufzulösen sind und kein Kriterium dafür

falsa sint, ubi est illa definitio, effatum esse id quod aut verum aut falsum sit? Rebus sumptis adiungam ⟨alias⟩ ex iis sequendas esse alias inprobandas quae sint in genere contrario. quo modo igitur hoc conclusum esse iudicas: 'si dicis nunc lucere et verum dicis, ⟨lucet; dicis autem nunc lucere et verum dicis;⟩ lucet igitur'? probatis certe genus et rectissime conclusum dicitis, itaque in docendo eum primum concludendi modum traditis. aut quidquid igitur eodem modo concluditur probabitis, aut ars ista nulla est. vide ergo hanc conclusionem probaturusne sis: 'si dicis te mentiri verumque dicis, mentiris; dicis autem te mentiri verumque dicis; mentiris igitur'. qui potes hanc non probare, cum probaveris eiusdem generis superiorem? haec Chrysippea sunt, ne ab ipso quidem dissoluta. quid enim faceret huic conclusioni 'si lucet, ⟨lucet;⟩ lucet autem; lucet igitur'? cederet scilicet; ipsa enim ratio conexi cum concesseris superius cogit inferius concedere. quid ergo haec ab illa conclusione differt 'si mentiris, mentiris; mentiris autem; mentiris igitur'? hoc negas te posse nec adprobare nec inprobare; qui igitur magis illud? si ars si ratio si via si vis denique conclusionis valet, eadem est in utroque. sed hoc extremum eorum est: postulant ut excipiantur haec inexplicabilia. tribunum aliquem censeo videant; a me istam exceptionem numquam inpetrabunt. etenim cum ab Epicuro, qui totam dialecticam et contemnit et inridet, non inpetrent ut verum esse concedat quod ita effabimur 'aut vivet cras Hermarchus aut non vivet', cum dialectici sic statu-

zu finden ist, mit Hilfe dessen Ihr antworten könnt, ob etwas wahr oder falsch ist, wo bleibt dann Eure Definition, jeder Satz sei entweder falsch oder wahr? Wenn bestimmte Voraussetzungen gemacht werden, so folgere ich daraus, daß man den einen daraus abzuleitenden Satz annehmen, den anderen, der ihm widerspricht, ablehnen muß. Wie urteilst Du dementsprechend über folgenden Schluß: „Wenn Du sagst, jetzt sei es hell, und sagst die Wahrheit, dann ist es hell; Du sagst aber, es sei hell, und sagst die Wahrheit, also ist es hell"? Sicher billigt Ihr diese Art des Schlußfolgerns und behauptet, daß sie ganz richtig durchgeführt sei; deshalb stellt Ihr sie in Eurem Unterricht ja auch als die erste Form des Schlußverfahrens dar. Entweder also billigt Ihr alles, was auf diese Art gefolgert wird, oder Eure Kunst taugt nichts. Sieh nun zu, ob Du folgenden Schluß wirst billigen können: „Wenn Du sagst, Du lügst, und sagst die Wahrheit, dann lügt Du; Du sagst aber, daß Du lügst, und sagst die Wahrheit; also lügt Du." Wie kannst Du diese Folgerung nicht billigen, während Du doch die voraufgehende des gleichen Typus gebilligt hast? Das alles sind Probleme des Chrysippos, die er selbst nicht gelöst hat. Denn was sollte er auch gegen eine Schlußfolgerung folgender Art einwenden: „Wenn es hell ist, ist es hell; es ist aber hell, also ist es hell"? Natürlich muß er diesem Schluß zustimmen; denn die logische Verknüpfung selbst zwingt dazu, wenn man den Obersatz billigt, auch den Folgesatz zuzugestehen. Was aber unterscheidet diese Schlußfolgerung von jener: „Wenn Du lügst, lügst Du; Du lügst aber, also lügst Du"? Du behauptest, Du könnest diesen Schluß weder billigen noch ablehnen; wieso dann eher jenen? Wenn die Wissenschaft, die Vernunft, die Methode, die Überzeugungskraft des Schlußverfahrens ihre Geltung besitzen, dann trifft dies für beide Fälle zu. Jene dagegen erklären als letzte Rettung, solche Sätze müßten als unauflösbare von der Regel „ausgenommen" werden. Meiner Ansicht nach sollten sie sich nach einem Volkstribunen umsehen; von mir werden sie diese „Ausnahme" niemals erreichen. Denn wenn sie Epikur, der die ganze Dialektik verachtet und verspottet, nicht dazu bringen können zuzugeben, daß folgende Aussage wahr sei: „Entweder wird Hermarchos morgen leben oder nicht leben"

ant, omne quod ita disiunctum sit quasi 'aut etiam aut non' ⟨non⟩ modo verum esse sed etiam necessarium (vide quam sit cautus is quem isti tardum putant: 'si enim' inquit 'alterutrum concessero necessarium esse, necesse erit cras Hermarchum aut vivere aut non vivere; nulla autem est in natura rerum talis necessitas') – cum hoc igitur dialectici pugnent, id est Antiochus et Stoici; totam enim evertit dialecticam: nam si e contrariis disiunctio (contraria autem ea dico, cum alterum aiat alterum neget) – si talis disiunctio falsa potest esse, nulla vera est. mecum vero quid habent litium, qui ipsorum disciplinam sequor? cum aliquid huis modi inciderat, sic ludere Carneades solebat: 'Si recte conclusi, teneo; sin vitiose, minam Diogenes reddet'; ab eo enim Stoico dialectica didicerat, haec autem merces erat dialecticorum. sequor igitur eas vias quas didici ab Antiocho, nec reperio quo modo iudicem 'si lucet, ⟨lucet⟩' verum esse ob eam causam quod ita didici, omne quod ipsum ex se conexum sit verum esse, non iudicem 'si mentiris, mentiris' eodem modo esse conexum: aut igitur hoc ut illud, aut nisi hoc ne illud quidem iudicabo.

98

Sed ut omnes istos aculeos et totum tortuosum genus disputandi relinquamus ostendamusque qui simus, iam explicata tota Carneadis sententia Antiochea ista conruent universa. nec vero quicquam ita dicam ut quisquam id fingi suspicetur; a Clitomacho sumam, qui usque ad senectutem cum Carneade fuit, homo et acutus ut Poenus et valde studiosus ac diligens; et quattuor eius libri sunt de sustinendis adsensionibus, haec autem quae iam dicam [quae] sunt sumpta de primo.

(obwohl die Dialektiker behaupten, jeder Satz, der durch „Entweder – oder" getrennt sei, sei nicht nur wahr, sondern sogar zwingend), so zeigt sich, wie vorsichtig der Mann ist, den jene Leute schwerfällig nennen. „Wenn ich nämlich", sagt er, „zugebe, daß eins von beiden zwingend ist, dann ist es auch zwingend, daß Hermarchos morgen lebt oder tot ist. Aber nirgendwo in der Natur gibt es eine solche Notwendigkeit." Mit ihm also sollen sich die Dialektiker, das heißt Antiochos und die Stoiker, auseinandersetzen; denn er stellt die ganze Dialektik auf den Kopf: Wenn nämlich ein Disjunktivsatz aus entgegengesetzten Teilen (unter entgegengesetzt verstehe ich, wenn der eine Teil bejaht, der andere verneint wird) – wenn also ein solcher Disjunktivsatz falsch sein kann, dann ist keiner wahr. Aber warum streiten sie mit mir, der ich doch ihrer eigenen Lehre folge? Fälle solcher Art pflegte Karneades so zu ironisieren: „Wenn ich richtig gefolgert habe, bin ich zufrieden, wenn falsch, muß Diogenes mir eine Mine zurückzahlen!" Denn von diesem Stoiker hatte er die Dialektik gelernt, und eine Mine war das Honorar für die Lehrer der Dialektik. Ich folge also der Methode, die ich bei Antiochos gelernt habe, und sehe keinen Grund, weshalb ich zwar urteilen soll, der Satz „Wenn es hell ist, ist es hell" sei deshalb wahr, weil ich gelernt habe, alles, was mit sich selbst identisch sei, sei wahr, dagegen nicht urteilen darf, der Satz „Wenn Du lügst, dann lügst Du" sei auf die gleiche Art mit sich identisch: Entweder werde ich also über das eine genauso urteilen wie über das andere, oder ich werde über keines von beiden urteilen.

Doch jetzt verlassen wir alle diese Spitzfindigkeiten und diese ganze gewundene Art des Diskutierens und wollen zeigen, wer wir sind. Wenn jetzt das System des Karneades als Ganzes dargestellt werden soll, dann wird das des Antiochos völlig zusammenbrechen. Ich werde mich aber nicht derart äußern, daß der Verdacht entstehen könnte, ich würde etwas erfinden. Ich werde mich an Kleitomachos halten, der bis ins hohe Alter mit Karneades zusammenlebte, einen Mann von großem Scharfsinn, da er ja Punier war, und sehr gelehrt und sorgfältig. Vier seiner Bücher handeln vom Zurückhalten der Zustimmung; das, was ich jetzt vortragen werde, stammt aus dem ersten Buch.

Duo placet esse Carneadi genera visorum; in uno 99
hanc divisionem: alia visa esse quae percipi possint
⟨alia quae non possint,⟩, in altero autem: alia visa
esse probabilia alia non probabilia. itaque quae contra
sensus contraque perspicuitatem dicantur ea pertinere ad superiorem divisionem, contra posteriorem
nihil dici oportere. quare ita placere, tale visum
nullum esse ut perceptio consequeretur, ut autem
probatio multa. etenim contra naturam esset, ⟨si⟩
probabile nihil esset; sequitur omnis vitae ea quam tu
Luculle commemorabas eversio. itaque et sensibus
probanda multa sunt, teneatur modo illud, non inesse
in is quicquam tale quale non etiam falsum nihil ab eo
differens esse possit – sic quidquid acciderit specie
probabile, si nihil se offeret quod sit probabilitati illi
contrarium, utetur eo sapiens, ac sic omnis ratio vitae
gubernabitur. etenim is quoque qui a vobis sapiens
inducitur multa sequitur probabilia non conprehensa
neque percepta neque adsensa sed similia veri, quae
nisi probet omnis vita tollatur. quid enim conscen- 100
dens navem sapiens num conprehensum animo habet
atque perceptum se ex sententia navigaturum? qui
potest? sed si iam ex hoc loco proficiscatur Puteolos
stadia triginta probo navigio bono gubernatore hac
tranquillitate, probabile videatur se illuc venturum
esse salvum. huius modi igitur visis consilia capiet et
agendi et non agendi faciliorque erit ut albam esse
nivem probet quam erat Anaxagoras, qui id non
modo ita esse negabat, sed sibi, quia sciret aquam
nigram esse unde illa concreta esset, albam ipsam esse
ne videri quidem, et quaecumque res eum sic attinget
ut sit visum illud probabile neque ulla re impeditum,
movebitur.

Karneades nimmt zwei Arten von Sinneseindrücken an: Die erste unterteilt er in solche, die begriffen, und solche, die nicht begriffen werden können; die andere in solche Sinneseindrücke, die glaubwürdig, und solche, die nicht glaubwürdig seien. Was also gegen die Sinne und die Evidenz ihrer Eindrücke eingewandt werde, gehöre in die erste Abteilung; gegen die zweite brauche nichts eingewandt zu werden. Daher war Karneades folgender Ansicht: Es gebe keinen Sinneseindruck, aus dem ein Begreifen folge, dagegen viele, aus denen Glaubwürdiges folge; denn es sei gegen die Natur, daß es nichts Glaubwürdiges gebe. Andernfalls, Lucullus, müßte es zu jener gänzlichen Zerstörung des Lebens kommen, von der Du sprachst. Deshalb wird den Sinnen vieles glaubwürdig erscheinen, nur muß man dabei festhalten, daß es darunter nichts geben kann, das nicht auch falsch sein könnte, ohne daß wir es zu unterscheiden vermöchten. Wenn also etwas eintritt, das glaubwürdig aussieht, und nichts Widersprechendes auftaucht, das diesem Glaubwürdigen entgegensteht, dann wird der Weise dies annehmen, und danach wird seine ganze Lebensführung ausgerichtet sein. Denn auch der Mann, der von Euch als Weiser dargestellt wird, folgt vielem Glaubwürdigen, das nicht begriffen, erfaßt und gebilligt wird, sondern nur dem Wahren nahekommt; wenn er solches nicht billigte, würde das ganze Leben aufhören. Wenn der Weise zum Beispiel ein Schiff besteigt, hat er dann vernunftmäßig begriffen und erfaßt, daß die Reise nach seinen Erwartungen verlaufen werde? Wie kann er das auch? Selbst wenn er nur die dreißig Stadien von hier nach Puteoli fährt, auf einem guten Schiff, mit einem tüchtigen Steuermann und bei dieser ruhigen See, dann wird er es dennoch nur für glaubwürdig halten können, daß er heil dort ankommt. Aufgrund von Eindrücken solcher Art also wird er sich entschließen, zu handeln oder nicht zu handeln, und er wird eher bereit sein, den Schnee für weiß zu erklären, als es Anaxagoras war, der nicht nur leugnete, daß er weiß sei, sondern sogar behauptete, er erscheine ihm nicht einmal als weiß, weil er wisse, daß das Wasser, aus dem der Schnee entstanden sei, selbst schwarz sei. Von jedem Sinneseindruck also wird er bewegt werden, wenn dieser uneingeschränkt glaubwürdig ist.

Non enim est e saxo sculptus aut e robore dolatus, 101
habet corpus habet animum, movetur mente movetur
sensibus, ut ei vera multa videantur neque tamen
habere insignem illam et propriam percipiendi notam. eoque sapientem non adsentiri, quia possit eiusdem modi existere falsum aliquod cuius modi hoc
verum. neque nos contra sensus aliter dicimus ac
Stoici, qui multa falsa esse dicunt longeque aliter se
habere ac sensibus videantur. hoc autem si ita sit, ut
unum modo sensibus falsum videatur, praesto est qui
neget rem ullam percipi posse sensibus. ita nobis
tacentibus ex uno Epicuri capite altero vestro perceptio et conprehensio tollitur. quod est caput Epicuri?
'Si ullum sensus visum falsum est, nihil potest percipi.' quod vestrum? 'Sunt falsa sensus visa.' quid
sequitur? ut taceam, conclusio ipsa loquitur: 'nihil
posse percipi'. 'Non concedo' inquit 'Epicuro'. certa
igitur cum illo, qui a te totus diversus est, noli
mecum, qui hoc quidem certe, falsi esse aliquid in
sensibus, tibi adsentior. quamquam nihil mihi tam 102
mirum videtur quam ista dici, ab Antiocho quidem
maxime, cui erant ea quae paulo ante dixi notissima.
licet enim haec quivis arbitratu suo reprehendat quod
negemus rem ullam percipi posse, certe levior repre-
hensio est, quod tamen dicimus esse quaedam probabilia. non videtur hoc satis esse vobis. ne sit; illa certe
debemus effugere, quae a te vel maxime agitata sunt:
'Nihil igitur cernis, nihil audis, nihil tibi est perspicuum'.

Explicavi paulo ante Clitomacho auctore quo
modo ista Carneades diceret; accipe quem ad modum
eadem dicantur a Clitomacho in eo libro quem ad C.
Lucilium scripsit poetam, cum scripsisset isdem de
rebus ad L. Censorinum eum qui consul cum M'.

Denn er ist ja nicht aus Stein gehauen oder aus Holz geschnitzt, sondern er hat einen Körper, eine Seele, wird durch die Vernunft geleitet und durch die Sinne, so daß ihm vieles wahr zu sein scheint, obwohl er nicht über jenes vieldiskutierte, spezielle Kriterium des Begreifens verfügt. Deshalb hält der Weise mit seiner Zustimmung zurück, weil etwas Falsches der gleichen Art wie dieses Wahre existieren könnte. Wir unsererseits reden nicht anders gegen die Sinne als die Stoiker, die behaupten, es gebe viel Falsches, das sich ganz anders verhalte, als es den Sinnen erscheine. Sollte es aber so sein, daß den Sinnen auch nur ein einziges Ding als falsch erscheint, dann ist sogleich jemand zur Stelle, der sagt, daß durch die Sinne nichts zu begreifen sei. So wird, auch ohne daß wir etwas dazu sagen, durch den einen Satz Epikurs und den anderen Satz, der Euch gehört, die Möglichkeit des Begreifens und Erfassens aufgehoben. Wie lautet der Satz? „Wenn auch nur ein einziger Sinneseindruck falsch ist, kann nichts begriffen werden." Und Eurer? „Es gibt falsche Sinneseindrücke." Was folgt daraus? Ich brauche den Mund nicht aufzutun, der Schluß folgt von selbst: „Nichts kann begriffen werden." „Ich widerspreche Epikur", sagt der Stoiker. Streite also mit dem, der völlig anderer Ansicht ist als Du, nicht mit mir, der ich Dir wenigstens darin ohne weiteres zustimme, es gebe Falsches in den Sinneswahrnehmungen. Dennoch erscheint mir nichts merkwürdiger, als daß all dies gesagt wird, besonders von Antiochos, dem das, was ich kurz zuvor ausgeführt habe, aufs beste bekannt war. Denn mag es jemand nach seinem Dafürhalten tadeln, wenn wir behaupten, es lasse sich nichts begreifen, so wiegt dieser Tadel sicher nicht so schwer, weil wir immerhin behaupten, es gebe Dinge, die glaubwürdig seien. Doch dies scheint Euch nicht zu genügen. Meinetwegen. Aber das eine muß ich doch richtigstellen, was Du ganz besonders kritisiert hast: „Nichts siehst Du, nichts hörst Du, nichts ist Dir evident."

Ich habe soeben unter Berufung auf Kleitomachos auseinandergesetzt, wie Karneades diese Dinge erklärte. Höre zu, wie Kleitomachos genau dasselbe in dem Buch darlegt, das er dem Dichter C. Lucilius gewidmet hat – schon vorher hatte er über die gleichen Dinge an L. Censorinus geschrieben, der mit M.' Mani-

Manilio fuit. scripsit igitur his fere verbis (sunt enim mihi nota propterea quod earum ipsarum rerum de quibus agimus prima institutio et quasi disciplina illo libro continetur) – sed scriptum est ita: Academicis 103 placere esse rerum eius modi dissimilitudines ut aliae probabiles videantur aliae contra. id autem non esse satis cur alia posse percipi dicas alia non posse, propterea quod multa falsa probabilia sint, nihil autem falsi perceptum et cognitum possit esse. itaque ait vehementer errare eos qui dicant ab Academia sensus eripi, a quibus numquam dictum sit aut colorem aut saporem aut sonum nullum esse, illud sit disputatum, non inesse in iis propriam quae nusquam alibi esset veri et certi notam. quae cum exposuisset, adiungit 104 dupliciter dici adsensus sustinere sapientem, uno modo cum hoc intellegatur, omnino eum rei nulli adsentiri, altero cum se a respondendo ut aut adprobet quid aut inprobet sustineat, ut neque neget aliquid neque aiat. id cum ita sit, alterum placere ut numquam adsentiatur, alterum tenere ut sequens probabilitatem, ubicumque haec aut occurrat aut deficiat, aut 'etiam' aut 'non' respondere possit. nam cum placeat eum qui de omnibus rebus contineat se ab adsentiendo moveri tamen et agere aliquid, relinquit eius modi visa quibus ad actionem excitemur, item ea quae interrogati in utramque partem respondere possimus sequentes tantum modo quod ita visum sit, dum sine adsensu; neque tamen omnia eius modi visa adprobari sed ea quae nulla re inpedirentur.

Haec si vobis non probamus, sint falsa sane, invi- 105 diosa certe non sunt. non enim lucem eripimus sed ea

lius Konsul war. Er schrieb ungefähr das folgende – ich weiß es nämlich, weil das Buch eine erste Einführung in die gleichen Fragen ist, über die wir hier sprechen, und gewissermaßen eine systematische Darstellung enthält –; dort sagt er also folgendes: Die Akademiker seien der Ansicht, die Dinge unterschieden sich zwar derart voneinander, daß die einen glaubwürdig erscheinen, die anderen nicht; dies genüge aber nicht, um zu behaupten, die einen könnten begriffen werden, die anderen nicht, und zwar deshalb, weil viel Falsches glaubwürdig sei, nichts Falsches aber begriffen oder erkannt werden könne. Deshalb, so sagt er, irrten die Leute gewaltig, die behaupteten, die Akademiker schafften die Sinneswahrnehmung ab; denn diese hätten niemals gesagt, es gebe keine Farbe oder keinen Geschmack oder Ton, sie hätten sich vielmehr nur dahin geäußert, daß es an ihnen kein besonderes Kennzeichen des Wahren und Zuverlässigen gebe, das nicht auch anderswo auftrete. Nach diesen Darlegungen bemerkt er weiter, die Tatsache, daß sich der Weise der Zustimmung enthalte, sei auf zweifache Weise zu verstehen: Erstens könne damit gemeint sein, daß er überhaupt keiner Sache zustimme; zweitens könne er sich einer zustimmenden oder ablehnenden Antwort enthalten, so daß er also in bestimmten Fällen weder ja noch nein sage. Unter diesen Umständen bleibe er einerseits bei seinem Grundsatz, niemals zuzustimmen, anderseits halte er sich die Möglichkeit offen, der Glaubwürdigkeit zu folgen, und wo sie auftrete oder fehle, ja oder nein zu sagen. Denn da er der Ansicht war, daß ein Mensch, auch wenn er sich in allen Dingen der Zustimmung enthalte, dennoch in Bewegung gesetzt werde und handle, so läßt er solche Sinneseindrücke bestehen, die uns zum Handeln veranlassen, desgleichen solche, die wir auf Befragen mit Ja oder Nein beantworten können, wobei wir nur einem Eindruck folgen, ohne ihm zuzustimmen; dennoch billige er nicht alle derartigen Sinneseindrücke, sondern nur solche, deren Glaubwürdigkeit nichts im Wege stehe.

Wenn wir Euch nicht von dieser unserer These überzeugen können, so mag sie vielleicht falsch sein; verachtenswert ist sie sicherlich nicht. Denn wir rauben dem Menschen keineswegs das

quae vos percipi conprehendique eadem nos, si modo probabilia sint, videri dicimus.

Sic igitur inducto et constituto probabili, et eo quidem expedito soluto libero nulla re inplicato, vides profecto Luculle iacere iam illud tuum perspicuitatis patrocinium. isdem enim hic sapiens de quo loquor oculis quibus iste vester caelum terram mare intuebitur, isdem sensibus reliqua quae sub quemque sensum cadunt sentiet. mare illud, quod nunc favonio nascente purpureum videtur, idem huic nostro videbitur, nec tamen adsentietur, quia nobismet ipsis modo caeruleum videbatur mane ravum, quodque nunc qua a sole conlucet albescit et vibrat dissimileque est proximo ei continenti, ut etiam si possis rationem reddere cur id eveniat tamen non possis id verum esse quod videbatur oculis defendere. 'Unde memoria, si nihil percipimus?' sic enim quaerebas. quid meminisse visa nisi conprehensa non possumus? quid Polyaenus, qui magnus mathematicus fuisse dicitur, is postea quam Epicuro adsentiens totam geometriam falsam esse credidit, num illa etiam quae sciebat oblitus est? atqui falsum quod est id percipi non potest, ut vobismet ipsis placet. si igitur memoria perceptarum conprehensarumque rerum est, omnia quae quisque meminit habet ea conprehensa atque percepta; falsi autem conprehendi nihil potest; et omnia meminit Seiron Epicuri dogmata; vera igitur illa sunt nunc omnia. hoc per me licet; sed tibi aut concedendum est ita esse, quod minime vis, aut memoriam mihi remittas oportet et fateare esse ei locum etiam si conprehensio perceptioque nulla sit. 'Quid fiet artibus?' Quibus? iisne quae ipsae fatentur

106

107

Licht der Vernunft, sondern wir sagen, daß die Dinge, die Ihr angeblich begreift und erfaßt, uns annehmbar erscheinen, sofern sie nur glaubwürdig sind.

Nachdem also derart der Begriff der Wahrscheinlichkeit, und zwar einer uneingeschränkten, offenen, freien und mit keinen Schwierigkeiten belasteten, eingeführt und begründet ist, siehst Du doch wohl, Lucullus, daß damit Deine Verteidigung der Evidenz erledigt ist. Denn der Weise, von dem ich spreche, wird mit den gleichen Augen wie der Eurige Himmel, Erde und Meer sehen und wird mit den gleichen Sinnen das übrige wahrnehmen, was sich dem jeweiligen Sinn anbietet. Dieses Meer, das jetzt im aufkommenden Westwind purpurn erscheint, wird auch unserem Weisen so erscheinen, dennoch wird er seine Zustimmung nicht erteilen, weil es uns selbst eben noch blau erschien und heute morgen grau und das jetzt dort, wo es die Sonne bescheint, weiß schimmert und funkelt und ganz anders aussieht als das angrenzende Festland: Auch wenn Du erklären kannst, warum das so ist, bist Du dennoch nicht in der Lage zu behaupten, das, was Deinen Augen erschien, sei wirklich so. „Woher kommt denn dann unser Gedächtnis, wenn wir nichts begreifen?" So hast Du nämlich gefragt. Wie, kann man Sinneseindrücke nur dann im Gedächtnis behalten, wenn man sie begriffen hat? Hat etwa Polyainos, der ein großer Mathematiker gewesen sein soll, nachdem er zur Lehre Epikurs übergetreten war und glaubte, die ganze Geometrie sei falsch, hat dieser etwa alles, was er davon wußte, einfach vergessen? Nun kann aber, was falsch ist, nicht begriffen werden, wie Ihr selbst behauptet. Wenn also das Gedächtnis der Ort der begriffenen und erfaßten Dinge ist, dann müßte ein jeder alles, dessen er sich erinnert, erfaßt und begriffen haben. Etwas Falsches kann demnach nicht begriffen werden. Seiron aber hatte alle Lehrsätze Epikurs im Kopf: Diese sind also jetzt alle wahr? Meinetwegen; Du aber mußt entweder zugeben, daß es sich so verhält – was Du durchaus nicht willst –, oder Du mußt mir die Erinnerung zugestehen und anerkennen, daß selbst dann für sie Platz ist, wenn es weder ein Erfassen noch ein Begreifen gibt. „Was wird aber aus den Wissenschaften?" Aus welchen? Aus denen, die selbst zugeben, daß sie sich mehr der

coniectura se plus uti quam scientia, an iis quae
tantum id quod videtur secuntur ncc habent istam
artem vestram qua vera et falsa diiudicent?

Sed illa sunt lumina duo quae maxime causam istam
continent. primum enim negatis fieri posse ut quisquam nulli rei adsentiatur. at id quidem perspicuum
est, cum Panaetius, princeps prope meo quidem iudicio Stoicorum, ea de re dubitare se dicat quam omnes
praeter eum Stoici certissimam putant, vera esse ⟨re-
sponsa⟩ haruspicum auspicia oracula somnia vatici-
nationes, seque ab adsensu sustineat – quod is potest
facere vel de iis rebus quas illi a quibus ipse didicit
certas habuerint, cur id sapiens de reliquis rebus
facere non possit? an est aliquid quod positum vel
inprobare vel adprobare possit, dubitare non possit?
an tu in soritis poteris hoc cum voles, ille in reliquis
rebus non poterit eodem modo insistere, praesertim
cum possit sine adsensione ipsam veri similitudinem
non inpeditam sequi. alterum est quod negatis actionem ullius rei posse in eo esse qui nullam rem adsensu
suo conprobet. Primum enim videri oportet, in quo
sit etiam adsensus (dicunt enim Stoici sensus ipsos
adsensus esse, quos quoniam adpetitio consequatur
actionem sequi) – tolli autem omnia si visa tollantur.
hac de re in utramque partem et dicta sunt et scripta
multa [vide superiore], sed brevi res potest tota con-
fici. ego enim etsi maximam actionem puto repugnare
visis obsistere opinionibus adsensus lubricos sustinere, credoque Clitomacho ita scribenti, Herculi
quendam laborem exanclatum a Carneade, quod ut

Vermutung als des Wissens bedienen, oder aus denen, welche nur dem folgen, was sich ihnen zeigt, und nicht diese Eure Kunst besitzen, mit deren Hilfe sie wahr und falsch unterscheiden können?

Aber es sind die folgenden beiden Kernsätze, in denen Eure Lehre im wesentlichen beschlossen ist: Erstens nämlich leugnet Ihr die Möglichkeit, daß jemand überhaupt keiner Sache zustimme. Da ist indessen das eine jedenfalls klar: Wenn Panaitios, nach meiner Überzeugung nahezu der bedeutendste unter den Stoikern, behauptet, er zweifle an dem, was alle Stoiker außer ihm für vollkommen gewiß halten, nämlich daß die Auskünfte der Opferschauer, die Auspizien, die Orakel, Träume und Weissagungen wahr seien, und deshalb enthalte er sich in dieser Hinsicht der Zustimmung – wenn also dieser Mann dies über solche Dinge sagen kann, die jene, deren Schüler er war, für gewiß hielten, warum sollte der Weise dies nicht auch bei den übrigen Dingen tun können? Oder gibt es etwa irgendeine Behauptung, die er zwar billigen oder ablehnen, die er aber nicht bezweifeln kann? Du magst dies beim Sorites tun, wenn Du willst, er aber darf vor den übrigen Dingen nicht ebenso innehalten, zumal da er die Möglichkeit hat, sich ohne Zustimmung an die Wahrscheinlichkeit als solche zu halten, wenn ihr nichts entgegensteht? Zweitens leugnet Ihr, es sei in irgendeiner Hinsicht ein Handeln möglich für den, der nichts durch seine Zustimmung billige. Zunächst einmal muß man prüfen, worin denn die Zustimmung überhaupt besteht. Die Stoiker nämlich behaupten, Sinneswahrnehmungen als solche seien schon Zustimmungen, und da diesen der Antrieb nachfolge, folge auch das Handeln; all dies aber werde aufgehoben, wenn die Sinneseindrücke aufgehoben würden. Über diese Frage ist viel zustimmend und ablehnend geredet und geschrieben worden –; aber das ganze Problem kann in kurzen Worten erledigt werden. Denn wenn ich es auch für eine riesige Aufgabe halte, den Sinneseindrücken zu widersprechen, den Meinungen zu widerstehen und voreilige Zustimmungen zurückzuhalten, und obwohl ich Kleitomachos recht gebe, wenn er schreibt, Karneades habe eine regelrechte Herkulesarbeit auf sich genommen, indem er die

feram et inmanem beluam sic ex animis nostris adsensionem id est opinationem et temeritatem extraxisset, tamen, ut ea pars defensionis relinquatur, quid impediet actionem eius qui probabilia sequitur nulla re inpediente? 'Hoc' inquit 'ipsum inpediet, quod statuet ne id quidem quod probet posse percipi'. Iam istuc te quoque impediet in navigando et in conserendo, in uxore ducenda in liberis procreandis, plurumisque in rebus, in quibus nihil sequere praeter probabile. et tamen illud usitatum et saepe repudiatum refers, non ut Antipater, sed ut ais pressius; nam Antipatrum reprehensum quod diceret consentaneum esse ei qui adfirmaret nihil posse conprehendi id ipsum saltem dicere posse conprehendi. quod ipsi Antiocho pingue videbatur et sibi ipsum contrarium; non enim potest convenienter dici nihil conprehendi posse, ⟨si quicquam conprehendi posse⟩ dicatur. illo modo potius putat urguendum fuisse Carneadem, cum sapientis nullum decretum esse possit nisi conprehensum perceptum cognitum, ut hoc ipsum decretum qui sapientis esse ⟨diceret⟩, nihil posse percipi, fateretur esse perceptum.

Proinde quasi sapiens nullum aliud decretum habeat et sine decretis vitam agere possit. sed ut illa habet probabilia non percepta, sic hoc ipsum nihil posse percipi. nam si in hoc haberet cognitionis notam, eadem uteretur in ceteris; quam quoniam non habet, utitur probabilibus. itaque non metuit ne confundere omnia videatur et incerta reddere. non enim

Zustimmung, Meinung und Unbesonnenheit wie ein wildes und kaum zu bändigendes Tier aus unseren Herzen herausgerissen habe – dennoch (um diesen Teil der Verteidigung zu erledigen): Was hindert denn denjenigen am Handeln, der dem Wahrscheinlichen folgt, sofern diesem nichts entgegensteht? „Ebendies", wird eingewandt, „wird ihn daran hindern, nämlich seine Überzeugung, nicht einmal das, was er billige, lasse sich begreifen." Gerade dies wird dann auch Dich daran hindern, eine Schiffsreise zu machen, das Feld zu bestellen, eine Frau zu heiraten, Kinder zu zeugen und viele andere Dinge zu tun, bei denen Du Dich auf nichts anderes als auf die Wahrscheinlichkeit verlassen kannst. Trotzdem bringst Du immer wieder die üblichen und schon oft widerlegten Argumente vor – nicht wie Antipater, sondern, so behauptest Du, noch weit entschiedener als er. Denn Antipater sei getadelt worden wegen seiner Äußerung, derjenige, der behaupte, nichts könne begriffen werden, müsse konsequenterweise erklären, wenigstens dies eine könne begriffen werden. Diese Behauptung kam sogar Antiochos plump und in sich widersprüchlich vor; denn man könne logischerweise nicht behaupten, es lasse sich nichts begreifen, wenn man zugleich behaupte, etwas lasse sich begreifen. Man habe, wie er meint, Karneades eher folgendermaßen in die Enge treiben müssen: Wenn der Weise keine Entscheidung treffen könne, außer sie beruhe auf Erfassen, Begreifen und Erkennen, dann müsse Karneades seinerseits, der doch behaupte, der Weise sei der Überzeugung, nichts könne begriffen werden, eingestehen, daß jedenfalls jene Entscheidung begriffen sei.

Das hört sich so an, als ob der Weise keinerlei andere Entscheidung treffen und sein Leben ohne Entscheidungen führen könne. Wie er jedoch seine Entscheidungen fällt aufgrund der Wahrscheinlichkeit und nicht des Begreifens, so tut er es gerade auch mit jener Entscheidung, daß nichts begriffen werden könne. Denn wenn er in diesem einen Falle ein Erkenntniskriterium hätte, würde er es auch in den übrigen Fällen anwenden; da er aber ein solches Kriterium nicht besitzt, hält er sich an das Wahrscheinliche. Deshalb hat er keine Furcht vor dem Anschein, er bringe alles durcheinander und mache alles zweifelhaft. Denn

quem ad modum si quaesitum ex eo sit stellarum numerus par an impar sit, item si de officio multisque aliis de rebus, in quibus versatus exercitatus⟨que sit⟩, nescire se dicat. in incertis enim nihil est probabile; in quibus autem est, in iis non deerit sapienti nec quid faciat nec quid respondeat.

Ne illam quidem praetermisisti Luculle reprehensionem Antiochi (nec mirum, in primis enim est nobilis), qua solebat dicere Antiochus Philonem maxime perturbatum. cum enim sumeretur unum esse quaedam falsa visa, alterum nihil ea differre a veris, non adtendere superius illud ea re esse concessum quod videretur esse quaedam in visis differentia, eam tolli altero quo neget visa a falsis vera differre – nihil tam repugnare. id ita esset, si nos verum omnino tolleremus. non facimus; nam tam vera quam falsa cernimus. sed probandi species est, percipiendi signum nullum habemus.

Ac mihi videor nimis etiam nunc agere ieiune. cum sit enim campus in quo exultare possit oratio, cur eam tantas in angustias et Stoicorum dumeta compellimus? si enim mihi cum Peripatetico res esset, qui id percipi posse diceret quod inpressum esset a vero, neque adhaerere illam magnam accessionem 'quo modo inprimi non posset a falso', cum simplici homine simpliciter agerem nec magno opere contenderem. atque etiam si, cum ego nihil dicerem posse conprehendi, diceret ille sapientem interdum opinari, non repugnarem, praesertim ne Carneade quidem huic loco valde repugnante. nunc quid facere possum? quaero enim quid sit quod conprehendi possit.

er wird nicht wie bei der Frage, ob die Zahl der Sterne gerade oder ungerade sei, auch in Fragen der Moral und vielen anderen Dingen, in denen er erfahren und geübt ist, sagen, er wisse es nicht; denn in unsicheren Fällen gibt es überhaupt nichts Wahrscheinliches; wo es dies aber gibt, da wird der Weise nicht im Zweifel sein, was er zu tun und wie er zu antworten habe.

Du hast auch, Lucullus, jenen Tadel des Antiochos nicht ausgelassen (kein Wunder, denn er ist ja ein besonders berühmter Philosoph), mit dem er, wie er immer wieder behauptete, Philon in schwerste Bedrängnis gebracht habe. Wenn er, Philon, nämlich einerseits annehme, bestimmte Sinneseindrücke seien falsch, andererseits, diese unterschieden sich nicht von den wahren Eindrücken, so beachte er nicht, daß er jenen ersten Satz nur deshalb zugestanden habe, weil offensichtlich bei den Sinneseindrücken eine bestimmte Verschiedenheit auftrete, daß diese aber aufgehoben werde durch den zweiten Satz, mit dem er leugne, daß sich die wahren Eindrücke von den falschen unterschieden – was, wie er sagte, ein flagranter Widerspruch sei. Aber dies wäre ja so, als ob wir die Wahrheit überhaupt leugneten; dies tun wir aber nicht. Denn wir sehen das Wahre genauso wie das Falsche; aber wir haben nur einen Eindruck von Wahrscheinlichem; ein Kennzeichen für das Begreifen besitzen wir nicht.

Doch mir scheint, mein Vortrag sei noch immer allzu nüchtern. Denn wo ein so weites Feld vor mir liegt, auf dem sich die Rede tummeln könnte, weshalb zwängen wir sie in solche Bedrängnisse und ins Wortgestrüpp der Stoiker? Hätte ich es mit einem Peripatetiker zu tun, der behauptete, dasjenige könne begriffen werden, was durch die Sinne als etwas Wahres eingeprägt sei, ohne den schwerwiegenden Zusatz hinzuzufügen: ‚auf eine Weise, wie es nicht von etwas Falschem eingeprägt werden kann‘, dann würde ich mit einem solchen einfachen Manne auch einfach verhandeln und mich nicht lange mit ihm herumstreiten; und selbst wenn er auf meine Behauptung, es könne nichts begriffen werden, antwortete, der Weise habe bisweilen Meinungen, dann würde ich ihm nicht widersprechen, zumal da auch Karneades in diesem Punkt kaum widerspricht. Was kann ich aber unter diesen Umständen tun? Denn ich stelle mir die Frage,

respondet mihi non Aristoteles aut Theophrastus, ne Xenocrates quidem aut Polemo, sed hi minores, tale verum quale falsum esse non possit. nihil eius modi invenio: itaque incognito nimirum adsentiar id est opinabor. hoc mihi et Peripatetici et vetus Academia concedit, vos negatis, Antiochus in primis. qui me valde movet, vel quod amavi hominem sicut ille me, vel quod ita iudico politissimum et acutissimum omnium nostrae memoriae ⟨fuisse⟩ philosophorum. a quo primum quaero, quo tandem modo sit eius Academiae cuius esse se profiteatur. ut omittam alia, haec duo de quibus agitur quis umquam dixit aut veteris Academiae aut Peripateticorum, vel id solum percipi posse quod esset verum tale quale falsum esse non posset, vel sapientem nihil opinari: certe nemo. horum neutrum ante Zenonem magno opere defensum est; ego tamen utrumque verum puto, nec dico temporis causa, sed ita plane probo.

Illud ferre non possum: tu cum me incognito adsentiri vetes idque turpissimum esse dicas et plenissimum temeritatis, tantum tibi adrogas ut exponas disciplinam sapientiae, naturam rerum omnium evolvas, mores fingas, fines bonorum malorumque constituas, officia discribas, quam vitam ingrediar definias, idemque etiam disputandi et intellegendi iudicium dicas te et artificium traditurum – perficies ut ego ista innumerabilia conplectens nusquam labar nihil opiner? quae tandem ea est disciplina ad quam me deducas si ab hac abstraxeris? vereor ne subadroganter facias si dixeris tuam; atqui ita dicas necesse est. neque vero tu solus, sed ad suam quisque rapiet.

114

115

was es eigentlich sei, was begriffen werden könne. Eine Antwort geben mir weder Aristoteles noch Theophrast, auch Xenokrates nicht oder Polemon, sondern diese jüngeren und weniger bedeutenden Philosophen: ‚Ein solches Wahres, das nicht falsch sein kann'. Etwas von dieser Art kann ich nicht finden; also werde ich natürlich dem Unbegreifbaren zustimmen, also Meinungen haben. Das gestehen mir sowohl die Peripatetiker wie auch die Alte Akademie zu, Ihr lehnt es ab, vor allem Antiochos. Das geht mir doch nahe, sei es, weil ich den Mann sehr geschätzt habe, so wie er mich, sei es, weil ich ihn für den gebildetsten und scharfsinnigsten aller Philosophen unserer Zeit halte. Ihn frage ich vor allem, wie er eigentlich dieser Akademie angehören könne, als deren Mitglied er sich bezeichnet. Um anderes zu übergehen, stelle ich ihm folgende zwei Fragen, um die es sich hier handelt: Wer, sei es aus der Alten Akademie, sei es von den Peripatetikern, hat jemals behauptet, nur das könne begriffen werden, was in einer solchen Weise wahr sei, daß es nicht auch falsch sein könne? Ferner: der Weise habe keine Meinungen? Ganz gewiß niemand unter ihnen. Keiner der beiden Sätze ist vor Zenon besonders verfochten worden. Ich dagegen halte beide für wahr, und zwar nicht deswegen, weil es modern ist, sondern weil ich davon überzeugt bin.

Folgendes aber kann ich nicht ertragen: Während Du mir verbietest, Unbegriffenem zuzustimmen, und dies für äußerst schimpflich und völlig unüberlegt hältst, maßest Du selbst Dir an, ein vollständiges philosophisches System zu entwickeln, das Wesen aller Dinge darzustellen, Lebensformen auszudenken, das höchste Gut und das größte Übel festzulegen, Pflichten zu erläutern und zu bestimmen, wie ich mein Leben einrichten soll; du behauptest sogar, eine Theorie und Technik des Diskutierens und des Erkennens liefern zu können. Willst Du damit erreichen, daß ich mir diese zahllosen Lehren aneigne und dabei nirgends ausrutsche, niemals Meinungen äußere? Was ist das schließlich für eine Lehre, zu der Du mich verführen möchtest, wenn Du mich von meiner eigenen losgerissen hast? Ich fürchte, es ist ziemlich unbescheiden von Dir zu behaupten, es handle sich um Deine eigene Lehre; und doch mußt Du das behaupten. Und nicht Du allein; ein jeder will mich zu seiner eigenen Lehre

age restitero Peripateticis, qui sibi cum oratoribus cognationem esse, qui claros viros a se instructos dicant rem publicam saepe rexisse, sustinuero Epicureos, tot meos familiares, tam bonos tam inter se amantes viros: Diodoto quid faciam Stoico, quem a puero audivi, qui mecum vivit tot annos, qui habitat apud me, quem et admiror et diligo, qui ista Antiochea contemnit. 'Nostra' inquies 'sola vera sunt'. Certe sola, si vera; plura enim vera discrepantia esse non possunt. utrum igitur nos inpudentes, qui labi nolumus, an illi adrogantes qui sibi persuaserint scire se solos omnia? 'Non me quidem' inquit 'sed sapientem dico scire'. Optime: nempe ista scire quae sunt in tua disciplina. hoc primum quale est, a non sapiente explicari sapientiam? sed discedamus a nobismet ipsis, de sapiente loquamur, de quo ut saepe iam dixi omnis haec quaestio est.

In tres igitur partes et a plerisque et a vobismet ipsis distributa sapientia est. primum ergo si placet quae de natura rerum sint quaesita videamus – vel, ut illud ante: estne quisquam tanto inflatus errore ut sibi se illa scire persuaserit? non quaero rationes eas quae ex coniectura pendent, quae disputationibus huc et illuc trahuntur, nullam adhibent persuadendi necessitatem; geometrae provideant, qui se profitentur non persuadere sed cogere, et qui omnia vobis quae describunt probant. non quaero ex his illa initia mathematicorum, quibus non concessis digitum progredi non possunt, punctum esse quod magnitudinem nullam habeat, extremitatem et quasi libramentum in

bekehren. Also gut: Wenn ich den Peripatetikern widerstanden habe, die behaupten, sie seien mit den Rednern verwandt, und oft hätten berühmte Männer, die durch ihre Schule gegangen seien, Staaten regiert; wenn ich den Epikureern widersprochen habe, unter denen so viele meiner Freunde sind, so anständige und untereinander so freundschaftlich verbundene Männer: Was soll ich dann mit dem Stoiker Diodotos anfangen, den ich von meiner Kindheit an gehört habe, der seit so vielen Jahren mit mir zusammenlebt, der bei mir wohnt und den ich bewundere und schätze und der diese Lehren des Antiochos verwirft? „Unsere Lehre allein ist wahr", wirst Du sagen. Gewiß nur sie, wenn sie wahr ist; denn mehrere wahre Lehren, die untereinander verschieden sind, kann es nicht geben. Sind also wir unverschämt, die wir nicht irren wollen, oder sind jene anmaßend, die überzeugt sind, daß sie allein alles wissen? „Ich behaupte ja nicht, daß ich alles weiß", sagt er, „sondern der Weise." Ausgezeichnet! Dieser weiß natürlich nur das, was zu Deiner Lehre gehört. Da hätte man zunächst einmal gerne erfahren, wie ein Nichtweiser etwas von der Weisheit wissen kann? Wir wollen uns selbst jedoch lieber aus dem Spiel lassen und vom Weisen allein reden, um den sich, wie ich schon oft gesagt, die ganze Untersuchung dreht.

In drei Teile wird von den meisten Philosophen und auch von Euch die Philosophie eingeteilt. Zuerst wollen wir denn mit Eurer Erlaubnis sehen, was man über das Wesen der gesamten Natur festgestellt hat; vorher jedoch noch folgendes: Ist wohl jemand so sehr vom Irrtum verblendet, daß er sich einbildet, er wisse diese Dinge genau? Damit meine ich nicht diejenigen Erklärungsversuche, die lediglich auf Vermutungen beruhen und die in den Diskussionen hin- und hergezerrt werden und keine schlüssige Überzeugungskraft besitzen. Es geht vielmehr um die Sache der Mathematiker, die erklären, daß ihre Lehren nicht nur überzeugend, sondern geradezu zwingend seien und die Euch alles, was sie darstellen, auch beweisen. Ich will sie nicht nach jenen Prinzipien der Mathematik befragen, ohne deren Annahme sie keinen Fingerbreit vorankommen könnten: Ein Punkt sei, was keine Ausdehnung besitze; eine Fläche oder eine Ebene

quo nulla omnino crassitudo sit, liniamentum ⟨longitudinem⟩ sine ulla latitudine ⟨atque omni altitudine⟩ carentem. haec cum vera esse concessero, si adigam ius iurandum sapientem, nec prius quam Archimedes eo inspectante rationes omnes descripserit eas quibus efficitur multis partibus solem maiorem esse quam terram, iuraturum putas? si fecerit, solem ipsum, quem deum censet esse, contempserit. quod si geometricis rationibus non est crediturus, quae vim adferunt in docendo vos ipsi ut dicitis, ne ille longe aberit ut argumentis credat philosophorum – aut si est crediturus, quorum potissimum? omnia enim physicorum licet explicare, sed longum est; quaero tamen quem sequatur. finge aliquem nunc fieri sapientem, nondum esse; quam potissimum sententiam [melius] eliget ⟨aut⟩ disciplinam? etsi quamcumque eliget insipiens eliget; sed sit ingenio divino: quem unum e physicis potissimum probabit? nec plus uno poterit. non persequor quaestiones infinitas; tantum de principiis rerum e quibus omnia constant videamus quem probet; est enim inter magnos homines summa dissensio.

Princeps Thales unus e septem cui sex reliquos concessisse primas ferunt, ex aqua dixit constare omnia. at hoc Anaximandro populari et sodali suo non persuasit; is enim infinitatem naturae dixit esse e qua omnia gignerentur. post eius auditor Anaximenes infinitum aera, sed ea quae ex eo orerentur definita; gigni autem terram aquam ignem, tum ex iis omnia. Anaxagoras materiam infinitam, sed ex ea particulas similes inter se et minutas, eas primum

etwas, was keine Dicke habe; eine Linie etwas ohne jegliche Breiten- und Höhenausdehnung. Wenn ich zugebe, daß alle diese Definitionen wahr sind und wenn ich sogar einen Eid darauf leiste, glaubst Du, daß der Weise, erst wenn Archimedes vor seinen Augen alle die Gründe aufführte, mit denen bewiesen wird, daß die Sonne um ein vielfaches größer sei als die Erde, seinerseits darauf schwören werde? Tut er es, dann mißachtet er gerade die Sonne, die er doch für eine Gottheit hält. Wenn er umgekehrt den Beweisen der Mathematiker keinen Glauben schenken wird, obschon sie, wenn sie vorgetragen werden, ihre Wirkung nicht verfehlen, wie Ihr selbst zugebt, dann wird er schon gar nicht den Argumenten der Philosophen glauben; oder wenn er es tut, welchen an erster Stelle? Ich könnte sämtliche Lehren der Naturphilosophen darstellen, wenn es nicht zu weit führen würde; und da frage ich: welchem von ihnen soll er folgen? Stelle Dir vor, jemand sei gerade im Begriff, ein Weiser zu werden, sei es aber noch nicht ganz: Welche Ansicht oder welche Lehre soll er vor allen anderen auswählen? Welche immer er auswählt, er wird sie doch als ein Nichtweiser wählen; mag er auch göttliche Begabung besitzen: Welchem von den Naturphilosophen soll er vor allen anderen zustimmen? Denn mehr als einem zustimmen kann er nicht. Ich möchte mich nicht in endlose Untersuchungen verlieren; nur hinsichtlich der Prinzipien, aus denen alles besteht, wollen wir sehen, welchem Philosophen er zustimmen könnte; über diese Frage herrscht nämlich unter den bedeutenden Männern die größte Meinungsverschiedenheit.

An erster Stelle steht Thales, einer der sieben Weisen, dem die übrigen sechs den ersten Rang eingeräumt haben sollen. Er hat behauptet, alles bestehe aus Wasser. Aber seinen Landsmann und Freund Anaximander konnte er davon nicht überzeugen; dieser behauptete nämlich, es sei die unbegrenzte Natur, aus der alles entstehe. Danach lehrte sein Schüler Anaximenes, es sei vielmehr die unbegrenzte Luft, doch was aus ihr entstehe, sei begrenzt. Es entstünden nämlich aus ihr Erde, Wasser und Feuer und aus diesen dann alles übrige. Anaxagoras hielt die Materie für unbegrenzt; aus ihr seien kleinste, unter sich gleiche Teile entstanden, und diese seien zuerst miteinander vermischt gewesen, später

confusas postea in ordinem adductas mente divina.
Xenophanes paulo etiam antiquior unum esse omnia,
neque id esse mutabile, et id esse deum neque natum
umquam et sempiternum, conglobata figura. Parmenides ignem qui moveat, terram quae ab eo formetur.
Leucippus plenum et inane. Democritus huic in hoc
similis, uberior in ceteris. Empedocles haec pervolgata et nota quattuor. Heraclitus ignem. Melissus hoc
quod esset infinitum et inmutabile et fuisse semper et
fore. Plato ex materia in se omnia recipiente mundum
factum esse censet a deo sempiternum. Pythagorei e
numeris et mathematicorum initiis proficisci volunt
omnia.

Ex is eliget vester sapiens unum aliquem credo
quem sequatur, ceteri tot viri et tanti repudiati ab eo
condemnatique discedent. quamcumque vero sententiam probaverit eam sic animo conprehensam habebit ut ea quae sensibus, nec magis adprobabit nunc
lucere quam, quoniam Stoicus est, hunc mundum
esse sapientem, habere mentem quae et se et ipsum
fabricata sit et omnia moderetur moveat regat; erit ei
persuasum etiam solem lunam stellas omnes terram
mare deos esse, quod quaedam animalis intellegentia
per omnia ea permanet et transeat; fore tamen aliquando ut omnis hic mundus ardore deflagret. sint
ista vera (vides enim iam me fateri aliquid esse veri),
conprehendi ea tamen et percipi nego. cum enim tuus
iste Stoicus sapiens syllabatim tibi ista dixerit, veniet
flumen orationis aureum fundens Aristoteles qui
illum desipere dicat; neque enim ortum esse umquam
mundum, quod nulla fuerit novo consilio inito tam
praeclari operis inceptio, et ita esse eum undique
aptum ut nulla vis tantos queat motus mutationem-

aber durch einen göttlichen Geist in eine bestimmte Ordnung gebracht worden. Xenophanes, der etwas älter an Jahren war, nahm an, alles sei eines und unveränderlich, und dieses sei Gott, ungeworden, immerwährend und von kugelförmiger Gestalt. Parmenides lehrte, das Feuer sei die bewegende Kraft und die Erde werde durch das Feuer geformt. Leukippos nahm ein Volles und ein Leeres an; Demokrit stimmte darin mit ihm überein, war aber im übrigen differenzierter. Empedokles nahm die allgemein bekannten vier Elemente an. Für Heraklit war das Feuer der Urstoff. Melissos nahm an, was unbegrenzt und unveränderlich sei, sei immer gewesen und werde immer sein. Platon glaubt, aus der Materie, die alles in sich enthalte, sei die Welt von Gott als immerwährende geschaffen worden. Die Pythagoreer wiederum wollen alles aus Zahlen und mathematischen Prinzipien hervorgehen lassen.

Aus diesen Philosophen wird also Euer Weiser, so vermute ich, einen bestimmten auswählen, dem er folgt; die übrigen so zahlreichen und bedeutenden Männer werden, von ihm zurückgewiesen und verworfen, das Feld räumen. Doch welche Ansicht er auch immer billigen wird, er wird sie durch seine Vernunft so erfaßt haben wie das, was er durch seine Sinne erfaßt; er wird dem Satz ‚Jetzt ist es hell‘ genauso zustimmen wie dem anderen Satz – da er ein Stoiker ist –, diese Welt sei weise und besitze eine Vernunft, die sich selbst und die Welt geschaffen habe und alles im Maß halte, bewege und leite. Er wird auch davon überzeugt sein, daß die Sonne, der Mond, die Sterne alle, die Erde und das Meer Götter sind, weil irgendeine belebende Vernunft all dies durchfließt und durchdringt; dennoch werde eines Tages diese ganze Welt in Flammen aufgehen. Dies alles mag wahr sein (Du siehst also, daß ich jetzt zugestehe, es gebe etwas Wahres), daß es aber erfaßt und begriffen werden könne, leugne ich. Denn kaum hat Dir dieser Dein stoischer Weiser diese Lehre Wort für Wort hergesagt, kommt, seinen goldenen Redefluß verströmend, Aristoteles daher und erklärt, jener sei verrückt: Denn diese Welt sei niemals entstanden, weil ein so herrliches Werk niemals zu irgendeiner Zeit habe geplant un dann in Gang gesetzt werden können; sie sei auf allen Seiten so wohlgefügt, daß keine Kraft in

que moliri, nulla senectus diuturnitate temporum existere ut hic ornatus umquam dilapsus occidat. tibi hoc repudiare, illud autem superius sicut caput et famam tuam defendere necesse erit: mihi ne ut dubitem quidem relinquatur? ut omittam levitatem temere adsentientium, quanti libertas ipsa aestimanda est non mihi necesse esse ⟨...⟩ quod tibi est. ⟨quaero enim⟩ cur deus omnia nostra causa cum faceret (sic enim vultis) tantam vim natricum viperarumque fecerit, cur mortifera tam multa ⟨ac⟩ perniciosa terra marique disperserit. negatis haec tam polite tamque subtiliter effici potuisse sine divina aliqua sollertia; cuius quidem vos maiestatem deducitis usque ad apium formicarumque perfectionem, ut etiam inter deos Myrmecides aliquis minutorum opusculorum fabricator fuisse videatur. negas sine deo posse quicquam ⟨effici⟩: ecce tibi e transverso Lampsacenus Strato, qui det isti deo inmunitatem – magni quidem muneris; sed cum sacerdotes deorum vacationem habeant, quanto est aequius habere ipsos deos –: negat opera deorum se uti ad fabricandum mundum, quaecumque sint docet omnia effecta esse natura, nec ut ille qui asperis et levibus et hamatis uncinatisque corporibus concreta haec esse dicat interiecto inani: somnia censet haec esse Democriti non docentis sed optantis, ipse autem singulas mundi partes persequens quidquid aut sit aut fiat naturalibus fieri aut factum esse docet ponderibus et motibus. ne ille et deum opere magno liberat et me timore. quis enim potest, cum existimet curari se a deo, non et dies

120

121

der Lage sei, so gewaltige Bewegungen und eine solche Veränderung zustande zu bringen; auch sei es unmöglich, daß dieser Kosmos im Laufe der Zeit altere und schließlich verfalle und untergehe. Diese Lehre also wirst Du zurückweisen, jene zuvor dargestellte aber wie Dein Leben und Deinen guten Ruf verteidigen müssen – mir dagegen sollte nicht einmal erlaubt sein, Zweifel zu äußern? Um die Leichtfertigkeit der Leute zu übergehen, die blindlings zustimmen: Wie hoch ist doch die Freiheit als solche zu schätzen, daß ich mich nicht dem gleichen Zwang unterwerfen muß wie Du! Ich frage mich nämlich, warum Gott, da er doch alles unseretwegen geschaffen haben soll (das ist ja Eure Ansicht), eine solche Menge von Nattern und Vipern hat entstehen lassen und warum er so viel Tod und Verderben über Land und Meer verbreitet hat. Ihr behauptet, daß diese Welt nicht so geordnet und raffiniert habe hervorgebracht werden können ohne eine göttliche Kunstfertigkeit; deren erhabenes Wirken laßt Ihr bis zur Schaffung der Bienen und Ameisen hinabreichen, als ob es anscheinend auch unter den Göttern einen Myrmekydes als Hersteller solch winziger Gebilde gegeben habe. Du behauptest, daß ohne Gott nichts entstehen könne. Nun, da kommt Dir aber Straton von Lampsakos in die Quere, der diesem Gott eine Entlastung von einer derartigen Dienstleistung gewährt, vor allem, da sie so anspruchsvoll ist. Da schon die Priester der Götter von bestimmten Pflichten entbunden sind, um wieviel billiger ist es, daß auch die Götter selbst dies genießen. Straton leugnet, daß er die Hilfe der Götter in Anspruch nehmen müsse, um die Welt zu schaffen, und lehrt, alles Seiende sei durch die Natur hervorgebracht worden, versteht dies aber nicht so wie jener andere, der behauptet, alles habe sich gebildet aus rauhen und glatten, krummen und hakenförmigen Körperchen, zwischen denen ein leerer Raum liege. Dies hält er für Phantastereien Demokrits, der solche Dinge nicht lehre, sondern postuliere. Er selbst aber behauptet, indem er die einzelnen Teile der Welt beschreibt, alles, was entstanden sei oder entstehe, entstehe oder sei entstanden durch die naturgegebenen Gewichte und Bewegungen. Tatsächlich, dieser Mann befreit Gott von schwerer Arbeit und mich von der Furcht. Denn wer

et noctes divinum numen horrere et si quid adversi acciderit, quod cui non accidit, extimescere ne id iure evenerit? nec Stratoni tamen adsentior nec vero tibi: modo hoc modo illud probabilius videtur.

Latent ista omnia Luculle crassis occultata et circumfusa tenebris, ut nulla acies humani ingenii tanta sit, quae penetrare in caelum, terram intrare possit. corpora nostra non novimus, qui sint situs partium, quam vim quaeque pars habeat ignoramus; itaque medici ipsi, quorum intererat ea nosse, aperuerunt ut viderentur, nec eo tamen aiunt empirici notiora esse illa, quia possit fieri ut patefacta et detecta mutentur. sed ecquid nos eodem modo rerum naturas persecare aperire dividere possumus, ut videamus terra penitusne defixa sit et quasi radicibus suis haereat an media pendeat. habitari ait Xenophanes in luna, eamque esse terram multarum urbium et montium: portenta videntur; sed tamen nec ille qui dixit iurare posset ita se rem habere neque ego non ita. vos [enim] etiam dicitis esse e regione nobis, e contraria parte terrae qui adversis vestigiis stent contra nostra vestigia, quos antipodas vocatis: cur mihi magis suscensetis qui ista non aspernor quam eis qui cum audiunt desipere vos arbitrantur? Hicetas Syracusius, ut ait Theophrastus, caelum solem lunam stellas supera denique omnia stare censet, neque praeter terram rem ullam in mundo moveri; quae cum circum axem se summa celeritate convertat et torqueat, eadem effici omnia quasi stante terra caelum moveretur. atque hoc etiam Platonem in Timaeo dicere quidam arbitrantur,

122

123

wird nicht Tag und Nacht schaudern vor der göttlichen Macht, wenn er daran glaubt, daß Gott sich um ihn kümmere? Und wenn ihm ein Unglück zustößt – und wem stößt es nicht zu –, wird er dann nicht Angst haben, dies widerfahre ihm zu Recht? Dennoch stimme ich Straton nicht zu, Dir aber auch nicht. Einmal erscheint mir dies, ein anderes Mal jenes glaubwürdiger.

All diese Dinge, Lucullus, liegen im verborgenen, sind zugedeckt und umgeben von so dichter Finsternis, daß kein menschlicher Geist scharf genug ist, in den Himmel vorstoßen und in die Erde eindringen zu können. Wir kennen ja nicht einmal unseren Körper, wissen nicht, welche Lage seine einzelnen Teile haben und welche Funktion ein jeder Teil hat. Deshalb haben ja auch die Ärzte, die daran interessiert waren, dies zu kennen, den menschlichen Körper geöffnet, damit jenes sichtbar wird; dabei behaupten die Empiriker unter ihnen, wir wüßten trotzdem nicht besser darüber Bescheid, weil sich die Körperteile möglicherweise durch das Öffnen und Freilegen des Körpers verändern könnten. Sind wir etwa in der Lage, auf die gleiche Weise das Weltall aufzuschneiden, zu öffnen und zu zerlegen, um zu sehen, ob die Erde unten befestigt und gewissermaßen verwurzelt ist oder aber, ob sie in der Mitte des Alls schwebt? Xenophanes behauptet, der Mond sei bewohnt, und er sei eine Erde mit vielen Städten und Bergen: Dies klingt phantastisch, aber dennoch könnte weder der, der das behauptet, schwören, es sei so, noch ich, es sei nicht so. Ihr behauptet auch, es gebe auf der uns entgegengesetzten Seite der Erde Leute, die mit umgekehrten Füßen gegen unsere Füße gerichtet stehen und die Ihr Antipoden nennt. Warum regt ihr Euch mehr über mich auf, der ich diese Ansicht nicht von vornherein ablehne, als über die Leute, die glauben, ihr seiet nicht ganz bei Sinnen, wenn sie das von Euch hören? Der Syrakusaner Hiketas ist, wie Theophrast berichtet, der Ansicht, daß der Himmel, die Sonne, der Mond, die Sterne, überhaupt die ganze obere Welt stillstehe und daß sich außer der Erde nichts im Weltall bewege; indem diese sich mit höchster Geschwindigkeit um ihre Achse drehe und wende, werde der gleiche Eindruck hervorgerufen, als ob die Erde stehe und der Himmel sich bewege. Einige glauben, daß auch Platon ebendies

sed paulo obscurius. quid tu Epicure, loquere: putas
solem esse tantulum? 'Egone? nobis quidem ⟨tan-
tulum reapse vel paulo maiorem quam videtur aut
minorem vel⟩ tantum'. et vos ab illo inridemini et
ipsi illum vicissim eluditis. liber igitur a tali inrisione
Socrates, liber Aristo Chius qui nihil istorum sciri
putat posse.

    Sed redeo ad animum et corpus. satisne tandem ea   124
nota sunt nobis, quae nervorum natura sit quae ve-
narum? tenemusne quid sit animus ubi sit, denique
sitne an ut Dicaearcho visum est ne sit quidem ullus;
si est, trisne partes habeat ut Platoni placuit, rationis
irae cupiditatis, an simplex unusque sit; si simplex,
utrum sit ignis an anima an sanguis an ut Xenocrates
numerus nullo corpore, quod intellegi quale sit vix
potest; et quidquid est, mortale sit an aeternum; nam
utramque in partem multa dicuntur. horum aliquid
vestro sapienti certum videtur, nostro ne quid maxime quidem probabile sit occurrit; ita sunt in plerisque contrariarum rationum paria momenta. sin agis   125
verecundius et me accusas non quod tuis rationibus
non adsentiar sed quod nullis, vincam animum cuique adsentiar deligam – quem potissimum, quem?
Democritum; semper enim ut scitis studiosus nobilitatis fui. urgebor iam omnium vestrum convicio:
'Tune aut inane quicquam putes esse, cum ita con-
pleta et conferta sint omnia, ut et quod movebitur
⟨corpus, ei aliquid e numero vicinorum⟩ corporum
cedat et qua quidque cesserit aliud ilico subsequatur,
aut atomos ullas, e quibus quidquid efficiatur illarum

im „Timaios" lehre, wenn auch nicht ausdrücklich. Und Du, Epikur, was meinst Du? Glaubst Du, daß die Sonne so klein ist, wie sie uns erscheint? „Ich? – Wir sind der Meinung, daß sie in der Tat so groß ist, in Wirklichkeit etwas größer oder etwas kleiner als sie uns zu sein scheint, oder vielleicht auch genauso groß." So werdet Ihr von ihm verspottet und macht Euch umgekehrt selbst über ihn lustig. Frei ist daher Sokrates von solchem Spott, frei auch Ariston von Chios, der meint, nichts von diesen Dingen könne man wissen.

Doch ich kehre zurück zu Seele und Körper. Ist es uns denn hinlänglich bekannt, was eigentlich die Muskeln sind, was die Adern? Haben wir Kenntnis davon, was die Seele ist, wo sie ist, ferner, ob sie überhaupt existiert oder ob es sie, wie Dikaiarchos glaubte, gar nicht gibt? Hat sie, wenn es sie gibt, drei Teile, wie Platon annahm, Vernunft, Mut und Begehren, oder ist sie eine ungeteilte Einheit? Wenn ungeteilt, besteht sie dann aus Feuer, Luft oder Blut, oder ist sie, wie Xenokrates möchte, reine Zahl ohne jede Körperlichkeit – was dies allerdings bedeuten soll, ist kaum zu verstehen; und aus was immer schließlich die Seele bestehen mag, ist sie sterblich oder ewig? Denn für beide Ansichten wird viel ins Feld geführt. Eine von diesen Ansichten hält Euer Weiser für richtig, unserer dagegen ist sich nicht einmal im klaren darüber, welche davon am glaubwürdigsten sei: So gibt es in den meisten Fällen bei gegensätzlichen Thesen Argumente von gleichem Gewicht. Wenn Du aber rücksichtsvoller zu mir bist und mir nicht vorwirfst, daß ich nicht Deinen, sondern daß ich überhaupt keinen Argumenten zustimme, dann will ich mich selber überwinden und mir einen Philosophen aussuchen, dem ich zustimmen könnte – aber wen vor allem? Vielleicht Demokrit. Denn ich habe, wie Ihr wißt, schon immer mit dem Adel gute Beziehungen gesucht. Aber gleich fallt Ihr alle über mich her mit Euren Vorwürfen: „Glaubst Du etwa, daß es einen leeren Raum gibt, da doch das All so mit Materie angefüllt und vollgestopft ist, daß jedem Körper, der in Bewegung versetzt wird, einer aus der Zahl der benachbarten Körper Platz macht und daß, wo einer Platz gemacht hat, dorthin ein anderer unverzüglich nachrückt? Oder glaubst Du an irgendwelche Atome und daß

sit dissimillimum, aut sine aliqua mente rem ullam effici posse praeclaram; et, cum in uno mundo ornatus hic tam sit mirabilis, innumerabilis supra infra dextra sinistra ante post alios dissimiles alios eiusdem modi mundos esse; et ut nos nunc simus ad Baulos Puteolosque videamus sic innumerabiles paribus in locis esse eisdem nominibus honoribus rebus gestis ingeniis formis aetatibus isdem de rebus disputantes; et si nunc aut si etiam dormientes aliquid animo videre videamur, imagines extrinsecus in animos nostros per corpus inrumpere. tu vero ista ne asciveris neve fueris commenticiis rebus adsensus; nihil sentire est melius quam tam prava sentire'. Non ergo id agitur ut aliquid adsensu meo comprobem; ⟨sed ut eadem⟩ quae tu, vide ne inpudenter etiam postules non solum adroganter, praesertim cum ista tua mihi ne probabilia quidem videantur. nec enim divinationem quam probatis ullam esse arbitror, fatumque illud esse quo omnia contineri dicitis contemno; ne exaedificatum quidem hunc mundum divino consilio existimo.

126

Atque haud scio an ita sit; sed cur rapior in invidiam? licetne per vos nescire quod nescio, an Stoicis ipsis inter se disceptare, cum is non licebit? Zenoni et reliquis fere Stoicis aether videtur summus deus, mente praeditus qua omnia regantur; Cleanthes, qui quasi maiorum est gentium Stoicus, Zenonis auditor solem dominari et rerum potiri putat: ita cogimur dissensione sapientium dominum nostrum ignorare, quippe qui nesciamus soli an aetheri serviamus. solis autem magnitudinem (ipse enim hic radiatus me in-

das, was aus ihnen entsteht, ihnen selbst gänzlich ungleich ist? Oder daß ohne irgendeine göttliche Vernunft irgend etwas Hervorragendes entstehen könne? Und daß, wo doch in diesem einen Kosmos eine so bewundernswerte Harmonie herrscht, oberhalb und unterhalb von ihm, rechts und links, davor und dahinter unzählige teils andersartige, teils gleichartige Welten existieren? Und daß es so, wie wir uns jetzt hier bei Bauli befinden und Puteoli vor Augen sehen, unzählige Menschen gibt, an gleichen Orten, mit gleichen Namen, Ämtern, Taten, Charakteren, Körperformen und gleichem Alter, über die gleichen Themen diskutierend? Und daß, wenn wir jetzt oder auch im Schlaf etwas geistig vor uns zu sehen glauben, die entsprechenden Bilder von außen durch die Körperöffnungen in unsere Seelen eindringen? Hänge Dich doch nicht an solche Einbildungen und stimme solchen erfundenen Dingen nicht zu: Nichts anzunehmen ist immer noch besser, als derart verkehrte Dinge zu glauben." Es handelt sich also nicht darum, daß ich eine dieser Lehren durch meine Zustimmung billige; wenn ich aber nur derjenigen Lehre zustimmen soll, die Du billigst, dann sieh zu, ob Du damit nicht nur etwas Anmaßendes, sondern sogar etwas Unverschämtes verlangst, zumal da mir Deine Naturlehre noch nicht einmal glaubwürdig erscheint. Denn ich glaube nicht, daß es eine Weissagekunst gibt, wovon Ihr überzeugt seid, und ich verachte den Gedanken, daß es ein Schicksal gibt, durch das, wie Ihr behauptet, alles beherrscht wird; ich glaube auch nicht, daß dieses All nach einem göttlichen Plan erbaut worden ist.

Dennoch mag es vielleicht so sein; aber weshalb lasse ich mich zu solch scharfem Ton hinreißen? Wollt Ihr mir erlauben, nicht zu wissen, was ich nicht weiß, oder dürfen zwar die Stoiker untereinander streiten, ich aber nicht mit ihnen? Zenon und fast alle Stoiker halten den Aether für die höchste Gottheit, die, mit Vernunft begabt, alles regiert; Kleanthes, ein Stoiker, der sozusagen zu den Patriziern gehört, Schüler Zenons, glaubt, die Sonne lenke und beherrsche das All: So zwingt uns die Meinungsverschiedenheit der Weisen untereinander, in der Unkenntnis unseres Herrn zu leben, da wir nicht wissen, ob wir der Sonne oder dem Aether dienen sollen. Von der Größe der Sonne aber (sie

tueri videtur admonens ut crebro faciam mentionem
sui) – vos ergo huius magnitudinem quasi decempeda
permensi refertis; ego me, quasi malis architectis,
mensurae vestrae nego credere: dubium est uter nostrum sit, leviter ut dicam, verecundior? nec tamen 127
istas quaestiones physicorum exterminandas puto.
est enim animorum ingeniorumque naturale quoddam quasi pabulum consideratio contemplatioque
naturae: erigimur, altiores fieri videmur, humana
despicimus cogitantesque supera atque caelestia haec
nostra ut exigua et minima contemnimus. indagatio
ipsa rerum cum maximarum tum etiam occultissi-
marum habet oblectationem; si vero aliquid occurrit
quod veri simile videatur, humanissima completur
animus voluptate. quaeret igitur haec et vester sapiens 128
et hic noster, sed vester ut adsentiatur credat adfir-
met, noster ut vereatur temere opinari praeclareque
agi secum putet si in eius modi rebus veri simile quod
sit invenerit.

Veniamus nunc ad bonorum malorumque notionem; et paulum ante dicendum est. non mihi videntur
considerare, cum physici ista valde adfirmant, earum
etiam rerum auctoritatem si quae inlustriores videantur amittere. non enim magis adsentiuntur nec adpro-
bant lucere nunc quam cum cornix cecinerit tum
aliquid eam aut iubere aut vetare, nec magis adfirma-
bunt signum illud, si erunt mensi, sex pedum esse,
quam solem, quem metiri non possunt, plus quam
duodeviginti partibus maiorem esse quam terram. ex
quo illa conclusio nascitur: 'Si sol quantus sit percipi
non potest, qui ceteras res eodem modo quo magni-

selbst scheint mich mit ihrem Strahlenauge anzublicken und mich aufzufordern, oft von ihr zu sprechen), von ihrer Größe also redet Ihr, als hättet Ihr sie mit der Meßlatte vermessen; ich muß gestehen, daß ich zu Euch und zu Eurer Meßkunst wie zu schlechten Baumeistern kein Vertrauen haben kann. Bleibt da noch zweifelhaft, wer von uns beiden, um mich vorsichtig auszudrücken, bescheidener ist? Dennoch glaube ich nicht, daß man alle diese Untersuchungen der Naturphilosophen aus der Diskussion verbannen muß. Denn die Anschauung und Betrachtung der Natur ist gewissermaßen eine naturgegebene Speise für Seele und Geist: Wir richten uns auf, fühlen uns erhoben, schauen auf das menschliche Leben hinab, und indem wir unser Denken auf das Überirdische und Himmlische richten, mißachten wir diese unsere Welt als beschränkt und unscheinbar. Schon das Erforschen so großartiger und in tiefstes Dunkel gehüllter Dinge hat seinen eigenen Reiz; stoßen wir dabei auch noch auf etwas, was uns der Wahrheit nahezukommen scheint, dann erfüllt unseren Geist eine Freude, wie es für den Menschen keine schönere gibt. Beschäftigen wird sich daher mit diesen Fragen sowohl Euer Weiser als auch der unsere, aber der Eure, um zuzustimmen, zu glauben und zu behaupten, unserer dagegen, um sich vor leichtfertigen Meinungen zu bewahren; er ist überzeugt, daß es für ihn ein glücklicher Gewinn ist, wenn er bei dieser Art von Untersuchungen etwas findet, was wahrscheinlich ist.

Jetzt wollen wir zum Begriff des Guten und Bösen kommen. Vorher muß allerdings noch etwas bemerkt werden: Die Gegner scheinen mir nicht zu bedenken, daß die Naturforscher, wenn sie auf derartigen Lehren über die Natur so fest bestehen, ihre Überzeugungskraft auch in jenen Dingen verlieren, die sich als leichter durchschaubar darstellen. Sie stimmen nämlich nicht eher dem Satz zu und billigen ihn, daß es jetzt hell sei, als dem anderen Satz, daß die Krähe, wenn sie krächzt, etwas befiehlt oder verbietet; und sie werden ebenso fest versichern, wenn sie nachgemessen haben, diese Statue da sei sechs Fuß hoch, wie dies, die Sonne, die sie nicht messen können, sei mehr als achtzehnmal größer als die Erde. Daraus ergibt sich folgender Schluß: Wenn man nicht begreifen kann, wie groß die Sonne ist,

tudinem solis adprobat is eas res non percipit; magnitudo autem solis percipi non potest; qui igitur id adprobat quasi percipiat, nullam rem percipit'. Respondebunt posse percipi quantus sol sit: non repugnabo, dum modo eodem pacto cetera percipi conprehendique dicant. nec enim possunt dicere aliud alio magis minusve conprehendi, quoniam omnium rerum una est definitio conprehendendi.

Sed quod coeperam: quid habemus in rebus bonis et malis explorati? nempe fines constituendi sunt ad quos et bonorum et malorum summa referatur. qua de re est igitur inter summos viros maior dissensio? et omitto illa quae relicta iam videntur, Erillum qui in cognitione et scientia summum bonum ponit – qui cum Zenonis auditor esset vides quantum ab eo dissenserit et quam non multum a Platone. Megaricorum fuit nobilis disciplina, cuius ut scriptum video princeps Xenophanes quem modo nominavi, deinde eum secuti Parmenides et Zeno ⟨uterque Eleates⟩ (itaque ab is Eleatici philosophi nominabantur), post Euclides Socratis discipulus Megareus, a quo idem illi Megarici dicti, qui id bonum solum esse dicebant quod esset unum et simile et idem semper; hi quoque multa a Platone. a Menedemo autem, quod is Eretria fuit, Eretriaci appellati, quorum omne bonum in mente positum et mentis acie qua verum cerneretur, Erilli similia, sed opinor explicata uberius et ornatius. hos si contemnimus et iam abiectos putamus, illos certe minus despicere debemus: Aristonem, qui cum Zenonis fuisset auditor re probavit ea quae ille verbis, nihil esse bonum nisi virtutem nec malum nisi quod

129

130

dann kann derjenige, der die übrigen Dinge ebenso fest behauptet wie die Größe der Sonne, auch diese Dinge nicht begreifen; nun kann aber die Größe der Sonne nicht begriffen werden; wer diese also so fest behauptet, als ob er es begriffe, der begreift überhaupt nichts. Jene werden antworten, man könne begreifen, wie groß die Sonne sei: Ich will nicht widersprechen, falls sie zugeben, daß man auch alles übrige auf die gleiche Weise begreife und erfasse. Denn sie können nicht behaupten, daß das eine im Vergleich zum anderen mehr oder weniger begriffen werden könne, da es nur *eine* Definition für das Erfassen aller Dinge gibt.

Doch zurück zu dem, womit ich begonnen habe: Was wissen wir denn über Gut und Böse genau? Offenbar müssen Grenzpunkte festgelegt werden, auf die sich die Gesamtheit der Güter und Übel bezieht. Über welche Frage aber herrscht bei den bedeutendsten Männern die größere Uneinigkeit? Dabei übergehe ich diejenigen Ansichten, die schon als überholt betrachtet werden können, etwa die des Herillos, der in Erkenntnis und Wissen das höchste Gut erblickt. Obwohl er ein Schüler Zenons war, so siehst Du doch, wie sehr er von ihm abweicht und wie wenig von Platon. Berühmt war die Schule der Megariker, deren Gründer der vorhin genannte Xenophanes war, wie es berichtet wird; ihm folgten dann Parmenides und Zenon, beide aus Elea, und so haben nach ihnen die eleatischen Philosophen ihren Namen. Darauf folgt der Sokratesschüler Eukleides aus Megara, nach dem bestimmte Philosophen Megariker heißen. Diese behaupten, nur das sei gut, was eine stets gleiche und mit sich identische Einheit sei; auch diese haben viel von Platon übernommen. Nach Menedemos aber, der aus Eretria stammte, wurden sie Eretrier genannt. Sie verlegten alles Gute in den Geist und seinen Scharfsinn, wodurch die Wahrheit erkannt werde, was dem Herillos nahekommt, aber meines Erachtens ausführlicher und eindrucksvoller dargestellt ist. Wenn wir also diese Männer geringachten und für überholt halten, so müssen wir die folgenden sicherlich höher einschätzen: den Ariston, der, nachdem er Schüler Zenons gewesen war, durch sein Handeln bewiesen hat, was jener nur in Worten erklärt hatte: Es gebe kein Gut außer der Tugend und nichts Böses außer dem, was der Tugend entgegen-

virtuti esset contrarium; in mediis ea momenta quae Zeno voluit nulla esse censuit. huic summum bonum est in is rebus neutram in partem moveri, quae ἀδιαφορία ab ipso dicitur. Pyrrho autem ea ne sentire quidem sapientem, quae ἀπάθεια nominatur. has igitur tot sententias ut omittamus, haec nunc videamus, quae diu multumque defensa sunt. alii voluptatem finem esse voluerunt, quorum princeps Aristippus, qui Socratem audierat, unde Cyrenaici, post Epicurus, cuius est disciplina nunc [disciplina] notior nec tamen cum Cyrenaicis de ipsa voluptate consentiens. voluptatem autem et honestum finis esse Callipho censuit, vacare omni molestia Hieronymus, hoc idem cum honestate Diodorus, ambo hi Peripatetici. honeste autem vivere fruentem rebus is quas primas homini natura conciliet et vetus Academia censuit, ut indicant scripta Polemonis quem Antiochus probat maxime; et Aristoteles eiusque amici huc proxime videntur accedere. introducebat etiam Carneades, non quo probaret sed ut opponeret Stoicis, summum bonum esse frui rebus is quas primas natura conciliavisset. honeste autem vivere quod ducatur a conciliatione naturae Zeno statuit finem esse bonorum, qui inventor et princeps Stoicorum fuit.

Iam illud perspicuum est, omnibus is finibus bonorum quos exposui malorum fines esse contrarios. ad vos nunc refero quem sequar; modo ne quis illud tam ineruditum absurdumque respondeat 'quemlubet, modo aliquem': nihil potest dici inconsideratius. cupio sequi Stoicos. licetne – omitto per Aristotelem,

gesetzt sei. Die Dinge in der Mitte zwischen Gut und Böse, die Zenon angenommen hatte, ließ er nicht gelten; für ihn bedeutet das höchste Gut, sich durch diese Dinge nach keiner Richtung hin ziehen zu lassen, was ein Zustand ist, den er selbst ἀδιαφορία nennt. Pyrrhon aber ist der Meinung, der Weise empfinde diese Dinge nicht einmal, was er ἀπάθεια nennt. Diese vielen Ansichten wollen wir also verlassen und uns jetzt diejenigen ansehen, die schon lange und oft vertreten worden sind. Die einen betrachten die Lust als das höchste Gut; der erste unter ihnen war Aristippos, ein Schüler des Sokrates, und nach ihm nennen sich die Kyrenaiker. Danach folgte Epikur, dessen Lehre heute bekannter ist, wenn er auch mit den Kyrenaikern im Begriff der Lust nicht übereinstimmt. Die Lust aber in Verbindung mit dem sittlich Guten hielt Kalliphon für das höchste Gut, Hieronymos das Freisein von allem Kummer, dasselbe, verbunden mit dem sittlich Guten, Diodoros; diese beiden sind Peripatetiker. Sittlich gut leben im Genuß derjenigen Dinge, welche die Natur dem Menschen als die ersten empfiehlt, das ist die Ansicht der Alten Akademie, wie die Schriften Polemons zeigen, dem Antiochos vor allen anderen folgt; auch Aristoteles und seine Anhänger kommen dieser Ansicht offenbar sehr nahe. Sogar Karneades führte die Bestimmung in die Diskussion ein, das höchste Gut bestehe darin, diejenigen Dinge zu genießen, die die Natur als die ersten anempfohlen habe; er tat das aber nicht, weil er von diesem Satz überzeugt war, sondern um den Stoikern zu widersprechen. Zenon schließlich, der Begründer und Leiter der stoischen Schule, stellte den Satz auf, sittlich gut zu leben, wie es sich aus dem Einverständnis mit der Natur herleite, sei das höchste Gut.

Klar ist dabei die Tatsache, daß all diesen höchsten Gütern, wie ich sie dargelegt habe, entsprechende schlimmste Übel gegenüberstehen. Doch hier wende ich mich an Euch mit der Frage: „Wem soll ich mich anschließen?" Komme mir aber keiner mit der dilettantischen und einfältigen Antwort: „Wem immer Du willst, wenn nur überhaupt jemandem!" Unüberlegter kann man nämlich nicht antworten. Gerne möchte ich mich den Stoikern anschließen. Darf ich das aber tun – nicht etwa des Aristoteles

meo iudicio in philosophia prope singularem – per ipsum Antiochum, qui appellabatur Academicus? erat quidem si perpauca mutavisset germanissimus Stoicus. erit igitur res iam in discrimine; nam aut Stoicus constituatur sapiens aut veteris Academiae – utrumque non potest; est enim inter eos non de terminis sed de tota possessione contentio; nam omnis ratio vitae definitione summi boni continetur, de qua qui dissident de omni vitae ratione dissident; non potest igitur uterque esse sapiens, quoniam tanto opere dissentiunt, sed alter –: si Polemoneus, peccat Stoicus rei falsae adsentiens (vos quidem nihil esse dicitis a sapiente tam alienum [esse]); sin vera sunt Zenonis, eadem in veteres Academicos Peripateticosque dicenda. hic igitur neutri adsentiens si numquam uter ⟨sit sapiens, apparebit, nonne utroque⟩ est prudentior? quid cum ipse Antiochus dissentit quibusdam in rebus ab his quos amat Stoicis, nonne indicat non posse illa probanda esse sapienti? placet Stoicis omnia peccata esse paria; at hoc Antiocho vehementissime displicet. liceat tandem mihi considerare utram sententiam sequar. 'Praecide' inquit, 'statue aliquando quidlibet'. Quid quae dicuntur quom et acuta mihi videntur in utramque partem et paria, nonne caveam ne scelus faciam? scelus enim dicebas esse Luculle dogma prodere; contineo igitur me, ne incognito adsentiar, quod mihi tecum est dogma commune.

wegen, der nach meiner Ansicht in der Philosophie fast einzigartig dasteht, sondern gerade des Antiochos wegen, der als Akademiker galt, in Wirklichkeit aber, hätte er nur ein paar Kleinigkeiten in seiner Lehre geändert, ein echter Stoiker gewesen wäre? Die Antwort auf meine Frage wird also in der Schwebe bleiben; denn entweder ist der stoische Weise der richtige oder der der Alten Akademie – beide zugleich können es nicht sein; unter den beiden Richtungen herrscht bekanntlich Streit nicht nur über die höchsten Güter und schlimmsten Übel, sondern über den gesamten Bestand an Lehren; denn die ganze Lebensführung hängt von der Bestimmung des höchsten Gutes ab, und wenn man darüber uneinig ist, so ist man es auch über die ganze Lebensführung. Es kann also nicht jeder von beiden weise sein, da sie unter sich so uneins sind, sondern nur einer. Ist es der Anhänger Polemons, dann hat der Stoiker unrecht, indem er einem falschen Satze zustimmt (und gerade Ihr seid es ja, die behaupten, nichts sei dem Weisen so fremd), wenn aber Zenons Lehren wahr sind, dann muß das gleiche gegen die Vertreter der Alten Akademie und die Peripatetiker gesagt werden. Wer aber weder dem einen noch dem anderen zustimmt, wenn es niemals sichtbar wird, welcher von beiden weise ist, wird dann jener nicht klüger sein als beide? Wenn ferner Antiochos selbst in einigen Punkten mit seinen geliebten Stoikern uneins ist, zeigt er damit nicht an, daß der Weise ihnen in diesen Punkten nicht zustimmen kann? Die Stoiker sind der Ansicht, daß alle Fehler gleich schwer wiegen; dies aber mißfällt Antiochos aufs äußerste. Da sollte es doch wenigstens mir erlaubt sein zu überlegen, welcher der beiden Ansichten ich mich anschließe. „Mache Schluß" sagt er, „und stelle endlich einmal selbst einen festen Satz auf!" Wieso? Soll ich mich nicht davor hüten, ein Verbrechen zu begehen, da mir doch die Argumente beider Seiten gleich scharfsinnig und gleich an Gewicht zu sein scheinen? Ein Verbrechen hast Du es nämlich genannt, Lucullus, ein Prinzip zu verraten. Ich halte deshalb meine Zustimmung zurück, um nicht einer nicht begriffenen Sache zuzustimmen, ein Grundsatz, den ich mit Dir teile.

Ecce multo maior etiam dissensio. Zeno in una virtute positam beatam vitam putat. quid Antiochus? 'etiam' inquit 'beatam, sed non beatissimam'. Deus ille qui nihil censuit deesse virtuti, homuncio hic qui multa putat praeter virtutem homini partim cara esse partim etiam necessaria. sed ⟨et⟩ ille vereor ne virtuti plus tribuat quam natura patiatur, praesertim Theophrasto multa diserte copioseque ⟨contra⟩ dicente, et hic metuo ne vix sibi constet, qui, cum dicat esse quaedam et corporis et fortunae mala, tamen eum, qui in his omnibus sit, beatum fore censeat si sapiens sit: distrahor, tum hoc mihi probabilius tum illud videtur, et tamen nisi alterutrum sit virtutem iacere plane puto. verum in his discrepant. quid illa in quibus consentiunt? num pro veris probare possumus, sapientis animum numquam nec cupiditate moveri nec laetitia ecferri? age haec probabilia sane sint; num etiam illa, numquam timere numquam dolere: sapiensne non timeat ne patria deleatur, non doleat si deleta sit? durum, sed Zenoni necessarium, cui praeter honestum nihil est in bonis, tibi vero Antioche minime, cui praeter honestatem multa bona, praeter turpitudinem multa mala videntur, quae et venientia metuat sapiens necesse est et venisse doleat. sed quaero quando ista fuerint Academia vetere ⟨florente⟩ decreta, ut animum sapientis commoveri et conturbari negarent? mediocritates illi probabant et in omni permotione naturalem volebant esse quendam modum. legimus omnes Crantoris veteris Academici de luctu; est enim non magnus verum aureolus

Doch im folgenden Stück ist die Uneinigkeit noch viel größer: Zenon behauptet, allein in der Tugend liege die Glückseligkeit. Dagegen Antiochos: „Gewiß", sagt er, „das glückselige Leben, nicht aber das allerglückseligste." Ein Gott ist jener, der glaubte, daß einem tugendhaften Menschen nichts mangele, ein schwacher Mensch derjenige, der meint, es sei dem Menschen außer der Tugend noch vieles teils schätzenswert, teils sogar notwendig. Ich fürchte nur, daß Zenon der Tugend mehr Gewicht zumißt, als es die menschliche Natur erträgt, vor allem, wenn man all das bedenkt, was Theophrast beredt und ausführlich dagegen sagt; ich fürchte aber auch, daß dieser wiederum schwerlich konsequent ist, wenn er behauptet, trotz mancher Leiden des Körpers und Schläge des Schicksals könne der davon Betroffene dennoch glückselig sein, wenn er ein Weiser sei. So werde ich also hin- und hergezerrt; einmal scheint mir diese Lehre glaubhafter, einmal jene, und dabei bin ich überzeugt, wenn nicht eins von beiden zutrifft, hat die Tugend völlig ihren Sinn verloren. Aber sie sind nun einmal in ihren Lehren uneins. Können wir nicht wenigstens die Punkte als wahr anerkennen, in denen sie übereinstimmen, nämlich daß die Seele des Weisen niemals durch Begierde in Erregung oder durch Freude außer sich gerate? Ja, das mag vielleicht glaubhaft sein; ist es aber auch der folgende: der Weise fürchte sich nie, empfinde nie Schmerz? Soll der Weise nicht fürchten, daß sein Vaterland zerstört werde, soll es ihn nicht schmerzen, wenn es zerstört worden ist? Dies ist hart, aber für Zenon unentbehrlich, denn für ihn gibt es außer dem sittlich Guten keine Güter. Für Dich jedoch, Antiochos, keineswegs, denn für Dich gibt es ja außer dem sittlich Guten noch viele Güter und außer dem sittlich Schlechten noch viele Übel, deren Eintreffen der Weise notwendig fürchtet und die ihn ebenso schmerzen, wenn sie eingetroffen sind. Aber ich frage Dich: Wann hat eigentlich die Alte Akademie diese Thesen aufgestellt, in denen sie bestreitet, daß die Seele des Weisen in Erregung und Verwirrung geraten könne? Sie war es doch, die mittlere Dinge zwischen Gut und Böse zuließ und die forderte, daß in jeder Gemütserregung eine bestimmte natürliche Mäßigung herrsche. Wir haben alle die Schrift des Alten Akademikers Krantor über die Trauer

et ut Tuberoni Panaetius praecipit ad verbum ediscendus libellus. atque illi quidem etiam utiliter a natura dicebant permotiones istas animis nostris datas, metum cavendi causa, misericordiam aegritudinemque clementiae; ipsam iracundiam fortitudinis quasi cotem esse dicebant – recte secusne alias viderimus; atrocitas quidem ista tua quo modo in veterem Academiam inruperit nescio.

Illa vero ferre non possum – non quo mihi displiceant, sunt enim Socratica pleraque mirabilia Stoicorum quae παράδοξα nominantur; sed ubi Xenocrates, ubi Aristoteles ista tetigerunt (hos enim quasi eosdem esse vultis)? illi umquam dicerent sapientes solos reges solos divites solos formosos; omnia quae ubique essent sapientis esse; neminem consulem praetorem imperatorem, nescio an ne quinquevirum quidem quemquam nisi sapientem, postremo solum civem solum liberum, insipientes omnes peregrinos exules servos, furiosos denique; scripta Lycurgi, Solonis, XII tabulas nostras non esse leges, ne urbis quidem aut civitatis nisi quae essent sapientium. haec tibi Luculle, si es adsensus Antiocho familiari tuo, tam sunt defendenda quam moenia, mihi autem bono modo tantum quantum videbitur. legi apud Clitomachum, cum Carneades et Stoicus Diogenes ad senatum in Capitolio starent, Aulum Albinum, qui tum P. Scipione et M. Marcello cos. praetor esset, eum qui cum avo tuo Luculle consul fuit, doctum sane hominem ut indicat ipsius historia scripta Graece, iocantem dixisse Carneadi 'ego tibi Carneade praetor esse non videor, quia sapiens non sum, nec haec urbs nec in ea civitas?' tum ille 'huic Stoico non videris'. 136

137

gelesen, ein nicht umfangreiches, aber wahrhaft goldenes Buch, das man Wort für Wort auswendig lernen müßte, wie es Panaitios dem Tubero anempfiehlt. Jene behaupteten sogar, daß die Natur diese Erregungen unseren Seelen zum Nutzen gegeben habe, die Furcht, damit wir uns vorsehen, das Mitleid und den Kummer, damit wir Nachsicht üben; sogar der Zorn sei gleichsam der Wetzstein der Tapferkeit, wie sie sagten; ob mit Recht oder nicht, werden wir an anderer Stelle prüfen. Im übrigen weiß ich nicht, wie die Hartnäckigkeit, die Du an den Tag legst, in die Alte Akademie eingedrungen ist.

Jedenfalls sind mir folgende Behauptungen von Dir unannehmbar – nicht etwa, weil ich sie für falsch hielte; denn die meisten dieser absonderlichen Aussagen der Stoiker, die sie παράδοξα nennen, stammen ja von Sokrates; doch wo hat Xenokrates, wo Aristoteles (denn diese beiden haltet Ihr ja gewissermaßen für eine und dieselbe Person) je behauptet, der Weise sei allein König, allein reich, allein schön; alles, wo immer es sei, gehöre dem Weisen; niemand sei Konsul, Praetor, Feldherr, womöglich nicht einmal ein kleiner Beamter, außer dem Weisen; schließlich sei er allein Bürger, er allein frei, die Nichtweisen seien alle Heimatlose, Verbannte, Sklaven, ja Verrückte; die Gesetze des Lykurg und Solon, unsere zwölf Tafeln seien gar keine Gesetze, und Städte und Staaten gebe es überhaupt keine außer denjenigen, die von Weisen bevölkert seien. Du, Lucullus, mußt all das verteidigen wie Festungsmauern, wenn Du Deinem Freund Antiochos zustimmst, ich aber glücklicherweise nur so weit, wie es mir paßt. Bei Kleitomachos habe ich gelesen, seinerzeit, als Karneades und der Stoiker Diogenes ihren Staatsbesuch auf dem Kapitol beim Senat machten, habe A. Albinus, der damals unter den Konsuln P. Scipio und M. Marcellus Praetor war, derselbe, der mit deinem Großvater, Lucullus, das Konsulat bekleidete, ein sehr gebildeter Mann, wie sein griechisch geschriebenes Geschichtswerk zeigt, dieser also soll im Scherz zu Karneades gesagt haben: „Du glaubst wohl nicht, Karneades, daß ich Praetor bin, weil ich kein Weiser bin, und daß dies eine Stadt sei und ihre Bewohner Bürger seien?" Darauf erwiderte Karneades: „Dieser Stoiker da ist es, der an dies nicht glaubt!"

Aristoteles aut Xenocrates, quos Antiochus sequi volebat, non dubitavisset quin et praetor ille esset et Roma urbs et eam civitas incoleret; sed ille noster est plane, ut supra dixi, Stoicus perpauca ⟨Academica⟩ balbutiens.

Vos autem mihi verenti ne labar ad opinionem et aliquid adsciscam et conprobem incognitum, quod minime vultis, quid consilii datis? testatur saepe Chrysippus tris solas esse sententias quae defendi possint de finibus bonorum; circumcidit et amputat multitudinem: aut enim honestatem esse finem aut voluptatem aut utrumque. nam qui summum bonum dicant id esse si vacemus omni molestia, eos invidiosum nomen voluptatis fugere sed in vicinitate versari; quod facere eos etiam qui illud idem cum honestate coniungerent, nec multo secus eos qui ad honestatem prima naturae commoda adiungerent. ita tris relinquit sententias quas putet probabiliter posse defendi. sit sane ita – quamquam a Polemonis et Peripateticorum et Antiochi finibus non facile divellor nec quicquam habeo adhuc probabilius. verum tamen video quam suaviter voluptas sensibus nostris blandiatur; labor eo ut adsentiar Epicuro aut Aristippo: revocat virtus vel potius reprehendit manu, pecudum illos motus esse dicit, hominem iungit deo.

Possum esse medius, ut, quoniam Aristippus quasi animum nullum habeamus corpus solum tuetur, Zeno quasi corporis simus expertes animum solum conplectitur, ut Calliphontem sequar – cuius quidem sententiam Carneades ita studiose defensitabat ut eam probare etiam videretur; quamquam Clitomachus adfirmabat numquam se intellegere potuisse quid Carneadi probaretur – sed si eum ipsum finem velim sequi, nonne ipsa severitas et gravitas et recta

Aristoteles oder Xenokrates, deren Nachfolger Antiochos sein wollte, hätte nicht daran gezweifelt, daß jener ein Praetor und Rom eine Stadt sei und daß ihre Bewohner Bürger seien; unser Antiochos aber ist ganz und gar Stoiker, wie gesagt, nur kommt er zuweilen ein wenig in akademisches Stottern.

Ihr Stoiker aber, welchen Rat gebt Ihr mir, wenn ich fürchte, mich aufs Vermuten einzulassen und etwas Nichterkanntes anzunehmen und zu billigen, was Ihr ganz und gar nicht wollt? Chrysippos versichert oft, es gebe nur drei Thesen über das höchste Gut, die vertretbar seien; er beschneidet also und vermindert die Vielzahl der Möglichkeiten: Entweder sei das sittlich Gute das höchste Gut oder die Lust oder beides zusammen. Denn jene, die denjenigen Zustand für das höchste Gut hielten, in dem wir von jedem Kummer frei seien, wollten damit nur das vielgeschmähte Wort ‚Lust‘ vermeiden, verblieben aber dennoch in ihrem Umkreis; dies täten auch jene, die den genannten Zustand mit dem sittlich Guten verbänden, und nicht viel anders diejenigen, die zum sittlich Guten die elementaren Güter der Natur hinzufügten. So ließ er nur drei Thesen übrig, die nach seiner Meinung glaubhaft verteidigt werden könnten. Dies mag immerhin so sein; aber obwohl ich die Ansichten des Polemon, der Peripatetiker und des Antiochos über das höchste Gut nicht leicht preisgeben möchte und bisher nichts habe finden können, was glaubwürdiger wäre, so weiß ich dennoch sehr gut, wie süß die Lust den Sinnen schmeichelt, und ich schwanke, ob ich nicht Epikur oder Aristippos zustimmen soll; doch schon ruft mich die Tugend zurück, reißt mich gar mit den Händen fort und sagt, das seien tierische Regungen; nur sie rückt den Menschen in die Nähe Gottes.

Nun könnte ich eine mittlere Stellung beziehen und – da Aristippos nur den Körper beachtet, als hätten wir keine Seele, Zenon sich nur um die Seele kümmert, als seien wir ohne Körper – dem Kalliphon folgen. Dessen Ansicht hat jedenfalls Karneades stets so eifrig verteidigt, daß er sogar von ihr überzeugt schien, obwohl Kleitomachos versicherte, es sei ihm nie klar geworden, wovon Karneades je überzeugt gewesen wäre. Doch wenn ich dieser Ansicht vom höchsten Gut folgen wollte, würden mir dann nicht Ernst, Würde und gesunder Menschenverstand entge-

ratio mihi obversetur: 'tune, cum honestas in voluptate contemnenda consistat, honestatem cum voluptate tamquam hominem cum belua copulabis?' Unum igitur par quod depugnet relicum est, voluptas cum honestate; de quo a Chrysippo sunt, quantum ego sentio, non ⟨pauca acute disputata estque inter illas⟩ magna contentio. alteram si sequare, multa ruunt et maxime communitas cum hominum genere, caritas amicitia iustitia reliquae virtutes, quarum esse nulla potest nisi erit gratuita; nam quae voluptate quasi mercede aliqua ad officium inpellitur ea non est virtus sed fallax imitatio simulatioque virtutis. audi contra illos qui nomen honestatis a se ne intellegi quidem dicant (nisi forte quod gloriosum sit in volgus id honestum velimus dicere), fontem omnium bonorum in corpore esse, hanc normam hanc regulam hanc praescriptionem esse naturae, a qua qui aberravisset eum numquam quid in vita sequeretur habiturum.

Nihil igitur me putatis, haec et alia innumerabilia cum audiam, moveri? tam moveor quam tu Luculle, nec me minus hominem quam te putaveris; tantum interest quod tu cum es commotus adsciscis adsentiris adprobas, verum illud certum conprehensum perceptum ratum firmum fixum fuisse vis deque eo nulla ratione neque pelli neque moveri potes, ego nihil eius modi esse arbitror, cui si adsensus sim, non adsentiar saepe falso, quoniam vera a falsis nullo visi discrimine separantur, praesertim cum iudicia ista dialecticae nulla sint.

Venio enim iam ad tertiam partem philosophiae. aliud iudicium Protagorae est qui putet id cuique

gentreten: „Willst Du wirklich, obwohl doch das sittlich Gute in der Verachtung der Lust besteht, das sittlich Gute mit der Lust so verbinden wie den Menschen mit dem Tier?" Also bleibt nur noch ein Begriffspaar übrig, das miteinander im Streit liegt: die Lust mit dem sittlich Guten. Darüber hat sich meines Wissens Chrysippos vielfach sehr scharfsinnig geäußert, und es besteht zwischen der Lust und dem Guten ein scharfer Gegensatz. Folgt man der einen Lehre, dann stürzt vieles zusammen, vor allem das gemeinsame Leben der Menschen untereinander, Nächstenliebe, Freundschaft, Gerechtigkeit und die übrigen Tugenden, die nur dann Tugenden sein können, wenn sie uneigennützig sind; denn eine Tugend, die durch die Lust als eine Art Belohnung zu einer sittlichen Tat getrieben wird, ist keine Tugend, sondern ein trügerisch nachgemachtes Scheinbild von Tugend. Höre Dir im Gegensatz dazu diejenigen an, die behaupten, sie verstünden den Ausdruck ‚sittliches Gut' überhaupt nicht (es sei denn, wir wollten das, was Ruhm bei der Masse einbringt, sittlich gut nennen); der Ursprung alles Guten liege vielmehr im Körper, er sei die Norm, die Richtschnur und das Gesetz der Natur; wer davon abweiche, der werde nie etwas haben, woran er sich im Leben halten könne.

Glaubt Ihr nun also, es beschäftige mich nicht, wenn ich diese und unzählige andere Ansichten höre? Ich werde so sehr dadurch beunruhigt wie Du, Lucullus, und Du wirst mich sicher nicht weniger für einen Menschen halten als Dich selbst. Es besteht nur der eine Unterschied zwischen Dir und mir, daß Du, sooft Dich etwas bewegt, sofort annimmst, zustimmst und billigst; denn Du glaubst, daß es ein Wahres gibt, das gewiß ist, erfaßt, begriffen, gültig, sicher und fest sein kann, und was Du auf keine Weise preisgeben darfst oder von dem du getrennt werden könntest. Ich dagegen glaube, daß es nichts dergleichen gibt, dem ich nicht oft, wenn ich ihm zustimme, zu Unrecht zustimme, weil sich eben das Wahre vom Falschen durch keinerlei sichtbaren Unterschied trennen läßt, zumal da die bekannten Kriterien der Dialektiker keine sind.

Ich komme zum dritten Teil der Philosophie. Auf der einen Seite steht die Ansicht des Protagoras, der glaubt, für jeden sei

verum esse quod cuique videatur, aliud Cyrenai-
corum, qui praeter permotiones intumas nihil putant
esse iudicii, aliud Epicuri, qui omne iudicium in
sensibus et in rerum notitiis et in voluptate constituit;
Plato autem omne iudicium veritatis veritatemque
ipsam abductam ab opinionibus et a sensibus cogitationis ipsius et mentis esse voluit. num quid horum
probat noster Antiochus? ille vero ne maiorum quidem suorum. ubi enim [et] Xenocraten sequitur,
cuius libri sunt de ratione loquendi multi et multum
probati, aut ipsum Aristotelem, quo profecto nihil
est acutius nihil politius; a Chrysippo pedem numquam.

Qui ergo Academici appellamur (an abutimur gloria nominis?) aut cur cogimur eos sequi qui inter se
dissident? in hoc ipso quod in elementis dialectici
docent, quo modo iudicare oporteat verum falsumne
sit si quid ita conexum est ut hoc 'si dies est lucet',
quanta contentio est: aliter Diodoro, aliter Philoni,
Chrysippo aliter placet. quid cum Cleanthe doctore
suo quam multis rebus Chrysippus dissidet? quid
duo vel principes dialecticorum Antipater et Archi-
demus spinosissimi homines nonne multis in rebus
dissentiunt? quid me igitur Luculle in invidiam et
tamquam in contionem vocas, et quidem ut seditiosi
tribuni solent occludi tabernas iubes? quo enim spectat illud cum artificia tolli quereris a nobis, nisi ut
opifices concitentur? qui si undique omnes convene-
rint facile contra vos incitabuntur. expromam primum illa invidiosa, quod eos omnes qui in contione
stabunt exsules servos insanos esse dicatis. deinde ad

dasjenige wahr, was jedem als wahr erscheine; auf der anderen Seite steht die Lehre der Kyrenaiker, die – außer durch die inneren Regungen – keinerlei Möglichkeit zur Urteilsfindung zulassen; wieder eine andere Meinung vertritt Epikur, der das Urteilsvermögen ganz in die Sinne, in die Begriffe von den Dingen und in die Lust verlegt. Platon wiederum trennte die Beurteilung der Wahrheit und die Wahrheit selbst streng von den Vermutungen und den Sinnen und weist sie ausschließlich dem Denken und dem Geist zu. Und unser Antiochos, billigt er etwa irgendeine dieser Ansichten? Er billigt ja nicht einmal diejenigen seiner Vorgänger; denn wo schließt er sich Xenokrates an, von dem viele und von vielen geschätzte Bücher „Über die Weisen des Sprechens" stammen, wo gar an Aristoteles, den wahrhaftig niemand an Scharfsinn und Eleganz übertrifft? Dem Chrysippos aber folgt er auf dem Fuße.

Wieso haben wir also das Recht, uns alle in gleichem Maße Akademiker zu nennen? Mißbrauchen wir damit nicht diesen ruhmvollen Namen? Oder warum sonst will man uns zwingen, denen zu folgen, die unter sich verschiedener Ansicht sind? Sogar darüber, was die Dialektiker als Grundelemente lehren, wie man urteilen müsse, was wahr und falsch sei, wenn ein Satz derart zusammengesetzt ist wie etwa ‚Wenn es Tag ist, ist es hell' – welcher Streit herrscht nicht schon darüber! Anders urteilt Diodoros, anders Philon, wieder anders Chrysippos. In wie vielen Dingen weicht Chrysippos von seinem Lehrer Kleanthes ab! Sind nicht die führenden Dialektiker Antipater und Archidemos, mit ihrer ganzen Spitzfindigkeit, in vielen Punkten uneins? Warum also, Lucullus, bringst Du mich in Verruf, zitierst mich gleichsam vor die Volksversammlung und befiehlst sogar, wie es aufsässige Tribunen zu tun pflegen, die Verkaufsbuden zu schließen? Denn wohin anders zielt Deine Klage, ich höbe alle Kunstfertigkeiten auf, als dahin, alle Handwerker in Aufruhr zu bringen: Sind diese erst einmal alle beisammen, dann wird es allerdings ein leichtes sein, sie gegen Euch aufzuwiegeln. Ich bringe dann zunächst jene verächtlichen Äußerungen vor, in denen Ihr alle die Bürger, die zur Volksversammlung erscheinen, als Verbannte, Sklaven und Verrückte bezeichnet; dann komme ich zu

illa veniam quae iam non ad multitudinem sed ad
vosmet ipsos qui adestis pertinent. negat enim vos
Zeno, negat Antiochus scire quicquam. 'Quo modo?'
inquies; 'nos enim defendimus etiam insipientem
multa conprehendere.'

At scire negatis quemquam rem ullam nisi sapien- 145
tem. et hoc quidem Zeno gestu conficiebat. nam cum
extensis digitis adversam manum ostenderat, 'visum'
inquiebat 'huius modi est'; dein cum paulum digitos
contraxerat, 'adsensus huius modi'; tum cum plane
conpresserat pugnumque fecerat, conprehensionem
illam esse dicebat, qua ex similitudine etiam nomen ei
rei, quod ante non fuerat, κατάλημψιν imposuit;
cum autem laevam manum admoverat et illum pu-
gnum arte vehementerque conpresserat, scientiam
talem esse dicebat, cuius compotem nisi sapientem
esse neminem. sed qui sapiens sit aut fuerit ne ipsi
quidem solent dicere. ita tu nunc Catule lucere nescis,
nec tu Hortensi in tua villa nos esse. num minus haec
invidiose dicuntur? nec tamen nimis eleganter; illa
subtilius. sed quo modo tu, si conprehendi nihil 146
posset, artificia concidere dicebas nec mihi dabas id
quod probabile esset satis magnam vim habere ad
artes, sic ego nunc tibi refero artem sine scientia esse
non posse. an pateretur hoc Zeuxis aut Phidias aut
Polyclitus, nihil se scire, cum in iis esset tanta sollertia? quod si eos docuisset aliquis quam vim habere
diceretur scientia, desinerent irasci; ne nobis quidem
suscenserent cum didicissent id tollere nos quod nusquam esset, quod autem satis esset ipsis relinquere.
quam rationem maiorum etiam conprobat diligentia,
qui primum iurare "ex sui animi sententia" quemque

dem, was sich nicht mehr gegen die Volksmenge richtet, sondern gegen Euch persönlich, die Ihr hier anwesend seid: Denn Zenon behauptet und Antiochos behauptet, daß ihr nichts wißt. „Wieso?" fragst Du, „wir vertreten doch die Meinung, daß auch der Nichtweise vieles begreifen kann."

Ihr behauptet aber, daß nur der Weise wirklich etwas wissen könne. Das pflegte Zenon mit einer Gebärde zu erläutern; er streckte die Hand mit ausgestreckten Fingern vor und sagte: „So ist der Sinneseindruck." Dann krümmte er die Finger ein wenig und sagte: „So ist die Zustimmung." Darauf zog er die Finger ganz zusammen, machte eine Faust und sagte: „Das ist das Begreifen." Aufgrund dieser Ähnlichkeit hat er ja auch jenem Vorgang den Namen κατάλημψις gegeben, den es vorher nicht gab. Dann zog er die linke Hand an sich heran und preßte mit ihr die Faust fest und kräftig zusammen und sagte, so sei das Wissen und dazu sei niemand fähig als der Weise. Wer aber nun ein Weiser ist oder gewesen ist, das pflegen sie nicht einmal selbst zu sagen. Und so weißt Du, Catulus, jetzt nicht, daß die Sonne scheint, und Du, Hortensius, nicht, daß wir uns in Deinem Landhaus befinden. Kann man diese meine Äußerungen weniger ärgerniserregend nennen? Sie sind gewiß nicht allzu gewählt; die der anderen sind scharfsinniger. Jedenfalls, wie Du behauptet hast, mit den künstlerischen Fertigkeiten sei es aus, wenn nichts begriffen werden könne, und wie Du mir nicht zugestehen wolltest, daß das, was glaubwürdig sei, ausreiche für die Existenz der Kunst, so erwidere ich Dir nun, daß es Kunst ohne Wissen nicht geben kann: Würden sich Zeuxis oder Pheidias oder Polykleitos die Behauptung gefallen lassen, sie wüßten nichts, obwohl sie so große Künstler waren? Hätte man sie darüber belehrt, welche Bedeutung dem Wissen zugeschrieben wird, dann würde sich ihr Zorn legen; sie würden sich über uns überhaupt nicht ärgern, wenn sie erführen, daß wir ihnen nur das absprechen, was es nirgendwo gibt, während wir ihnen das lassen, was ihnen für ihre Kunst genügt. Diese Anschauungsweise wird auch durch die Vorsicht unserer Vorfahren bestätigt: Erstens ließen sie vor Gericht jeden Zeugen nur „nach bestem Wissen" schwören; zweitens erklärten sie nur denjenigen für schuldig, der „wissent-

voluerunt, deinde ita teneri "si sciens falleret", quod inscientia multa versaretur in vita; tum qui testimonium diceret ut "arbitrari" se diceret etiam quod ipse vidisset, quaeque iurati iudices cognovissent ut ea non aut esse ⟨aut non esse⟩ facta sed ut "videri" pronuntiarentur.

Verum quoniam non solum nauta significat sed etiam favonius ipse insusurrat navigandi nobis Luculle tempus esse, et quoniam satis multa dixi, sit mihi perorandum. posthac tamen cum haec [tamen] quaeremus, potius de dissensionibus tantis summorum virorum disseramus, de obscuritate naturae, deque errore tot philosophorum qui de[in] bonis contrariisque rebus tanto opere discrepant ut cum plus uno verum esse non possit, iacere necesse sit tot tam nobiles disciplinas, quam de oculorum sensuumque reliquorum mendaciis et de sorite aut pseudomeno, quas plagas ipsi contra se Stoici texuerunt." 147

Tum Lucullus "Non moleste" inquit "fero nos haec contulisse. saepius enim congredientes nos et maxume in Tusculanis nostris si quae videbuntur requiremus." 148

"Optume" inquam, "sed quid Catulus sentit, quid Hortensius?"

Tum Catulus "Egone" inquit, "ad patris revolvor sententiam, quam quidem ille Carneadeam esse dicebat, ut percipi nihil putem posse, adsensurum autem non percepto id est opinaturum sapientem existumem, sed ita ut intellegat se opinari sciatque nihil esse quod conprehendi et percipi possit. per⟨spicuitatem igitur contemnens nec⟩ epochen illam omnium

lich falsch geschworen hatte", da im Leben schon genug unwissentlich geschehe; drittens ließen sie einen Zeugen selbst das, was er mit eigenen Augen gesehen hatte, nur unter der Formel aussagen: „Ich glaube, daß es so gewesen ist"; viertens ließen sie die unter Eid stehenden Richter ihren Urteilsspruch nicht verkünden mit den Worten, das oder das sei so oder nicht so geschehen, sondern nur „es scheine ihnen so oder so zu sein".

Doch da uns nun nicht nur der Bootsmann ein Zeichen gibt, sondern auch der Westwind selbst zuflüstert, Lucullus, daß es Zeit zur Abfahrt sei, und da ich lange genug gesprochen habe, so möchte ich zum Schluß kommen. Wenn wir aber später wieder einmal Untersuchungen dieser Art anstellen, dann wollen wir lieber über die so großen Meinungsverschiedenheiten der bedeutendsten Männer sprechen, über die Dunkelheit der Naturvorgänge und über die Irrwege so vieler Philosophen, die über die Frage nach dem Guten und seinem Gegenteil so verschiedener Ansicht sind, daß notwendigerweise so viele berühmte Lehren gegenstandslos werden, weil mehr als eine unter ihnen nicht wahr sein kann; darüber also wollen wir dann lieber sprechen als über die Täuschungen der Augen und der übrigen Sinne und über den Sorites oder den Pseudomenos, Fangnetze, in denen sich die Stoiker selbst verfangen haben."

Darauf erwiderte Lucullus: „Es war mir nicht unangenehm, daß wir all diese Fragen aufgeworfen haben. Deshalb wollen wir öfters zusammenkommen, vor allem auf meinem Landhaus in Tusculum, und weiter über die Dinge sprechen, die wir der Untersuchung für wert halten."

„Ausgezeichnet!" sagte ich, „aber was meint Catulus dazu, was Hortensius?"

Da antwortete Catulus: „Ich komme auf die Ansicht meines Vaters zurück, welche er als die des Karneades bezeichnete, und glaube, daß sich nichts begreifen läßt, daß aber der Weise einem nicht Begriffenen zustimmen, das heißt, Meinungen haben wird, aber in dem Sinne, daß er sich darüber klar ist, daß er bloß meint, und weiß, daß es nichts gibt, was erfaßt und begriffen werden kann. Ich werde also die Evidenz verwerfen und auch jene Zurückhaltung des Urteils nicht unter allen Umständen billigen,

rerum conprobans illi alteri sententiae, nihil esse quod percipi possit, vehementer adsentior."

"Habeo" inquam "sententiam tuam nec eam admodum aspernor. sed tibi quid tandem videtur Hortensi?"

Tum ille ridens "tollendum".

"Teneo te" inquam; "nam ista Academiae est propria sententia".

Ita sermone confecto Catulus remansit, nos ad naviculas nostras descendimus.

wohl aber jener anderen These, daß nichts begriffen werden könne, mit aller Kraft zustimmen."

„Jetzt kenne ich Deine Ansicht", sagte ich, „und habe gar nichts dagegen einzuwenden. Aber, lieber Hortensius, was ist denn Deine Meinung?"

Da erwiderte dieser lachend: „Anhalten!"

„Ich nehme Dich beim Wort", entgegnete ich, „denn das ist eine typisch akademische Wendung."

Damit schloß unser Gespräch. Catulus blieb zurück, wir aber stiegen zu unseren Booten hinab.

ACADEMICI
LIBRI QUATTUOR

Liber primus

In Cumano nuper cum mecum Atticus noster esset, nuntiatum est nobis a M. Varrone venisse eum Roma pridie vesperi et, nisi de via fessus esset, continuo ad nos venturum fuisse. quod cum audissemus, nullam moram interponendam putavimus quin videremus hominem nobiscum et studiis eisdem et vetustate amicitiae coniunctum; itaque confestim ad eum ire perreximus. paulumque cum ab eius villa abessemus, ipsum ad nos venientem vidimus; atque illum complexi, ut mos amicorum est (satis enim longo intervallo ⟨advenerat⟩), ad suam villam reduximus. hic pauca primo. atque ea percunctantibus nobis ecquid forte Roma novi.

⟨Tum⟩ Atticus 'Omitte ista quae nec percunctari nec audire sine molestia possumus quaeso' inquit 'et quaere potius ecquid ipse novi. silent enim diutius Musae Varronis quam solebant, nec tamen istum cessare sed celare quae scribat existimo.'

'Minime vero' inquit ille; 'intemperantis enim arbitror esse scribere quod occultari velit; sed habeo magnum opus in manibus, quae iam pridem; ad hunc enim ipsum' (me autem dicebat) 'quaedam institui, quae et sunt magna sane et limantur a me politius.'

AKADEMISCHE UNTERSUCHUNGEN IN VIER BÜCHERN

Erstes Buch

Als mein Freund Atticus neulich bei mir auf meiner Villa nahe bei Cumae zu Besuch war, erhielten wir die Nachricht von Marcus Varro, er sei am Abend vorher aus Rom eingetroffen, und wenn er nicht von der Reise erschöpft gewesen wäre, dann wäre er unverzüglich zu uns gekommen. Als wir dies hörten, glaubten wir, keine Zeit verlieren zu dürfen, den Mann zu sehen, der mit uns durch die gleiche wissenschaftliche Arbeit und durch eine schon alte Freundschaft verbunden war. Deshalb machten wir uns eilends zu ihm auf den Weg. Als wir nur noch eine kurze Strecke von seiner Villa entfernt waren, da sahen wir ihn schon selbst uns entgegenkommen; wir umarmten ihn, wie es Brauch ist unter Freunden, denn ziemlich lange Zeit war ich ihm nicht begegnet. Dann brachten wir ihn zu seinem Haus zurück. Hier fragte ich ihn nach kurzer Begrüßung, ob er etwa Neuigkeiten aus Rom mitbringe.

Aber Atticus fiel mir ins Wort: „Laß dies bitte sein; danach zu fragen, wie auch es anzuhören, kann uns nur Kummer bereiten. Frag ihn lieber, ob es bei ihm selbst etwas Neues gibt. Es schweigen nämlich Varros Musen länger als gewöhnlich, obwohl ich freilich glaube, daß er nicht untätig ist, sondern nur verheimlicht, was er schreibt."

„Keineswegs", antwortete jener, „denn nach meiner Meinung wäre es rücksichtslos, etwas zu schreiben, was man dann doch nur verstecken will. Jedenfalls habe ich ein großes Werk in Arbeit, und dies schon seit langer Zeit; gerade für ihn" – damit meinte er mich – „habe ich nämlich etwas wirklich Bedeutendes angefangen und arbeite es mit der größten Genauigkeit aus."

Et ego 'Ista quidem' inquam 'Varro iam diu expectans non audeo tamen flagitare; audivi enim e Libone nostro, cuius nosti studium (nihil enim eius modi celare possumus), non te ea intermittere sed accuratius tractare nec de manibus umquam deponere. illud autem mihi ante hoc tempus numquam in mentem venit a te requirere. sed nunc postea quam sum ingressus res eas quas tecum simul didici mandare monumentis philosophiamque veterem illam a Socrate ortam Latinis litteris illustrare, quaero quid sit cur cum multa scribas genus hoc praetermittas, praesertim cum et ipse in eo excellas et id studium totaque ea res longe ceteris et studiis et artibus antecedat.'

Tum ille: 'Rem a me saepe deliberatam et multum agitatam requiris. itaque non haesitans respondebo, sed ea dicam quae mihi sunt in promptu, quod ista ipsa de re multum ut dixi et diu cogitavi. nam cum philosophiam viderem diligentissime Graecis litteris explicatam, existimavi si qui de nostris eius studio tenerentur, si essent Graecis doctrinis eruditi, Graeca potius quam nostra lecturos, sin a Graecorum artibus et disciplinis abhorrerent, ne haec quidem curaturos, quae sine eruditione Graeca intellegi non possunt. itaque ea nolui scribere quae nec indocti intellegere possent nec docti legere curarent. vides autem eadem ipse; didicisti enim non posse nos Amafinii aut Rabirii similes esse, qui nulla arte adhibita de rebus ante oculos positis vulgari sermone disputant, nihil definiunt nihil partiuntur nihil apta interrogatione concludunt, nullam denique artem esse nec dicendi nec

Darauf antwortete ich: „Auf dieses Werk warte ich schon lange, Varro, wage es aber dennoch nicht, Dich darum zu bitten; denn von unserem Freund Libo, dessen Interesse Du ja kennst, habe ich gehört (dergleichen Dinge können wir nämlich niemals verborgen halten), daß Du die Arbeit daran nicht unterbrochen hast, sondern sorgfältig daran feilst und es nicht aus den Händen legst. Doch es gibt etwas anderes, nach dem zu fragen mir bisher nicht in den Sinn gekommen ist; aber nachdem ich jetzt begonnen habe, die Dinge, die ich einst mit Dir zusammen gelernt habe, schriftlich niederzulegen und jene alte, von Sokrates begründete Philosophie in lateinischer Sprache dazustellen, frage ich Dich, warum Du, obwohl Du soviel schreibst, gerade dieses Gebiet ausläßt, zumal Du es doch selbst hervorragend beherrschst und da doch diese Arbeit und überhaupt dieser ganze Gegenstand bei weitem alle anderen wissenschaftlichen Arbeiten übertreffen."

Darauf erwiderte Varro: „Du fragst mich nach etwas, was ich schon oft erwogen und hin und her überlegt habe; deshalb zögere ich nicht mit der Antwort, sondern sage Dir alles, was ich darüber im Kopf habe; denn ich habe, wie gesagt, gerade darüber viel und lange nachgedacht. Ich sah nämlich, daß die Philosophie auf die umsichtigste Weise in griechischer Sprache dargestellt war, und glaubte deshalb, daß Landsleute von uns, die sich dem Studium der Philosophie widmeten, lieber die griechischen Urtexte lesen würden, sofern sie sich in den griechischen Wissenschaften auskannten, statt unsere lateinischen Übertragungen; wenn sie aber an Wissen und Bildung der Griechen keinerlei Interesse hätten, dann würden sie sich auch nicht mit etwas beschäftigen, was man ohne Unterricht im Griechischen ohnehin nicht verstehen kann. Deshalb habe ich nichts schreiben wollen, was die Ungebildeten nicht verstehen können, die Gebildeten aber nicht lesen wollen. Dies wirst Du ja selber feststellen. Du weißt, daß wir uns nicht auf dieselbe Stufe stellen können mit einem Amafinius oder Rabirius, die sich ohne Bildung über die einfachsten philosophischen Fragen in der alltäglichsten Sprache auslassen, keine Begriffsbestimmungen geben, keine Stoffgliederung vornehmen, durch keine angemessene Fragestellung zu Schlüssen kommen und schließlich glauben, es gebe keine Kunst

disserendi putant; nos autem praeceptis dialecticorum et oratorum etiam, quoniam utramque vim virtutem esse nostri putant, sic parentes ut legibus verbis quoque novis cogimur uti, quae docti ut dixi a Graecis petere malent, indocti ne a nobis quidem accipient, ut frustra omnis suscipiatur ⟨labor⟩. iam vero physica, si Epicurum id est si Democritum probarem, possem scribere ita plane ut Amafinius. quid est enim magnum, cum causas rerum efficientes sustuleris, de corpusculorum (ita enim appellat atomos) concursione fortuita loqui? nostra tu physica nosti; quae cum contineantur ex effectione et ex materia ea quam fingit et format effectio, adhibenda etiam geometria est; quam quibusnam quisquam enuntiare verbis aut quem ad intellegendum poterit adducere? haec ipsa de vita et moribus et de expetendis fugiendisque rebus illi simpliciter, pecudis enim et hominis idem bonum esse censent; apud nostros autem non ignoras quae sit et quanta subtilitas. sive enim Zenonem sequare, magnum est efficere ut quis intellegat quid sit illud verum et simplex bonum quod non possit ab honestate seiungi. quod bonum quale sit negat omnino Epicurus ⟨se⟩ sine voluptatibus sensum moventibus ne suspicari ⟨quidem⟩; si vero Academiam veterem persequemur, quam nos ut scis probamus, quam erit illa acute explicanda nobis, quam argute quam obscure etiam contra Stoicos disserendum.

Totum igitur illud philosophiae studium mihi quidem ipse sumo et ad vitae constantiam quantum possum et ad delectationem animi, nec ullum arbitror, ut apud Platonem est, maius aut melius a diis

weder der Rede noch der Diskussion. Wir dagegen gehorchen den Vorschriften der Dialektiker wie auch denen der Redner, als wären es Gesetze – denn die Leistungen beider Disziplinen haben nach der Lehre unserer Schule den Rang von Tugenden. Dabei sehen wir uns auch genötigt, neue Begriffe zu bilden: dergleichen aber werden sich, wie gesagt, die Gebildeten lieber an den griechischen Texten gefallen lassen, während die Laien sie nicht einmal von uns annehmen werden; und so ist die ganze Mühe umsonst. Über die Naturlehre freilich könnte ich, wenn ich Anhänger Epikurs, das heißt Demokrits, wäre, ganz so schreiben wie Amafinius. Denn was ist schon Großes dabei, von dem zufälligen Zusammenlaufen der ‚Körperchen' – so nennt er nämlich die Atome – zu reden, wenn man zuvor die Wirkursachen aufgehoben hat? Unsere Lehre von der Natur kennst Du: Sie beruht auf der Annahme einer Wirkkraft und einer Materie, die von der Wirkkraft gestaltet und geformt wird, und deshalb muß zu ihrer Erklärung auch die Mathematik angewendet werden; mit welchen Begriffen aber kann einer sie erklären oder sie jemand verständlich machen? Was ferner die Frage nach Leben und Lebensführung, nach der Wahl zwischen Gut und Böse betrifft, so behaupten jene höchst einfach, es gebe für Mensch und Tier nur ein und dasselbe Gut – welch peinlich-genaue Unterscheidungen dagegen unsere Lehre durchführt, weißt Du genau. Folgt man etwa Zenon, so ist es schwierig, jemandem verständlich zu machen, was jenes ‚wahre und einfach Gute' sei, das sich von der Sittlichkeit nicht trennen lasse (von welcher Beschaffenheit dieses ‚Gute' sei, sagt Epikur, das könne er nicht einmal vermuten, wenn es nicht mit der die Sinne erregenden Lust verbunden sei). Wenn wir aber der Alten Akademie folgen, also der philosophischen Richtung, der ich zuneige, wie Du weißt – wieviel Scharfsinn braucht es, um sie zu erklären, und wie subtil und schwierig werden Überlegungen, wenn man gegen die Lehre der Stoiker zu diskutieren unternimmt.

Ich für meine Person betreibe also dieses ganze Studium der Philosophie, soweit ich es vermag, einmal als Hilfe bei einer konsequenten Lebensführung, dann aber auch als geistiges Vergnügen, und ich glaube, wie Platon sagt, daß die Götter dem

datum munus homini; sed meos amicos in quibus est ⟨illarum rerum⟩ studium in Graeciam mitto id est ad Graecos ire iubeo, ut ex [a] fontibus potius hauriant quam rivulos consectentur. quae autem nemo adhuc docuerat nec erat unde studiosi scire possent, ea quantum potui (nihil enim magnopere meorum miror) feci ut essent nota nostris; a Graecis enim peti non poterant ac post L. Aelii nostri occasum ne a Latinis quidem. et tamen in illis veteribus nostris, quae Menippum imitati non interpretati quadam hilaritate conspersimus, multa admixta ex intima philosophia, multa dicta dialectice, quae quo facilius minus docti intellegerent, iucunditate quadam ad legendum invitavimus; in laudationibus, in his ipsis antiquitatum prooemiis philosophiae ⟨more⟩ scribere voluimus, si modo consecuti sumus.'

Tum ego 'Sunt ⟨vero⟩' inquam 'ista Varro. nam nos in nostra urbe peregrinantis errantisque tamquam hospites tui libri quasi domum deduxerunt, ut possemus aliquando qui et ubi essemus agnoscere. tu aetatem patriae, tu descriptiones temporum, tu sacrorum iura, tu sacerdotum, tu domesticam, tu bellicam disciplinam, tu sedum regionum locorum, tu omnium divinarum humanarumque rerum nomina genera officia causas aperuisti; plurimum quidem poetis nostris omninoque Latinis et litteris luminis et verbis attulisti atque ipse varium et elegans omni fere numero poema fecisti, philosophiamque multis locis

Menschen kein größeres und besseres Geschenk als die Philosophie gemacht haben. Meine Freunde aber, die Interesse an solchen Dingen zeigen, schicke ich nach Griechenland; ich meine damit dies, daß ich sie auffordere, die Werke der Griechen aufzusuchen, damit sie unmittelbar aus den Quellen selbst schöpfen, statt den aus den Quellen abgeleiteten Bächlein nachzulaufen. Ein Gebiet aber, über das bisher noch niemand gearbeitet hat und über das sich auch keiner, der daran interessiert war, belehren lassen konnte, dies unseren Landsleuten bekannt zu machen, habe ich mich bemüht, soweit es in meinen Kräften stand (ich bilde mir nämlich nicht viel auf mein Können ein). Denn bei den Griechen konnten sie in dieser Hinsicht nichts lernen, und nach dem Tod unseres L. Aelius auch nicht bei den Römern. Immerhin habe ich in jene Werke aus früherer Zeit, in denen ich den Menippos nachahmte, aber nicht einfach übersetzte, und die ich mit einem Schuß Humor würzte, vieles an wahrhaft philosophischen Gedanken hineingemischt und vieles auch dialektisch erörtert. Damit dies auch die weniger gebildeten Leser um so leichter verstehen möchten, habe ich sie mit launigen Einfällen zum Lesen eingeladen. Auch in meinen Lobschriften und sogar in den Vorworten zu meinem Werk über die römischen Altertümer habe ich versucht, auf philosophische Weise zu schreiben, und vielleicht ist mir dies sogar gelungen."

Darauf entgegnete ich: „Es ist, wie Du sagst, Varro. Denn Deine Bücher haben uns in unserer Vaterstadt, in der wir wie Fremdlinge umherirrten, erst heimisch gemacht, so daß wir endlich erkennen konnten, wer und wo wir sind; Du hast uns das Alter unserer Vaterstadt, die Chronologie, die Rechtsverhältnisse von Kultus und Priesterschaft, die Regelungen für Kriegs- und Friedenszeit erhellend dargelegt; von Ortschaften, Gegenden und Plätzen, von schlechthin allen die Götter oder Menschen angehenden Dingen hast Du die Bezeichnungen, Arten, Funktionen sowie die tieferen Ursachen klargemacht, ja, darüber hinaus uns auch reichste Aufklärung gegeben über unsere Dichter, schließlich über die gesamte lateinische Literatur und Sprache; Du hast selbst ein inhaltsreiches, anspruchsvolles und so ziemlich in jeder Hinsicht vollendetes Gedicht geschrieben, hast

inchoasti, ad impellendum satis, ad edocendum parum.

Causam autem probabilem tu quidem affers: aut enim Graeca legere malent qui erunt eruditi, aut ne haec quidem qui illa nescient. sed eam mihi non sane probas; immo vero et haec qui illa non poterunt, et qui Graeca poterunt non contemnent sua. quid enim causae est cur poetas Latinos Graecis litteris eruditi legant, philosophos non legant? an quia delectat Ennius Pacuvius Accius multi alii, qui non verba sed vim Graecorum expresserunt poetarum – quanto magis philosophi delectabunt, si ut illi Aeschylum Sophoclem Euripidem sic hi Platonem imitentur Aristotelem Theophrastum. oratores quidem laudari video si qui e nostris Hyperidem sint aut Demosthenem imitati.

Ego autem Varro (dicam enim ut res est), dum me ambitio dum honores dum causae, dum rei publicae non solum cura sed quaedam etiam procuratio multis officiis implicatum et constrictum tenebat, animo haec inclusa habebam et ne obsolescerent renovabam cum licebat legendo; nunc vero et fortunae gravissimo percussus vulnere et administratione rei publicae liberatus doloris medicinam a philosophia peto et otii oblectationem hanc honestissimam iudico. aut enim huic aetati hoc maxime aptum est, aut his rebus si quas dignas laude gessimus hoc in primis consentaneum, aut etiam ad nostros cives erudiendos nihil

an vielen Stellen zu philosophischen Überlegungen angesetzt und dadurch zum Philosophieren angeregt; doch für eine wirkliche Belehrung war es zu wenig.

Nun führst Du zwar einen einleuchtenden Grund an: Leute, die griechisch gebildet sind, würden lieber die griechischen Werke lesen wollen, und diejenigen, die es nicht sind, würden auch unsere Übersetzungen nicht lesen. Doch mich überzeugt Du durchaus nicht. In der Wirklichkeit werden weder diejenigen, die kein Griechisch können, unsere Übertragungen verachten noch die, die es können, das verachten, was in ihrer Muttersprache geschrieben ist. Denn welchen Grund hätten die griechisch Gebildeten, zwar die lateinischen Dichter, nicht aber die lateinischen Philosophen zu lesen? Wenn ihnen Ennius, Pacuvius, Accius und viele andere Freude bereiten, die die griechischen Dichter wenn nicht wörtlich, so doch dem Inhalt nach wiedergegeben haben, um wieviel mehr Freude werden sie an den Philosophen haben, wenn, wie jene Aischylos, Sophokles und Euripides, sie Platon nachahmen, Aristoteles und Theophrast. Auch was unsere römischen Redner angeht, so lobt man es, wie ich sehe, daß einige von ihnen den Hypereides oder Demosthenes nachgeahmt haben.

Ich, Varro, – denn ich werde sagen, wie es sich in Wahrheit verhält – habe, solange mich der Ehrgeiz, die Magistraturen, die Führung von Prozessen, solange mich nicht nur die Sorge um den Staat, sondern bis zu einem gewissen Grade auch die Verwaltung des Staates verpflichteten und in Anspruch nahmen, die Liebe zur Philosophie in meinem Herzen bewahrt und sie, sooft es die Zeit erlaubte, durch Lektüre aufgefrischt, damit sie mir nicht verlorenging. Jetzt aber, da ich von einem überaus harten Schicksalsschlag getroffen und zugleich von der Verantwortung für den Staat befreit bin, suche ich Heilung für meinen Schmerz in der Philosophie und halte die Beschäftigung mit ihr für die edelste Freude in meiner Muße. Denn entweder ist diese Beschäftigung meinem Alter am ehesten angemessen, oder sie stimmt besonders gut mit meiner politischen Leistung überein – falls ich etwas geleistet habe, was des Nachruhmes wert ist –, oder es gibt nichts, was für die Bildung unserer Mitbürger nützlicher wäre;

utilius, aut si haec ita non sunt nihil aliud video quod
agere possimus. Brutus quidem noster excellens omni
genere laudis sic philosophiam Latinis litteris perse-
quitur nihil ut isdem de rebus Graeca desideres; et
eandem quidem sententiam sequitur quam tu, nam
Aristum Athenis audivit aliquamdiu, cuius tu fratrem
Antiochum. quam ob rem da quaeso te huic etiam
generi litterarum.'

Tum ille: 'Istuc quidem considerabo, nec vero sine
te. sed de te ipso quid est' inquit 'quod audio?'

'Quanam' inquam 'de re?'
'Relictam a te vetezem Academiam' inquit, 'trac-
tari autem novam.'
'Quid ergo' inquam 'Antiocho id magis licuerit
nostro familiari, remigrare in domum veterem e
nova, quam nobis in novam e vetere? certe enim
recentissima quaeque sunt correcta et emendata maxime. quamquam Antiochi magister Philo, magnus
vir ut tu existimas ipse, negaverat in libris, quod
coram etiam ex ipso audiebamus, duas Academias
esse, erroremque eorum qui ita putarent coarguit.'

'Est' inquit 'ut dicis; sed ignorare te non arbitror
quae contra Philonis Antiochus scripserit.'

'Immo vero et ista et totam veterem Academiam, a
qua absum tam diu renovari a te nisi molestum est
velim', et simul 'adsidamus' inquam 'si videtur.'

'Sane istuc quidem' inquit, 'sum enim admodum
infirmuß. sed videamus idemne Attico placeat fieri a
me quod te velle video.'

oder – wenn all das nicht zutrifft – so sehe ich eben nichts anderes, womit ich mich beschäftigen könnte. Unser in jeder Hinsicht vortrefflicher und lobenswerter Freund Brutus beschäftigt sich ja auch in so ausgezeichneter Weise mit der Philosophie in lateinischer Sprache, daß man dabei das Griechische überhaupt nicht vermißt. Im übrigen gehört er der gleichen philosophischen Richtung an wie Du, denn er hat in Athen eine Zeitlang den Ariston gehört, bei dessen Bruder Antiochos Du studiert hast. Deshalb also bitte ich Dich, betätige auch Du Dich auf diesem Gebiete der Literatur."

Darauf erwiderte Varro: „Das will ich mir auf jeden Fall überlegen, aber nicht ohne Dich. – Doch wie steht es mit Dir selbst", fragte er, „was höre ich von Dir?"

„In welcher Hinsicht?" fragte ich.

„Man sagt, Du habest die Alte Akademie verlassen", erwiderte er, „und befassest Dich mit der Neuen."

„Ja und?" sagte ich, „Sollte es unserem Freund Antiochos eher erlaubt sein, aus dem neuen in das alte Haus zurückzukehren, als mir, aus dem alten in das neue? Denn gewiß ist das Neueste immer auch das Richtigste und am meisten von Fehlern Freie. Allerdings hat Philon, der Lehrer des Antiochos und auch nach Deinem Urteil ein bedeutender Mann, in seinen Schriften – ich habe es aus seinem eigenen Munde gehört – die Behauptung abgelehnt, daß es zwei Akademien gebe, und nachgewiesen, daß sich die Leute, die das behaupteten, im Irrtum befänden."

„Es ist so, wie Du sagst", erwiderte er; „aber ich glaube, Du weißt auch, was Antiochos gegen diese These Philons geschrieben hat."

„Eben diese Auseinandersetzung", sagte ich, „und überhaupt die ganze Lehre der Alten Akademie, die ich schon so lange aus den Augen verloren habe, wünschte ich mir von Dir aufs neue dargestellt, wenn es Dir nicht zu lästig ist." Und zugleich bemerkte ich: „Wir wollen uns setzen, wenn es Euch recht ist."

„Ja, das wollen wir tun", erwiderte Varro, „denn ich bin doch ziemlich müde. Aber laß uns sehen, ob es auch dem Atticus gefällt, daß ich tue, was Du, wie ich sehe, von mir wünschest."

'Mihi vero' ille; 'quid est enim quod malim quam ex Antiocho iam pridem audita recordari et simul videre satisne ea commode dici possint Latine?'

Quae cum essent dicta, in conspectu consedimus omnes.

Tum Varro ita exorsus est: 'Socrates mihi videtur, id quod constat inter omnes, primus a rebus occultis et ab ipsa natura involutis, in quibus omnes ante eum philosophi occupati fuerunt, avocavisse philosophiam et ad vitam communem adduxisse, ut de virtutibus et de vitiis omninoque de bonis rebus et malis quaereret, caelestia autem vel procul esse a nostra cognitione censeret vel, si maxime cognita essent, nihil tamen ad bene vivendum. hic in omnibus fere sermonibus, qui ab is qui illum audierunt perscripti varie copioseque sunt, ita disputat ut nihil affirmet ipse refellat alios, nihil se scire dicat nisi id ipsum, eoque praestare ceteris, quod illi quae nesciant scire se putent, ipse se nihil scire id unum sciat; ob eamque rem se arbitrari ab Apolline omnium sapientissimum esse dictum, quod haec esset una hominis sapientia, non arbitrari sese scire quod nesciat. quae cum diceret constanter et in ea sententia permaneret, omnis eius oratio tantum in virtute laudanda et in hominibus ad virtutis studium cohortandis consumebatur, ut e Socraticorum libris maximeque Platonis intellegi potest.

Platonis autem auctoritate, qui varius et multiplex et copiosus fuit, una et consentiens duobus vocabulis philosophiae forma instituta est Academicorum et Peripateticorum, qui rebus congruentes nominibus

„Mir ist es ganz recht", sagte dieser, „denn was sollte mir lieber sein, als mir das in Erinnerung zurückzurufen, was ich vor langer Zeit von Antiochos gehört habe, und zugleich zu hören, ob man es befriedigend auf lateinisch ausdrücken kann!"

Nach diesen Worten setzten wir uns im Kreise einander gegenüber.

Darauf begann Varro folgendermaßen: „Nach meiner Überzeugung (und darin stimmen alle überein) hat Sokrates als erster die Philosophie von den verborgenen und durch die Natur selbst verhüllten Dingen, mit denen alle Philosophen vor ihm beschäftigt waren, weggeführt und sie zum alltäglichen Leben hingewendet; er begann nach Tugenden und Lastern, überhaupt nach den guten und schlechten Dingen zu fragen und war der Ansicht, die Welt der Gestirne sei entweder zu weit entfernt für unser Erkenntnisvermögen oder aber, selbst wenn man etwas über sie in Erfahrung bringen könnte, so würde diese Erkenntnis nichts dazu beitragen, sittlich gut zu leben. Dieser Sokrates pflegt in fast allen seinen Gesprächen, die von denjenigen, die ihn hörten, vielfach und ausführlich niedergeschrieben worden sind, in der Weise zu diskutieren, daß er selbst keine festen Behauptungen aufstellt, nur andere widerlegt und erklärt, er wisse selbst nichts, außer dem einen, daß er nichts wisse; er sei aber den anderen darin überlegen, daß diese zu wissen meinten, was sie nicht wissen, während er selbst nur das eine wisse, daß er nichts wisse; deshalb – so glaube er – sei er auch von Apollon der weiseste aller Menschen genannt worden, weil dies die einzig mögliche Menschenweisheit sei, daß man nämlich nicht meine, etwas zu wissen, was man in Wirklichkeit nicht wisse. Während er dies beharrlich behauptete und an dieser Ansicht festhielt, konzentrierte sich sein ganzes Reden darauf, die Tugend zu loben und die Menschen zum Streben nach der Tugend aufzufordern, wie man es den Schriften der Sokratesschüler, vor allem denjenigen Platons, entnehmen kann.

Durch die Autorität Platons aber, der so vielseitig, differenziert und wortgewandt war, bildete sich eine Form der Lehre aus, die einheitlich war und in sich übereinstimmte, und zwar unter den zwei Namen der Akademiker und der Peripatetiker. Beide

differebant. nam cum Speusippum sororis filium Plato philosophiae quasi heredem reliquisset, duo autem praestantissimo studio atque doctrina ⟨auditores⟩ Xenocratem Calchedonium et Aristotelem Stagiritem, qui erant cum Aristotele Peripatetici dicti sunt, quia disputabant inambulantes in Lycio, illi autem, quia Platonis instituto in Academia, quod est alterum gymnasium, coetus erant et sermones habere soliti, e loci vocabulo nomen habuerunt. sed utrique Platonis ubertate completi certam quandam disciplinae formulam composuerunt et eam quidem plenam ac refertam, illam autem Socraticam dubitanter de omnibus rebus et nulla affirmatione adhibita consuetudinem disserendi reliquerunt. ita facta est, quod minime Socrates probabat, ars quaedam philosophiae et rerum ordo et descriptio disciplinae. quae quidem erat primo duobus ut dixi nominibus una; nihil enim inter Peripateticos et illam veterem Academiam differebat. abundantia quadam ingenii praestabat, ut mihi quidem videtur, Aristoteles, sed idem fons erat utrisque et eadem rerum expetendarum fugiendarumque partitio.

Sed quid ago' inquit 'aut sumne sanus qui haec vos doceo? nam etsi non sus Minervam ut aiunt, tamen inepte quisquis Minervam docet.'

Tum Atticus 'Tu vero' inquit 'perge Varro; valde enim amo nostra atque nostros, meque ista delectant cum Latine dicuntur et isto modo.'

'Quid me' inquam 'putas, qui philosophiam iam professus sim populo nostro me exhibiturum.'

Schulen stimmten in der Sache überein und unterschieden sich nur dem Namen nach. Denn nachdem Platon den Speusippos, den Sohn seiner Schwester, sozusagen als Erben seiner Philosophie zurückgelassen hatte und neben ihm zwei Schüler, an Arbeitskraft und Lehre gleich hervorragend, Xenokrates aus Chalkedon und Aristoteles aus Stageira, so wurden diejenigen, die sich Aristoteles anschlossen, Peripatetiker genannt, weil sie im Lykeion umherwandelnd diskutierten, während die anderen, weil sie, wie es Platon eingerichtet hatte, regelmäßig in der Akademie, einem anderen Gymnasium, zusammentrafen und diskutierten, nach diesem Ort ihren Namen erhielten. Beide Männer jedoch, von Platons Gedankenreichtum erfüllt, bildeten jeder eine eigene Art der philosophischen Lehre in einem vollständigen und umfassenden System aus. Die Gewohnheit des Sokrates aber, aporetisch und ohne Entscheidung über alle Probleme zu diskutieren, gaben sie auf. So entstand, was Sokrates niemals gebilligt hätte, eine systematische Darstellung der Philosophie, geordnet nach ihren Teilgebieten. Diese Lehre war, wie schon gesagt, trotz zwei verschiedenen Namen nur eine. Denn es bestand kein Unterschied zwischen den Peripatetikern und jener Alten Akademie. An Genialität allerdings ragte meines Erachtens Aristoteles hervor, aber beide Richtungen gingen auf die gleiche Quelle zurück und trafen die gleiche Unterscheidung zwischen dem, was der Mensch erstreben und dem, was er meiden muß.

Aber was rede ich nur!" sagte er, „Bin ich noch ganz bei Sinnen, daß ich Euch derart belehre? Denn wenn auch nicht gerade das Schwein die Minerva belehrt, wie das Sprichwort sagt, so macht sich doch lächerlich, wer immer Minerva belehrt."

Darauf sagte Atticus: „Fahre nur so fort, Varro. Denn ich liebe das Unsrige und die Unsrigen sehr, und ich habe meine Freude daran, wenn diese Dinge auf lateinisch und auf eine solche Art und Weise dargestellt werden."

„Und was glaubst Du wohl", fügte ich hinzu, „welches Vergnügen mir diese Dinge machen, der ich ja schon angekündigt habe, ich wolle die griechische Philosophie unserem Volke vorführen."

'Pergamus igitur' inquit, 'quoniam placet. fuit ergo iam accepta a Platone philosophandi ratio triplex, una de vita et moribus, altera de natura et rebus occultis, tertia de disserendo et quid verum quid falsum quid rectum in oratione pravumve quid consentiens quid repugnet iudicando.

Ac primum illam partem bene vivendi a natura petebant eique parendum esse dicebant, neque ulla alia in re nisi in natura quaerendum esse illud summum bonum quo omnia referrentur; constituebantque extremum [esse] rerum expetendarum et finem bonorum adeptum esse omnia e natura et animo et corpore et vita. corporis autem alia ponebant esse in toto alia in partibus, valetudinem vires pulchritudinem in toto, in partibus autem sensus integros et praestantiam aliquam partium singularum, ut in pedibus celeritatem, vim in manibus, claritatem in voce, in lingua etiam explanatam vocum impressionem; animi autem quae essent ad comprehendendam ingeniis virtutem idonea, eaque ab his in naturam et mores dividebantur. naturae celeritatem ad discendum et memoriam dabant, quorum utrumque mentis esset proprium et ingenii; morum autem putabant studia esse et quasi consuetudinem, quam partim assiduitate exercitationis partim ratione formabant, in quibus erat ipsa philosophia; in qua quod inchoatum est neque ⟨absolutum⟩ progressio quaedam ad virtutem appellatur, quod autem absolutum, id est virtus, quasi perfectio naturae omniumque rerum quas in

„Gehen wir also weiter", erwiderte Varro, „da es Euch beiden so recht ist. Die schon von Platon überkommene Art des Philosophierens verlief also auf drei Bahnen: Einmal befaßte sie sich mit der sittlichen Lebensführung, dann mit der Naturphilosophie, drittens mit der Logik; sie fragte also, was an einer Behauptung wahr oder falsch und was an einem Urteil schlüssig und was widersprechend sei.

Den genannten ersten Teil über die sittlich-gute Lebensführung leiteten sie von der Natur ab und erklärten, dieser müsse man gehorchen und in nichts anderem als in der Natur jenes höchste Gut suchen, auf das sich alles beziehe; sie stellten den Satz auf, das höchste Ziel allen Strebens und das größte Gut bestehe darin, alles von der Natur her erlangt zu haben, was die Seele, den Körper und die Lebensart betreffe. Was nun die Vorzüge des Körpers angehe, so behaupteten sie, lägen die einen im Körper als Ganzem, die anderen in seinen einzelnen Teilen, so etwa Gesundheit, Kraft und Schönheit im Körper als Ganzem, in Einzelteilen aber gesunde Sinnesorgane und gute Beschaffenheit der Körperglieder, also in den Füßen Schnelligkeit, Kraft in den Händen, Klarheit in der Stimme und im Sprechen eine voll entwickelte Ausdrucksfähigkeit. Als Vorzüge der Seele aber bezeichneten sie das, was geeignet sei, die Tugend geistig anzueignen; dies wurde von ihnen aufgeteilt in die Naturanlagen und die vom Menschen selbst entwickelten Charaktereigenschaften. Zu den Naturanlagen rechneten sie schnelle Auffassungsgabe und Erinnerungsfähigkeit, denn beides sei dem Geiste und seiner Begabung eigentümlich; zu den ethischen Fähigkeiten aber gehörten nach ihrer Ansicht die tätige Bemühung und sozusagen die Gewöhnung. Beides ließen sie hervorgehen teils aus ständiger Übung, teils aus der Vernunfttätigkeit; auf diesen Leistungen beruhe gerade auch das Philosophieren. Solange dieses Philosophieren noch in der Entwicklung begriffen, aber noch nicht vollendet ist, sprechen sie von einer Art von Fortschreiten auf die Tugend hin; sobald es aber vollkommen und damit die Tugend als die Vollendung der Natur erreicht ist, nennen sie es das eine Beste unter allem, was die Seele zu leisten vermag. Soweit also über die Seele. Zu den äußeren Gütern, die mit der Lebensfüh-

animis ponunt una res optima. ergo haec animorum; vitae autem (id enim erat tertium) adiuncta esse dicebant quae ad virtutis usum valerent. iam virtus in animi bonis et in corporis cernitur et in quibusdam quae non tam naturae quam beatae vitae adiuncta sunt. hominem enim esse censebant quasi partem quandam civitatis et universi generis humani, eumque esse coniunctum cum hominibus humana quadam societate.

Ac de summo quidem atque naturali bono sic agunt; cetera autem pertinere ad id putant aut ad augendum aut ad tenendum, ut divitias ut opes ut gloriam ut gratiam. ita tripertita ab his inducitur ratio bonorum. atque haec illa sunt tria genera quae putant plerique Peripateticos dicere. id quidem non falso; est enim haec partitio illorum; illud imprudenter, si alios esse Academicos qui tum appellarentur alios Peripateticos arbitrantur. communis haec ratio, et utrisque hic bonorum finis videbatur, adipisci quae essent prima in natura quaeque ipsa per sese expetenda aut omnia aut maxima; ea sunt autem maxima, quae in ipso animo atque in ipsa virtute versantur. itaque omnis illa antiqua philosophia sensit in una virtute esse positam beatam vitam, nec tamen beatissimam nisi adiungerentur etiam corporis et cetera quae supra dicta sunt ad virtutis usum idonea. ex hac descriptione agendi quoque aliquid in vita et officii ipsius initium reperiebatur, quod erat in conservatione ⟨sui et in appetitione⟩ earum rerum quas natura praescriberet. hinc gignebatur fuga desidiae voluptatumque contemptio, ex quo laborum dolorumque susceptio multorum magnorum⟨que⟩ recti honestique causa et earum rerum quae erant congruentes cum praescriptione naturae; unde et amicitia exsistebat et iusti-

rung verbunden sind (dies war ja das dritte), zählten sie das, was die Betätigung der Tugend ermöglicht. Die Tugend wird verstanden als Vollkommenheit der Seele und des Körpers und einiger Dinge, die nicht mit der Natur selbst, sondern mit dem glückseligen Leben verbunden sind. Denn der Mensch ist nach ihrer Ansicht gewissermaßen ein Teil des Staates wie auch des gesamten Menschengeschlechts und ist mit den anderen Menschen durch eine bestimmte Art von menschlicher Gemeinschaft verbunden.

So also urteilen sie über das höchste, naturgemäße Gut; die übrigen Güter kommen nach ihrer Ansicht hinzu entweder als Erweiterung oder als Sicherung des höchsten Gutes, wie zum Beispiel Reichtum, Macht, Ruhm und Ansehen. Dementsprechend führen sie eine Dreiteilung der Güter ein; dies sind jene drei Güter, von denen die meisten glauben, daß sie von den Peripatetikern stammen. Dies ist auch nicht falsch, denn es ist in der Tat deren Einteilung; unüberlegt ist es dagegen zu glauben, etwas anderes lehrten diejenigen, die damals Akademiker genannt wurden, etwas anderes die Peripatetiker. Gemeinsam war beiden der Grundsatz und die Überzeugung hinsichtlich der Bestimmung des höchsten Gutes: Zu trachten nach den ursprünglichen Gütern der Natur und nach denen, die an und für sich als solche erstrebenswert sind, entweder alle oder doch die wichtigsten unter ihnen; die wichtigsten aber sind die, die die Seele selbst betreffen und die Tugend selbst angehen. Deshalb war jene ganze alte Philosophie davon überzeugt, daß das glückselige Leben zwar in der Tugend allein liege, daß es aber nicht vollkommen glückselig sei, wenn nicht auch die Güter des Körpers und die übrigen hinzukämen, von denen oben die Rede war und die die Betätigung der Tugend erleichtern. Aus dieser These leitete man dann auch das Prinzip des Handelns im täglichen Leben ab und genau das, was ‚Pflicht' heißt. Dieses Prinzip bestand in der Bewahrung seiner selbst und im Streben nach jenen Dingen, die von der Natur angeboten werden. Daraus gingen die Forderungen hervor, den Müßiggang zu meiden, die Lust zu verachten, daraus wiederum, viele und schwere Mühen und Leiden auf sich zu nehmen um des sittlich Guten und um

tia atque aequitas, eaeque et voluptatibus et multis
vitae commodis anteponebantur.

Haec quidem fuit apud eos morum institutio et eius
partis quam primam posui forma atque descriptio.

De natura autem (id enim sequebatur) ita dicebant 24
ut eam dividerent in res duas, ut altera esset efficiens,
altera autem quasi huic se praebens, ex qua efficeretur
aliquid. in eo quod efficeret vim esse censebant, in eo
autem quod efficeretur tantum modo materiam quandam; in utroque tamen utrumque: neque enim materiam ipsam cohaerere potuisse si nulla vi continere-
tur, neque vim sine aliqua materia; nihil est enim
quod non alicubi esse cogatur. sed quod ex utroque,
id iam corpus et quasi qualitatem quandam nomina-
bant – dabitis enim profecto ut in rebus inusitatis,
quod Graeci ipsi faciunt a quibus haec iam diu tractantur, utamur verbis interdum inauditis.' 'Nos vero' 25
inquit Atticus; 'quin etiam Graecis licebit utare cum
voles, si te Latine forte deficient.' 'Bene sane facis;
sed enitar ut Latine loquar, nisi in huiusce modi
verbis ut philosophiam aut rhetoricam aut physicam
aut dialecticam appellem, quibus ut aliis multis consuetudo iam utitur pro Latinis. qualitates igitur ap-
pellavi quas ποιότητας Graeci vocant, quod ipsum
apud Graecos non est vulgi verbum sed philosophorum, atque id in multis; dialecticorum vero verba
nulla sunt publica, suis utuntur. et id quidem commune omnium fere est artium; aut enim nova sunt
rerum novarum facienda nomina aut ex aliis transfe-

jener Dinge willen, die mit den Vorschriften der Natur übereinstimmen; daraus wiederum entstand Freundschaft, Gerechtigkeit und Billigkeit. All dies zog man der Lust und vielen Annehmlichkeiten des Lebens vor.

Dies also war bei ihnen die Sittenlehre, die Gestalt und der Aufbau jenes Teiles, den ich als den ersten angesetzt hatte.

Über die Natur aber – denn dies war der zweite Bereich – äußerten sie sich derart, daß sie sie in zwei Teile trennten: Der eine war der bewirkende Teil, der andere derjenige, der jenem gewissermaßen zur Verfügung stand, so daß an ihm etwas bewirkt wurde; in dem bewirkenden Teil war ihrer Ansicht nach eine Kraft enthalten, in dem Teil aber, auf den Wirkung ausgeübt wurde, lediglich eine Art von Materie. Doch sei beides, Wirkkraft und Materie, ineinander enthalten, denn weder könne die Materie als zusammenhängendes Ganzes existieren, wenn sie nicht von der Wirkkraft zusammengehalten werde, noch könne die Wirkkraft bestehen ohne irgendeine Materie: Es gibt nämlich nichts, was sich nicht notwendigerweise an irgendeinem Ort befindet. Was aber aus dem Zusammenwirken beider entsteht, das nannten sie Körper und sozusagen eine Qualität – denn Ihr gestattet sicher, daß ich bei ungewohnten Dingen bisweilen neuartige Wörter verwende, wie es die Griechen ja auch tun, die diese Fragen schon lange behandeln." „Natürlich gestatten wir das", antwortete Atticus, „aber Du darfst auch gerne, wenn Du willst, griechische Ausdrücke verwenden, wenn Dir etwa die lateinischen fehlen." „Das ist sehr vernünftig von Dir. Aber ich werde mir Mühe geben, mich lateinisch auszudrücken, außer bei Wörtern wie ‚Philosophie', ‚Rhetorik', ‚Physik' oder ‚Dialektik', die man sich schon gewöhnt hat, wie viele andere, wie lateinische zu verwenden. ‚Qualitäten' also habe ich genannt, was die Griechen ποιότητες nennen, ein Wort, das selbst bei den Griechen kein Wort der Umgangssprache ist, sondern eins der Philosophen; so ist es mit vielen anderen Wörtern. Auch die Wörter der Dialektiker sind keine der Umgangssprache, sondern sie verwenden ihre eigene Sprache; und dies ist fast bei allen Wissenschaften so. Entweder muß man neue Ausdrücke für neue Dinge finden, oder man muß

renda. quod si Graeci faciunt qui in his rebus tot iam saecla versantur, quanto id nobis magis concedendum est, qui haec nunc primum tractare conamur.'

'Tu vero' inquam 'Varro bene etiam meriturus mihi videris de tuis civibus, si eos non modo copia rerum auxeris, ut effecisti, sed etiam verborum'.

'Audebimus ergo' inquit 'novis verbis uti te auctore, si necesse erit.

Earum igitur qualitatum sunt aliae principes aliae ex his ortae. principes sunt unius modi et simplices; ex his autem ortae variae sunt et quasi multiformes. itaque aer (hoc quoque utimur enim pro Latino) et ignis et aqua et terra prima sunt; ex his autem ortae animantium formae earumque rerum quae gignuntur e terra. ergo illa initia et ut e Graeco vertam elementa dicuntur; e quibus aer et ignis movendi vim habent et efficiendi, reliquae partes accipiendi et quasi patiendi, aquam dico et terram. quintum genus, e quo essent astra mentesque, singulare eorumque quattuor quae supra dixi dissimile Aristoteles quoddam esse rebatur. sed subiectam putant omnibus sine ulla specie atque carentem omni illa qualitate (faciamus enim tractando usitatius hoc verbum et tritius) materiam quandam, ex qua omnia expressa atque effecta sint, quae tota omnia accipere possit omnibusque modis mutari atque ex omni parte eoque etiam interire, non in nihilum sed in suas partes, quae infinite secari ac dividi possint, cum sit nihil omnino in rerum natura minimum quod dividi nequeat. quae autem moveantur omnia intervallis moveri, quae intervalla item

Ausdrücke aus anderen Gebieten auf die neuen Dinge übertragen. Wenn die Griechen dies tun, die sich mit diesen Dingen schon so viele Jahrhunderte beschäftigen, dann muß es uns um so mehr gestattet sein, die wir gerade erst mit dem Versuch beginnen, diese Fragen zu behandeln."

„Du wirst Dir, Varro", antwortete ich, „meines Erachtens große Verdienste um Deine Mitbürger erwerben, wenn Du nicht nur den Umfang ihres Wissens vergrößerst, wie Du es schon getan hast, sondern auch denjenigen der Begriffe!"

„Riskieren wir es also", entgegnete er, „unter Deiner Verantwortung neue Begriffe zu verwenden, wenn es sich als notwendig erweist.

Von den genannten Qualitäten sind die einen ursprünglich, die anderen aus diesen entstanden. Die ursprünglichen Qualitäten sind von einerlei Art und einfach, die aus ihnen entstandenen dagegen verschieden und sozusagen vielgestaltig. So sind Luft (auch dieses Wort benutzen wir wie ein lateinisches), Feuer, Wasser und Erde Urstoffe; aus ihnen entstanden sind die Gestalten der Lebewesen und der der Erde entsprießenden Pflanzen. Deshalb werden jene Qualitäten Ursprünge und, um aus dem Griechischen zu übersetzen, Elemente genannt. Von diesen haben Luft und Feuer die Kraft des Bewegens und des Bewirkens, die übrigen Teile, nämlich Wasser und Erde, die des Aufnehmens und gewissermaßen Erleidens. Aristoteles nahm noch eine fünfte Art an, aus der die Sterne und der menschliche Geist bestünden, eine besondere, von den vier obengenannten verschiedene. Aber allen diesen Stoffen liegt, wie sie lehren, eine Materie zugrunde, die keinerlei Gestalt habe und jeder genannten Qualität völlig entbehre (diesen Begriff wollen wir durch häufige Verwendung geläufiger machen); aus ihr sei alles herausgeformt und hervorgebracht, denn sie könne als Ganzes alles in sich aufnehmen, sich in jeder Weise ändern, in allen ihren Teilen umgestaltet werden und deshalb auch vergehen, allerdings nicht in nichts, sondern in ihre Teile, die unbegrenzt zerlegt und zerteilt werden könnten; denn es gebe keinen noch so kleinen Teil im All, der nicht noch weiter zerteilt werden könne. Im übrigen bewege sich alles, was sich bewege, im Raum, und auch dieser Raum sei unbegrenzt teilbar.

infinite dividi possint. et cum ita moveatur illa vis quam qualitatem esse diximus, et cum sic ultro citroque versetur, et materiam ipsam totam penitus commutari putant et illa effici quae appellant qualia; e quibus in omni natura cohaerente et continuata cum omnibus suis partibus unum effectum esse mundum, extra quem nulla pars materiae sit nullumque corpus. partis autem esse mundi omnia quae insint in eo, quae natura sentiente teneantur, in qua ratio perfecta insit, quae sit eadem sempiterna (nihil enim valentius esse a quo intereat); quam vim animum esse dicunt mundi, eandemque esse mentem sapientiamque perfectam, quem deum appellant, omniumque rerum quae sunt ei subiectae quasi prudentiam quandam procurantem caelestia maxime, deinde in terris ea quae pertineant ad homines; quam interdum eandem necessitatem appellant, quia nihil aliter possit atque ab ea constitutum sit, interdum ⟨seriem causarum⟩ quasi fatalem et immutabilem continuationem ordinis sempiterni, non numquam quidem eandem fortunam, quod efficiat multa improvisa et necopinata nobis propter obscuritatem ignorationemque causarum.

Tertia deinde philosophiae pars, quae erat in ratione et in disserendo, sic tractabatur ab utrisque. quamquam oriretur a sensibus tamen non esse iudicium veritatis in sensibus. mentem volebant rerum esse iudicem, solam censebant idoneam cui crederetur, quia sola cerneret id quod semper esset simplex et unius modi et tale quale esset (hanc illi ἰδέαν appellabant, iam a Platone ita nominatam, nos recte speciem possumus dicere). sensus autem omnis hebetes et tardos esse arbitrabantur nec percipere ullo modo res

Da sich nun jene Kraft, die ich Qualität genannt habe, so in der Materie bewege und derart nach allen Seiten ihre Wirkung ausübe, sind sie der Ansicht, daß auch die gesamte Materie ihrerseits durch und durch verändert werde und dadurch zunächst jene Dinge entstünden, die sie ‚qualifiziert' nennen; aus ihnen wiederum sei dann in der ein zusammenhängendes Ganzes bildenden Natur die eine Welt mit allen ihren Teilen entstanden; außerhalb dieser Welt gebe es keinerlei Materie und keinen Körper. Teil der Welt aber sei alles, was sich in ihr befinde und in seiner Existenz durch eine empfindungsfähige Natur zusammengehalten werde; diese Natur aber sei mit vollkommener Vernunft begabt und zugleich ewig, da es nichts Stärkeres gebe, durch das sie vernichtet werden könnte. Diese zusammenhaltende Kraft sei, wie sie sagen, die Seele der Welt und zugleich vollkommener Geist und vollkommene Weisheit, die sie Gott nennen; er sei eine Art von vorausschauender Klugheit, die für alle Dinge, die ihr anvertraut sind, sorgt, und zwar zuerst für die Himmelskörper, dann für die Dinge auf der Erde, die den Menschen angehen. Diese Klugheit nennen sie bisweilen auch Notwendigkeit, weil nichts auf eine andere Weise geschehen könne als so, wie es von ihr bestimmt sei, zuweilen die Verkettung der Ursachen als der sozusagen schicksalmäßige und unveränderliche Zusammenhang der ewigen Weltordnung; manchmal nennen sie sie auch Zufall, weil sie vielerlei bewirke, das uns unvorhergesehen und unvermutet widerfahre wegen der Dunkelheit und unserer Unkenntnis der Ursachen.

Der dritte Teil der Philosophie schließlich, der sich mit der Erkenntnislehre und mit der Logik befaßte, wurde von beiden Schulen folgendermaßen behandelt. Obwohl das Urteil über die Wahrheit von den Sinnesorganen ausgehe, liege es dennoch nicht in den Sinnesorganen. Nur der Geist habe nach ihrer Lehre die Dinge zu beurteilen, ihn allein hielten sie für geeignet, daß man sich auf ihn verlasse, weil er allein das erkenne, was immerfort einfach und von einerlei Art und so sei, wie es an sich selbst sei. Dies nannten sie ἰδέα, wie es schon von Platon genannt wurde, während wir es am besten ‚Gestalt' nennen können. Die Sinnesorgane aber, so glaubten sie, seien sämtlich stumpf und träge; sie

eas quae subiectae sensibus viderentur, quod essent aut ita parvae ut sub sensum cadere non possent, aut ita mobiles et concitatae ut nihil umquam unum esset ⟨et⟩ constans, ne idem quidem, quia continenter laberentur et fluerent omnia. itaque hanc omnem partem rerum opinabilem appellabant; scientiam autem nusquam esse censebant nisi in animi notionibus atque rationibus. qua de causa definitiones rerum probabant et has ad omnia de quibus disceptabatur adhibebant; verborum etiam explicatio probabatur, id est qua de causa quaeque essent ita nominata, quam ἐτυμολογίαν appellabant; post argumentis quibusdam et quasi rerum notis ducibus utebantur ad probandum et ad concludendum id quod explanari volebant. in qua tradebatur omnis dialecticae disciplina id est orationis ratione conclusae; huic quasi ex altera parte oratoria vis dicendi adhibebatur, explicatrix orationis perpetuae ad persuadendum accommodatae.

Haec forma erat illis prima, a Platone tradita; cuius quas acceperim dissupationes si vultis exponam.'

'Nos vero volumus' inquam, 'ut pro Attico etiam respondeam.'

'Et recte quidem' inquit 'respondes; praeclare enim explicatur Peripateticorum et Academiae veteris auctoritas.'

'Aristoteles igitur primus species quas paulo ante dixi labefactavit, quas mirifice Plato erat amplexatus, ut in iis quiddam divinum esse diceret. Theophrastus autem, vir et oratione suavis et ita moratus ut prae se probitatem quandam et ingenuitatem ferat, vehementius etiam fregit quodam modo auctoritatem veteris disciplinae; spoliavit enim virtutem suo decore imbe-

würden deshalb auf keine Weise die Dinge, die in ihren Bereich zu fallen scheinen, begreifen, weil diese entweder so klein seien, daß sie kein Gegenstand sinnlicher Wahrnehmung werden könnten, oder aber so wandelbar und beweglich, daß nie etwas Eindeutiges und Beständiges an ihnen zu erkennen sei, ja daß sie überhaupt nicht dieselben blieben, weil alles ununterbrochen dahingleite und dahinfließe. Deshalb nannten sie den ganzen Bereich des sinnlich Wahrnehmbaren einen Bereich des bloßen Meinens. Wirkliches Wissen aber gebe es nach ihrer Ansicht allein in den Begriffen und den darauf beruhenden Schlußfolgerungen des Geistes. Deshalb legten sie auch großen Wert auf die Definitionen der Dinge und verwendeten diese bei allen Fragen, die sie untersuchten. Sie pflegten auch die Worterklärung, das heißt, sie gingen der Frage nach, warum alle Dinge die Namen tragen, die sie haben: Das nannten sie ἐτυμολογία; ferner verwendeten sie bestimmte Beweisformen und Merkmale der Dinge, sozusagen als Führer, um durch Schlußfolgerungen zu beweisen, was sie erklären wollten. Darauf beruhte die gesamte Lehre von der Dialektik als eine in Syllogismen vorgehende Form der Diskussion; ihr fügten sie sozusagen von der anderen Seite die Redekunst hinzu als die Lehre von der den Hörer überzeugenden fortlaufenden Rede.

Das war bei ihnen die ursprüngliche, von Platon überlieferte Lehre. Ihre Veränderungen, wie sie mir bekannt geworden sind, will ich Euch, wenn Ihr wollt, gern mitteilen."

„Gewiß wollen wir dies", sagte ich, „und ich antworte dabei auch für Atticus."

„Mit Recht tust Du das", stimmte jener zu, „denn das System der Peripatetiker und der Alten Akademie hat er vorzüglich erklärt."

„Aristoteles war es, der als erster die Lehre von den Ideen, von denen ich kurz zuvor gesprochen habe, erschüttert hat, jener Ideen, denen Platon einen so erstaunlich hohen Rang beimaß, daß er in ihnen etwas Göttliches sah. Theophrast aber, der einen gefälligen Stil schrieb und in seinem Charakter Redlichkeit und Vornehmheit zeigte, zerstörte in gewisser Weise noch entscheidender das Ansehen der alten Lehre: Denn er raubte der Tugend

cillamque reddidit, quod negavit in ea sola positum esse beate vivere.

Nam Strato eius auditor quamquam fuit acri ingenio tamen ab ea disciplina omnino semovendus est; qui cum maxime necessariam partem philosophiae, quae posita est in virtute et in moribus, reliquisset totumque se ad investigationem naturae contulisset, in ea ipsa plurimum dissedit a suis. Speusippus autem et Xenocrates, qui primi Platonis rationem auctoritatemque susceperant, et post eos Polemo et Crates unaque Crantor in Academia congregati diligenter ea quae a superioribus acceperant tuebantur. iam Polemonem audiverant assidue Zeno et Arcesilas. sed Zeno, cum Arcesilam anteiret aetate valdeque subtiliter dissereret et peracute moveretur, corrigere conatus est disciplinam. eam quoque si videtur correctionem explicabo, sicut solebat Antiochus.'

'Mihi vero' inquam 'videtur, quod vides idem significare Pomponium.'

'Zeno igitur nullo modo is erat qui ut Theophrastus nervos virtutis inciderit, sed contra qui omnia quae[que] ad beatam vitam pertinerent in una virtute poneret nec quicquam aliud numeraret in bonis idque appellaret honestum quod esset simplex quoddam et solum et unum bonum ⟨malum contra...⟩ cetera autem etsi nec bona nec mala essent tamen alia secundum naturam dicebat alia naturae esse contraria; his ipsis alia interiecta et media numerabat. quae autem secundum naturam essent ea sumenda et quadam aestimatione dignanda docebat, contraque contraria; neutra autem in mediis relinquebat, in quibus ponebat nihil omnino esse momenti. sed quae essent sumenda, ex iis alia pluris esse aestimanda alia minoris. quae pluris ea praeposita appellabat, reiecta autem quae minoris. atque ut haec non tam rebus quam vocabulis commutaverat, sic inter recte factum

ihren Glanz und schwächte sie dadurch, daß er behauptete, auf ihr allein könne das glückselige Leben nicht beruhen.

Was Straton betrifft, seinen Schüler, so muß er, trotz der Schärfe seines Geistes, ganz und gar aus dieser Schule ausgeschlossen werden: Denn er vernachlässigte den wichtigsten Teil der Philosophie, der sich mit der Sittenlehre befaßt, und wandte sich ganz der Erforschung der Natur zu und trennte sich auch darin weit von seiner Schule. Speusippos und Xenokrates aber, die als erste die Lehre und die Autorität Platons anerkannt hatten, und nach ihnen Polemon, Krates und Krantor hüteten, in der Akademie vereint, sorgfältig das System, das sie von ihren Vorgängern übernommen hatten. Ständige Hörer des Polemon waren auch Zenon und Arkesilaos; Zenon aber, der älter war als Arkesilaos und überaus scharfsinnig diskutierte und im Denken beweglich war, unternahm es, die alte Lehre zu erneuern. Auch diese Verbesserung werde ich Euch, wenn es Euch recht ist, so darlegen, wie es Antiochos zu tun pflegte."

„Ich bin damit einverstanden", erwiderte ich, „und wie Du siehst, deutet dies auch Pomponius an."

„Zenon also war keineswegs der, der wie Theophrast der Tugend die Muskeln zerschnitten hätte. Er verlegte im Gegenteil alles, was zum glückseligen Leben gehört, ausschließlich in die Tugend und zählte nichts anderes zu den Gütern; und nur dieses einfache, alleinige und einzig Gute nannte er das wahrhaft Gute ⟨und nur das Tugendwidrige nannte er das wahrhaft Schlechte⟩. Alles übrige aber, auch wenn es weder gut noch böse war, galt für ihn dennoch teils als der Natur gemäß, teils als wider die Natur, teils als zwischen diesen beiden in der Mitte liegend. Was aber der Natur gemäß sei, so lehrte er, das müsse man vorziehen und einer bestimmten Wertschätzung würdigen; mit dem Naturwidrigen müsse man das Gegenteil tun. Was aber keines von beiden war, das ließ er unbeachtet und meinte, es sei von keinerlei Bedeutung. Was aber vorzuziehen sei, davon sei das eine mehr zu schätzen, das andere weniger. Was mehr zu schätzen sei, das nannte er Vorgezogenes, was weniger, Zurückgewiesenes. Wie er die Sittenlehre nicht so sehr den Inhalten, sondern mehr den Namen nach geändert hatte, so stellte er auch

atque peccatum officium et contra officium media locabat quaedam, recte facta sola in bonis actionibus ponens, prave id est peccata in malis; officia autem et servata praetermissaque media putabat ut dixi.

Cumque superiores non omnem virtutem in ratione esse dicerent sed quasdam virtutes quasi natura aut more perfectas, hic omnis in ratione ponebat. cumque illi ea genera virtutum quae supra dixi seiungi posse arbitrarentur, hic nec id ullo modo fieri posse disserebat, nec virtutis usum modo ut superiores sed ipsum habitum per se esse praeclarum, nec tamen virtutem cuiquam adesse quin ea semper uteretur. cumque perturbationem animi illi ex homine non tollerent naturaque et condolescere et concupiscere et extimescere et efferri laetitia dicerent, sed ea contraherent in angustumque deducerent, hic omnibus his quasi morbis voluit carere sapientem. cumque eas perturbationes antiqui naturales esse dicerent et rationis expertes aliaque in parte animi cupiditatem, ⟨in⟩ alia rationem collocarent, ne his quidem assentiebatur; nam et perturbationes voluntarias esse putabat opinionisque iudicio suscipi et omnium perturbationum matrem esse arbitrabatur immoderatam quandam intemperantiam. haec fere de moribus.

De naturis autem sic sentiebat, primum ut in quattuor initiis rerum illis quintam hanc naturam, ex qua superiores sensus et mentem effici rebantur, non

zwischen sittlich rechtes und sittlich unrechtes Handeln das pflichtgemäße und das pflichtwidrige Handeln als etwas in der Mitte Liegendes; das rechte Handeln verlegte er allein in das sittlich gute Tun, das falsche oder unrechte Handeln in das sittlich schlechte Tun; das pflichtgemäße Handeln, ob durchgeführt oder versäumt, hielt er, wie gesagt, für etwas zwischen beiden in der Mitte Liegendes.

Während ferner seine Vorgänger behaupteten, die Tugend habe ihren Ursprung nicht allein in der Vernunft, sondern einige Tugenden seien von der Natur gegeben oder durch Charakterbildung erworben, so verlegte dieser sie ganz und gar in die Vernunft. Während außerdem jene der Ansicht waren, daß die Arten der Tugenden, die ich oben genannt habe, voneinander getrennt werden könnten, behauptete er, dies sei unter keinen Umständen möglich, und überhaupt sei es nicht nur die Ausübung der Tugend, wie seine Vorgänger meinten, sondern vielmehr der tugendhafte Zustand als solcher, der den Menschen auszeichne; allerdings sei niemand im Zustand der Tugend, der sie nicht auch ständig ausübe. Während sodann jene die Gemütserregungen im Menschen nicht verwarfen und behaupteten, daß der Mensch von Natur Schmerz, Begierde, Angst und überschwengliche Lust empfinde, sie aber der Einschränkung und Mäßigung unterwarfen, so verlangte dieser, der Weise müsse von alledem wie von einer Krankheit völlig frei sein. Während schließlich die alten Philosophen behaupteten, die genannten Gemütserregungen seien naturgegeben und unabhängig von der Vernunft, und während sie dem Begehren und der Vernunft je einen besonderen Ort in der Seele zuwiesen, so stimmte er auch dieser Ansicht nicht zu. Denn er glaubte, die Gemütserregungen entstünden aus dem bloßen Willen des Menschen und der Mensch unterwerfe sich ihnen aufgrund eines Urteils, das auf einem bloßen Meinen beruhe. Die Mutter aller seelischen Erregungen sei nichts anderes als eine Art von Unbeherrschtheit, die jedes Maß übersteige. Dies ist das Wesentliche über die Sittenlehre.

In der Naturlehre vertrat er folgende Ansicht: Zu den genannten vier Elementen brauche man die fünfte Natur, aus der die Vorgänger das Wahrnehmungs- und Denkvermögen hervorge-

adhiberet; statuebat enim ignem esse ipsam naturam quae quidque gigneret et mentem atque sensus. discrepabat etiam ab isdem, quod nullo modo arbitrabatur quicquam effici posse ab ea quae expers esset corporis, cuius generis Xenocrates et superiores etiam animum esse dixerant, nec vero aut quod efficeret aliquid aut quod efficeretur posse esse non corpus.

Plurima autem in illa tertia philosophiae parte mutavit. in qua primum de sensibus ipsis quaedam dixit nova, quos iunctos esse censuit e quadam quasi impulsione oblata extrinsecus, quam ille φαντασίαν, nos visum appellemus licet. (et teramus hoc quidem verbum, erit enim utendum in reliquo sermone saepius). sed ad haec quae visa sunt et quasi accepta sensibus assensionem adiungit animorum, quam esse vult in nobis positam et voluntariam. visis non omnibus adiungebat fidem sed is solum quae propriam quandam haberent declarationem earum rerum quae viderentur; id autem visum cum ipsum per se cerneretur, comprehendibile – feretis haec?'

40

41

Atticus 'Nos vero' inquit; 'quonam enim alio modo καταλημπτόν diceres?'

'sed cum acceptum iam et approbatum esset, comprehensionem appellabat, similem is rebus quae manu prehenderentur; ex quo etiam nomen hoc duxerat [at], cum eo verbo antea nemo tali in re usus esset; plurimisque idem novis verbis (nova enim dicebat) usus est. quod autem erat sensu comprehensum id ipsum sensum appellabat, et si ita erat comprehensum ut convelli ratione non posset, scientiam, sin aliter, inscientiam nominabat; ex qua existebat etiam opinio, quae esset imbecilla ⟨adsensio⟩ et cum falso

hen ließen, nicht hinzuzufügen. Denn er behauptete, das Feuer sei gerade diejenige Kraft, die jegliches hervorbringe, und so auch das Denken und die Wahrnehmung. Er wich außerdem darin von ihnen ab, daß er bestritt, es könne irgend etwas hervorgebracht werden von einer Kraft, die unkörperlich sei – Xenokrates und die Früheren hatten geglaubt, auch die Seele sei von solcher Art –: Alles, was etwas anderes hervorbringe oder was hervorgebracht werde, müsse ein Körper sein.

Das meiste aber änderte er im dritten Teil der Philosophie. In ihm lehrte er zunächst einmal über die Sinneswahrnehmungen Neues. Er war der Ansicht, sie kämen zustande durch eine Art Anstoß von außen, den er φαντασία nennt und was wir mit ‚Sinneseindruck‘ wiedergeben können (auch dieses Wort wollen wir benutzen, denn es wird im Verlauf des Gesprächs noch öfter gebraucht werden); mit dem aber, was gesehen und durch die Sinneswerkzeuge gewissermaßen aufgenommen wird, verbindet er die Zustimmung durch die Vernunft, von der er behauptet, daß sie in der Macht unseres freien Willens liege. Nicht allen Sinneseindrücken billigte er Glaubwürdigkeit zu, sondern nur denen, die eine bestimmte eigentümliche Kennzeichnung der durch die Sinne vermittelten Dinge enthielten; wenn also ein Sinneseindruck eine unverwechselbare und eindeutige Kennzeichnung sehen ließ, dann nannte er ihn einen ‚begreifbaren‘ – könnt Ihr dieser Übersetzung zustimmen?"

„Das können wir gewiß", erwiderte Atticus, „denn wie solltest Du καταλημπτόν anders ausdrücken?"

„Den Vorgang der Aufnahme durch die Sinne und der Billigung durch die Vernunft nannte er ‚Begreifen‘, vergleichbar mit dem Ergreifen von Dingen durch die Hand. Von daher leitete er diese Bezeichnung ab, während niemand vorher dieses Wort für einen solchen Sachverhalt verwendet hatte; er verwendete überhaupt eine ganze Reihe neuer Wörter – er sprach ja auch von neuen Sachen. Was aber durch ein Sinnesorgan erfaßt war, das nannte er Sinneswahrnehmung, und wenn es derart erfaßt war, daß die Vernunft es nicht erschüttern konnte, dann nannte er dies Wissen, im entgegengesetzten Fall Nichtwissen; aus diesem entstand dann das Meinen, das keine Sicherheit bot und mit dem

incognitoque communis. sed inter scientiam et inscientiam comprehensionem illam quam dixi collocabat, eamque neque in rectis neque in pravis numerabat, sed soli credendum esse dicebat. e quo sensibus etiam fidem tribuebat, quod ut supra dixi comprehensio facta sensibus et vera esse illi et fidelis videbatur; non quod omnia quae essent in re comprehenderet, sed quia nihil quod cadere in eam posset relinqueret, quodque natura quasi normam scientiae et principium sui dedisset unde postea notiones rerum in animis imprimerentur; e quibus non principia solum sed latiores quaedam ad rationem inveniendam viae reperiuntur. errorem autem et temeritatem et ignorantiam et opinionem et suspicionem et uno nomine omnia quae essent aliena firmae et constantis assensionis a virtute sapientiaque removebat.

Atque in his fere commutatio constitit omnis dissensioque Zenonis a superioribus.'

Quae cum dixisset [et], 'Breviter sane minimeque obscure exposita est' inquam 'a te Varro et veteris Academiae ratio et Stoicorum. horum esse autem arbitror, ut Antiocho nostro familiari placebat, correctionem veteris Academiae potius quam aliquam novam disciplinam putandam.'

Tum Varro 'Tuae sunt nunc partes' inquit 'qui ab antiquorum ratione desciscis et ea quae ab Arcesila novata sunt probas, docere quod et qua de causa discidium factum sit, ut videamus satisne ista sit iusta defectio.'

Tum ego 'Cum Zenone' inquam 'ut accepimus Arcesilas sibi omne certamen instituit, non pertinacia aut studio vincendi ut quidem mihi videtur, sed earum rerum obscuritate, quae ad confessionem

Falschen und dem Unbekannten in eine Reihe gehörte. Aber zwischen Wissen und Nichtwissen stellte er jenes Begreifen, das ich schon genannt habe, und zählte es weder als sittlich richtig noch als sittlich falsch, betonte aber, daß nur ihm Glauben geschenkt werden dürfe. Deshalb billigte er auch den Sinneswahrnehmungen Glaubwürdigkeit zu, weil ihm, wie oben schon gesagt, das Begreifen, durch die Sinne vermittelt, als wahr und glaubwürdig erschien; dies nicht deshalb, weil es in der Lage sei, sämtliche Wesenseigenschaften eines Gegenstands zu erfassen, sondern weil es nichts, was in seinen Bereich fallen könnte, unbeachtet lasse. Dies habe die Natur dem Menschen gewissermaßen als Richtschnur für das Wissen und als Grundlage zu ihrer Erkenntnis gegeben, woraus sich später die Begriffe von den Dingen den Seelen einprägten; durch diese würden nicht nur die Grundlagen der Erkenntnis gelegt, sondern auch die Wege zu weiterer Erkenntnis geöffnet. Den Irrtum aber, die vorschnelle Zustimmung, die Unwissenheit, das Meinen und Vermuten, mit einem Wort alles, was der festen und sicheren Zustimmung ermangelte, das schloß er aus der Tugend und Weisheit aus.

Das waren ungefähr die Punkte, in denen die Änderung der Lehre und Zenons ganzer Unterschied von seinen Vorgängern bestand."

Als Varro so gesprochen hatte, sagte ich: „Du hast uns, Varro, kurz und in größter Klarheit die Lehre der Alten Akademie und der Stoiker dargelegt. Ich glaube allerdings – und dieser Ansicht war auch unser Freund Antiochos –, daß die Lehre der Stoiker eher als eine Verbesserung der Alten Akademie denn als eine gänzlich neue Lehre angesehen werden muß."

Darauf bemerkte Varro: „Du bist jetzt an der Reihe, der Du ja von der Lehre der Alten abweichst und die Neuerungen des Arkesilaos billigst; Du hast uns zu erläutern, worin die Abweichung besteht und aus welchen Gründen sie entstanden ist, damit wir sehen, ob sie auch hinreichend gerechtfertigt ist."

Darauf erwiderte ich: „Wie uns überliefert wird, hat Arkesilaos den ganzen Streit mit Zenon nicht angefangen aus Rechthaberei oder Ehrgeiz, wie mir scheint, sondern weil in den Dingen jene Unklarheit herrsche, welche Sokrates veranlaßt hatte einzu-

ignorationis adduxerant Socratem et [vel ut] iam ante
Socratem Democritum Anaxagoram Empedoclem
omnes paene veteres, qui nihil cognosci nihil percipi
nihil sciri posse dixerunt, angustos sensus imbecillos
animos brevia curricula vitae et, ut Democritus, in
profundo veritatem esse demersam, opinionibus et
institutis omnia teneri, nihil veritati relinqui, deinceps omnia tenebris circumfusa esse dixerunt. itaque 45
Arcesilas negabat esse quicquam quod sciri posset, ne
illud quidem ipsum quod Socrates sibi reliquisset, ut
nihil scire se sciret; sic omnia latere censebat in
occulto neque esse quicquam quod cerni aut intellegi
posset; quibus de causis nihil oportere neque profiteri
neque affirmare quemquam neque assensione appro-
bare, cohibereque semper et ab omni lapsu continere
temeritatem, quae tum esset insignis cum aut falsa aut
incognita res approbaretur; neque hoc quicquam esse
turpius quam cognitioni et perceptioni assensionem
approbationemque praecurrere. huic rationi quod
erat consentaneum faciebat, ut contra omnium sententias disserens de sua plerosque deduceret ⟨et effi-
ceret⟩ ut cum in eadem re paria contrariis in partibus
momenta rationum invenirentur facilius ab utraque
parte assensio sustineretur. hanc Academiam novam 46
appellant, quae mihi vetus videtur, si quidem Platonem ex illa vetere numeramus, cuius in libris nihil
affirmatur et in utramque partem multa disseruntur,
de omnibus quaeritur nihil certi dicitur – sed tamen
illa quam exposuisti vetus, haec nova nominetur.
quae usque ad Carneadem perducta, qui quartus ab
Arcesila fuit, in eadem Arcesilae ratione permansit.
Carneades autem nullius philosophiae partis ignarus
et, ut cognovi ex is qui illum audierant maximeque ex

gestehen, daß er nichts wisse; schon vor Sokrates hatten Demokrit, Anaxagoras, Empedokles und fast alle alten Philosophen dasselbe erklärt: Sie sagten, man könne nichts erkennen, nichts begreifen, nichts wissen, die Sinne seien zu beschränkt, die Vernunft sei zu schwach, das Leben zu kurz, und die Wahrheit sei, mit den Worten Demokrits, „in die Tiefe versenkt"; alles beruhe nur auf Meinungen und Konventionen, für die Wahrheit bleibe kein Raum, und überhaupt sei alles in Finsternis gehüllt. Deshalb behauptete Arkesilaos, daß es nichts gebe, das erkannt werden könne, nicht einmal das, was Sokrates sich für seine Person übriggelassen habe, nämlich, daß er wisse, daß er nichts wisse. Alles liege im Verborgenen, wie er meinte, und es gebe nichts, was gesehen oder erkannt werden könne; aus diesen Gründen dürfe niemand etwas behaupten oder versichern oder durch seine Zustimmung anerkennen; man müsse vielmehr die Zustimmung zurückhalten und sich vor jedem Irrtum aufgrund unüberlegten Urteils hüten: Eine solche Unüberlegtheit sei es offensichtlich, wenn man etwas Falsches oder nicht Begriffenes billige; es gebe aber nichts Beschämenderes, als wenn Zustimmung und Billigung dem Erkennen und Begreifen vorauseilten. So tat er, was mit diesem Prinzip im Einklang stand: Er diskutierte gegen die Ansichten aller Philosophen und überzeugte sehr viele von ihnen von der Unhaltbarkeit ihrer Meinungen; da in ein und derselben Sache gleichgewichtige Vernunftgründe dafür und dagegen zu finden seien, könne man sich leicht genug der Zustimmung zu der einen oder zu der anderen Seite enthalten. Dies ist es, was man die ‚Neue Akademie' nennt. Mir kommt sie allerdings wie die ‚Alte' vor, wenn wir nämlich Platon zur ‚Alten' rechnen; denn in seinen Büchern stellt er keine festen Behauptungen auf, läßt vielfach mit Gründen und Gegengründen diskutieren, stellt alles in Frage, legt nichts fest. Dennoch mag jene, die Du geschildert hast, die Alte, diese die Neue heißen. Diese Neue Akademie, weitergeführt bis auf Karneades, den vierten Leiter dieser Schule nach Arkesilaos, blieb bei der These des Arkesilaos. Karneades aber war auf allen Gebieten der Philosophie bewandert und von unglaublicher geistiger Energie, wie ich von seinen Hörern erfahren habe, vor allem von dem Epikureer Zenon, der

Epicureo Zenone, qui cum ab eo plurimum dissentiret unum tamen praeter ceteros mirabatur, incredibili quadam fuit facultate et to...

ihn mehr bewunderte als alle anderen Philosophen, obwohl er größtenteils anderer Ansicht war als er und ...

ANHANG

Einführung zur Trilogie

Als Cicero im Jahre 54 v. Chr. seinen ersten großen philosophischen Dialog schrieb, die sechs Bücher „Über den Staat", hat er in der Vorrede ausdrücklich erklärt, er halte sich an das Vorbild Platons. Als er etwas später die Arbeit an einem zweiten Dialog begann, erinnerte er sich wiederum an Platon und schrieb „Über die Gesetze". Er wird zwar die zehn Bücher des platonischen „Staates" durchgearbeitet, aber kaum die zwölf Bücher „Über die Gesetze" bis ins einzelne verfolgt haben; doch er wußte, daß die beiden Dialoge als ein Ganzes verstanden wurden, als die Summe der klassischen griechischen Staatsphilosophie, der er die Summe der römischen Staatsphilosophie gegenüberstellen wollte.

Etwa acht Jahre später beschloß er, in einer Reihe von Dialogen die wichtigsten Stücke griechischer Philosophie überhaupt den römischen Lesern zugänglich zu machen.

Als erstes entstand eine Trilogie von Dialogen: „Hortensius", „Catulus", „Lucullus". Es war eine Trilogie im strengsten Sinne dieses Begriffes. An drei aufeinander folgenden Tagen treffen sich immer wieder dieselben vier Freunde. Jeder von ihnen ist schon Konsul gewesen. Der älteste unter ihnen, Q. Lutatius Catulus, muß im Sommer des Jahres 62 v. Chr., in den Cicero das Gespräch verlegt hat, etwa siebzig Jahre gewesen sein, der jüngste, Cicero selber, war damals vierundvierzig Jahre alt. Der Altersunterschied war also nicht gering, doch waren sie alle römische Herren, die eine bedeutende und ereignisreiche Karriere schon hinter sich gebracht hatten. Dazu kommt schließlich, daß jeder der vier Freunde eine Villa am Golf von Neapel besaß. Cicero und Lucullus hatten ihre Villen in der Nähe von Neapel selber, Catulus hatte die seinige in der Nähe von Cumae, Hortensius die

seinige in Bauli. Von einer Villa zur anderen zu gelangen, war nicht mehr als ein kurzer Ausflug.

Die szenische Einheit der drei Dialoge hätte kaum größer sein können.

Ist Cicero selber auf den Gedanken verfallen, eine derart geschlossene Trilogie zu komponieren? Wohl kaum. Er wird sich auch da, wie im Falle der beiden Werke „Über den Staat" und „Über die Gesetze", an ein griechisches Vorbild gehalten haben.

Bei Platon haben wir nur eine einzige vergleichbare Konfiguration. Er hat einmal geplant, in drei Dialogen nacheinander nach dem Wesen des Sophisten, des Politikers und des Philosophen fragen zu lassen; auch da sollten die Gespräche an drei Tagen hintereinander an demselben Orte und unter denselben Teilnehmern stattfinden. Der Plan ist nicht zustande gekommen. Aus Gründen, die wir nicht kennen, hat Platon zwar den Dialog über den Sophisten und denjenigen über den Politiker verfaßt, dann aber das Unternehmen fallengelassen. Den Dialog über den Philosophen hat er nie geschrieben.

Für Cicero konnte dies kein Vorbild sein.

Vielleicht sollte man an den Peripatetiker Dikaiarchos denken, den Cicero hoch geschätzt hat und von dem er berichtet, er habe eine Reihe von drei Dialogen verfaßt, die alle in Korinth stattfanden, und ebenso eine zweite Reihe, deren Ort Mytilene auf Lesbos war. So gab es korinthische und lesbische Dialoge des Dikaiarchos, die alle ein einziges Gesamtproblem diskutiert zu haben scheinen: den Nachweis der Vergänglichkeit dessen, was die Menschen Seele nennen. In seinen Briefen an Atticus bittet Cicero diesen ausdrücklich darum, ihm jene Bücher zu besorgen.

Dies macht uns auf zwei Eigentümlichkeiten der ciceronischen Trilogie aufmerksam. Fürs erste hat ihr Cicero, obschon er die einzelnen Dialoge untereinander aufs engste verklammert hat, keinen umfassenden Namen gegeben; und zum zweiten stellt sich die Frage nach der Einheit des philosophischen Gegenstands der Dialoge.

Dieser Frage haben wir uns zunächst zuzuwenden.

Der erste Dialog muß vor allem anderen Ciceros systematische Absicht im allgemeinen und die Trilogie im besonderen angekündigt haben. Es muß herausgearbeitet worden sein, was die Philosophie überhaupt ist und was sie für den Menschen zu leisten vermag. Der dramatischen Belebung diente es, daß unter den vier Freunden einer ein entschiedener Gegner aller Philosophie war, die Titelfigur Hortensius, und daß es Cicero gelang, ihn zur Philosophie zu bekehren. Den Schluß des Dialoges bildet eine Rede Ciceros, die darlegte, wie der Mensch durch seine eigene Schuld an die Körperlichkeit gefesselt sei, darum in Schmerzen und Kummer dahinlebe und nur durch das Philosophieren zur wahren Glückseligkeit hingeführt werden könne.

Doch wie weit vermag uns die Philosophie zu führen?

Drei Thesen stehen einander gegenüber, und es sind diese drei Thesen, um die sich das Gespräch im zweiten und dritten Dialog dreht.

Die erste These ist diejenige Platons, wie sie vor allem im Dialog „Phaidon" begründet und erläutert wird. Falls es dem Menschen gelingt, von seiner eigenen Körperlichkeit, von den Sinneswahrnehmungen und von der durch die Sinne wahrnehmbaren äußeren Welt vollständig abzusehen und sich ganz dem reinen, sich selbst genügenden Denken anzuvertrauen, so vermag er schon in diesem Leben bis in die Nähe der Wahrheit vorzudringen. Allerdings bleibt er sich auch bewußt, daß er zur ganzen Wahrheit und zum Anblick des unwandelbar Seienden selbst erst gelangen wird, wenn er nicht nur von der Körperlichkeit abgesehen, sondern die Körperlichkeit vollständig hinter sich gelassen hat und reines Denken geworden ist. Philosophieren heißt dann, sich auf die Befreiung zu einem solchen uneingeschränkten Denken vorzubereiten.

Dieser These steht die These der klassischen Stoa radikal gegenüber. Mit ihrem Begriff einer universalen, alles zum besten lenkenden Vorsehung ist die Annahme zweier Welten, einer Welt, von der wir uns befreien müssen, und einer

anderen Welt, zu der hin wir uns befreien müssen, unvereinbar. Für die Stoa gibt es nur die eine Welt, in der wir leben; unsere Aufgabe ist es, zu begreifen, daß diese unsere Welt in Wahrheit selber die vollkommene Welt ist und daß wir auf keine andere Welt zu warten brauchen, in der uns die Wahrheit zuteil würde. Die gemeinsame Anstrengung des Denkens und der Sinneswahrnehmungen reicht aus, um zu erkennen, daß wir immer schon in der ganzen Wahrheit leben. Die Stoa hat dies zu einer Formel zugespitzt, auf die Cicero (so pedantisch sie im übrigen klingt) öfters anspielt: Das Wissen und das Begreifen findet dann statt, wenn wir sicher sind, daß der Eindruck, der von einem Gegenstand auf uns zukommt, von keinem anderen Gegenstand ausgehen kann als von dem, von dem er faktisch ausgeht. Einfacher gesagt: Es gibt ein absolutes Wissen darüber, daß ein Gegenstand schlechthin unverwechselbar mit sich selbst identisch ist. So ist auch und gerade in unserer körperlichen Welt alles unzweideutig bestimmbar (definierbar) als das, was es in Wahrheit ist.

Dagegen stellt sich nun die dritte These, die wir als eine Umformung der These Platons interpretieren können. Sie hält sich weit weniger an die Zuversicht, daß der Mensch in dem anderen Leben zum reinen Denken der Wahrheit und des Seienden zu gelangen vermag, als an die genügsame Feststellung, daß wir uns in unserem gegenwärtigen Dasein mit Wahrscheinlichkeiten zufriedengeben müssen und können. Es gibt keinen Gegenstand, der unverwechselbar mit sich selbst identisch wäre, wie die Stoa behauptet hatte. Aber für die Praxis des Lebens reicht es vollauf, wenn wir die Gegenstände einigermaßen voneinander zu unterscheiden vermögen und wenn die Richtlinien, nach denen wir zu handeln haben, so vernünftig und plausibel als möglich sind.

Diese dritte These ist die der um 280 v. Chr. von Arkesilaos begründeten und um 150 v. Chr. zu ihrer Vollendung durch Karneades geführten „Neuen Akademie". Man dürfte vielleicht behaupten, daß diese These auf der Ebene der Praxis dem uralten griechischen Mißtrauen gegen alles Handeln (da man doch nie weiß, wie es herauskommt) entsprach und auf

der Ebene der Theorie dem Römer sympathisch sein mußte, der kosmologische und ontologische Spekulationen nie geschätzt hat: teils, weil die Griechen zu wissen glaubten, was man doch nicht wissen kann, und teils, weil ein solches Wissen, selbst wenn es erreichbar wäre, für den handelnden Menschen völlig überflüssig wäre.

Mit diesen Dingen haben sich der zweite und dritte Dialog der Trilogie befaßt. Wenn der erste Dialog mit dem Appell endete, der Mensch könne nichts Besseres tun, als ununterbrochen nach der Wahrheit zu suchen, so mußte die Frage dringend werden, welches diese Wahrheit sei und ob man sie nicht bloß suchen müsse, sondern auch zu ihr zu gelangen vermöge. Das letzte Wort haben da die Neue Akademie und Cicero selber gehabt. Es ist sowohl eine Warnung an den Menschen davor, seine eigenen Erkenntniskräfte zu überschätzen, wie auch eine Zusicherung, daß wir sehr wohl leben können mit einem klugen Verzicht auf die ohnehin unerreichbare absolute Wahrheit; wir sollen versuchen, unter den Wahrscheinlichkeiten, die sich anbieten, die plausibelste auszuwählen und uns im Handeln nach ihr zu richten.

Dabei handelt es sich indessen nicht nur um philosophische Theoreme, die weitläufig gegeneinander ausgespielt werden. Sie sind auch ein Ausdruck jener existentiellen Haltung, auf die sich Cicero zurückgeworfen sah, als er die Trilogie niederschrieb.

Wir gelangen damit zu der doppelten Frage, in welcher Zeit Cicero die drei Gespräche am Golf von Neapel stattfinden läßt und in welcher Zeit er faktisch die drei Dialoge verfaßt hat.

Eine Antwort auf die erste Frage liefern die folgenden Daten: Aus Ciceros Briefen an seinen Freund Atticus erfahren wir, daß Q. Lutatius Catulus, der älteste unter den vier Herren, die an der Diskussion teilnehmen, zwar im Sommer des Jahres 61 v. Chr. noch am Leben war, daß aber im Mai 60 v. Chr. sein Tod als eine schon allgemein bekannte Tatsache erwähnt wird. Catulus mag im Herbst 61 erkrankt sein. Umgekehrt zeigt ihn die Trilogie noch bei vollen Kräften; es

fehlt jede Anspielung auf ein nahendes Ende. Cicero wird also die Gespräche spätestens im Sommer 61 v. Chr. angesetzt haben.

Nach einem zweiten Zeugnis bei Augustin (Secundini Manichaei epistola ad Augustinum cap. 3) hat im ersten der Dialoge Hortensius die Philosophie so leidenschaftlich angegriffen, daß einer der Freunde, wohl Cicero selber, ironisch bemerkte, Hortensius habe derart attackiert, als ob es darum ginge, „einen Hannibal oder Mithridates zu erledigen". Genannt werden also die beiden gefährlichsten Gegner Roms, Hannibal, der schon lange tot ist, und der pontische König Mithridates, der im Frühjahr 63 v. Chr. gestorben zu sein scheint.

Dazu kommt drittens ein ausdrückliches Zitat aus dem ersten der drei Dialoge (Hortensius Frg. 34). Da ist es Catulus, der die Philosophie gegen die Redekunst ausspielt und erklärt, ein kleines Büchlein über philosophische Ethik sei ihm lieber als die lange Verteidigungsrede, die Cicero im Frühjahr 62 v. Chr. für einen ziemlich zwielichtigen Politiker, P. Cornelius Sulla (einen weitläufigen Verwandten des Diktators), gehalten hatte. Die Rede besitzen wir in der von Cicero für die Publikation zurechtgemachten Form heute noch; sie hat Erfolg gehabt, und Cicero selber hat sie offenbar geschätzt. In unserem Zusammenhang ist es weniger wichtig, daß Catulus sich dem Zitat zufolge eine ziemlich scharfe Kritik an Cicero selber erlaubt hat, als daß diese Kritik sich auf ein Ereignis der jüngsten Vergangenheit bezieht. Der Prozeß des Cornelius Sulla wird nur wenige Monate vor dem Gespräch der vier Freunde stattgefunden haben.

Das Gesamtergebnis ist, daß wir für den Zeitpunkt, in dem Cicero die Trilogie ablaufen läßt, einen Spielraum zwischen dem Sommer 62 und dem Sommer 61 v. Chr. zur Verfügung haben. Ein genaueres Datum könnten wir wohl nur angeben, wenn wir wüßten, was den äußeren Anstoß zu den Gesprächen gegeben hat, konkret: in welcher Absicht die drei Freunde Catulus, Hortensius und Cicero eines Tages beschlossen haben, ihrem gemeinsamen Freund Lucullus auf seiner Villa bei Neapel einen Besuch zu machen – denn eine

bloße Höflichkeitsvisite dürfte es kaum gewesen sein. Doch gerade über diesen Punkt erfahren wir nichts.

Die andere Frage ist, wann Cicero faktisch die drei Dialoge verfaßt hat. Da kommen uns wiederum seine Briefe an Atticus zu Hilfe. Wir können uns hier mit dem einen Brief begnügen, den er am 28. Mai 45 v. Chr. abgeschickt hat. Vorausgesetzt wird, daß die Trilogie schon abgeschlossen vorliegt, aber noch nicht publiziert ist; für die zwei späteren Dialoge hat Cicero je eine neue Vorrede verfaßt. Die Szenerie dieser Dialoge ist auf Kritik gestoßen. Wahrscheinlich hat schon Atticus selber Cicero zu bedenken gegeben, Catulus und Lucullus seien philosophisch durchaus nicht so gebildet gewesen, wie die zwei Dialoge sie darstellten. Diesen Einwand suchte Cicero zu entkräften dadurch, daß er in neuen Prooemien die philosophische Interessiertheit des einen wie des anderen nachdrücklich hervorhob. Genützt hat es allerdings nichts. Wir werden nachher noch sehen, wie Cicero wenige Wochen später den Dialog Hortensius zwar stehenließ, aber die zwei nachfolgenden Dialoge vollständig umarbeitete.

Im Frühsommer 45 v. Chr. hat also Cicero die Trilogie geschrieben. Es ist politisch ein ominöses Datum. Am 6. April 46 v. Chr. hatte Caesar das Heer seiner Gegner (Anhänger des Pompeius und Verteidiger der traditionsreichen Senatsherrschaft) bei Thapsus in Nordafrika besiegt und wurde daraufhin für zehn Jahre zum „Dictator" mit nahezu unbeschränkten Vollmachten ernannt. Noch einmal sammelten sich seine Gegner in Spanien, und dort errang er bei Munda am 17. März 45 seinen letzten, endgültigen Sieg. Die Alleinherrschaft des einen Mannes über Rom und das römische Reich war vollendet, das Spiel der Politik war zu Ende. Cicero selber sah sich, liebenswürdig in der Form, hart in der Sache, von jeder politischen Tätigkeit ausgeschlossen, und ein Ende dieses Zustandes war vorläufig nicht abzusehen.

Dazu kam von der anderen Seite wohl im Februar 45 der unerwartete Tod seiner Tochter Tullia. Cicero hatte zwei Kinder, die um 78 geborene Tochter Tullia und den 65 geborenen Sohn, dem er später seinen pädagogischen Traktat

„De officiis" zueignete. Die Liebe des Vaters galt mit einer ungewöhnlichen Ausschließlichkeit der Tochter; die Hoffnung, daß der Sohn einmal seine eigene Stellung in Gesellschaft und Staat übernehmen könne, hat er wohl schon sehr früh begraben.

So war für ihn der Tod der Tochter die persönliche Katastrophe, die unseligerweise mit der politischen Katastrophe koinzidierte. Daß ihm da als einziger Trost die Philosophie blieb und dazu das Bewußtsein seines eigenen Könnens als Gestalter der lateinischen Sprache, werden wir verstehen. In unserer Trilogie spricht sich das eine wie das andere aus.

Doch das wahrhaft Erstaunliche ist etwas anderes, nämlich daß er nicht gezögert hat, die aus einer Stimmung der Trauer und der Hoffnungslosigkeit hervorgegangenen drei Dialoge in das Jahr 62/61 zu verlegen, also genau in das Jahr, in dem Cicero nach erfolgreich abgeschlossenem Konsulat auf dem Höhepunkt seines Ruhmes stand. Er hat begriffen, daß nur derjenige glaubwürdig den Ruhm des Politikers und die Selbstsicherheit des philosophischen Dogmatikers verachten kann, dem alle Möglichkeiten angeboten sind, sich durch den Ruhm oder die Gelehrsamkeit verführen zu lassen. Auch der heutige Leser, der sich die durch Cicero aufgebaute Konfiguration vergegenwärtigt, wird betroffen sein können durch das Paradoxon, daß gerade der soeben als Vater des Vaterlandes gefeierte Konsular zu erklären wagt, das einzige, was der Mühe wert sei, sei das denkende Suchen nach der Wahrheit. Im Jahre 45 lag es nahe, sich auf diese letzte hilfreiche Aufgabe zurückzuziehen; im Jahre 62 ist es ein Paradoxon.

Nun sollen die Freunde Ciceros, die mit ihm die Trilogie bestreiten, kurz vorgestellt werden, zunächst mit ihren Geburts- und Todesdaten. Catulus ist geboren zwischen 130 und 120 v. Chr. und gestorben, wie erwähnt, etwa im Herbst 61. Nicht sehr viel jünger ist Lucullus gewesen, geboren kurz nach 120 und gestorben wohl im Jahre 57. Hortensius ist 114 geboren und im Sommer 50 gestorben; die Daten Ciceros schließlich sind 106–43 v. Chr. Unter den vier Freunden ist Cicero der einzige, der zur Verzweiflung an der Politik

Grund genug hatte, aber bis zum Schluß an seinem politischen Engagement unbeirrbar festgehalten hat. Er ist auch der einzige unter ihnen, der in jenem turbulenten Jahrhundert eines gewaltsamen Todes gestorben ist.

Zu beginnen ist mit Q. Hortensius Hortalus, der aus einer vermutlich sehr reichen, aber politisch unbedeutenden Familie stammte; vor ihm ist nur ein Praetor aus dem Jahre 170 bekannt. Er hat von Anfang an den Beruf des Redners, der weder ganz Literat noch ganz Politiker ist, für sich gewählt und als knapp Zwanzigjähriger seine erste Rede gehalten (95 v. Chr.). Seine großen Erfolge erlebte er in den Jahren 78–70. Ein Höhepunkt war die Verteidigung jenes durch und durch korrupten Verres, den Cicero vor Gericht angeklagt hatte. Dabei ist bezeichnend, daß Cicero bekanntermaßen seine Reden gegen Verres zu einem politisch wie kulturell und ethisch anspruchsvollen großen Werke ausgebaut hat, während uns über die Reden des Hortensius nur gerade ein halbes Dutzend dünner Informationen zur Verfügung steht. Wir kennen im ganzen nur fünfundzwanzig Reden des Hortensius, weit überwiegend aus Anspielungen Ciceros. Manche seiner Reden hat Hortensius sicher selbst publiziert; Cicero lädt an einer Stelle (Brutus 324) ausdrücklich zum Vergleich zwischen seinen Reden und denjenigen des Hortensius ein. Doch der Zustand der Tradition zeigt, daß das schwere Pathos, das dieser geliebt zu haben scheint, zwar ein Richterkollegium beeindrucken konnte, aber in der Form eines Buches ungenießbar war.

So hat Hortensius seinen Ruhm als Redner selbst überlebt. Nach seinem Konsulat im Jahre 69 hat er nur noch wenig geleistet. Eine Bemerkung verdient, daß in den Jahren 63 und 62, also im Umkreis unserer Trilogie, Cicero und Hortensius gleich dreimal nacheinander als Verteidiger von drei verschiedenen Angeklagten gemeinsam aufgetreten sind. War zwanzig Jahre früher Hortensius der unbestritten erste Redner Roms gewesen, so ist es nun Cicero, der den alternden Rivalen, der der Arbeit überdrüssig zu werden begann, patroniert hat.

Hortensius war, wie schon erwähnt, ein reicher Mann, und wenn ihm die Philosophie nichts bedeutete, so schätzte er um so höher die bildenden Künste und stattete seine Villen mit kostbaren Statuen und Gemälden griechischer Meister aus. Außerdem war er ein Gourmand. Er gehörte wie Lucullus zu jener Schicht reichster Römer, die den Luxus im Lebensstil, im Essen und Trinken leidenschaftlich liebten, doch ohne jemals einer hemmungslosen und selbstzerstörerischen Ausschweifung zu verfallen. Cicero selber hat im ersten der Dialoge mit der gebotenen Diskretion in C. Sergius Orata einen Römer dieses Typus geschildert. Es ergab sich da eine Lebensform, wie sie die Griechen nie gekannt haben und wie sie grundsätzlich nicht leicht anzufechten war. Wenn man schon einen redlich erworbenen oder ererbten Reichtum besaß, warum sollte man es sich dann nicht bei Silbergeschirr und teuren Fischgerichten wohl sein lassen? Cicero ist, wie das zweite Buch von „De finibus" zeigt, die Antwort auf die Frage, was gegen eine solche Lebensweise einzuwenden sei, nicht leichtgefallen.

Genau diese Frage stellte sich für Hortensius, der bis zu seinem Tode im Jahre 50 friedlich und behaglich dahinlebte. Sie stellte sich noch heikler für L. Licinius Lucullus. Dieser gehörte, anders als Hortensius, einer der großen Familien der römischen Republik an, der in mehrere bedeutende Zweige aufgegliederten Gens Licinia. Sie war nicht nur politisch ungemein regsam, sondern muß auch durch Jahrhunderte hindurch sehr reich gewesen sein, ohne daß sich erkennen ließ, woher dieser Reichtum kam.

Lucullus hat sich seit seiner Jugend der Politik zugewandt und rücksichtslos engagiert. Sein großer Gönner und Förderer war der Dictator Sulla, durch dessen Empfehlung er im Jahre 87 Quaestor wurde. Ausgestattet mit dieser Magistratur, bereiste er von 87 an Griechenland, Syrien und Ägypten, um im Namen Sullas diese Länder für den Krieg gegen Mithridates zu mobilisieren.

Lucullus selber führte mit ansehnlichem Erfolg Krieg und wurde zur Belohnung im Jahre 79 zum Aedil und schon im

nachfolgenden Jahre zum Praetor gewählt. In diesem Jahre 78 starb Sulla. Er hatte Lucullus zum Vormund seines Sohnes Faustus bestimmt und ihm auch seine umfangreichen Memoiren, die „Commentarii" in zwanzig Büchern (die später Caesar mit seinen Büchern über den Gallischen und den Bürgerkrieg zu übertrumpfen suchte) dem Lucullus gewidmet als Zeugnis einer engen menschlichen und politischen Verbundenheit. Im Jahre 74 wurde Lucullus Konsul, und zugleich begannen die Spannungen zwischen ihm und dem ungleich ehrgeizigeren und brutaleren Pompeius. Lucullus wurde zwar aufs neue mit dem Krieg gegen Mithridates beauftragt, hatte aber nun weniger Glück. Eine Entscheidung konnte er nicht erzwingen, und 69/68 begannen sogar seine Truppen zu meutern, was die Gegner in Rom gründlich ausbeuteten, mit dem Ergebnis, daß Lucullus im Jahre 66 sein Kommando an Pompeius abtreten mußte. Nach Rom zurückgekehrt, erhob er den Anspruch auf einen Triumph, der ihm zunächst verweigert wurde und den erst Cicero als Konsul drei Jahre später für ihn durchsetzen konnte.

Von da an scheint er sich ganz aus der Politik zurückgezogen und sich mit jenem aufwendigen Lebensstil getröstet zu haben, den man später „lukullisch" nannte. Er ließ, wie vor ihm Sergius Orata, künstliche Fischteiche konstruieren, in denen für ihn die schmackhaftesten und teuersten Fische gezüchtet wurden. In seinen Briefen an Atticus hat Cicero zuweilen, ohne Namensnennung, dem Lucullus und seinesgleichen vorgeworfen, sie kümmerten sich nur noch um ihre Fischteiche, nicht mehr um den Staat. Dabei blieben aber, wie schon zu Hortensius angemerkt, grobe Ausschweifung und kindische Verschwendung rigoros ausgeschlossen. Was gepflegt wurde, war ein durch und durch kultivierter und wohlanständiger Luxus.

Vor Gericht ist Lucullus nur einmal aufgetreten, und zwar gegen einen politischen Gegner seines Vaters. Seine griechische Bildung hingegen muß umfassend gewesen sein. Das zeigt seine Büchersammlung, in der Historiker und Dichter, aber auch Aristoteles vertreten waren. Er hat selber in seiner

Jugend eine Geschichte des Marserkrieges, also eines Teiles des großen italischen Bürgerkrieges (91–89 v. Chr.) auf griechisch verfaßt. Endlich war er eng befreundet sowohl mit dem griechischen Dichter Archias wie auch mit dem Philosophen Antiochos von Askalon, den er bei seinen schwierigen Verhandlungen mit den Griechen Syriens und Ägyptens als einzigen diplomatischen Berater bei sich hatte.

Q. Lutatius Catulus stammte wie Lucullus aus einer alten römischen Familie. Sein Vater war im Jahre 102 Konsul gewesen und hatte damals am Sieg gegen die gefürchteten Kimbern einen entscheidenden Anteil, geriet aber dann in die Wirren des Bürgerkrieges zwischen Marius und Sulla und wurde 87 durch den Freund des Marius, Cornelius Cinna, brutal zum Selbstmord gezwungen. Der Sohn war und blieb ein treuer Anhänger Sullas wie Lucullus. Als Konsul 78 und als Prokonsul 77 hat er alles darangesetzt, die durch Sulla geschaffene neue Staatsordnung gegen alle Angriffe zu verteidigen. Auf die Dauer konnte allerdings auch er, wie Lucullus, gegen einen Pompeius nicht viel ausrichten und verfeindete sich auch mit Caesar. Immerhin hat er in der Sache der Catilinarischen Verschwörung Cicero vorbehaltlos unterstützt. Er war es denn auch, der im Dezember 63 im Senat Cicero öffentlich als „Vater des Vaterlandes" pries, was ihm dieser nie vergessen hat. Nachher scheint er ganz auf Politik verzichtet und sich, wie Lucullus und Hortensius (dessen Gattin die Schwester des Catulus war), einem ruhigen und komfortablen Lebensstil zugewandt zu haben. Ein Jahr nach dem supponierten Datum der Trilogie ist er gestorben. Daß schon sein Vater philosophische Interessen hatte, betont Cicero; er war Anhänger der Neuen Akademie des Karneades (dem er noch persönlich begegnet sein kann) und scheint auch die Lehre des Karneades gegen dessen Nachfolger in der Akademie, Philon von Larissa (Lehrer Ciceros), verteidigt zu haben. Der Sohn hat sich, wie Cicero es darstellt, pietätvoll an die Option des Vaters gehalten.

So sind allen vier Freunden zwei Dinge gemeinsam: einmal die politische Haltung, die sie an die Seite Sullas brachte,

dessen Proskriptionen sie zwar verurteilten, dessen Versuch der Rekonstruktion des altrömischen Staates sie dagegen vorbehaltlos unterstützten. Dies brachte sie alle in eine Opposition zuerst zu Pompeius, dann zu Caesar. Lucullus, Catulus und Hortensius zogen sich in ihren späteren Lebensjahren in das Privatleben zurück, während Cicero, jünger als sie alle, auf politisches Handeln nicht verzichten wollte und damit zu Kompromissen erst mit Pompeius, dann mit Caesar gezwungen war. Er ist, wie schon erwähnt, bis zu seinem Tode Politiker geblieben. Gemeinsam ist allen vier zweitens die Schätzung eines ansehnlichen, aber kultivierten Luxus. In der Landschaft zwischen Rom und Neapel hatten sie alle mehrere elegante Villen. Sie repräsentieren eine Gesellschaft, die es in Griechenland niemals, in Rom nur im letzten Jahrhundert der Republik gegeben hat: Luxus, Bildung und Korrektheit vereint. Das ergab ein Ganzes, über das man sich mokieren konnte, das aber sittlicher Entrüstung und Verurteilung nirgends ernstlich ausgesetzt war, im Unterschied etwa zu den Neureichen der frühen römischen Kaiserzeit. Ein Problem war natürlich das Verhältnis der Freunde zur Philosophie. Cicero hatte von Jugend an eine ursprüngliche und tiefe Neigung zur Philosophie und bewahrte sie bis zum Tode. Aber die anderen? Im Sinne der Trilogie war es, die Freundschaft des Lucullus mit Antiochos von Askalon philosophisch auszudeuten und ebenso die Bindung der beiden Catuli, Vater und Sohn, an die Neue Akademie des Karneades hervorzuheben, umgekehrt aber auch Hortensius zum rabiaten Gegner aller Philosophie zu machen, bis es schließlich Cicero gelang, ihn umzustimmen. Zu vermuten ist, daß in Wirklichkeit die philosophischen Interessen des Lucullus und Catulus weit dürftiger waren, als es Cicero darstellt, und daß umgekehrt Hortensius von vornherein philosophisch gebildeter gewesen sein dürfte, als es Cicero im Dialog wahrhaben will.

Als Cicero im Frühjahr 45 die Trilogie zur Publikation zurechtmachte, waren Catulus und Lucullus schon lange tot, auch Hortensius fünf Jahre zuvor gestorben. Nur wenige

unter den Lesern Ciceros werden sie noch persönlich gekannt haben, für die meisten waren sie Gestalten einer vergangenen Zeit. Das hat aber Ciceros Freund Atticus, der in der römischen Gesellschaft Bescheid wußte, nicht gehindert, Cicero in seinen Briefen sofort darauf aufmerksam zu machen, daß er Lucullus, Catulus und Hortensius weit überfordert habe, wenn er sie über philosophische Fragen habe reden lassen, von denen sie in Wahrheit keine Ahnung gehabt hätten. Cicero versuchte die Situation dadurch zu retten, daß er andeutete, er sei persönlich jenen drei Männern viel nähergestanden als diejenigen, die ihn jetzt kritisierten. Er ergänzte jeden der drei Dialoge durch eine Erklärung, die zu begründen hatte, mit welchem Recht er jedem von ihnen eine so ausgedehnte philosophische Bildung zuschreiben durfte. Die entsprechende Erklärung zu Lucullus besitzen wir noch; diejenige zu Hortensius und Catulus wird ähnlich gelautet haben.

Doch es gelang Cicero nicht, seine Leser zu überzeugen. So entschloß er sich, den Dialog Hortensius zwar stehenzulassen, da dieser keine zu extravaganten philosophischen Ansprüche stellte, aber die zwei anderen Dialoge vollständig umzuschreiben.

Dies betraf vor allem den szenischen Rahmen. Cicero selber behielt seinen Anteil an den Diskussionen. Doch was er zuvor Catulus, Lucullus und Hortensius hatte vortragen lassen, legte er nun seinem gelehrten Freunde M. Terentius Varro in den Mund. Dieser hatte sein Interesse an der Philosophie schon in mehreren Schriften (er hat unendlich viel geschrieben) erkennen lassen, war Anhänger des Antiochos von Askalon, und daß Varro eine solche Geste Ciceros, ihn in einem seiner Dialoge auftreten zu lassen, hoch schätzen würde, wußte dieser genau. Insofern war die Wahl dieses Partners (der im übrigen politisch farblos war) in jeder Hinsicht unanfechtbar. Zum dritten Teilnehmer in dem nun neu konstruierten Gespräch hat er Atticus bestimmt. So entstanden, wie Cicero in seinen Briefen an Atticus im Juni 45 ausführlich mitteilt, die vier Bücher Academici.

Die Formel scheint einfach zu sein: Aus dem „Catulus" wurden die zwei ersten, aus dem „Lucullus" die zwei späteren Bücher der Academici libri. Allerdings sind damit nicht alle Probleme gelöst. Den „Hortensius" hat Cicero zweifellos an einigen Stellen retuschiert, um ihn aus seiner Bindung an „Catulus" und „Lucullus" zu lösen und als ein autonomes Ganzes stehenzulassen. Andererseits ist es eine unbequeme Vorstellung, daß durch volle vier Bücher hindurch ausschließlich Cicero und Varro im Tête-à-tête ihre Vorträge gehalten hätten. Hat Cicero wirklich die Dramatik des Dialoges auf ein derartiges Minimum absinken lassen? Es bleibt die Frage nach der Rolle des Atticus, der seinerseits kaum durch vier Bücher hindurch als stummer Zuhörer bei den Reden dabeigesessen haben dürfte. Wir sehen zwar nicht recht, was er als Epikureer zum Disput zwischen Antiochos und Karneades (einfach formuliert) beitragen konnte; doch es mag sein, daß uns hier etwas entgeht und der Anteil des Atticus am Gespräch größer war, als wir wissen. Was dagegen feststeht, ist, daß nach der Publikation der „Academici libri" die zwei Dialoge „Catulus" und „Lucullus" so gut wie vollständig verschwunden sind. Der „Catulus" wird später nie, der „Lucullus" nur ein einziges Mal ausdrücklich zitiert. Der „Hortensius" behauptete seinen Platz, doch im übrigen hielt man sich an die Academica. Dies gilt vor allem für die christlichen Ciceronianer Lactantius und Augustin. Ihre gesamten Informationen über die antike Lehre von der Wahrheit entnehmen sie den Academica und können zeigen, daß genau dort, wo die Antike ihre Unfähigkeit, zum wahren Wissen vorzudrigen, eingestand, die christliche Theologie bereit war, der Akademie die Antwort zu geben, auf die sie gewissermaßen wartete. Daneben ist es Lactantius, der den Begriff der Philosophie des „Hortensius" etwas pedantisch kritisiert, während Augustin durch eben diesen Dialog die entscheidende Wendung seines Denkens erfahren hat.

Paradox ist freilich die heutige Lage. Obschon Augustin sein Leben lang nie müde wurde, sich an den überwältigenden Eindruck zu erinnern, den ihm der „Hortensius" gemacht

hatte, als er ihn in seinem neunzehnten Lebensjahr zu lesen begann, ist dieser Dialog etwa im 7./8. Jhd. untergegangen; was wir von ihm wissen, wissen wir nur durch Zitate.

Von den „Academici libri" besitzen wir etwa zwei Drittel des ersten Buches. Hier muß in den kritischen Jahrhunderten des vollständigen Zerfalls der antiken Bildung, bzw. der Beschränkung dieser Bildungstradition auf ein knappes halbes Dutzend von Klöstern, ein Unglück geschehen sein. Durch mechanische Einwirkung muß an einem letzten noch vorhandenen Exemplar der Academica der größte Teil abgerissen und untergegangen sein. Der Text, den wir besitzen, hört mitten in einem Satze auf.

Der „Catulus" ist vollständig verloren, der „Lucullus" dagegen sonderbarerweise vollständig erhalten.

Wir haben also hier in der Geschichte der antiken Textüberlieferung einen der seltenen Fälle, wo der Verlust eines Textes nicht auf angebbare Sachgründe, sondern mehr oder weniger auf den reinen Zufall zurückzuführen ist. Der „Hortensius", der nach aller Vernunft hätte erhalten bleiben müssen, ist untergegangen (ob er etwa in einer Bibliothek von Herculaneum auftauchen wird?), ebenso die „Academici libri". Der „Lucullus", an dem niemand mehr philosophisch interessiert sein konnte, seitdem die „Academici libri" vorlagen, ist noch vorhanden; und nur weil wir diesen Dialog noch vollständig besitzen, können wir auch einige Rückschlüsse auf den verlorenen Catulus ziehen.

So kann die gesamte Trilogie, mit der Cicero seine Darstellung der griechischen Philosophie überhaupt zu eröffnen gedachte, teilweise wenigstens rekonstruiert werden als ein kühner Versuch, sowohl die Frage nach dem Wesen der Philosophie überhaupt wie auch das Problem der philosophischen Wahrheit griechisch-römisch neu zu formulieren.

HORTENSIUS
Versuch einer Rekonstruktion

1. Autorenvorrede

Daß Cicero, wie im „Lucullus", so auch im „Catulus" und im „Hortensius" dem Dialog eine Vorrede vorausgeschickt hat, in der er sich als Autor an den Leser wendet, ist selbstverständlich. Der Leser muß darüber informiert werden, welches der Gegenstand des vorliegenden Buches sein wird, dann auch, welches besondere Interesse dieser Gegenstand beanspruchen darf, und schließlich, was den Verfasser veranlaßt hat, sich gerade mit diesem Gegenstand zu befassen.

In Frg. 10 wird der „Hortensius" als ein Protreptikos zur Philosophie bezeichnet; es ist nicht völlig ausgeschlossen, daß Cicero selber diesen Begriff verwendet und damit diskret sein Werk in die Nähe der entsprechenden Titel des Aristoteles, Theophrast, Demetrios von Phaleron, aber auch des Stoikers Poseidonios gerückt hat.

Es muß auch davon gesprochen worden sein, was Philosophie überhaupt ist, was sie für den Leser bedeuten kann und was sie für den Verfasser selbst bedeutet. Da müssen einige Gesichtspunkte zum mindesten angedeutet worden sein, die im Dialog selber Cicero in seiner großen Rede am Schluß der Gespräche ausführlich dargelegt haben wird.

Er muß aber auch die drei Freunde, die er am Dialog beteiligt hat, dem Leser vorgestellt und insbesondere begründet haben, warum er Hortensius zum Titelhelden gewählt hat. Denn der Titel des Dialoges stammt von ihm selber. Andererseits muß er in der Vorrede alle die Dinge zur Sprache gebracht haben, die im Dialog selber nicht erörtert werden konnten; wir müssen teils davon ausgehen, daß der Dialog zwar im Jahre 45 v. Chr. verfaßt wurde, das philosophische Gespräch aber von Cicero vermutlich in den Sommer des

Jahres 62 v. Chr. gelegt worden ist, teils davon, daß alle vier Partner des Gesprächs ältere Herren sind, die ihre längst schon festgelegten Anschauungen, Sympathien und Antipathien mitbringen. Es ist unter ihnen kein junger Mensch, der pädagogisch zur Philosophie geführt werden müßte. Hortensius ist an der Rhetorik, aber nicht an der Philosophie interessiert; Catulus hat von seinem Vater her Sympathien für die Neue Akademie; und Lucullus ist freundschaftlich mit Antiochos von Askalon verbunden gewesen, der für sich in Anspruch nahm, die alte Akademie Platons zu neuem Leben erweckt zu haben. Negativ bedeutet dies, daß sich unter den Beteiligten weder ein Peripatetiker aus der Schule des Aristoteles noch ein Stoiker noch ein Epikureer befindet. Von der Philosophie überhaupt ist die Rede, und wenn es der dramatische Sinn des Dialoges ist, daß Hortensius zur Philosophie bekehrt wird (dies teilt Luc. 61 ausdrücklich mit), so wird Cicero selber alles getan haben, um die Leistungen der Philosophie hervorzuheben; was umgekehrt bedeutet, daß er dem Hortensius nicht vorgeführt haben kann, wie schwierig die Philosophie sei, daß sie viele Gegner habe, der großen Menge der Menschen unzugänglich sei und sich mit wenigen Freunden zufrieden gebe. Auch den Unterschied zwischen der wahren Philosophie und den Irrwegen mancher Philosophen, der Stoiker wie der Epikureer, wird er in der Vorrede hervorgehoben haben. Irgendwo muß auch die These formuliert worden sein, daß man letzten Endes die Philosophie nur ganz oder gar nicht betreiben könne; sich ihr mit Maß zu widmen, sei zwar unter bestimmten Umständen unvermeidlich, aber grundsätzlich könne sich nur der die Philosophie aneignen, der sich ihr vorbehaltlos hingebe. Auch dies hat wohl eher in der Vorrede seinen Platz gehabt, um so mehr, als ja Cicero ausdrücklich angekündigt haben muß, er wolle nun die ganze Philosophie in ihren Hauptproblemen darstellen.

Begonnen hat er sicher mit der Frage, was Philosophie eigentlich sei; und daß seine erste Antwort auf die Etymologie des griechischen Wortes zurückging und die Philosophie als „Liebe zur Weisheit" umschrieb, ist nicht zu bezweifeln

(vgl. Frg. 50 und Frg. 9). Doch was ist Weisheit? Da wird man Cicero, De officiis 2,5/6 heranziehen, wo er zuhanden des Sohnes einige Thesen des „Hortensius" in Erinnerung ruft. Er hält sich da an die „alten Philosophen", also wohl Aristoteles und Theophrast, und bestimmt die Weisheit als „die Wissenschaft von den göttlichen und den menschlichen Dingen und von den Ursachen, auf die sie zurückgehen". Dasselbe wiederholt er in Tusc. disp. 4,57 und 5,7. Im 89. Brief an Lucilius diskutiert Seneca, nicht ohne sich an unseren Dialog zu erinnern, die Frage nach dem Wesen und den Teilen der Philosophie. Da wird die soeben zitierte Definition in zwei Varianten zerlegt. Die eine begnügt sich mit der Bestimmung, die Philosophie sei die Wissenschaft von den göttlichen und menschlichen Dingen (also gegen Sokrates nicht nur das menschliche Handeln lenkend, sondern auch nach dem Wissen von der Welt im ganzen strebend), die andere Variante gibt (aristotelisch) zu bedenken, daß ein Wissen nur dort zustande kommt, wo man die Ursachen der Erscheinungen begriffen hat. Seneca lehnt flüchtig die zweite Variante als überflüssig ab. Er muß aber beide Varianten in einem Kontext gefunden haben, der sich über die besonderen Absichten der einen wie der anderen geäußert haben muß. Es liegt nahe, hier an unseren „Hortensius" zu denken.

Was leistet die Philosophie? Eine allgemeine Antwort gibt ein Zitat bei Augustin Civ. Dei 22,22. Geschildert wird zuerst, daß das irdische Leben so jammervoll ist, daß man meinen könnte, wir befänden uns jetzt schon in der Unterwelt. Des Trostes sind wir dringend bedürftig, und da ist dann auch die Philosophie hilfreich, von der Cicero sowohl erklärt, daß die Götter die wahre Philosophie nur wenigen Menschen zugänglich gemacht, wie auch, daß die Götter den Menschen kein größeres Geschenk als die Philosophie gegeben haben oder je geben konnten. Dieser zweite Satz ist Zitat einer berühmten Stelle aus dem platonischen Timaios 47 B, doch eigentümlich bleibt, daß das Lob der Philosophie an zwei einschränkende Voraussetzungen gebunden wird; denn

erstens gibt es die wahre und die falsche Philosophie, und zweitens kennen die wahre Philosophie nur wenige Menschen. Dem entspricht Cicero Tusc. disp. 2,4: „Die Philosophie begnügt sich mit wenigen urteilsfähigen Menschen, meidet absichtlich die große Menge und wird ihrerseits von der Menge verdächtigt und abgelehnt." Dem Redner Hortensius wird Cicero dies schwerlich ins Gesicht gesagt haben.

Einen Schritt weiter kommen wir mit Hilfe von De officiis 2,5/6, das schon vorhin als ein Auszug aus dem „Hortensius" bezeichnet wurde. Da hören wir von den zwei Aufgaben der Philosophie. Sie bietet dem Geiste gewichtige Gegenstände des Nachdenkens und Forschens und des Interesses überhaupt (was Cicero als „oblectatio" zusammenfaßt), oder aber sie weist dem Menschen den Weg zur Tugend und vermag ihn in den Nöten des Lebens zu trösten (was als „utilitas" verstanden werden kann). Beides muß sich verwirklichen. Doch da ist die Gefahr groß, daß die Philosophie sich entweder mit dem bloß Interessanten begnügt (was in diesem Falle auf die Naturphilosophie zielt), das nichts dazu beiträgt, daß wir besser und weiser leben (Frg. 32), oder, schlimmer, zwar großartige ethische Forderungen erhebt, die aber niemand erfüllt. Hier dürfte die Polemik gegen die Stoa und ihr Tugendpathos ihren Platz gehabt haben. In Frg. 13 wird gegen den grimmigen Ernst des Ariston von Chios vermutlich die weltgewandte Humanität des Peripatos ausgespielt, und wenn Frg. 17 „unseren Freunden" vorwirft, sie ließen sich durch den Glanz der Tugend zu unnötigen Radikalismen hinreißen, so kann dies nur in der Autorenvorrede gesagt worden sein. Denn Cicero und sein Bruder Quintus sympathisierten zweifellos mit der Stoa, während unter den drei Herren Catulus, Lucullus und Hortensius kein einziger die Stoiker als seine Freunde betrachtet haben wird. Auch Frg. 18 wird die Stoa meinen und verbindet ein überschwengliches Lob ihrer guten Absichten mit einer gedämpften Kritik an ihren faktischen Leistungen, die weit hinter ihren Absichten zurückbleiben. Dazu tritt weiterhin Frg. 36, das den stoischen Begriff des „Guten" zu ironisieren scheint, den Begriff,

von dem die Stoiker dauernd reden, ohne je zu präzisieren, was sie eigentlich damit meinen. Eine solche Kritik kann allerdings auch von Hortensius vorgetragen worden sein. Schade ist, daß wir die zwei in Frg. 82 gemeinten Philosophen nicht identifizieren können: Der eine redet schärfer, als er es meint, der andere ist in Worten liebenswürdiger, in der Sache härter.

Auch daß die Philosophie eine schwierige Sache ist und langer Vorbereitungen bedarf, kann nur in der Vorrede gesagt worden sein. Einen Hortensius bekehren zu wollen und ihm gleichzeitig klarzumachen, daß er erst nach langen Vorstudien zur Philosophie selbst zu gelangen vermöge, ist absurd. Nur jungen Leuten kann erklärt worden sein, daß es zuerst einmal gelte, den Geist aufnahmefähig zu machen. Die beiden Vergleiche mit dem Ackerland, das der Bauer zuerst umpflügt, ehe er den Samen auswirft (Frg. 14), und mit dem Wollstoff, der erst, nachdem er präpariert worden ist, die Purpurfarbe aufzunehmen vermag (Frg. 78), sind deutlich genug. Da wird Cicero auch den Bruder daran erinnert haben, daß er selber seit seiner frühesten Jugend neben seiner politisch-rhetorischen Ausbildung sich immer wieder mit philosophischen Fragen beschäftigt habe; heute sei der Umgang mit diesen Dingen der einzige Ausweg aus einer sonst hoffnungslosen Lage. Es geht ihm also nicht darum, etwas Neues in Angriff zu nehmen, sondern vielmehr, sich an längst Vertrautes zu halten.

Freilich entsteht da ein Problem, das wir nicht lösen können: Wurden nur die Vorarbeiten genannt, die zu leisten sind (und die vorzugsweise der junge Mensch zu leisten hat), oder war auch von den Widerständen die Rede, die mit dem jugendlichen Temperament mitlaufen?

Es sind vor allem zwei Fragmente, die von der Schwierigkeit und Notwendigkeit sprechen, die Leidenschaften der Jugend zu zügeln (Frg. 73,74), dazu ein drittes, das konstatiert, daß die Schwachen sich nur durch die Furcht vor der Strafe bändigen lassen, was sinnvoll zur Folgerung führt, daß man es nicht diesen Schwachen gleichtun dürfe, sondern der

philosophischen Einsicht die Herrschaft anvertrauen müsse (Frg. 80). Dies sind alles Erwägungen, die in einem Kreise älterer Herren nicht recht am Platze sind, also doch wohl in die Vorrede gehören und auch auf den jungen Augustin Eindruck gemacht haben werden.

Die Ergänzung dazu liefert Frg. 78. Zuvor war von mehreren Wissenschaften die Rede gewesen, die man sich aneignen müsse, weil sie der Vorbereitung auf die Philosophie dienen. Welches sie sind, erfahren wir allerdings nirgends. Das, was die antike Schule Grammatik und Rhetorik nannte, wird sicher dazu gehört haben; und aus einer Stelle Senecas dürfen wir vielleicht folgern, daß Cicero es gewagt hat, den griechischen Begriff der Grammatik im Lateinischen mit „litteratura" wiederzugeben, einem Worte, das dann auf Wegen, die wir nicht übersehen, noch für uns heute unentbehrlich geblieben ist (Epist. ad Luc. 88,20). Daß Cicero dann in der Gefolgschaft Platons auch das Quadrivium der mathematischen Wissenschaften erwähnte, ist wahrscheinlich; möglich ist es sogar, daß er selber schon die konkrete Folgerung zog, die Lactantius Div. inst. 3,25,9-12 im Anschluß an ihn gezogen hat: daß es gerade diese mathematischen Wissenschaften sind, die so viel Zeit und Aufmerksamkeit beanspruchen, daß weder berufstätige Frauen noch Handwerker oder Bauern noch schließlich die Sklaven sich ihnen widmen können. So gelangen sie alle aus lauter Mangel an Muße auch nicht zur Philosophie selber.

In denselben Zusammenhang gehört sodann die Frage, wieweit sich Augustin in der Einleitung zu seinem Dialog „Über das glückselige Leben" an Cicero angeschlossen hat (Frg. 8). Geschildert werden drei Gruppen von Menschen und ihr Verhältnis zur Philosophie. Verglichen wird das Leben mit einer Fahrt auf dem offenen Meere, wo es darauf ankommt, sich an den richtigen Sternbildern zu orientieren, um schließlich in den ruhigen Hafen der Philosophie zu gelangen. Die erste Gruppe findet den Weg rasch und mühelos. Sie sind allerdings eine verschwindende Minderheit. Eine zweite Gruppe wird gar nicht durch eigene Einsicht, sondern nur durch widrige Stürme, also durch die brutale Gewalt

äußeren Unglücks, zur Philosophie getrieben. Eine dritte Gruppe müssen nach dem ursprünglichen, von Augustin abgeänderten Schema diejenigen gewesen sein, die sich auf dem offenen Meere verlieren, nach der Philosophie zwar streben, aber weder die Klugheit noch das Glück haben, jemals zu ihr zu gelangen. Die ersten sind also für die Philosophie gewonnen, die dritten für sie verloren, und zwischen beiden stehen diejenigen, die nach allen möglichen Mühseligkeiten zu guter Letzt dennoch zur Philosophie gelangen. Zu diesen rechnet sich Augustin, kann aber auch schon Cicero selber sich gezählt haben. Doch dem Gesprächspartner Hortensius gegenüber hat Cicero schwerlich zugegeben, daß der Weg zur Philosophie in Wahrheit ein derart schwieriger sei...

Wir erwähnten schon, daß der Verfasser auch über seine persönliche Situation und seine Probleme gesprochen haben muß. Hier hat das implikationsreiche Frg. 12 seinen Platz.

Der Adressat, dem der ganze Dialog gewidmet ist (und dann wohl auch die Dialoge „Catulus" und „Lucullus"), hat die Befürchtung geäußert, es schicke sich nicht recht, in einem schon vorgerückten Alter Ermahnungen zum Philosophieren vorzutragen und dies – was das Nächstliegende gewesen wäre – nicht etwa an die Adresse junger Leute, die möglicherweise solche Ermahnungen dringend nötig hatten, sondern vor einem Kreis alter Herren, von denen jeder erheblich älter war als Cicero selber. Junge Leute auf den Weg der Tugend zu bringen, ist verdienstvoll; verdienten Konsularen im Alter zwischen vierzig und fünfzig Jahren gegenüber wirkt dergleichen lächerlich oder anmaßend. In dieser psychologisch nicht ganz leichten Position befindet sich Cicero. Eine Erleichterung verschafft ihm nur der Umstand, daß er nicht allein ist. Das Problem geht nicht das Alter Ciceros allein an, sondern „unser beider Alter". Wir folgern, daß der Angeredete Cicero persönlich sehr nahesteht und ungefähr gleichaltrig ist. Dies führt, wie es uns scheint, zwingend zu der Annahme, daß jener nur Ciceros eigener leiblicher Bruder gewesen sein kann. Von den anderen Freunden scheidet

Atticus aus sozusagen ideologischen Gründen aus, und M. Junius Brutus, der Caesarmörder, dem Cicero manches gewidmet hat, ist rund zwanzig Jahre jünger gewesen als Cicero selber.

Zur Sache selber können wir nur vermuten, daß Cicero Erwägungen geltend machte, die, ohne von Epikur zu stammen, doch von diesem in klassischer Form ausgesprochen worden sind: Für das Philosophieren ist noch nie jemand zu alt oder zu jung gewesen: der Greis soll philosophieren, damit in ihm die Erinnerung an das vergangene Gute erhalten bleibt, und der junge Mensch soll es tun, damit er vor der Zukunft keine Angst zu haben braucht (Epikur Epist. III 122).

Wieweit Cicero, wie dann zuweilen in späteren Dialogen, von seiner ganz persönlichen Situation sprach, ist schwer zu sagen. Auf den Tod der Tochter hat er wohl nur kurz angespielt, die drückenden politischen Verhältnisse während der Diktatur Caesars durften nur mit äußerster Zurückhaltung zur Sprache gebracht werden; denn der Diktator war in der Nachsicht ebenso unberechenbar wie in der Repression. Nur ein kurzes Fragment (15) scheint auf diese Dinge anzuspielen: Unsere Vorfahren, so sagt Cicero, hatten die Möglichkeit, nach der Erledigung der Senatsarbeit, also der Regierungsgeschäfte, sich in die wohlverdiente Ruhe zurückzuziehen, das Geleistete zu überdenken und das Leben zu genießen. Dies ist heute alles anders. Der Senat tagt nur noch der guten Form wegen, doch alle wirklichen Entscheidungen werden anderswo getroffen, und am Ende der Sitzungen wird den Senatoren nicht mehr als das fade Gefühl geblieben sein, an einem unwürdigen Spiel mitzuspielen, das nur der Verschleierung der wahren Machtverhältnisse diente. Wozu dann noch dies alles? Die Flucht in die Philosophie war das einzige, was keinen Anstoß erregte und als sinnvolle Konsequenz aus den Gegebenheiten der Politik respektiert wurde.

Damit ist allerdings nur ein Teil des Problems berührt. Zwei in gewissem Sinne komplementäre Fragen bleiben bestehen: Wieweit darf der Römer seine politischen Verpflichtungen ganz der Philosophie aufopfern? Und: Wenn man sich

schon auf Philosophie einläßt, soll man sie nur mit Maß betreiben, damit ein Freiraum für die immer wieder zu erhoffende politische Tätigkeit erhalten bleibt, oder soll man die Politik vergessen und sich ganz und ohne jeden Vorbehalt der Philosophie widmen? Im Augenblick, da Cicero den „Hortensius" schreibt, ist der Bruch zwischen Politik und Philosophie vollkommen. Der Philosoph hat im Staate nichts mehr zu sagen, und der Politiker verbittet sich die Einmischung des Theoretikers in die politische Realität. Doch dies ist eine Situation der Ausnahme. Es muß nicht so sein, und wenn wir die wenigen Worte richtig interpretieren, so hat Cicero sowohl in Frg. 16 wie auch in Frg. 58 von Männern, doch wohl Römern, gesprochen, die sich zur Philosophie bekannten und gleichzeitig in Rom als Politiker hochgeschätzt wurden. Eine ausgewogene Synthese war und ist also möglich. Wen Cicero da meint, wissen wir nicht, und sich auf das Raten zu verlegen, ist ein nicht sehr fruchtbares Spiel. Anders steht es mit einem dritten Fragment (87), das von einem Manne handelt, der eine Katastrophe für den Staat mit Gleichmut trug, doch über ein Unrecht, das ihm persönlich geschah, so wenig hinwegkam, daß er (wie man ergänzen darf) Selbstmord verübte. Diese Situation können wir historisch identifizieren, dank Cicero selbst in De nat. deor. 2,7 und De div. 1,29 und 2,71 (dazu Valerius Maximus I,4,4). Es handelt sich um ein Ereignis im ersten Punischen Krieg. 249 v. Chr. hatten L. Junius Pullus und P. Claudius Pulcher gemeinsam die römische Flotte im Kampfe gegen Karthago befehligt. Junius operierte mit solchem Leichtsinn, daß die gesamte römische Flotte verloreging. Gegen beide wurde nachher eine Klage wegen unkorrekter Amtsführung erhoben. Claudius mußte eine hohe Buße bezahlen, während Junius die persönliche Schande nicht überleben mochte und Selbstmord beging. Die Leichtfertigkeit im Umgang mit seinem Kommando geriet damit in einen skandalösen Kontrast zu der maßlosen Empfindlichkeit, mit der er seine persönliche Ehre glaubte verteidigen zu müssen. Dies dürfte die Situation sein, von der das Fragment handelt. Die Vermu-

tung ist wohl nicht ganz abwegig, daß Cicero diesem Ereignis sein eigenes Schicksal gegenübergestellt hat: Er hat sich in seinem Konsulatsjahr auf das äußerste für den Staat eingesetzt, ist aber dann auch ruhig geblieben, als man ihm seinen Einsatz mit Undank lohnte und er in die Verbannung gehen mußte.

Ohne jeden Zweifel hat er auch hervorgehoben (und dies auch im Blick auf die drei im Dialog um ihn versammelten Konsulare), daß für ihn als römischen Bürger die Arbeit für den Staat und das römische Volk immer an erster Stelle gestanden habe und daß die Philosophie immer nur so viel an Zeit und Kraft habe in Anspruch nehmen dürfen, wie ihm neben der politischen Tätigkeit verfügbar gewesen sei. Lehrreich ist da ein Vergleich mit einem berühmten Abschnitt im platonischen „Gorgias", den Cicero vermutlich gekannt hat. Da vertritt der Gegner des Sokrates, Kallikles, die These, es sei erwünscht, daß der Mensch in seiner Jugend sich durch den Umgang mit der Philosophie bilde; sei er aber erwachsen geworden, so müsse er die Philosophie hinter sich lassen und sich ganz den großen Aufgaben im Staate zuwenden. Sokrates kann an jener Stelle demgegenüber nur geltend machen, daß bisher alle Politiker der Gegenwart wie der Vergangenheit nur auf ihren eigenen Erfolg bedacht gewesen seien und nicht auf das Wohl des Staates; und mit diesen Leuten sich gemein machen könne er nicht. Anderswo allerdings erklärt er, daß das Erforschen des Kosmos in seinen ungeheuren zeitlichen und räumlichen Dimensionen eine so große Sache sei, daß daneben alle politischen Zänkereien sich in ihrer Lächerlichkeit verlieren.

Vom Ausblick auf die Weiten des Kosmos spricht auch Cicero in der Schlußrede unseres Dialogs. Doch die Akzente sind spürbar anders gesetzt. Cicero glaubt über alle Nichtigkeiten hinweg an die politische Bestimmung Roms, so wie sie zuerst Ennius angedeutet und dann – in der Generation nach Cicero – Vergil in der Aeneis endgültig formuliert hat: die Menschenwelt in Gerechtigkeit zu beherrschen. Und da der Römer nicht nur wissen, sondern handeln will, muß die

Philosophie demgegenüber unter allen Umständen zurücktreten. Sie bleibt immerhin der Zufluchtsort, wenn höhere Gewalt jedes politische Handeln unmöglich macht.

So ist denn auch Ciceros Antwort auf die zweite der genannten Fragen nicht eindeutig: Genügt es, sich der Philosophie mit Maß und nur in der Freizeit zu widmen? Was er dazu in De fin. 1,2/3 (Frg. 2) und in Tusc. disp. 2,1–2 (Frg. 3) zu sagen hat, wirkt wie der etwas verkrampfte Auszug aus einer ausführlicheren Diskussion des Problems. Wer zu politischem Handeln verpflichtet ist, wird sich von der Philosophie nur so viel aneignen können, wie ihm unmittelbar hilfreich ist. Wer dagegen politisch nichts mehr zu tun hat, für den gilt die Alternative, sich der Philosophie ganz oder gar nicht zu widmen. Denn bloß mäßig zu philosophieren ist unmöglich. Wenn anderswo die Regel gilt, daß man nicht zuviel und nicht zuwenig tun dürfe, sondern sich an das ausgeglichene Mittelmaß zu halten habe, so kann man gerade die Philosophie nicht unter diese Regel zwingen. Es gibt bei ihr kein Übermaß, sondern nur ein unendliches Fortschreiten vom einen zum anderen, ohne daß man an irgendeiner Stelle einfach innehalten dürfte. Im Hintergrund steht die sokratisch-platonische Überzeugung, daß die Philosophie das ganze Leben des Menschen zu gestalten habe, womit die Warnung des Kallikles im „Gorgias", man dürfe es bei ihr nicht übertreiben, absurd wird. Auch von der Sache her ist die Philosophie ein Ganzes, aus dem man nicht irgendein Stück herausreißen kann. Dies scheinen ungefähr die Überlegungen Ciceros gewesen zu sein.

Es bleiben noch drei Fragen, die in der Vorrede verhandelt worden sein müssen.

Fürs erste muß Cicero erklärt haben, daß er nicht eine bestimmte Philosophenschule vertreten werde, sondern die Philosophie überhaupt. Gerade diese Unparteilichkeit muß auf Augustin einen starken Eindruck gemacht haben (Frg. 9). Die wichtigsten Schulen werden zwar genannt, charakterisiert und kritisiert worden sein, und zwar nicht nur diejenigen, die in Ciceros eigener Zeit blühten, sondern auch „die

früheren", wie Augustin notiert, also diejenigen, die der Vergangenheit angehörten und als überholt gelten mochten, die Schulen des Ariston, Herillos und Pyrrhon, von denen Cicero auch sonst zuweilen spricht.

Er selbst vertritt indessen keine Schule. Oder sollen wir vielleicht genauer formulieren: Er vertritt eine Schule, die selber nichts lehrt, sondern nur alle anderen, die etwas lehren, widerlegt. Denn dies ist die zweite Frage: Hat er schon in der Vorrede angedeutet, daß er selbst sich zur Neuen Akademie zählt, also zu einer Richtung, die kein System vorzutragen hat, sondern allen Schulen gegenüber die *eine* These behauptet, daß wir als Menschen zwar zu Wahrscheinlichkeiten, aber niemals zu endgültigen Wahrheiten zu gelangen vermögen? In seiner Optik sollte dies nicht etwa von der Philosophie abschrecken, sondern im Gegenteil zu ihr hinführen, weil der Mensch dann nicht an ein Dogma gefesselt wird, sondern die volle Freiheit behält, sich in jedem einzelnen Falle für das zu entscheiden, was er für das plausibelste hält. Irgendwo in unserem Dialog hat Cicero mit Sicherheit von dieser seiner akademischen Haltung gesprochen; das zeigt Frg. 91 zur Evidenz. Die Frage ist nur, ob dies in der Schlußrede oder im Vorwort geschah (oder an beiden Stellen). Das Vorwort war jedenfalls der geeignete Ort, um dem Leser klarzumachen, in welcher Perspektive Cicero seinen Protreptikos zur Philosophie gesehen hat. Die Akademie allein machte es ihm möglich, ein Philosophieren jenseits aller etablierten Schulen zu empfehlen.

Hortensius allerdings hat sich zwar zur Philosophie bekehrt, aber nicht zur Akademie Ciceros, sondern zu dem durch Antiochos von Askalon erneuerten dogmatischen Platonismus. Dabei ist es nicht mit letzter Sicherheit zu entscheiden, ob Cicero hier die Neigungen des historischen Hortensius berücksichtigt hat oder ob ihm mehr daran lag, gerade im Sinne der Akademie ein „Gleichgewicht der Parteien" herzustellen: den zwei Dogmatikern (Lucullus und Hortensius) sollten zwei Akademiker (Cicero selber und Catulus) gegenüberstehen; so kam jeder zu seinem Rechte. Doch es bleibt

die dritte Frage: Was hat Cicero überhaupt veranlaßt, Hortensius derart in den Mittelpunkt zu rücken?

Er wollte wohl zunächst den Mann ehren, der während Jahrzehnten in einer einzigartigen Weise sein Kollege und Rivale in der Redekunst gewesen und erst vor wenigen Jahren, um 50 v. Chr., gestorben war. Vielleicht wollte er dies um so eher, als Hortensius in seinen letzten Lebensjahren als Redner nur noch wenig hervorgetreten war; Kritik an seiner politischen Haltung wie an seiner Redeweise wird laut geworden sein. Wir halten es nicht für unmöglich, daß Frg. 19 sich gerade auf die unschöne Situation bezieht, daß dieselben Leute, die Hortensius, solange er lebte, nicht genug loben konnten, nun nach seinem Tode hemmungslos gegen ihn polemisieren. Für den Toten einzutreten, war keiner so geeignet wie Cicero.

Dazu kam, daß Hortensius, anders als Catulus und Lucullus, sein Leben lang nichts anderes gepflegt hatte als die politische Beredsamkeit. Auf dem Höhepunkt seiner Karriere wird ihm die Philosophie völlig gleichgültig gewesen sein. Später mag er sich so weit gewandelt haben, daß Cicero mit einer gewissen Wahrscheinlichkeit erzählen konnte, Hortensius habe sich irgendwann einmal geradezu zur Philosophie bekehrt. Diese Bekehrung läßt er schon in unserem Dialog stattfinden; und da er gerade diesen Dialog, anders als die beiden anderen Dialoge der Trilogie, nicht zurückgezogen, sondern stehengelassen hat, so war für den Leser diese Bekehrung als solche jedenfalls glaubwürdiger als sein Auftreten im Dialog „Catulus", wo er die Lehre des Antiochos von Askalon erläutert. Vermutlich hat er dort als zweiter nach dem Akademiker Catulus gesprochen, und da muß auch begründet worden sein, unter welchen Umständen er die Bekanntschaft des Antiochos gemacht hatte und von diesem in dessen Philosophie eingeführt worden war. Darüber wissen wir sonst nichts, und da kann es sich durchaus um eine reine Fiktion Ciceros handeln. Immerhin: Falls Frg. 25 dem Hortensius gehören und in seiner Auseinandersetzung mit Cicero vorgekommen sein sollte, so müssen wir folgern, daß

Hortensius sich auch im damaligen Syrien auskannte und bei einer Reise dorthin Antiochos kennengelernt haben kann. Doch dies ist nur eine der möglichen Hypothesen; im ganzen kommt darauf wenig an.

Dies mag etwa der Inhalt der Vorrede gewesen sein: Ankündigung des Gesamtprogramms, mit dem er die Philosophie in vollem Umfang in Rom einzubürgern gedachte, Beschreibung dessen, was die Philosophie ist und leisten kann, aber auch der Voraussetzungen, die erfüllt sein müssen, damit man überhaupt zur Philosophie zu gelangen fähig wird.

2. Vorspiel

Irgendwann im Sommer 62 v. Chr. haben Hortensius und Catulus Cicero einen Besuch auf dessen Villa bei Pompei abgestattet. Cicero stand damals auf dem Höhepunkt seines Ruhms als Konsular. Die beiden Besucher waren freilich wesentlich älter als er, so daß wir annehmen müssen, es habe sich nicht um einen bloßen Höflichkeitsbesuch gehandelt, wie ihn in Rom jüngere Vertreter der Nobilität einem älteren verdienten Manne abzustatten pflegten (man mag an die zwei ersten Bücher von De finibus denken). Es muß ein besonderer Anlaß gewesen sein, vielleicht gegeben durch den Prozeß gegen P. Cornelius Sulla, der wenige Wochen vorher stattgefunden haben muß und in dem Cicero und Hortensius gemeinsam den Angeklagten vertraten und ihm, vermutlich nicht ohne Mühe, den Freispruch verschafften. Sicher war auch von Ciceros Konsulat die Rede, dann wohl auch von Ciceros besonders verdienstvoller Leistung, für den durch Pompeius brutal gedemütigten Lucullus einen Triumph durchgesetzt zu haben. Dies kann weiterhin den ältesten der drei Freunde, Catulus, zu dem Vorschlag angeregt haben, am nachfolgenden Tage wieder zusammenzukommen und gemeinsam dem Lucullus auf dessen Villa bei Neapel, also nahe genug bei der Villa Ciceros, einen Besuch zu machen

(Frg. 20). Dies geschah denn auch, zweifellos nachdem man einen Diener vorausgeschickt hatte, um den Besuch geziemend anzukündigen. Die römische Gesellschaft, mit der wir es hier zu tun haben, war, im entschiedenen Gegensatz zu den Athenern Platons, stets auf die korrekte Abwicklung gesellschaftlicher Verpflichtungen bedacht.

Aus Frg. 21 erfahren wir, daß Lucullus über den Besuch erfreut war, also in seiner nicht ganz einfachen Lage die Geste der Freunde zu schätzen wußte. Wie es sich gehörte, nahmen denn auch die Gäste sofort die Gelegenheit wahr, die prachtvolle Anlage der Villa im ganzen, dann aber auch die Einzelheiten zu bewundern. Cicero hat sicher hervorgehoben, daß an Lucullus nicht der Reichtum zu rühmen gewesen sei, sondern der erlesene Geschmack und die vielseitige Bildung, die an der Villa sichtbar wurden.

Catulus hat als erster Komplimente für die gesamte Anlage vorgebracht (Frg. 22), dann muß sich Hortensius als Kenner über die kostbaren Statuen und Gemälde geäußert haben (Frg. 23), alles natürlich griechische Stücke, teils wohl im Handel erworben, teils als Beutestücke aus den Feldzügen in Vorderasien nach Hause gebracht. Charakteristisch antik ist das Urteil, daß Gemälde dann besonders geglückt seien, wenn die dargestellten Menschen und Tiere so lebensecht nachgebildet seien, daß sie zu atmen schienen (Frg. 24). Catulus scheint sich mehr für die Bibliothek interessiert zu haben. Es kann in unserem Dialog erwähnt worden sein, daß Lucullus aus seinen Kriegen vor allem viele Bücher für sich in Besitz genommen hat – also nicht, wie andere siegreiche Feldherren, bloß teures Gold- und Silberzeug. So ist denn auch die Bitte des Catulus an Lucullus interessant (Frg. 35), dieser möge ihm durch einen Bibliothekar die Liste sämtlicher griechischer Tragödien zur Verfügung stellen, die er in seiner Bibliothek besitze; so könne dann er, Catulus, sich notieren, welche ihm in seiner eigenen Bibliothek fehlten; und Lucullus, so dürfen wir ergänzen, wird dafür besorgt gewesen sein, daß die fehlenden Texte für Catulus kopiert wurden. Daß Catulus ein besonderer Liebhaber der Dich-

tung war, wird man daraus schwerlich folgern dürfen: die Tragödien des Euripides gehörten, wie die Komödien Menanders, zu den klassischen griechischen Schöpfungen, die der gebildete Römer kennen mußte. Jedenfalls besteht kein Anlaß, ihn eine ganze Rede zugunsten der Dichtung halten zu lassen.

Möglicherweise hat einer der Freunde auch darauf aufmerksam gemacht, daß die Bibliothek des Lucullus mit griechischen Geschichtswerken ungewöhnlich reich ausgestattet sei. Wenn Frg. 29 die fünf Klassiker aufzählt, so kann dies zwar unmittelbar aus einem Handbuch stammen (vgl. Cicero De or. 2,55-57), doch schließt dies nicht aus, daß die Werke der Genannten: Herodot, Thukydides, Philistos, Theopomp und Ephoros, bei Lucullus vorhanden waren. Wir notieren beiläufig, daß in der Liste Xenophon, Timaios und Polybios fehlen; es sind eben wirklich Klassiker des 5. und 4. Jhd. v. Chr.

Lucullus wird auf seine Vorliebe für die Historiker angesprochen worden sein und scheint daraufhin in einiger Ausführlichkeit die Geschichtsschreibung als solche gelobt zu haben (Frg. 26).

Nicht ausgeschlossen ist, daß ihn Cicero erzählen ließ, er habe in seiner Jugend auf Grund einer Wette mit Hortensius und dem Historiker Sisenna (im Jahre 70 Verteidiger des Verres neben Hortensius) in griechischer Sprache ein Geschichtswerk über den Marsischen Krieg (91-89 v. Chr.) verfaßt (so Plutarch, Lucullus 1). Daß Cicero dieses Werk gekannt hat, zeigt ein Brief an Atticus aus dem Jahre 60 v. Chr. Hat Lucullus sogar angedeutet, der Diktator Sulla habe ihm seine umfangreichen Memoiren („Commentarii", reichlich genutzt in Plutarchs Biographie Sullas) gewidmet?

In jedem Falle hat er nachdrücklich auf den hohen Wert der Geschichtsschreibung hingewiesen: die Geschichte lehre in Beispielen, wie Kriege zu führen und Staaten zu regieren seien und liefere die zuverlässigsten Modelle für alles politische Handeln und Reden (Frg. 27,28). In seiner Vorrede zum „Lucullus" deutet Cicero an, Lucullus habe sich, als er im

Jahre 74 v. Chr. mit der Führung des Krieges gegen Mithridates beauftragt wurde, während der ganzen Reise von Italien in den Osten damit beschäftigt, Informationen zu sammeln und instruktive Geschichtswerke zu studieren. Die Anspielung ist dort so knapp, daß man vermuten wird, Lucullus habe in unserem Dialog ausführlicher über die Sache berichtet.

Genannt wurden dann, wie schon erwähnt, die fünf klassischen Historiker der Griechen, jeder mit einem charakterisierenden Beiwort. Daß Herodot und Thukydides, dann Theopomp und Ephoros antithetisch gezeichnet werden, ist natürlich kein Einfall Ciceros, sondern wird das Urteil eines griechischen Kenners wiedergeben, vielleicht Theophrasts, des Schülers des Aristoteles.

Es dürfte dann Lucullus gewesen sein, der Cicero aufforderte, selber ein Geschichtswerk zu verfassen. Es lag in jenem Augenblick in der Tat nahe genug, und zwar zuerst aus Ciceros eigener Perspektive, die glorreichen Ereignisse des Jahres 63 v. Chr. zu verewigen. Er hat denn auch, wohl in der Mitte der fünfziger Jahre, ausführlich „De consulatu suo" geschrieben; dieses Werk lag also im Jahre 45 vor, war aber im Jahre 62 noch nicht einmal geplant; Cicero hat sich zum Schreiben erst entschlossen, nachdem vom Jahre 59 an die Bedrängnisse größer und größer geworden waren. Dies hindert nicht, daß er im Dialog schon gleich nach dem Ende des Konsulatsjahres sich gerne von einem älteren Freunde dazu auffordern ließ, die Geschichte seiner Taten aufzuzeichnen. Allerdings scheint er sich geziert und Lucullus so verstanden zu haben, als ob dieser ihn aufforderte, Taten anderer Leute und Ereignisse vergangener Zeiten zu schildern (Frg. 30,31), also etwa so, wie Lucullus selber über den Marsischen Krieg, der vor einem Vierteljahrhundert stattgefunden hatte, gehandelt hatte. Es liegt aber auch auf der Hand, daß Cicero nicht der Mann war, der eine Aufforderung, etwa über seine eigenen Leistungen zu schreiben, abgelehnt hätte; doch ein Geschichtswerk über längst vergangene Dinge zu verfassen, interessierte ihn wenig. Und außerdem: Cicero selber wird in seiner Antwort betont haben, wie heikel es sei, Geschichte zu

schreiben über Menschen und Ereignisse, die einige Generationen zurückliegen. Es ist im höchsten Grade römisch, daß er damit rechnet, gegenwärtige Leser eines solchen Werkes könnten sich schwer beleidigt fühlen, wenn einer ihrer Vorfahren durch den Historiker nicht die erwartete Anerkennung gefunden habe (Frg. 10). So stark ist in Rom die Solidarität der Generationen untereinander, eine Solidarität, die es in dieser Form bei den Griechen überhaupt nicht gegeben hat. Cicero hat jedenfalls die Aufforderung abgelehnt mit der Feststellung, man riskiere als Historiker vergangener Epochen, sich überflüssigerweise überall Feinde zu verschaffen.

So mag er denn auch erklärt haben, er ziehe es vor, bei der Beredsamkeit zu bleiben, die ihm immer wieder, und zuletzt in der Affäre des P. Cornelius Sulla, große Erfolge eingebracht habe.

In diesem Augenblick jedoch scheint Catulus eingegriffen und mit der Rücksichtslosigkeit, die er sich als ältester unter den vier Freunden leisten konnte, erklärt zu haben, ein einziges kleines Büchlein über philosophische Ethik (wenn wir „De officio" so übersetzen dürfen) sei ihm unvergleichlich viel wertvoller als die langen Reden für den übel beleumdeten Cornelius Sulla, die vor kurzem Cicero und Hortensius gehalten hätten.

Ob Cicero auf den Vorwurf reagierte, wissen wir nicht. Doch Hortensius scheint sich empfindlich getroffen gefühlt zu haben. Er antwortete weniger mit einer Apologie der Redekunst, obschon auch sie nicht gefehlt haben wird (Frg. 103), als vielmehr mit einem massiven Angriff auf die von Catulus gerühmte Philosophie. Damit beginnt der Hauptteil des Dialoges.

3. Angriff des Hortensius auf die Philosophie

Soweit es überhaupt möglich ist, die meist kurzen Zitate und Anspielungen zu einem kohärenten Ganzen zusammenzuordnen, ergibt es sich, daß Hortensius in einem ersten Ab-

schnitt grundsätzlich den Nutzen der Philosophie bestritten hat; in einem zweiten Abschnitt hat er wahrscheinlich jeden der drei klassischen Teile der Philosophie, also Logik, Ethik und Physik, einzeln vorgenommen und gezeigt, wie nichtig all das sei, was die Philosophen anzubieten hätten.

Der Mensch, so hat Hortensius vor allem ausgeführt, ist auf die Philosophie in keiner Weise angewiesen. Dies beweist schon die unwiderlegliche Tatsache, daß die Menschen nicht seit jeher die Philosophie besessen und philosophiert haben. Die Philosophie beginnt anerkanntermaßen (wie Aristoteles und Theophrast ausdrücklich erklärt hatten) mit Thales von Milet (Frg. 52), der in das frühe 6. Jhd. v. Chr. gehört und den Hortensius in unserem Dialog zum Zeitgenossen etwa des römischen Königs Ancus Marcius gemacht haben wird (in einer teilweise vergleichbaren Stelle Tusc. disp. 1,38 läßt Cicero den alten Pherekydes von Syros zur Zeit des Königs Servius Tullius leben und Pythagoras während der Regierungszeit des Tarquinius Superbus, also des letzten Königs von Rom, nach Italien kommen). An was hielten sich die Menschen, bevor die Philosophie erfunden worden war? Die Antwort des Hortensius ist einfach. Lenkerin der Menschen war damals die Natur, und wir brauchen auch heute nur auf sie zu hören, um richtig denken und handeln zu können.

Gut ist, was die Natur des Menschen verlangt. Wer sich an sie hält, wird nicht, durch irgendwelche Theorien verführt, den Regungen seiner Natur Widerstand entgegensetzen. Vielmehr wird der Mensch gerade dann der Natur gehorsam sein, wenn er ohne die Intervention eines Lehrers selber empfindet, was sie begehrt. Da die Natur gut ist, wird weder sie etwas begehren, was schlecht wäre, noch wäre es richtig, das Gute, das sie anbietet, zurückzuweisen. Die Natur selber geht einen sicheren und bestimmten Weg, und nur viele Fehler und Irrtümer vermögen sie so zu verderben, daß sie den Weg verliert. Die Sitte (modern müßten wir sagen: die Kultur) nimmt den Menschen für sich in Anspruch und behauptet, Nachahmerin der Natur zu sein – was sie in Wirklichkeit gar nicht ist. Wir sind darauf angewiesen, durch

vernünftige Überlegung das in Ordnung zu bringen, was die schlechte Gewohnheit (wiederum: die Kultur) hat verkommen lassen. Dies etwa ist es, was sich aus Frg. 38, 75, 76, 81 ergibt. Dabei wird eines sichtbar, was wir zunächst nicht erwarten würden. Hortensius ist Gegner aller Philosophie, aber wenn er die Philosophie bekämpft, so tut er es unvermeidlich mit den Mitteln, die ihm die Philosophie selber zur Verfügung gestellt hat. Wenn er die Natur gegen die Philosophie als den Inbegriff einer nicht nur überflüssigen, sondern auch irreführenden Kultur ausspielt, so befindet er sich in einer Tradition, die teils auf Epikur, teils die alten Kyniker zurückgeht. Denn Epikur gehört das, was man die Teleologie der Natur nennen muß: die Natur hat alles bereitgestellt, wessen der Mensch bedarf, so daß wir uns nur ihr anzuvertrauen brauchen, um zu der für uns möglichen Eudaimonia zu gelangen; der Kynismus ist grundsätzlich kulturfeindlich und erklärt programmatisch mit seinem eigenen Namen, daß das Leben des Hundes der Natur näher sei als dasjenige des Kulturmenschen. Hortensius wird sich freilich selber um so weniger auf Epikur und die Kyniker berufen haben, als er im schärfsten Gegensatz zu diesen auf die Politik keineswegs zu verzichten gedachte, sondern der Philosophie vielmehr vorgeworfen haben muß, sie mache durch ihr Theoretisieren jede realistische und erfolgreiche Politik unmöglich.

In welcher Reihenfolge Hortensius die drei Teile der Philosophie einzeln unter Beschuß genommen hat, wissen wir nicht.

Daß er die Philosophie in allen Formen auf das schärfste angegriffen hat, wird uns bestätigt durch das merkwürdige Zeugnis eines Manichäers des frühen 5. Jhd. n. Chr., der verzweifelt versucht, Augustin zum Glauben der Manichäer zu bekehren, und unvermittelt den Haß Augustins auf die Manichäer vergleicht mit dem Haß des Hortensius auf die Philosophie; er habe sie bekämpft, als gelte es gegen Hannibal oder Mithridates Krieg zu führen. Damit wollte Cicero aus der Erinnerung das zu hitzigem Pathos neigende Temperament des Hortensius charakterisieren, aber auch zeigen, daß

er selber als konsequenter Anhänger der Neuen Akademie fähig war, nicht nur den Standpunkt der Philosophie, sondern auch denjenigen des Gegners der Philosophie unvoreingenommen zu exponieren.

Was nun im einzelnen die Naturphilosophie betrifft, so kann ihr natürlich jederzeit vorgeworfen werden, was schon die früheste Sokratik getan hat, sie vermöge nichts dazu beizutragen, daß wir besser und weiser leben (Frg. 32). Elegant formuliert ist der Spott über die stoische Lehre vom Fatum. Da scheint Cicero, der selber kein Stoiker war, diese Lehre erwähnt zu haben. Hortensius erklärt dazu ironisch, dergleichen habe seine brave Großmutter auch noch geglaubt; seine Mutter jedoch, die eine gebildete Frau gewesen sei, habe sich nichts aus dem Fatum gemacht, und daran halte er sich (Frg. 64). Der antike Leser wird sich dabei sowohl an einige abschätzige Bemerkungen Platons über die Heimarmene erinnert haben wie auch an berühmte Verse aus der Tragödie Melanippe des Euripides.

Auch die Kosmologie Epikurs muß Hortensius mit Kritik und wohl auch Spott bedacht haben (man mag den Ton von De finibus 1, 17–21 vergleichen). Wir besitzen allerdings nur eine überaus flüchtige Anspielung auf die Lehre von den vielen Welten (Frg. 96). Es ist nicht völlig auszuschließen, daß Cicero selbst in seiner Schlußrede auf sie zu sprechen kam, dann in dem Sinne, daß der menschliche Ruhm so nichtig sei, daß er sich nicht einmal über das Ganze unserer einen Welt auszubreiten vermag; wieviel bedrückender wäre der Gedanke, wenn wir neben unserer Welt noch mit zahllosen anderen Welten zu rechnen hätten (vgl. Valerius Maximus 8,14 ext. 2, vielleicht aus Cicero).

Ein eigentümliches Zitat (Frg. 62) befaßt sich mit der philosophischen Theologie. Man kann es leicht zu einer skeptischen Alternative ergänzen: Die Annahme unzählig vieler Götter ist genauso absurd wie die Annahme eines einzigen Gottes. Denn im ersten Falle entsteht die Frage, wie alle diese Götter sich untereinander verständigen und miteinander verkehren, im zweiten die Frage, die zitiert wird: welches könne

die Eudaimonie eines Gottes sein, der allein und einsam existiere? Auf keine der beiden Fragen gibt es eine Antwort, woraus man folgern wird, daß derartige Spekulationen nutzlos seien. Dabei entspricht die erste These der Theologie Epikurs, während die zweite These gerade darum von Lactantius zitiert wird, weil die antike Philosophie weder den strengen Monotheismus noch die Polemik gegen einen solchen Monotheismus kennt; insofern ist das Zitat singulär.

Was die Ethik angeht, so werden wir von vornherein annehmen, daß der Hauptangriff der Stoa und ihren weltfremden Radikalismen galt, obwohl schon die Autorenvorrede (Frg. 17) sie erwähnt haben muß. Auf sie zielt die verächtliche Bemerkung über „jenes undefinierbare Großartige, das die Stoiker dauernd im Munde führen" (Frg. 36). Dies kann „die Tugend" gewesen sein oder auch „das Gute". Es wird auch Hortensius gewesen sein, der über seine ernüchternde Erfahrung mit einem großen Stoiker berichtet hat: Der große Philosoph Poseidonios sei in einer schmerzhaften Krankheit um nichts tapferer gewesen als ein (völlig unphilosophischer) Freund des Sprechenden, der im übrigen aus derselben Provinz Syriens stammte wie Poseidonios. Der Sprechende war sicher ein Gegner der Stoa (was Lucullus nicht gewesen sein kann); auf der anderen Seite wissen wir nichts über eine Reise des Hortensius in den Osten etwa in der Zeit vor oder nach 69. Befriedigend ist das Problem nicht zu lösen. Außerdem hängt an diesem Bericht ein weiteres Rätsel. In den Tusc. disp. 2,61 teilt derselbe Cicero mit, Pompeius habe selber berichtet, er habe (aller Wahrscheinlichkeit nach im Jahre 62) den Poseidonios auf Rhodos besucht und ihn schwer krank vorgefunden; dies habe indessen Poseidonios nicht gehindert, unter den größten Schmerzen einen Vortrag über den Satz, das einzig Gute sei die Tugend, vor Pompeius zu halten. Die beiden Stellen widersprechen einander offensichtlich, die eine mit Hortensius, die andere mit Pompeius als Augenzeugen. Cicero kann dieser Widerspruch unmöglich verborgen geblieben sein. Die einzige Erklärung ist, daß zwischen den zwei Begegnungen vielleicht

zehn und mehr Jahre anzusetzen sind; im zweiten Bericht hebt natürlich der Römer nicht ungern hervor, wie hoch ihn der griechische Philosoph geschätzt habe.

Wieweit sodann Hortensius im Anschluß an seine Erfahrung mit Poseidonios allgemein folgerte, daß die Philosophen zwar lobenswerte Prinzipien hätten, aber unfähig seien, sie in die Tat umzusetzen, wissen wir nicht. Ein umfangreiches Kapitel des Lactantius (Div. inst. 3,16), das zu einem großen Teil unseren Dialog benutzt, spielt auf eine solche Folgerung an: „Man soll die Menschen gut machen und nicht bloß in einem Winkel zusammensitzen und Vorschriften darüber erlassen, was man tun solle; diesen Vorschriften gehorchen nicht einmal diejenigen, die sie erlassen"; dann höchst merkwürdig und im Buche eines Christen geradezu schockierend: „Wir müssen alle Philosophie verwerfen, da es sich für uns nicht darum handelt, nach der Weisheit zu suchen – was ein grenzenloses Unternehmen wäre –, sondern weise zu werden, und dies so schnell wie möglich. Denn uns ist nicht ein anderes Leben zugestanden so, daß wir in diesem Leben die Weisheit suchen müßten und im anderen Leben selber weise sein würden. In diesem unserem jetzigen Leben muß beides geschehen. Wir müssen rasch die Weisheit entdecken, um sie uns rasch aneignen zu können, damit uns nichts vom Leben verlorengeht, von dem wir ohnehin nicht wissen, wann es zu Ende ist." Dies muß auf irgendeine Weise mit einem Ausspruch zusammenhängen, der einem Spartaner des späten 4. Jhd. v. Chr. gehört. Dieser Spartaner Eudamidas besucht die platonische Akademie in Athen; deren Leiter Xenokrates ist schon ein alter Mann, und Eudamidas sieht zu, wie er im Dialog mit seinen Freunden nach der Tugend sucht. Da fragt er: „Wann wird er Zeit haben, die Tugend auszuüben, wenn er jetzt noch damit beschäftigt ist, sie zu suchen?" (Plutarch mor. 220D).

Die einen suchen also nach dem Guten und finden es nie, die anderen glauben es gefunden zu haben, reden aber nur davon, ohne es zu verwirklichen.

Es bleibt der Komplex der Logik, der in der Zeit Ciceros

sich zu zwei markanten und miteinander konkurrierenden Formen ausgebildet hatte: zur stoischen Dialektik des Chrysippos und zu dem vor allem durch Theophrast weiter ausgebildeten Organon des Aristoteles.

Reizvoll ist die Pointe gegen die Dialektik (Frg. 54). Da läßt Cicero den Hortensius einen Vergleich des Karneades, des erbitterten Gegners der stoischen Dialektik, aufnehmen. Die Dialektik, sagt Karneades, erinnert an die Ankündigung eines Schaustellers bei einem Jahrmarkt, der als besondere Sensation ein Tier vorzuzeigen verspricht, „das sich selber auffrißt". Dies tut der Polyp, der seine eigenen Fangarme verzehrt. Genauso treiben es die Dialektiker. Mit ihrer Argumentation destruieren sie ununterbrochen ihre eigenen Thesen, so daß ihnen schließlich nichts in der Hand bleibt.

Auch über den Kettenschluß der Dialektiker, den „Sorites" (bei dem es sich herausstellt, daß es unmöglich ist, zwischen Groß und Klein, Viel und Wenig eine genaue Grenze zu ziehen), dann über den Vexierschluß des „Lügners", der selber wahrheitsgemäß erklärt, daß er lügt, und anderes dergleichen muß sich Hortensius lustig gemacht haben. Das greift dann Cicero in der Diskussion und später im „Lucullus" noch einmal auf. Von besonderem Interesse ist eine Polemik gegen die stoische Theorie der „mehrdeutigen Wörter" (Frg. 59). Die Stoiker verwickeln sich, behauptet Hortensius, in einen Widerspruch, wenn sie an einer Stelle Regeln aufstellen, wie die Mehrdeutigkeit zu überwinden sei, und an einer anderen Stelle behaupten, es gebe überhaupt kein Wort, das nicht mehrdeutig sei – so daß es also unmöglich wird, Regeln aufzustellen.

Wir wissen, daß der Akademiker Karneades sich alle Mühe gemacht hat, aus der Schriftenmasse des Chrysippos innere Widersprüche herauszupicken, also Chrysipp durch sich selbst zu widerlegen. So wird auch unser Zitat auf eine Polemik des Karneades zurückgehen.

Zwei kurze Texte enthalten eine Kritik an Aristoteles.

Im ersten Falle (Frg. 56) beklagt sich Hortensius darüber, daß man bestimmte Werke des Aristoteles nur mit der größ-

ten Anstrengung lesen könne; so kompliziert seien sie. Ein zweiter Text (Frg. 33) gehört ziemlich sicher in denselben Zusammenhang. Da erklärt Hortensius apodiktisch, wenn er sich schon nach einer Lektüre für die Freizeit umsehe, so wünsche er sich etwas Erholsames, nicht etwas Anstrengendes.

In diesen Äußerungen steckt ein eigentümliches Problem. In den uns erhaltenen Schriften versäumt Cicero selten, den brillanten, faszinierend eingängigen Stil eines Aristoteles, Platon und Theophrast gegen die pedantisch spitzfindigen, gelehrten und reizlosen Bücher der Stoiker auszuspielen. Hier dagegen wird gerade dem Aristoteles vorgeworfen, seine Werke zu lesen sei überaus mühsam. Eine Erklärung des Widerspruches kann nur darin bestehen, daß Cicero im ersten Falle ausschließlich an die Dialoge des Aristoteles denkt, die wir allerdings nicht mehr besitzen und die sich durch eine zwar unplatonische, aber doch gefällige und gewählte Art der Darbietung ausgezeichnet haben müssen; im zweiten Falle kann es sich nur um das uns erhaltene Organon (Kategorienlehre, Analytik und Topik) handeln, eine Textgruppe, die in der Tat keine leichte Lektüre ist und schon für einen Cicero nicht leicht gewesen sein dürfte.

4. Streitgespräch zwischen Hortensius und Cicero

Daß Hortensius am Schluß seiner Rede die Philosophie ebenso schonungslos abfertigte, wie er die Redekunst in den Himmel erhob (vgl. Frg. 103), ist anzunehmen. Da wird denn auch Cicero sofort protestiert haben, und es muß für einige Zeit ein lebhaftes Hin und Her entstanden sein. Wir besitzen eine Reihe von Zitaten, die den Fortgang des Gesprächs als solchen charakterisieren. Dabei gibt sich Cicero, wiewohl der jüngere, eindeutig als der überlegene. Wie Hortensius einmal zögert, sei es, weil er seiner Sache nicht ganz sicher ist oder weil er den Partner nicht persönlich verletzen möchte, redet ihm Cicero gut zu, er solle nur unbedenklich so fortfahren,

wie er begonnen habe (Frg. 37). An anderer Stelle gestattet er ihm großzügig, eine Behauptung zurückzunehmen, wenn er glaube, sie nicht mehr vertreten zu können (Frg. 68). Anderswo äußert er sich wesentlich schärfer: „Wenn du erreichen wolltest, daß dein Angriff auf die Philosophie überzeugend werde, so hättest du entweder das Ganze, das du nicht einmal berührt hast, umwerfen oder doch seine einzelnen Teile, wie die Glieder eines Körpers, stückweise zerschneiden müssen – was du beides nicht getan hast" (vgl. Frg. 61). Dem Hortensius wird also da vorgeworfen, daß er nur Einzelheiten aus dem Ganzen der Philosophie herausgerissen und diskutiert habe, ohne das Ganze selber ins Auge zu fassen oder die einzelnen Teile systematisch zu widerlegen. Ein weiteres Fragment scheint zu fordern, daß man in einer Diskussion wie ein guter Geschäftsmann vorzugehen habe; man dürfe nicht ohne den Hinblick auf das Gesamtergebnis die einzelnen Posten aufführen und miteinander verrechnen (Frg. 63). In einem Zitat vernehmen wir umgekehrt einen Protest des Hortensius gegen einen verfrühten Triumph Ciceros. Cicero dürfe nicht meinen, daß Hortensius sich geschlagen gebe (Frg. 51).

Über den Inhalt der Auseinandersetzung erfahren wir wenig. Immerhin sind einige Hypothesen erlaubt.

Was die Naturphilosophie betrifft, so wird sich Cicero auf die später in De finibus 4,11/12 (vgl. De finibus 1,63/64) skizzierte Position zurückgezogen haben: Gerade die Betrachtung der Natur und der Herrlichkeit des Kosmos dient dazu, den Menschen zur Tugend hinzuführen; vielleicht gehört Frg. 97, das von dem Ausblick auf die unendliche Schönheit des Himmels spricht, in diese Situation.

Im Feld der Ethik muß sehr stark hervorgehoben worden sein, daß die Natur allein nicht ausreicht, um uns zu orientieren. Sie gibt nur Ansätze und Hinweise; das übrige müssen die Vernunft und die Philosophie besorgen (vgl. dazu De fin. 5,41 und 5,24).

In zwei erhaltenen Zitaten wehrt sich Cicero für die philosophische Logik. Was die stoische Logik angeht, so scheint er

erklärt zu haben, daß Hortensius sie zwar lächerlich und absurd finden dürfe, aber nicht glauben solle, damit sei die ganze Philosophie widerlegt. Und was die klassische, von Aristoteles ausgehende Logik betrifft, so stellt Cicero fest, Hortensius sei selber im höchsten Grade inkonsequent, da er zwar gegen jene Logik polemisiere, selber aber deren exakte Methoden des Einteilens (griechisch: Dihairesis), des Definierens (griechisch: Horismos) und des Begründens (griechisch: Aitiologia) mit der größten Treffsicherheit anwende.

Berühmt ist das Argument, das Cicero vielleicht unmittelbar einem Dialog des Aristoteles entnommen hat: Wer behauptet, man solle nicht philosophieren, der philosophiert gerade, indem er dies behauptet; denn Philosophieren besteht in nichts anderem als darin, zu überlegen, was man im Leben tun oder nicht tun solle. Nehmen wir also eine derartige Bestimmung der Philosophie an (die sich auf bestimmte Erklärungen des platonischen Sokrates stützen könnte), so ist es uns überhaupt nicht möglich, aus dem Raume der Philosophie hinauszufallen; wir sind immer schon in der Philosophie, wenn wir nach der Bestimmung unseres Handelns fragen.

Mag sein, daß Hortensius sich nach diesem Argument geschlagen gab (Frg. 49). Lactantius fügt eine Bemerkung hinzu, die auch der Widerlegung des Hortensius durch Cicero angehören kann: Wenn die Philosophie nach Weisheit strebt, so entspricht sie der Natur des Menschen, der nicht zur Torheit, sondern zum Wissen bestimmt ist.

Dem Schluß der ganzen Diskussion unmittelbar vor der Wendung des Hortensius dürften zwei Zitate angehören.

Cicero hat alle Einwände gegen jeden einzelnen Teil der Philosophie widerlegt, und Hortensius hat ihm zugestimmt. So folgt denn angemessen die Aufforderung, die noch einmal den Vergleich mit dem klugen Geschäftsmann und Hausverwalter benutzt: Wer alle einzelnen Posten einer Abrechnung gebilligt hat, darf nun nicht mehr zögern, auch die ganze Summe zu billigen, die aus jenen Posten zusammengesetzt ist. Wer die einzelnen Thesen der Philosophie für richtig hält,

wird auch die Philosophie als Ganzes annehmen müssen (Frg. 93).

Dieser Folgerung kann sich Hortensius nicht verschlossen haben, und so fordert ihn denn Cicero mit liebenswürdiger Ironie auf, die Philosophie nunmehr mit derselben großartigen Eloquenz zu rühmen, die er bis in den Himmel zu erheben nicht gezögert hätte, wenn er mit ihr zusammen hätte aufsteigen können (Frg. 103).

So wird der Weg frei für eine Gesamtdarstellung dessen, was die Philosophie leistet und was der Mensch von ihr erwarten und erhoffen darf, wenn er sich ganz ihr widmet.

5. Schlußrede Ciceros

Hier verdanken wir alle wichtigen Zitate Augustin, ein Hinweis darauf, daß gerade dieser Teil des Dialoges ihm den stärksten Eindruck gemacht haben muß.

Entscheidend ist der Anfang der Rede, den wir kennen (Frg. 69/70). Es ist eine elementare Forderung der Logik, daß die Argumentation mit einem Satz beginnen muß, der den Vorzug hat, schlechthin evident zu sein; es wird eine These sein, der zu widersprechen unmöglich ist und sinnlos wäre. Es ist der Satz, daß „alle Menschen glückselig werden wollen". Sich einen Menschen vorzustellen, der dies nicht will und die Unseligkeit vorzieht, ist unmöglich. Diese Evidenz schlägt indessen augenblicklich in ihr Gegenteil um, wenn wir die Frage anschließen, worin denn diese Glückseligkeit (Eudaimonia) besteht. Schon Aristoteles hat an einer exponierten Stelle seiner vielgelesenen Nikomachischen Ethik hervorgehoben, daß zwar hinsichtlich des Begriffes der Eudaimonia alle Menschen derselben Meinung seien, daß aber jeder einzelne den Gehalt der Eudaimonia anders versteht als sein Nachbar; es kommt durchaus vor, daß der einzelne selber im Laufe des Lebens, eines Jahres oder gar eines Tages seine Vorstellung, was für ihn Eudaimonia sei, immer wieder ändert. So hat auch Cicero vielleicht sofort hervorgehoben,

wie sehr sich die Menschen nach ihren Interessen, ihren Sitten und ihrer ganzen Lebensart voneinander unterscheiden (Frg. 71). Es besteht also ein äußerster, brutaler Gegensatz zwischen der Übereinstimmung im Begriff und der unabsehbaren Meinungsverschiedenheit in der Sache.

Es gilt also, die verschiedenen Meinungen zu prüfen.

Sinnvoll wird mit derjenigen Variante begonnen, die genau besehen die nächstliegende unter allen ist. Die Eudaimonia besteht demnach darin, leben zu können, wie man will, ungestört alles tun und lassen zu können, was mir gerade gefällt. Wollte man dies dem Volke im Theater verkünden, so würde jedermann sofort zustimmen und dabei seine eigene Vorstellung von der Eudaimonia bestätigt fühlen. Diese These gibt es, doch Cicero führt sie merkwürdigerweise nicht auf Philosophen zurück, sondern auf „kluge Leute, die im Diskutieren gewandt seien". Der Autor, dem Cicero hier folgt, wird wohl begründet haben, daß ein Philosoph einer solchen These, mit der sich die Philosophie selbst aufheben würde, unmöglich zugestimmt haben kann. Umgekehrt teilen uns Platon wie auch Aristoteles mit, die Formel „Leben zu können, wie es einem paßt" sei eines der Schlagworte der radikalen athenischen Demokratie des 5. und 4. Jhd. v. Chr. gewesen. Der Freiheitsbegriff dieser Demokratie erschöpft sich geradezu in der einfachen Forderung, jedem Bürger solle es freistehen, genau so zu leben, wie es ihm gefällt. Sollen wir also unter den Leuten, die Cicero meint, Redner oder Dichter von der Art des Euripides verstehen, oder will er gar mit seiner anspruchsvollen Wendung den Begriff des Sophisten umschreiben?

Wie dem auch sei, Cicero beeilt sich, diese unbestimmteste und bedenklichste Auffassung von der Glückseligkeit nachdrücklich zu widerlegen. Es gilt nicht, zu begehren, was wir wollen, sondern das, was wir sollen; denn zu begehren, was wir nicht begehren sollen, ist gerade das Gegenteil der Glückseligkeit. Denn es ist weniger schlimm, nicht zu erlangen, was man begehrt, als zu begehren und erlangen zu können, was man nicht soll.

Cicero hat wahrscheinlich sofort als geschichtliches Beispiel einen Mann erwähnt, der darum gerade unselig war, weil er alles zu erlangen vermochte, was er nicht hätte begehren dürfen. Wir wissen nicht, wen er gemeint hat. Wäre es ein bekannter Römer gewesen, so hätte Augustin, dem wir das Zitat verdanken (De civ. Dei 5,26), nicht versäumt, den Namen zu nennen. Sollte Cicero an den platonischen „Gorgias" und an den dort geschilderten König Archelaos von Makedonien denken, der in allen seinen grauenvollen Verbrechen erfolgreich war und von den Menschen seiner Eudaimonia wegen gepriesen wurde?

An denselben Dialog Platons erinnert auch ein Schema, das durch die verschiedenen Berichte über den Anfangsteil der Rede Ciceros hindurch einigermaßen faßbar wird. Danach gibt es erstens den Menschen, der begehrt, was er soll, und es auch erlangt; zweitens denjenigen, der begehrt, was er soll, aber es nicht erlangt; drittens denjenigen, der begehrt, was er nicht soll, und es auch nicht erlangt; endlich viertens denjenigen, der begehrt, was er nicht soll, und es erlangt. In diesem Schema (das man mit Platons Gorg. 469 A–C vergleichen könnte) gehört dem ersten die uneingeschränkte Eudaimonia, dem vierten die uneingeschränkte Unseligkeit. Augustin hat dieses Schema ein erstes Mal in seinem Dialog „Über die Glückseligkeit", ein zweites Mal in einigen Kapiteln seines philosophisch schwer beladenen Werkes „Über die Dreieinigkeit" durchdiskutiert (Frg. 69 und 70).

Es ist also notwendig, zu den konkreten Bestimmungen der Eudaimonia überzugehen. Traditionell gibt es ihrer drei, die Lust, den Ruhm und das Wissen; bei den ersten beiden überwiegt die Evidenz, bei der dritten Möglichkeit dagegen das Paradoxon.

Die groben Formen der Lust stehen nun allerdings im Kreis der vier wohlgesetzten älteren Herren nicht zur Diskussion; mit ihnen muß sich herumschlagen, wer einen jungen Menschen zur Vernunft bringen will. Es gibt indessen subtile Formen der Lust, die richtig abzuschätzen eine schwierige Sache ist.

Cicero berichtet ausführlich über ein Beispiel, über das zu reden schon darum heikel ist, weil der hier vorgeführte Lebensstil sich von demjenigen eines Lucullus und Hortensius auf den ersten Blick kaum unterschied.

Das Beispiel ist C. Sergius Orata, ein schwerreicher Mann, der wohl schon zwei Generationen vor Cicero gelebt haben und auf eine für uns nicht greifbare Weise mit der uralten Familie der Sergii (die einen der trojanischen Begleiter des Aeneas als ihren Ahnherrn bezeichnete) verbunden gewesen sein muß. Auf ihn bezieht sich eine ganze Reihe von Zitaten, Frg. 39,40,41,42,43,66.

Cicero schildert ihn als einen ebenso reichen wie kultivierten und liebenswürdigen Weltmann. Er besaß eine einzigartig luxuriös ausgestattete Villa, wahrscheinlich wie die Villen der vier Freunde am Golf von Neapel gelegen, und zwar nahe bei derjenigen des Hortensius. Die Politik lag Sergius Orata vollkommen ferne, die Philosophie noch ferner. Er besaß jedoch die Kunst, sein Leben unterhaltend, bequem und vernünftig einzurichten und ohne Kummer und Beschwerden das höchste Alter zu erreichen (Frg. 43). Sein vielbestauntes Prunkstück waren künstliche Bassins mit Meerwasser, die er im Gelände seiner Villa unmittelbar neben dem Meere konstruieren ließ, teils als vor Stürmen geschützte Bäder, teils, um dort Austern und bestimmte Fische, die als Leckerbissen hoch geschätzt waren, stets zur Verfügung zu haben; sein Urteil, die Austern des Lucrinersees bei Baiae seien an Geschmack die besten, hat allgemeine Anerkennung gefunden (wieweit die kenntnisreichen, aber zuweilen penetrant moralisierenden Ausführungen des Plinius in seiner Naturgeschichte 9,168-172 im „Hortensius" eine Basis haben, wissen wir nicht). Freilich scheint er bei seinen Bauten ein Terrain in Anspruch genommen zu haben, das ihm nicht gehörte, so daß es zu einem Prozeß kam, über den auch unser Dialog berichtet hat. Wir besitzen ein Zitat, das höchst wahrscheinlich als eine Zwischenbemerkung des Hortensius interpretiert werden muß, der sich daran erinnerte, daß der Anwalt, der damals gegen Orata auftrat, Licinius Crassus

hieß (keiner der berühmten Träger dieses Namens) und sich bemühte, den Stil der Redekunst des Hortensius nachzuahmen, was ihm nicht recht gelang; das allzu ruhige Temperament des Crassus konnte nicht zur Leidenschaftlichkeit des Hortensius umgeformt werden. Wer den Prozeß gewonnen hat, wissen wir nicht. Es kam auch nicht viel darauf an. Crassus erklärte seinem Klienten, selbst wenn Orata seinen Anteil am Lucrinersee und an den dort gezüchteten Austern verlöre, würde ihn dies sicher nicht ärgern; er würde dann eben die Austern in einem seiner Bassins züchten (Frg. 40,2). So werden wir der ausdrücklichen Versicherung Augustins glauben, daß nach Ciceros Darstellung Orata alles besaß, was man sich nur wünschen kann: Reichtum, Geschmack, einen guten Ruf und einen Kreis liebenswürdiger Freunde, endlich dank einer maßvoll organisierten Lebensweise eine Gesundheit, die ihn bis ins höchste Alter begleitete. Da wird die Frage dringend, warum einem solchen Mann nicht die vollkommene Glückseligkeit zugebilligt werden darf. Wo steckt da die Unzulänglichkeit?

Cicero hat im Kontext von „De finibus" noch andere Römer genannt, die in der jüngsten Vergangenheit eine ähnliche Lebensart gepflegt hätten, Männer, deren (korrekt erworbener) Reichtum ihnen erlaubte, Luxus und Genuß über alles zu lieben, die aber dabei klug genug waren, in allen Dingen maßzuhalten und weder ihre Gesundheit noch ihr gutes Ansehen in Gefahr zu bringen. So nennt er einen Gallonius, über den sich in einer Satire des Lucilius der weise Laelius, Freund des Scipio Aemilianus, entrüstet hatte, obschon der Leser nicht erfährt, warum er sich eigentlich entrüstet. Die Tatsache, daß Gallonius bei Tisch Delikatessen schätzte, reicht kaum aus, ihm die Eudaimonia rundweg abzusprechen (De finibus 2,23–25). Neben Gallonius tritt ein Thorius Balbus, der ebenfalls den aufwendigen Lebensgenuß über alles liebte, was jedoch nicht hinderte, daß er in einer Schlacht und im Kampfe für seine Vaterstadt Lanuvium ein höchst ehrenvolles Ende fand. Genannt wird endlich ein dritter, der wahrscheinlich C. Hirrius hieß. Sie alle haben, wie Cicero

erklärt, dem Vorbild des Sergius Orata nachgeeifert (De finibus 2,63/64 und 2,70).

Sie repräsentieren zusammen eine Generation von Römern, denen die Expansion des Römischen Reiches die Möglichkeit verschaffte, auf völlig legalem Wege gewaltige Reichtümer aufzuhäufen und weise zu genießen, die aber auch auf der anderen Seite sich prinzipiell von jeder politischen Aktivität fernhielten. Was konnte gegen eine solche Lebensform eingewendet werden?

Cicero scheint sich nach dem Bericht Augustins (Frg. 40,4 aus De beata vita) die Antwort nicht leichtgemacht zu haben. Banal ist die Behauptung, ein solcher Mann müsse ununterbrochen fürchten, daß er seinen Reichtum plötzlich verlieren könnte. Wie aber, wenn Orata klug genug war, in Ruhe mit dieser Möglichkeit zu rechnen? Dann wäre zu folgern, daß seine Glückseligkeit gar nicht auf seinem Reichtum, sondern auf seiner vorausschauenden Klugheit beruhte (vgl. Frg. 65). Auch der Einwand, man könne das Leben auch ohne diesen Reichtum und mit sehr geringen Mitteln genießen, führt nicht sehr weit (Frg. 45 und 46. Wer in Frg. 45 zu wem spricht, wissen wir nicht).

Cicero muß zu dem Schlusse gelangt sein, daß ein Leben ohne Philosophie nicht nur unmöglich, sondern auch nicht lebenswert sei. Doch über den Weg, auf dem er diese These glaubhaft gemacht hat, sagen uns die Berichte, sogar Augustin, sonderbarerweise nichts.

Natürlich müssen wir in Rechnung stellen, daß Cicero behutsam und zurückhaltend über Sergius Orata geurteilt hat. Denn zu den Römern, die sich in allen Ehren jeden Luxus leisten konnten, gehörte ja auch Lucullus selber, der (wie auch Hortensius) nach dem Vorbild des Orata künstliche Bassins und Weiher für seine Fischzucht einrichten ließ. Dabei mußte durch einen Hügel ein Kanal gezogen werden, was Pompeius zu der boshaften Bemerkung veranlaßte, Lucullus einen „Xerxes in der Toga" zu nennen; denn so wie Xerxes bei seinem Feldzug gegen die Griechen den Berg Athos durch einen Kanal durchstoßen habe, so habe es nun

Lucullus mit seinem Hügel am Golf von Neapel getan (Plinius, Naturgeschichte 9,170).

So konnte Cicero den Fall des Orata nur mit aller Zurückhaltung behandeln, wobei sich erst noch die Frage stellt, ob der Römer hier an die Stelle eines Griechen getreten ist, dessen Porträt Cicero bei einem seiner Autoren fand. In Griechenland hat es allerdings einen derartigen Luxus nie gegeben; immerhin darf man an die Geschichten von der Stadt Sybaris in Unteritalien und von den Sybariten erinnern.

Wir wundern uns denn auch nicht, wenn sich Cicero mit der Versicherung begnügt, der Reichtum sei nicht an sich zu verwerfen, doch müsse man ihn vernünftig und maßvoll verwenden. Diese Erklärung hat noch auf Augustin einigen Eindruck gemacht (Soliloquia 1,17,2). Cicero hat die stoische und kynische Verherrlichung ärmlicher und primitiver Lebensformen so wenig geschätzt wie seine Freunde; möglicherweise hat sogar ein leider schwer verstümmeltes Zitat den Sinn, sich gegen die kynische Kulturverachtung auf die Autorität des Sokrates zu berufen (Frg. 48). Jedenfalls gab es für Cicero gefährlichere Gegner der philosophischen Eudaimonia als den kultivierten Reichtum, wie ihn Orata und Lucullus geschätzt haben. Gewissermaßen den einen Pol besetzt da die hemmungslose Begierde nach Lust, den anderen das Jagen nach Ruhm, das den Politiker immer weiter und weiter treibt.

Von den scharfen Urteilen über die Verführbarkeit des jungen Menschen zur Lust müssen wir hier absehen. Von ihnen war oben schon die Rede (Frg. 73,74,77,80). Dies ist ein Aspekt des Problems, der die versammelten Freunde nichts anzugehen brauchte, ganz abgesehen davon, daß Cicero in De finibus 3,9 die Sittsamkeit und Klugkeit des Sohnes des Lucullus gerühmt hat. Andererseits werden wir nicht übersehen, daß es vor allem die Jugend ist, die dem Druck der Lust ausgesetzt ist, während das Streben nach Ruhm erst im höheren Alter herrschend wird.

Trotzdem ist es auffallend, daß gegen Ende der Schlußrede Cicero in den schärfsten Ausdrücken gegen die sexuelle Lust als die Todfeindin aller Philosophie polemisiert. Er zögert

nicht, Platon zu zitieren, der im Dialog „Timaios" 69D erklärt hatte, die Lust sei die schlimmste Verführerin zum Schlechten. Denn sie ruiniert die Gesundheit, das Vermögen und den guten Ruf, und jedermann weiß, daß im Augenblick der intensivsten sexuellen Lust der Mensch zu jedem vernünftigen Gedanken unfähig ist. Es ist ein Argument, das schon Aristoteles Nik. Eth. 1152b16–18 gekannt und äußerst kühl zurückgewiesen hat: 1153a20–23 (vgl. 1175b1 ff.). Bei Platon kommt außer dem Satz im „Timaios" auch das schroffe Urteil gerade über die anerkannt heftigsten Formen der Lust im „Philebos" 44D–45E in die Nähe. Da liegt eine Tradition vor, die in der körperlichen Lust das Böse schlechthin erblickt. Man wird an einen Zusammenhang mit den Thesen des Sokratikers Antisthenes denken und dabei beachten, daß Platons eigenes Urteil über das Phänomen der Lust keineswegs einheitlich ist. Erst recht erstaunt es, daß Cicero, dem nach allem, was wir wissen, sexuelle Anfechtungen gänzlich fremd gewesen sein müssen, es unternommen hat, an exponierter Stelle seines Dialoges derart gegen die Lust zu eifern.

Vielleicht ist er dabei noch ausführlicher geworden, als wir es wissen. Denn wenn sich später Augustin zuweilen zu kruden Verdammungsurteilen über die Sexualität hat hinreißen lassen, so erhebt sich die Frage, ob er dabei nicht stark unter dem Einfluß des ciceronischen Hortensius gestanden hat. Wüstlinge, die die gefährlichen Neigungen bei sich selbst hätten bekämpfen müssen, sind schließlich weder Platon noch Cicero noch Augustin gewesen; Seneca könnte man dergleichen eher zutrauen. Immerhin wird Cicero in der Verwerfung der Lust nicht allzu weit gegangen sein. Ihm gehört möglicherweise auch folgende Erwägung, die Augustin resümiert: Wenn man im Augenblick der höchsten physischen Lust nicht zu denken vermag, so gilt ähnliches vom Schlaf, in dem auch das Denken weitgehend suspendiert ist. Dabei wird niemand den Schlaf als ein naturwidriges und verwerfliches Phänomen deklarieren wollen (Frg. 84,1). In demselben Kontext erwähnt Augustin auch eine Lehre, die er nur durch Cicero im „Hortensius" kennengelernt haben

kann. Sie nennt als Ziel des menschlichen Handelns nicht einfach die Lust, sondern eine Synthese von Lust und Tugend. In diesem Sinne hat der uns fast völlig verschollene Peripatetiker Deinomachos gelehrt, sowohl die Tugend wie auch die Lust seien je um ihrer selbst willen zu erstreben (Frg. 83). Cicero wird dieser Lehre eine gewisse Sympathie entgegengebracht haben.

Kam neben der Überwindung der Lust auch der Kampf gegen den Schmerz zur Sprache? Frg. 86 spricht mit einem berühmten Zitat aus Ennius, dem Klassiker der altrömischen Dichtung, den Cicero hoch geschätzt hat, von der Todesangst allgemein, die den überfällt, der sich bewußt ist, daß er im Tode alle Freuden des Lebens hinter sich lassen muß (dazu vielleicht Frg. 47). Anschaulicher ist dagegen in Frg. 85 vom Philosophen die Rede, den ein Tyrann in die Folterkammer schickt; man wird an den Tyrannen Phalaris von Agrigent, den rätselhaften Nearchos von Elea oder an Nikokreon von Zypern denken. Den Philosophen begleiten in die Folterkammer die Tugend und ihre Gefolgschaft, und wo die Tugend gegenwärtig ist, wird auch die Glückseligkeit zur Stelle sein. Daß die Eudaimonia sogar mitten unter Folterungen möglich sei, hat auch der Sokrates des platonischen „Gorgias" geglaubt, Aristoteles allerdings in der Nik. Ethik 1153b19–21 in harten Worten als bloße Rhetorik abgetan. In ciceronischer Zeit hat die Stoa an der Position des „Gorgias" festgehalten; es sei erinnert an die früher schon erwähnten Berichte über Poseidonios. Im ganzen gesehen ist Cicero kein Freund der stoischen Radikalismen gewesen. Hier wird er der protreptischen Wirkung zuliebe so weit gegangen sein.

Demselben Zusammenhang gehört Frg. 90 an, das von der Seelengröße und der Todesverachtung spricht, die vom Philosophen zu erwarten seien. Ein besonderes Interesse verdient Frg. 88, das über einen bestimmten Philosophen berichtet, der seine Qualen mannhaft ertrug, weil er „begriffen hatte, was zu begreifen er als Philosoph verpflichtet war, daß nämlich der Körper ein bloßes Anhängsel der Seele" und von geringem Werte sei. Es ist bisher nicht gelungen, festzustel-

len, wen Cicero meint und wer den Körper als ein bloßes „Anhängsel" der Seele bezeichnet hat. Dieser Begriff impliziert, daß nur die unsterbliche Seele den eigentlichen Menschen ausmache und der Körper dazutreten könne oder auch nicht. So kann sich immerhin schon der platonische Sokrates kurz vor seinem Tode geäußert haben.

In eine andere Welt gelangen wir, wenn es sich um die Verführung durch den Ruhm handelt. Cicero hat selber den Ruhm geliebt, und daß der Ruhm den Weg zur wahren Eudaimonia ebensogut öffnen wie versperren kann, ist ihm bewußt gewesen. In den uns erhaltenen Schriften spricht er öfters über den Ruhm und seine nicht immer sichtbare Zweideutigkeit, vgl. etwa De finibus 5,69/70 und De officiis 2,31–51. Er hat überdies zwei Bücher De gloria geschrieben, die fast völlig verloren sind. Gingen sie unter, weil das, was er gesagt hatte, auch in den andern Werken zu finden war, oder etwa, weil mit dem Ende der Republik kein Raum mehr vorhanden war, in dem der einzelne Ruhmvolles hätte leisten können, wenn man von Kunst und Literatur absieht?

Cicero selber hat das Problem des Ruhmes schon im Schlußmythos seines Werkes De re publica eindrucksvoll behandelt. Nach Ruhm zu streben, wie es Scipio Aemilianus und seine Freunde getan haben und wie es Cicero selber getan hat, ist sinnvoll; um so dringender ist die Warnung, man möge sich davor hüten, den Ruhm zu überschätzen. Was er schon in De re publica, dann im „Hortensius" gegen den Ruhm vorgebracht hat, entstammt allerdings einer uralten Tradition.

Dem „Hortensius" kann das Bild angehören, das Augustin verwendet: Die Begierde nach Ruhm ist wie ein ungeheurer Berg, der den Zugang zum Hafen der Philosophie beinahe versperrt (Frg. 8).

Von dem Augenblick an, in dem die griechische Naturphilosophie sich Gedanken darüber zu machen begann, daß die Dimensionen unseres Kosmos in Raum und Zeit unendlich viel größer seien, als wir uns vorzustellen pflegen, mußte auch die Folgerung sich aufdrängen, daß die Ansprüche

unseres Ruhmes solchen Dimensionen gegenüber geradezu lächerlich wirkten. Dramatisiert wird das Problem, wenn nicht nur die Maße des einen Kosmos in Betracht gezogen werden, sondern die These dazukommt, daß im unendlichen Raume unendlich viele Welten, ähnlich oder unähnlich der unsrigen, existierten. Von Anaximander wissen wir zu wenig, aber es wäre sonderbar, wenn die Atomisten Leukippos und Demokrit nicht den Gedanken ausgesprochen hätten, daß unsere Welt im All nur ein Punkt sei und unser Ruhm nicht der Rede wert. Platon deutet im „Staate" wie im „Theaitetos" an, daß er die wirkungsvolle Gegenüberstellung der Größe der Welt und der Kleinheit unserer Erinnerungen und Erwartungen schon kennt; sie muß auch in einem der verlorenen Dialoge des Aristoteles ausgebreitet worden sein, und jeder Fortschritt der wissenschaftlichen Kosmologie im Hellenismus hat sie aufs neue bekräftigt. Daß eine solche Destruktion des Ruhmes den Römer der alten Republik besonders empfindlich treffen mußte, wird man dabei nicht vergessen.

So wurde zuerst an der Ausdehnung unserer Oikumene gezeigt, wie wenig weit auch der spektakulärste Ruhm zu reichen vermag. Interessant ist hier Frg. 94, wo augenscheinlich (wenn der Text richtig überliefert ist) ein Nicht-Römer den Römern vorrechnet, daß ihr Name nicht einmal auf den zusammenhängenden Kontinenten überall bekannt sei – geschweige denn die Meere zu überschreiten vermöge.

Wir werden zunächst nicht fehlgehen mit der Vermutung, daß Cicero genauso, wie er sich (wie wir gleich sehen werden) an eine genaue wissenschaftliche Berechnung des Großen Jahres hielt, auch die neuesten Ergebnisse hinsichtlich des Umfangs der Erde und der Dimensionen der drei Kontinente Europa, Asien und Afrika erwähnt und benutzt hat (vgl. dazu Plinius, nat. hist. II 242 ff.) Doch wer ist es, den er da sprechen läßt? Es kann nur ein bedeutender Gegner Roms sein, der die Römer vor der Überschätzung ihrer eigenen Leistungen warnt. Bleiben wir bei den Zeitgenossen Ciceros, so kommt ernsthaft nur ein Mann in Frage, Mithridates vom

Pontos, dessen Beziehung zu Rom in einer eigenartigen Mischung aus Haß und Bewunderung, und zwar auf beiden Seiten, bestanden haben muß. Wir dürfen hier die viel zu wenig beachtete Bemerkung im „Lucullus" 3 heranziehen, wo Cicero auf der einen Seite von Mithridates rühmt, er sei seit Alexander d. Gr. der größte König gewesen, und auf der anderen Seite den Mithridates sagen läßt, er halte Lucullus für einen bedeutenderen Feldherrn als alle, von denen er in den Geschichtsbüchern gelesen habe. Nicht vergessen dürfen wir freilich den Brief des Mithridates an den Partherkönig Arsakes, den Sallust in seine Historien hineinkomponiert hat und in welchem Mithridates schonungslos den römischen Imperialismus anprangert. Der Ton unserer Stelle kommt demjenigen des Briefes, der weder ganz erfunden noch ganz authentisch ist, sehr nahe.

Was die Dimensionen der Zeit angeht, so hat Cicero eine gelehrte astronomische Theorie mobilisiert, die vom regelmäßigen Rhythmus des Tages-, Monats- und Jahreszeitenwechsels ausging und ein Großes Jahr postuliert, das jedesmal dann abgelaufen sei, wenn sämtliche Planeten wieder in der ursprünglichen Konstellation zueinander stünden. Dieses Große Jahr umfaßt 12954 gewöhnliche Jahre, eine Zahl, die ein uns unbekannter hellenistischer Astronom durch genaue Multiplikationen errechnet hat. Cicero wird auch hervorgehoben haben, wie erstaunlich die kosmische Ordnung ist, die es dem Menschen sogar möglich macht, anhand eines bestimmten Kanons die regelmäßig wiederkehrenden Sonnenfinsternisse für alle Zeiten zu bestimmen und vorauszusagen, unter anderen auch diejenige, die vor siebenhundert Jahren beim Tode des Königs Romulus eingetreten sei (Frg. 98). Cicero scheint sich ausdrücklich auf den Kanon berufen und eine Anzahl von Finsternissen erwähnt zu haben. Diese Dinge haben ihn schon seit seiner Jugend interessiert, wie die Tatsache zeigt, daß er etwa mit zwanzig Jahren sich daranmachte, das astronomische Lehrgedicht des Aratos von Soloi ins Lateinische zu übersetzen; Poseidonios mag da sein Ratgeber gewesen sein.

So ist nachgewiesen, daß die wahre Glückseligkeit weder in der Lust noch im Ruhme bestehen kann noch in der Freiheit zu leben, wie man will. Es bleibt nur noch eines, das unablässige, unermüdliche Streben nach dem Wissen. Damit schließt sich Cicero an Aristoteles an, wählt aber eine Formel, unter der sowohl die zuversichtlich voranschreitende Naturwissenschaft des Peripatos wie die sokratische Aporetik der Neuen Akademie untergebracht werden konnten.

Der Beweisgang selber hat sich wohl an den aristotelischen Dialog „Über die Philosophie" angeschlossen (Frg. 101). Wenn es nach einem alten und verbreiteten Glauben irgendwo die „Inseln der Seligen" gibt, wie wäre unser Leben, wenn wir uns dort aufhalten dürften? Keine der praktischen Tugenden wäre dort notwendig: weder die Tapferkeit, da es dort keine Gefahren gäbe, die wir zu meistern hätten, noch die Gerechtigkeit, da es dort kein Mein oder Dein gäbe, um das man streiten würde, noch die Selbstzucht, da wir keine Begierden mehr hätten, die wir zügeln müßten, endlich nicht einmal die Klugheit, da wir nirgends gezwungen wären, uns zwischen Richtigem und Falschem zu entscheiden. An diese Liste der Kardinaltugenden hängt Cicero verständlicherweise noch einen ihn und Hortensius besonders berührenden Punkt an: Auch die Beredsamkeit wird überflüssig, da es auf den Inseln der Seligen weder Richter noch Gerichte gibt. Das einzige, was übrigbleibt, ist die Erforschung der Natur und das Wissen; darin allein besteht auch das Leben der Götter.

Die praktischen Tugenden unterliegen dem Gebot der Notwendigkeit; nur das Suchen nach Wissen beruht auf einer freien Entscheidung.

Bei Aristoteles selber entspricht dem weitgehend ein Abschnitt der Nik. Ethik 1178b7–23. Doch Cicero benutzt nicht diesen Abschnitt, sondern den erheblich sorgfältiger formulierten Text, den er im Dialog „Über die Philosophie" vorgefunden hat. Das Theorem als solches ist allerdings schon Platon bekannt. Dies zeigen zwei kurze Stellen des „Staates", in denen er sich scharf gegen diejenigen wendet, denen es nicht klar ist, daß der Mensch erst dann ein Leben

wie auf den Inseln der Seligen führen darf, wenn er seine praktischen politischen Pflichten bis zum Ende erfüllt hat; ist dies geleistet, darf er sogar hoffen, wirklich zu den Inseln der Seligen aufgenommen zu werden, aber nicht früher (519 C, 540 B). Der Vorbehalt zugunsten des Politischen kommt Cicero nahe, ist aber dem Aristoteles zum mindesten in der Nik. Ethik fremd.

Das Forschen nach der Wahrheit ist grundsätzlich nicht auf den Umgang mit den anderen Menschen angewiesen, kann darum auch auf all jene Tugenden verzichten, die erst im Umgang mit den Menschen unentbehrlich werden. Umgekehrt ist die Erforschung der Wahrheit etwas, worauf der Mensch ohne Mühe verzichten kann. Man kann ohne Philosophie leben, und unzählige Menschen haben seit jeher ohne Philosophie gelebt und leben ohne sie. Gerade darum hat die Philosophie den höchsten Rang, weil sie nicht den Bedürfnissen des Lebens dient.

Im Umgang mit den Problemen selbst wiederholt sich dieselbe Situation. Die Tätigkeit des Forschens ist auf keine Hilfsmittel angewiesen und kann an jedem beliebigen Ort der Oikumene stattfinden; dafür aber produziert sie keine greifbar nützlichen Resultate. Sie ist frei, weil sie nicht nützlich ist, und umgekehrt.

Dieses Suchen nach der Wahrheit hat indessen nicht nur seinen besonderen Rang; es ist auch das einzige, was uns in der Mühsal dieses Lebens wirklich zu helfen vermag. Dies betont ein zweiter von Augustin zitierter Abschnitt (Frg. 99).

Cicero muß ausführlich über die Unseligkeit der Menschen gesprochen haben, die von Leid und Kummer verfolgt werden und sich selber durch ihre Gier nach Lust und Ruhm treiben lassen und sich auf diese Weise immer tiefer ins Elend stürzen.

Nun greift er zu einem anderen Dialog des Aristoteles als vorhin, ziemlich sicher dem „Eudemos", der über Tod und Jenseits diskutierte. Diesem Dialog entnimmt er zwei Momente.

Fürs erste ist unser irdisches Dasein derart jammervoll, daß

vielleicht die alten sakralen Traditionen recht haben, die verkünden, wir seien in diesem Leben dazu bestimmt, Vergehen abzubüßen, die wir in einem früheren Leben begangen haben. Wir wissen nicht, woher letzten Endes diese Traditionen stammen, die schon Platon kennt. Jedenfalls entsprechen sie zu einem guten Teil dem griechischen Lebensgefühl der archaischen und der klassischen Zeit; sie pythagoreisch oder gar „orphisch" zu nennen, haben wir keinen Grund.

Was Cicero selbst betrifft, so ist er im Jahre 45 dieser Stimmung sicherlich zugänglich gewesen, auch wenn ihm die „pythagoreische" Lehre von der Seelenwanderung, die selbst Ennius in einem Gedicht vorgetragen hat, als Lehre nichts bedeutet hat. Es besagt jedoch sehr viel, daß er in unserem Dialog nicht zögert, sich selber im Jahre 62 so sprechen zu lassen. Da äußert sich der Cicero, der sich über die Flüchtigkeit des politischen Erfolges keine Illusionen mehr macht.

Ausdrücklich aus Aristoteles und zweifellos aus dessen „Eudemos" übernommen ist der makabre Gedanke, unser Leben zu vergleichen mit dem Schicksal jener Menschen, die, wie ein Historiker des 4. Jhd. v. Chr. (wahrscheinlich Theopomp) erzählt haben muß, auf der Fahrt in den Westen in die Hände etruskischer Seeräuber fielen und nun auf die scheußlichste Weise vom Leben zum Tode gebracht wurden: es wurden immer ein Lebender und ein Toter aneinander gefesselt... Für Aristoteles war dies eine sichtbare Manifestation der alten Weisheit, daß unser Leben von der Geburt an an den Tod gebunden ist.

Daß diese Geschichte auf alle Leser, auch auf einen Vergil, einen starken Eindruck gemacht hat, verwundert nicht.

Endlich haben wir den letzten Abschnitt, mit dem nach der Mitteilung Augustins Cicero seine Rede geschlossen hat (Frg. 102).

Des Menschen höchste Aufgabe ist es, „in der Philosophie zu leben", eine Wendung, die als solche mehr platonisch als aristotelisch ist. Interpretiert wird dies in drei Sätzen. Der erste verweist höchst wahrscheinlich zurück auf jene Bestim-

mung der Philosophie, die wir schon am Anfang nannten: es sind „die göttlichen und menschlichen Dinge", die wir bei Tag und Nacht bedenken sollen. Der zweite und dritte Satz sind komplementär, in einer für Platon wie für Aristoteles charakteristischen Weise von der Sache auf die Methode übergehend: Es gilt, die Vernunft zu „schärfen" und sie nicht „stumpf" werden zu lassen.

Erfüllen wir diese Aufgabe, so dürfen wir uns an die Alternative des platonischen Sokrates in der „Apologie" 40 E–41 C erinnern. Entweder ist mit diesem Leben alles zu Ende, dann dürfen wir ein friedliches Erlöschen und ein ewiges Ausruhen erwarten. Haben wir jedoch eine unsterbliche Seele, dann wird jenen Seelen, die sich unablässig um Erkennen und Wissen bemüht haben, „der Aufstieg und die Rückkehr zum Himmel um so leichter werden". Schon vor dieser Stelle muß Cicero in seiner Rede ausführlich sowohl davon gesprochen haben, daß die angesehensten unter den alten Philosophen, also Platon und Aristoteles, gelehrt hätten, daß die Seele beim Tode nicht untergehe, sondern anderswohin wandere (in einem Brief zitiert Augustin aus Cicero den Begriff des „Auswanderns" – „emigrare" – dem griechischen „Apodēmeín" im „Phaidon" 61 E genau entsprechend), wie auch davon, daß dieses Auswandern nichts anderes sei als die Rückkehr in die ursprüngliche himmlische Heimat der Seele.

Abgewandelt hat Cicero diese Gedanken später vor allem in den Tusc. disp. 1,42–45. Dort beruft er sich auf Theophrast, den Schüler des Aristoteles. Philosophisch wichtig bleibt die These, die im Laufe der Geschichte immer wieder angedeutet oder ausgesprochen worden ist: Das Erreichen des Zieles ist immer auch die Rückkehr zum Ursprung. Wir dürfen hoffen, im Tode in ein besseres Haus übersiedeln zu können, das Haus nämlich, von dem wir ausgegangen waren.

Damit also schließt die Rede Ciceros.

Von der Geschichtsschreibung, die Lucullus Cicero ans Herz gelegt hatte, und von der Redekunst, die Hortensius gepriesen hatte, ist ein weiter Weg durchschritten worden.

Die Distanz des Standortes, der jetzt erreicht wurde, zu den irdischen, geschichtlichen, politischen Aufgaben ist schließlich so groß geworden, wie sie nur werden konnte.

Dies heißt freilich nicht, daß nun alle Probleme gelöst sind. Im letzten Teil des erhaltenen Textes ist nur davon die Rede, die Vernunft wach zu erhalten und nach der Wahrheit zu streben. Doch was heißt dies?

Wir werden vermuten dürfen, daß nach dem Ende der Rede, sei es Catulus als der älteste unter den Freunden oder Lucullus als der Gastgeber, sich noch einmal zu Wort gemeldet und nach dem Sinn jener Formel gefragt hat: Können wir erwarten, daß unsere Anstrengungen uns zu einer unfehlbaren und endgültigen Einsicht in alle Wahrheit führen werden, oder müssen wir uns damit begnügen, im irdischen Dasein endlos auf dem Wege zur Wahrheit zu bleiben? Was gilt dann: das Dogma, an das sich die Stoiker und mit ihnen Antiochos von Askalon geklammert haben, oder die Aporie der Akademiker, die sich auf den platonischen Sokrates berufen kann? Möglicherweise haben sowohl Catulus wie auch Lucullus diese Frage gestellt. Da wird sich denn der zur Philosophie bekehrte Hortensius auf die Seite des Lucullus geschlagen haben. Catulus wiederum wird die Freunde auf einen der nächsten Tage zu sich in seine Villa eingeladen haben, um nun dieses entscheidende Problem zu erörtern.

So muß der Dialog ursprünglich geendet haben. Als freilich Cicero die Dialoge „Catulus" und „Lucullus" in die vier Bücher „Academica" verwandelte, war es unvermeidlich, diesen Schluß zu ändern. Der „Hortensius" blieb als ein autonomes Gebilde stehen, und so wird Cicero sich auf die Bemerkung beschränkt haben, alle drei Freunde hätten seinen letzten Forderungen und Hoffnungen zugestimmt. Möglich ist auch, daß der „Hortensius" wie „De re publica" endete und in die letzten Worte Ciceros auslief, ohne daß sich die Freunde nochmals geäußert hätten.

Catulus

Wenn im „Hortensius" Lucullus, der Gastgeber, der erste gewesen war, der unter den Freunden mit einem Lob der Geschichte und der Geschichtsschreibung zu Worte kam, so scheint er im anschließenden Gespräch, dem „Catulus", nur ganz am Ende gesprochen zu haben. Da galt es, den dritten Dialog vorzubereiten, und so hat ihn Cicero ankündigen lassen, er werde nun ausführlich darlegen, was er von Antiochos von Askalon, dem Erneuerer des dogmatischen Platonismus, gehört habe.

Man könnte entsprechend vermuten, daß am Ende des „Hortensius" Catulus das Wort ergriff, seine Bedenken gegen Ciceros philosophische Zuversicht äußerte und erklärte, er werde bei der nächsten Zusammenkunft seinen Standpunkt näher begründen. Dieses zweite Gespräch hat wahrscheinlich in der Villa des Catulus bei Cumae stattgefunden, die von der Villa des Hortensius aus, in der man zum dritten Gespräch, dem „Lucullus", beisammen war, mit bloßem Auge sichtbar war (Luc. 81).

Catulus wird sofort die Diskussion eröffnet haben. Er hat sich gleich auf seinen Vater berufen, der, wie es scheint, kurz vor seinem im Jahre 87 v. Chr. erzwungenen Selbstmord dasselbe Werk Philons, das in demselben Jahre nach Alexandrien gelangte (Luc. 11/12), in die Hände bekam und darüber, wie Cicero andeutet, mit Philon selber eine heftige Auseinandersetzung hatte. Denn der Vater Catulus vertrat die Lehre des Karneades, den er sehr wohl noch persönlich gekannt haben kann. Der Streitpunkt war der: Seit Arkesilaos hatte die Akademie in ihrem Kampfe vor allem gegen die Stoa sich ganz mit der reinen Aporetik, wie sie Sokrates in Platons „Apologie" vertritt, identifiziert; es gibt für den Menschen kein Wissen, sondern nur ein unabschließbares Fragen. Karneades jedoch mußte und wollte dem Einwand begegnen, daß

eine solche Aporetik jedes Handeln unmöglich macht. Handeln ist Sich-Entscheiden, und wenn man nicht im blinden Dezisionismus enden will, muß man zureichende Gründe haben, sich für das eine und gegen das andere zu entscheiden. So erklärt Karneades, man könne handeln, wenn man nicht eine unerreichbare Wahrheit und Richtigkeit fordere, sondern sich mit dem annehmbar Wahrscheinlichen begnüge; auch der Weise werde sich zuweilen mit der bloßen Wahrscheinlichkeit zufrieden geben. „Der Weise" ist dann allerdings nicht mehr der Inbegriff der theoretischen und praktischen Vollkommenheit überhaupt, sondern nur die äußerste Möglichkeit menschlicher Vollkommenheit.

Dagegen hat Philon polemisiert und behauptet, die These des Karneades sei ein Verrat an der akademischen/sokratischen Tradition. Gegen Philon wiederum hat sich nach Ciceros Darstellung der Vater des Catulus gewandt und nicht nur Karneades verteidigt, sondern Philon geradezu vorgeworfen, er lüge (Luc. 12). Catulus, der Sohn, hat sich vorbehaltlos an seinen Vater angeschlossen und die Lehre des Karneades dargelegt, sicherlich auch mit einiger Polemik gegen Ciceros große Rede im „Hortensius". Der ganze Problemkomplex zeigt im übrigen, wie weit innerhalb einer bestimmten Schultradition die Meinungsverschiedenheiten gehen konnten.

Nach Catulus muß der zur Philosophie bekehrte Hortensius gesprochen haben. Er muß sich erinnert haben, daß er einmal Antiochos von Askalon begegnete und von diesem erfuhr, was gegen Philon und gegen Karneades zu sagen war. Mehr als eine flüchtige Skizze kann es nicht gewesen sein (Luc. 10 und 28).

Endlich wird Cicero selber begonnen haben, gegen Catulus und gegen Hortensius seinen philosophischen Lehrer Philon zu verteidigen. Er hatte absichtlich nach Catulus, der als der älteste unter den vier Freunden besonderen Respekt verdiente, Hortensius das Wort gegeben; damit konnte er es vermeiden, seine Darlegungen zu einem Frontalangriff auf Catulus ausarten zu lassen; immerhin hatten Catulus und er einen gemeinsamen Gegner in dem Dogmatiker Antiochos.

Cicero wird sich kurz, aber scharf gegen Antiochos gewandt haben, was im Eingang des „Lucullus" (10) Catulus veranlaßte, zu erklären, Antiochos sei damit eigentlich widerlegt, doch müsse man immerhin noch Lucullus anhören. Denn dieser wird sich, wie bemerkt, am Schluß für Antiochos gewehrt und angekündigt haben, er werde das, was Hortensius nur eben berührt hatte, ausführlich erläutern und begründen. Damit muß der „Catulus" geendet und den „Lucullus" vorbereitet haben.

Interessant ist schließlich, daß Cicero in seiner Rede sich schon auf die Autorität der alten Philosophen berufen (Luc. 13), gleichzeitig es aber auch unternommen haben muß, eine Reihe griechischer Fachbegriffe ins Lateinische zu übersetzen; von den drei Übersetzungen, die geschichtlich am einflußreichsten geworden sind, hat er eine im „Catulus" vorgetragen: für das griechische „Poiótes" das lateinische Qualitas, Qualität. Die zwei anderen hat er dem Lucullus (Luc. 17) in den Mund gelegt: für „Katálepsis" die Comprehensio, das Be-greifen, und für „Enárgeia" die Evidentia.

Kommentar zu Lucullus

1–9 A   Die Eigentümlichkeit der Autorenvorrede zu diesem Dialog besteht darin, daß drei verschiedene Programmpunkte miteinander verknüpft werden.

Der erste begegnet Einwänden, die sich gegen die Philosophie im allgemeinen und Ciceros Philosophieren im besonderen richten: 1. Ablehnung der griechischen Literatur überhaupt, 2. Ablehnung der (aus Griechenland übernommenen) Philosophie, 3. Der römische Staatsmann hat Besseres zu tun, als sich mit philosophischen Problemen zu befassen; darin steckt die alte These, die wir bis zu Platons Gorgias 484 C–486 D zurückverfolgen können, daß nämlich Philosophie als Bildungsgut für junge Leute höchst wünschbar sei; doch der Erwachsene habe sich ernsthafteren Dingen, nämlich der Politik, zuzuwenden. 4. Wenn man endlich schon zugesteht, daß auch der Staatsmann sich mit Philosophie beschäftigt, so ist es absurd, sich gerade derjenigen philosophischen Richtung anzuschließen, der Cicero folgt, der Neuen Akademie, die kein sicheres Wissen, sondern nur offene Fragen und Wahrscheinlichkeiten anzubieten hat.

Die vier Einwände bilden untereinander eine geschlossene Antiklimax. Wir konstatieren sofort, daß die ersten zwei Punkte ganz rasch mit je einem geschichtlichen Beispiel abgetan werden. Zum ersten wird auf den alten Cato hingewiesen, der noch im Alter sich entschlossen hat, Griechisch zu lernen. Dies hat er zweifellos selber behauptet; es dürfte eine kalkulierte Selbststilisierung sein, da die Reste seines Œuvres deutlich verraten, daß er jedenfalls schon im Jahre 190 v. Chr., rund vierzig Jahre vor seinem Tode, griechische Autoren gelesen und benutzt hat. Zum zweiten Punkt wird aus einem für uns nicht zuverlässig identifizierbaren Geschichtswerk (des Poseidonios?) daran erinnert, daß Scipio Aemilianus auf seine große Inspektionsreise durch den griechischen Osten im Jahre 140/139 v. Chr. sich ausdrücklich und ausschließlich durch den Philosophen Panaitios begleiten ließ; dies natürlich nicht, um sich über die Philosophie des Panaitios belehren zu lassen, sondern weil gerade der angesehene griechische Philosoph in den schwierigen Verhandlungen mit den griechischen Staaten unschätzbare Dienste als Vermittler leisten konnte.

Zum dritten Punkte ist Cicero Römer genug, um den Primat der politischen Verantwortung nicht anzutasten. Doch gibt es erstens auch für den Politiker Zeiten der Erholung, in denen er, wie der ausdrücklich zitierte Dialog „Hortensius" gezeigt hat, nichts Besseres tun kann, als sich der Philosophie zu widmen; zweitens gibt es auch Situationen, in denen eine äußere Gewalt jede politische Tätigkeit verhindert. Daß Cicero selbst sich jetzt in einer solchen Situation befindet, deutet er in 6 an. Flüchtig spielt er darauf an, daß er seine jetzige Arbeit an philosophischen Werken dem römischen Volke gegenüber als eine „Politik mit andern Mitteln" versteht.

Diese drei Punkte werden so knapp behandelt, daß der Leser den Eindruck haben wird, sie seien schon früher, in der Vorrede zum „Catulus" oder gar zum „Hortensius", ausführlicher zur Sprache gekommen. Eingehend verweilt er nur beim letzten Punkte (7–9 A), den er zu einer eindrucksvollen Verteidigung der akademischen Haltung ausgebaut hat. Es sind drei Momente, die er heraushebt: (1) Wenn die anderen die Akademie angreifen, so ist zu bedenken, daß jedermann nur die eigene Lehre verteidigt und alle anderen verwirft; da die Akademiker sich gegen alle dogmatischen Philosophen wenden (der Text ist lückenhaft, aber dem Sinne nach sicher zu ergänzen), so sind sie besonders exponiert. (2) Das Ziel der philosophischen Arbeit der Akademie berücksichtigt nicht nur die Schwierigkeit der Probleme und die Ohnmacht des menschlichen Denkens, sondern entspricht auch der Haltung der älteren Philosophen. Das Ziel ist, der Wahrheit immer näher zu kommen und sich bewußt zu bleiben, daß wir über Probabilitäten nicht hinausgelangen können. (3) Der Akademiker hat die Freiheit, jederzeit über die ihm angebotenen Doktrinen unvoreingenommen urteilen zu können. Der Gegner bindet sich unüberlegt und vorschnell an ein bestimmtes System und glaubt, dies unter allen Umständen verteidigen zu müssen. Dabei scheint 8 Ende auf eine Szene der Odyssee (5,388 ff.) anzuspielen; und der Satz in 9, daß nur der Weise den Weisen erkennen könne, wird in der apophthegmatischen Tradition bald dem Empedokles zugeschrieben (Gnomol. Vatic. 283 Sternb.), bald dem Xenophanes (Diog. Laert. 9,20). Leider ist gleich danach ein Satz unheilbar verstümmelt; möglicherweise ist mit einer größeren Lücke zu rechnen.

Der zweite Programmpunkt ist die Vorstellung des Titelhelden Lucullus (Vergleichbares muß auch die Vorrede zum „Hortensius" und zum „Catulus" enthalten haben). Doch diesen Teil hat Cicero offensichtlich nachträglich überarbeitet. Freunde und Leser seines

ersten Manuskriptes müssen ihn sehr bald auf den ärgerlichen Umstand hingewiesen haben, daß Catulus und noch mehr Lucullus zwar einige Beziehungen zu Philosophen hatten (Catulus durch seinen Vater, der mit Karneades sympathisiert hatte, Lucullus, dem als Berater in Verhandlungen mit den Staaten des griechischen Ostens Antiochos von Askalon zur Verfügung stand, wie zuvor Panaitios dem Scipio Aemilianus); doch davon, daß sie philosophische Kenntnisse zumal in einer so schwierigen Materie wie derjenigen, die im „Catulus" und im „Lucullus" zur Debatte stand, besessen hätten, sei überhaupt keine Rede. So hat Cicero sich gezwungen gefühlt, dem Leser nicht nur die glänzende politisch-militärische Karriere des Lucullus vorzuführen, sondern von vornherein auch hervorzuheben, daß Lucullus ein hochgebildeter und vielseitig interessierter Mann gewesen sei – Vorzüge allerdings, die nur seinen engsten Freunden bekannt waren.

Gleich der Anfang der Vorrede insistiert darauf, daß Lucullus von seiner Quaestur im Jahre 87 v. Chr. an jahrelang fast ununterbrochen fern von Rom im Osten weilte. In absentia wurde er im Jahre 79 zum Aedilis curulis gewählt, ein Jahr nachher zum Praetor. 77–76 befand er sich in der Provinz Africa, dann wurde er 74 Konsul mit der Provinz Cilicia und dann Asia als Tätigkeitsbereich. Da hatte er mit König Mithridates vom Pontos Krieg zu führen; Cicero betont nachdrücklich, wie rasch sich da Lucullus alle notwendigen politischen und militärischen Kenntnisse aneignete, nicht zuletzt dank einem erstaunlichen Gedächtnis (was die Glaubwürdigkeit seiner Rede 11–62 unterstützen soll; denn Lucullus behauptet hier, aus dem Gedächtnis über Diskussionen berichten zu können, die er teils im Jahre 86 in Alexandrien, teils im Jahre 68 in Syrien angehört habe).

Die militärischen Leistungen des Lucullus werden nur kurz gestreift, wozu allerdings die wahrhaft einzigartige Notiz tritt, Mithridates, „der bedeutendste König seit Alexander dem Großen", habe ausdrücklich erklärt, Lucullus sei ein größerer Feldherr als alle, über die er in Geschichtswerken gelesen habe. Man hat die Singularität dieser Bemerkung, das Lob des Römers für einen Todfeind Roms und das Lob des Feindes für seinen römischen Gegner, wohl kaum je richtig gewürdigt. Wir wissen auch nicht, woher Cicero seine Information haben kann. Einigermaßen vergleichbar ist nur ein einziger Text, der „Brief des Königs Mithridates an den König Arsakes", den Sallust in seine „Historien" eingeschaltet hat; auch da wissen wir nicht, woher das Material stammt, aus dem der Brief aufgebaut ist.

Hervorgehoben wird sodann, daß die Taten des Lucullus in der

Provinz weit höher geschätzt worden seien als in Rom. Hier war er nicht nur weitgehend unbekannt, sondern hier sammelten sich auch seine Gegner unter der Leitung des Pompeius (den Cicero absichtlich nicht erwähnt). Sie veranlaßten, daß er 67/66 mitten aus militärischen Operationen heraus nach Rom zurückberufen wurde, dann aber drei Jahre auf den ihm zustehenden Triumph warten mußte. Erst Cicero selbst hat in seinem Konsulatsjahr den Triumph für Lucullus durchgesetzt.

So gelangt er endlich in 4 auf den Punkt, auf den es im gegenwärtigen Kontext allein ankommt: Lucullus war mit der Philosophie weit mehr vertraut, als es die Leute, die ihn persönlich nicht kannten, glauben mochten. So hat er seine freien Stunden auf philosophische Lektüre verwandt und hat sich zum Begleiter, als er Quaestor und später Imperator war, Antiochos von Askalon gewählt, der als Philosoph damals einen besonders guten Ruf hatte.

So ist es also eine Verleumdung, wenn behauptet wird, Hortensius, Catulus und Lucullus hätten von den philosophischen Fragen, über die Cicero sie diskutieren läßt, überhaupt nichts verstanden.

Cicero hat indessen das römische Publikum und seine eigenen Freunde nicht überzeugen können. So hat er nach wenigen Monaten den „Catulus" und den „Lucullus" endgültig zurückgezogen und zu dem gegebenen philosophischen Stoff eine ganz neue Szenerie aufgebaut, in der er selber mit seinem hochgelehrten philosophischen Kollegen M. Terentius Varro diskutiert. Dies sind dann die vier „Academici libri", von denen wir summarisch annehmen werden, daß die zwei ersten Bücher den Stoff des „Catulus", die zwei späteren Bücher denjenigen des „Lucullus" (was sich noch an Zitaten nachweisen läßt) aufgenommen haben. Daß die „Academici libri" fast völlig untergegangen sind, ist merkwürdig, daß der „Lucullus" sich erhalten hat, beinahe ein Wunder, teilweise offenbar zu erklären damit, daß gedankenlose Schreiber im 7. und 8. Jhd. n. Chr. den Eindruck hatten, der „Lucullus" sei in Wirklichkeit der von Augustin so hoch geschätzte „Hortensius".

9 B–10 Cicero beginnt mit einer allgemeinen Wendung, die darauf aufmerksam machen soll, daß das bevorstehende Gespräch nicht eine unverbindliche Improvisation ist, sondern daß da Probleme verhandelt werden, die allen Beteiligten schon längst vertraut sind.

Wir erfahren, daß man tags zuvor bei Catulus in dessen Villa bei Cumae beisammen gewesen war. Nun trifft man sich bei Bauli in der Villa des Hortensius; die Distanz zwischen Cumae und Bauli war und ist so gering, daß sie mit einem Wagen oder sogar zu Fuß in

kurzer Zeit zu bewältigen war. Weiterhin hören wir, daß die Diskussion sehr früh beginnen soll, da man verhältnismäßig früh am Nachmittag abzubrechen gezwungen sein wird. Denn von Bauli gelangt man nur mit dem Schiff nach Neapel bzw. Pompei, und eine solche Seefahrt, auch wenn sie nur wenige Stunden dauert, pflegt man nicht erst am Abend anzutreten.

Römisch-gesellschaftlich korrekt ist es, daß man zunächst in der Halle stehenbleibt und einige Freundlichkeiten austauscht und dann erst sich zur Diskussion niedersetzt.

Catulus als der älteste beginnt zur Sache zu reden. Der Leser muß wissen, daß der Dialog des Vortages mit einer Rede Ciceros für und über die Akademie des Karneades und Philon geschlossen hatte. Da Catulus im Prinzip ein Gesinnungsgenosse Ciceros ist, könnte er sich persönlich mit jener Rede zufriedengeben. Doch schon am Vortag hatte Lucullus angekündigt, er wolle berichten, was er von Antiochos von Askalon, dem Gegner des Karneades wie des Philon, gehört habe. Es ist ein selbstverständliches Gebot der Höflichkeit, daß nun dementsprechend Lucullus das Wort erhält.

Freilich hatte schon Hortensius im Sinne des Antiochos gesprochen. Es muß also im „Catulus" auch berichtet worden sein, daß Hortensius, der soeben zur Philosophie Bekehrte, sich plötzlich daran erinnerte, einmal dem Antiochos begegnet zu sein oder auch einen Vortrag von ihm angehört zu haben. Wiederum ist es ein Gebot der Höflichkeit, daß Hortensius seinen eigenen Beitrag bagatellisiert, damit Lucullus für sein Exposé möglichst freie Hand erhält.

Lucullus endlich hat nicht die Absicht, nun (vor allem gegen Catulus und Cicero) dogmatisch aufzutrumpfen, obschon er eine durch und durch dogmatische Philosophie vertreten wird. Wir dürfen beinahe erstaunt sein, wie wenig er sich zunächst engagiert. Worüber er reden wird, sind (a) weder seine eigenen Gedanken noch (b) Thesen, an denen er bedingungslos festhält. Es ist deutlich, wie Cicero ihn von den sturen Dogmatikern trennt, die er in 7/8 beschrieben hat.

Immerhin gibt Lucullus diskret zu verstehen, daß ihn die Ausführungen Ciceros zugunsten der Akademie und gegen Antiochos nicht überzeugt haben. Antiochos ist angegriffen, aber nicht wirklich zu Fall gebracht worden. Eben dies sollen seine Darlegungen zeigen.

Er wird sich also genau an die Lehre des Antiochos halten. Der Leser wird sich keine Illusionen darüber machen, daß dem nachfolgenden Text ein Buch oder mehrere Bücher zugrunde liegen; doch ist es seit Platon guter Stil, das, was man gelesen hat, vorzuführen als

etwas, das man gehört hat. So betont denn auch Lucullus, daß er dem Antiochos aufmerksam zugehört habe, und zwar mehrmals. Dies war zu betonen, denn wir stehen mit dem Dialog im Jahre 62 v. Chr., und zum ersten Male will Lucullus den Antiochos im Jahre 86 v. Chr., also vierundzwanzig Jahre zuvor, gehört haben. Der Leser wird sich strapaziert fühlen, wenn er glauben soll, daß Lucullus über so viele Jahre hinweg sich noch so genau an die Argumentationen des Antiochos erinnert. Daher das „saepius" und die stützende Information in 61, Lucullus habe über diese Dinge den Antiochos noch einmal in Syrien im Jahre 68 v. Chr. reden gehört. Da reduziert sich der Abstand immerhin auf bloße sechs Jahre. Dem Interpreten ist es jedoch klar, daß die Begegnung im Jahre 68 eine reine Hilfskonstruktion Ciceros ist (nicht unmöglich, aber unverbürgt), wogegen dem Bericht über die Auseinandersetzungen in Alexandrien im Jahre 86 geschriebene und publizierte Dokumente zugrunde liegen. Von ihnen mußte Cicero ausgehen, und daß diese ihrerseits (zum Teil wenigstens) von Vorgängen und Diskussionen berichten, die sich tatsächlich abgespielt haben, werden wir nicht von vornherein für ausgeschlossen erklären.

Der systematischen Ausführung, die in 19 beginnt, sind vorangestellt vier Abschnitte, die nacheinander die Szenerie schildern, von der Lucullus ausgeht (und damit auch auf den Text hinweisen, den er von 19 an benutzt), dann die Frage berühren, mit welchem Recht die Neue Akademie die gesamte ältere Tradition für sich in Anspruch nimmt (womit zugleich auch der Ort der Neuen Akademie in der Gesamtgeschichte der Philosophie festgelegt wird); es folgt die methodische Frage, ob es überhaupt einen Sinn hat, in eine Diskussion einzutreten mit denjenigen, die überhaupt keine Wahrheitserkenntnis annehmen; viertens endlich erhalten wir ein scharf polemisches Porträt des Philon von Larissa, sinnvoll, da ja das Buch, dem Lucullus folgt, eine Auseinandersetzung des Antiochos von Askalon mit Philon von Larissa war.

11–12 Die aus drei Komponenten aufgebaute Szenerie: die historischen Daten zur Biographie des Lucullus, der Dialog „Sosos" des Antiochos von Askalon, endlich persönliche Erinnerungen Ciceros, der sowohl Lucullus wie auch Antiochos selber gekannt hat.

Vorausgesetzt ist, daß Sulla, der im Kriege gegen Mithridates am 1. März 86 Athen eroberte, wohl von Athen aus Lucullus beauftragte, als Proquaestor in Kreta, Kyrene, Ägypten, Syrien und Rhodos Verbündete gegen Mithridates zu gewinnen (Plut. Luc. 2,2–3,3 u. a.) und daß Lucullus sich auf dieser Reise durch Antio-

chos von Askalon begleiten ließ, zunächst wohl, weil ihm der griechische Philosoph die Verhandlungen mit griechischen Behörden erleichtern konnte; Paradeigma war die Inspektionsreise des P. Scipio Africanus Aemilianus von 140/139 v. Chr., wo Panaitios der Begleiter war und auf die unser Dialog 5 anspielt. Unter welchen Umständen Lucullus die Bekanntschaft des Antiochos gemacht hatte, war vermutlich im „Catulus" erzählt. Antiochos war ein Mitglied der Akademie; Schulhaupt war Philon von Larissa, der sich schon 89/88 angesichts des zu erwartenden Angriffs des Mithridates auf Griechenland nach Rom geflüchtet hatte, dort geblieben war und etwa um 81/80 v. Chr. auch dort gestorben ist.

Die philosophische Szenerie in Alexandrien wird der „Sosos" des Antiochos geschildert haben. Gegenspieler des Antiochos ist Herakleitos aus Tyros, also ein engerer Landsmann des Antiochos, Schüler des Kleitomachos und Philon; Gesinnungsgenossen des Antiochos sind sein Bruder Aristos, dann Ariston und Dion, von Cicero aus dem Buche des Antiochos erwähnt, für uns leere Namen, außer Aristos, der Nachfolger des Antiochos als Schulhaupt der Akademie wurde. Anlaß des Streitgesprächs sind die zwei Bücher Philons, die dieser in Rom abgeschlossen hatte und die nun in Alexandrien bekannt wurden. Der entscheidende Punkt ist der, daß Philon behauptet hatte, die akademische Aporetik wende sich ausschließlich gegen den stoischen Begriff der „Katalepsis", nicht aber gegen den peripatetischen Erkenntnisbegriff (vgl. 112/113); insofern sei die Aporetik eine durchaus begrenzte. Sofern die Neue Akademie von Arkesilaos an bis zu Kleitomachos jeden Dogmatismus bekämpft hatte, war dies zweifellos eine Neuerung Philons; daß dabei die Rücksicht auf die römischen Leser eine Rolle spielte, ist möglich, aber nicht beweisbar. Antiochos muß sich in dem Buch sofort gegen Philon gewandt haben, einmal mit der Feststellung, daß bisher kein Akademiker seine Kritik ausschließlich gegen die Stoa gerichtet habe, und zweitens mit der systematisch weitreichenden Behauptung, der stoische Erkenntnisbegriff sei der einzig mögliche; wer demnach die stoische „Katalepsis" verwerfe, verwerfe jede wie immer geartete Erkenntnis überhaupt und verfalle einem unhaltbaren Agnostizismus. Daß der Gegner des Antiochos replizierte, Antiochos sei aus der Akademie zur Stoa übergelaufen, wird sich später zeigen (69 ff.).

Unklar bleibt die Rolle der drei Römer P. und C. Selius und T. Etrilius Rogus. Sie sind uns alle völlig unbekannt und in den römischen Magistratslisten bisher noch nicht aufgetaucht. Hat sie Lucullus als zu seinem Stabe gehörig aus Rom nach Alexandrien

kommen lassen? Jedenfalls liegt der Verdacht nahe, daß es Ciceros Erfindung ist, wenn er erklärt, die drei hätten Philon persönlich sein Buch öffentlich vortragen hören und damit die Bestätigung erhalten, daß das Buch tatsächlich von ihm stamme. Antiochos selber wird sich schwerlich in dieser Weise auf die drei Römer berufen haben, auch wenn umgekehrt zu erwarten ist, daß im „Sosos" ein Kompliment an seinen Gönner Lucullus nicht gefehlt haben dürfte.

Daß das Buch umfangreich war und Antiochos eine über mehrere Tage sich hinziehende Diskussion vorführte, deutet 49 an; ebenso, daß gesondert gegen Philon, gegen Arkesilaos und gegen Karneades polemisiert wurde. Ziel war durchgehend die Verteidigung der stoischen „Katalepsis" mit ihrer klassischen, schon von Zenon geprägten Formel SVF I,59, auf die unser Dialog immer wieder zurückgreift (bes. entschieden 58). Dem Philon wurde vorgeworfen, er lüge, wenn er behaupte, die Akademie habe immer nur diesen einen Erkenntnisbegriff abgelehnt, doch auch dem Arkesilaos und Karneades muß vorgehalten worden sein, sie übersähen, daß der stoische Erkenntnisbegriff der einzige überhaupt mögliche sei.

Merkwürdig ist, daß schon im „Catulus" der Titelheld im Namen seines Vaters Q. Lutatius Catulus (Konsul 102 v. Chr.) sich gegen Philon gewandt hat. Dieser Vater ist, wie 148 mitteilt, sein Leben lang Anhänger des Karneades gewesen und soll selber schon (nach 18) Philon beschuldigt haben, er „lüge offensichtlich". So wird also Philon doppelt angegriffen: nach Antiochos hat er Dinge behauptet, die kein Akademiker jemals behauptet hatte, und nach den damals noch vorhandenen Anhängern des Karneades (und Kleitomachos) hat sich Philon sogar gegen seinen eigenen Lehrer Karneades gewandt. Es wird also derselbe Abfall des Schülers vom Lehrer behauptet, der später (69–71) dem Antiochos selber in seinem Verhältnis zu seinem Lehrer Philon vorgeworfen wird; vgl. dazu Diog. Laert. 5,2 (Aristoteles gegen Platon) und 7,179 (Chrysippos gegen Kleanthes).

13–14 Begonnen wird ohne Umschweife mit dem Vorwurf an die Neue Akademie im allgemeinen und Arkesilaos im besonderen, sie würden zu Unrecht die Autorität der alten Philosophen von Xenophanes bis Platon für sich beanspruchen. Unklar bleibt, ob schon Antiochos selber das Unternehmen des Arkesilaos mit einem politischen Umsturzversuch verglichen und damit als unverantwortlich revolutionär verurteilt hat. Cicero zieht römische Verhältnisse heran und benützt (wie 14 und 75 zeigen) eine Rede des Volkstribunen L. Appuleius Saturninus (Volkstribun 103 und 100, beim Antritt

seines dritten Volkstribunats 99 ermordet). Dieser hatte sich für seine rigorosen und gewalttätigen Sozialreformen ausdrücklich auf illustre Vorläufer vom Beginn der römischen Republik an berufen.

Die Liste beginnt mit drei Vertretern der seit jeher als „popular" geltenden Gens Valeria: P. Valerius Publicola (Konsul 509, Biographie bei Plutarch), über den es kaum irgendwelche historischen Überlieferungen gab; der Beiname klingt alt, doch ob er tatsächlich auf die politische Haltung des Mannes anspielt (= qui populum colit), muß offenbleiben. Es folgt die Lex de provocatione der Konsuln L. Valerius Publicola und M. Horatius Barbatus von 449 (Liv. 3,55 und Cic. De rep. 2,54), dann eine Lex de provocatione des Konsuls M. Valerius Corvus von 300 (Liv. 10,9). Interessant ist, daß eine Lex de provocatione des M. Duilius von 449 (Liv. 3,55,14) nicht berücksichtigt wird, da Duilius nur Volkstribun war. Die Konzentration auf die drei Konsuln ist also Absicht.

Es folgt der Volkstribun C. Flaminius, der 228 eine Lex de agro Piceno et Gallico viritim dividendo (Cicero Brutus 57 u. a.) gegen den Senat durchsetzte und vom Volk nachher zweimal (223 und 217) mit dem Konsulat belohnt wurde. Nur angedeutet werden die volksfreundlichen Leges des Volkstribunen L. Cassius Longinus Ravilla von 137 und des Konsuls Q. Pompeius von 141. Zögernd nennt Cicero den jüngeren P. Cornelius Scipio (Konsul 147 und 134), begreiflicherweise, da er ihn selber in De re publica als Mitglied der Senatspartei hat auftreten lassen. Mißtrauisch ist er auch der Behauptung des Saturninus gegenüber, die Brüder P. Licinius Crassus Dives Mucianus (Konsul 131) und P. Mucius Scaevola (Konsul 133) hätten die revolutionären Pläne des Ti. Sempronius Gracchus (Volkstribun 133) entscheidend unterstützt; beim erstgenannten sei dies höchst unsicher, beim zweiten allerdings unbestreitbar. Den Schluß der Liste bildet C. Marius, Zeitgenosse und engster Parteifreund des Saturninus (Konsul 107,104,103,102,101,100,86).

Auf diese Männer hat sich demnach Saturninus als seine politischen Vorbilder berufen. Wir haben den Eindruck, daß es eine gezielte Auswahl ist im Dienste eines bestimmten Programmpunktes, den wir freilich nicht genauer umschreiben können.

Ihnen gegenübergestellt werden die griechischen Philosophen, die Arkesilaos als seine Vorläufer erwähnt haben muß. Diese Liste muß von vornherein im Zusammenhang mit den zwei späteren Listen 72–74 und 118 interpretiert werden.

Hier haben wir sieben Namen, die drei Gruppen bilden: an die Spitze gehörten eigentlich Xenophanes und Parmenides, es müßten

die von Parmenides beeinflußten Empedokles, Anaxagoras und Demokrit folgen; der Schluß wäre dann Sokrates und Platon.

Nicht ohne Interesse ist der Aufbau der unmittelbar korrespondierenden Liste 72-76: Anaxagoras, Demokrit, Metrodoros von Chios, Empedokles, Parmenides, Xenophanes, dann Sokrates und Platon. Dann aber folgen andere Sokratiker, die Megariker (Stilpon, Diodoros und Alexeinos) und die Kyrenaiker, und zwischen beiden eingeschoben Chrysippos. Das Problem ist schließlich dies, ob etwa die ursprüngliche Liste die der Aporetiker war, also die von Arkesilaos gegen die Dogmatiker zusammengestellte Liste; diese wäre erst nachträglich umgearbeitet worden zu dem Nachweis, auch bei den angeblichen Aporetikern sei das dogmatische Moment das stärkere gewesen.

Das einzelne: Von Empedokles wird fürs erste erklärt, er mache zuweilen den Eindruck eines Wahnsinnigen (14 und 74). Damit müssen in irgendeinem Zusammenhang stehen die Notizen des Aristoteles Nik. Eth. 1147a19-20 und 1147b12, wo wir hören, selbst ein Betrunkener sei noch fähig, Verse des Empedokles zu rezitieren. Zur Sache wird gesagt, er habe gelehrt, es sei dem Menschen unmöglich, die Wirklichkeit zu erkennen; 74 bemerkt wesentlich zurückhaltender, nach Empedokles seien die Sinnesorgane bloß zu schwach, um über die Sachen urteilen zu können, und die Doxographie 118 registriert in äußerster Knappheit, von Empedokles stamme die bekannte Lehre von den vier Elementen. Das Urteil schwankt also stark; was unsere Stelle angeht, so ist es möglich, aber keineswegs sicher, daß sie sich auf die Verse VS 31 B 2, 6-7 bezieht.

Zu Anaxagoras berichtet 72, er habe den Schnee für schwarz erklärt, da die Farbe des Wassers, aus dem der Schnee entstehe, schwarz sei; dasselbe nochmals 100, während die Doxographie korrekt von den Seinspartikeln spricht, die durch den göttlichen „Nous" in eine Ordnung gebracht worden seien. Sextus Pyrrh. Hyp. 1,33 expliziert das Theorem vom schwarzen Schnee etwas genauer dahin, daß dem Auge der Schnee sich als weiß zeige, während er für die ontologische Reflexion schwarz sein müsse; da keine Entscheidung möglich sei, bleibe nur die völlige Zurückhaltung des Urteils.

Was Demokrit angeht, so begnügt sich unsere Stelle damit, ihn mit Arkesilaos zu konfrontieren; dadurch, daß seine Aporetik in engen Grenzen bleibt, kann er geradezu zum repräsentativen Gegner des Arkesilaos werden. In 73 treten zwei Zitate einander gegenüber: VS 68 B 165, zweifellos der Eingangssatz der kosmologischen Hauptschrift, dann eine Stelle, die der von Sextus Adv. Log. 1,135-139

zusammengestellten Gruppe der aporetischen Äußerungen Demokrits nahesteht, ohne mit einem der angeführten Sätze identisch zu sein. Mit der hier ausgesprochenen Bewunderung für Demokrit kontrastiert auf eine sonderbare Weise 55–56 und in etwas anderer Richtung 125, wo die Nennung Demokrits mit einer Pointe eingeleitet wird („semper studiosus nobilitatis fui"), die uns entgeht. Weit dürftiger sind in 74 die Informationen über Xenophanes und Parmenides; für Xenophanes stützen sie sich auf VS 21 B 34, für Parmenides wird es sich um eine etwas grobe Vereinfachung von VS 28 B 1,30 und 6,4–9 handeln. Bezeichnenderweise fehlt jeder Versuch, die (grundsätzlich nicht unmögliche) aporetische Interpretation der Vorsokratiker durch konkrete Hinweise auf ihren konstruktiven Dogmatismus zu überspielen. Die allgemeine Bemerkung am Ende von 14 ist geradezu kontraproduktiv: der Dogmatismus selber ist nicht ernst zu nehmen, da meist der Eindruck besteht, jene Vorsokratiker behaupteten mehr zu wissen, als sie faktisch wissen.

Vermutlich gehen 14 und 72–76 auf eine ausführliche Darstellung des Arkesilaos zurück; in 14 ist der etwas hilflose Versuch gemacht, sie polemisch gegen Arkesilaos zu wenden, doch es gelingt nicht zu beweisen, daß die Akademie bei ihrer Interpretation der Philosophiegeschichte die Vorsokratiker ebenso mißbraucht habe wie Saturninus die römischen Politiker der älteren Zeit. Ist es Cicero selber, der die Vorsokratiker derart ungeschickt verwendet hat?

15 dagegen beginnt mit einer geschickten Wendung: Selbst wenn man zugesteht, daß die Vorsokratiker in der Aporie steckenblieben, so gilt doch, daß die Philosophie seither gewaltige Fortschritte gemacht hat. Diesen Begriff des Fortschrittes dürfen wir auf Aristoteles zurückführen. Er hat seine Vorgänger in der Philosophie immer unter zwei komplementären Gesichtspunkten gesehen: übernehmen, was sie an Erkenntnissen schon geleistet, und fortführen, was sie zögernd und unbestimmt erst begonnen haben. Dies soll also auch hier gelten. Doch merkwürdigerweise bleibt das aus, was wir hier erwarten würden, eine Schilderung der Entfaltung der Philosophie von der Zeit des Sokrates an bis zur Konsolidierung der vier großen Schulen, die vollendet war, als Arkesilaos etwa um 265 v. Chr. die Leitung der Akademie übernahm. Vermutlich will Cicero seinem nächsten Werk „De finibus" nicht vorgreifen, wo in der Tat zum mindesten drei der vier Schulen dem römischen Leser in aller Ausführlichkeit vorgestellt werden. So begnügt er sich damit, den ausgezeichneten Zustand der damaligen Philosophie (etwa mit der Bemerkung des Aristoteles in Tusc. disp. 3,65 im Hintergrund) mit der

ausgezeichneten Verfassung des römischen Staates nach der Niederwerfung Karthagos und das zerstörerische Tun des Arkesilaos mit demjenigen des Tib. Gracchus (Volkstribun 133) zu vergleichen.

Dann erst kommt er auf Sokrates und Platon zurück. Da mußte er jedoch auf die These stoßen, daß Sokrates der reine Aporetiker war, Platon aber (unter dem Einfluß des Pythagoreertums) von der sokratischen Aporetik abfiel und zu einem streng dogmatischen Philosophieren überging (vgl. Academici libri 1,17, De fin. 5,87). Platon konnte der Dogmatiker demnach ohne Schwierigkeit beanspruchen; er benutzt die Gelegenheit, schon hier die Philosophiegeschichte im Sinne des Antiochos zu interpretieren: erstens hätten sich Peripatos und Akademie nur dem Namen, nicht aber der Sache nach voneinander unterschieden (anders formuliert: Xenokrates und Aristoteles hätten ihr ganzes Leben hindurch in inniger Freundschaft miteinander verkehrt), und zweitens habe sich auch die Stoa nur in der Terminologie, nicht aber in der Lehre von Akademie und Peripatos unterschieden. Hinter diesen beiden gewaltsamen Konstruktionen des Antiochos (vorbereitet schon bei Panaitios und Poseidonios) steckt das Bemühen, die drei von Sokrates ausgehenden Dogmatismen in einer Einheitsfront gegen den vierten Dogmatismus, denjenigen Epikurs, zusammenzufassen.

Viel heikler ist es, Sokrates selber für die dogmatische Philosophie zu annektieren. Unser Text geht so vor, daß er auf die sokratische Ironie verweist und unterstellt, Sokrates habe seine Aporetik nur gespielt, um seine Gegner leichter widerlegen zu können. Diese Ironie erwähnen auch De off. 1,108 sowie De orat. 2,270 und Brutus 299, an diesen Stellen mit dem Hinweis auf die Annales des Historikers C. Fannius, den Cicero als Schwiegersohn des C. Laelius auch am Gespräch von De republica beteiligt hatte und der aus persönlicher Kenntnis berichtete, der jüngere Scipio Africanus habe dieselbe Ironie gepflegt wie Sokrates. Da wird denn die Aporetik zum bloßen Schein, was freilich mit 74 in unserem Text nicht übereinstimmt. Dort wird die Aporetik im Sinne von Platons Apol. 21 D verstanden und von Platon ausdrücklich erklärt, er habe die aporetisch gemeinte Ironie des Sokrates nicht mitgemacht. Die Unstimmigkeit ist deutlich.

In **16** wird wiederum neu eingesetzt, Cicero wiederholt die Überlegung von 15: Auch wenn viele Einsichten den älteren Philosophen begreiflicherweise noch verschlossen geblieben seien, so habe man doch inzwischen große Fortschritte gemacht. Allerdings meint Cicero nun nicht mehr die Periode von den Vorsokratikern bis zu

Arkesilaos, sondern jetzt die Periode von Arkesilaos bis zur Gegenwart. Doch wiederum hören wir nichts darüber, worin der Fortschritt besteht. Im Gegenteil: Nachdem noch einmal von der zerstörerischen Tätigkeit des Arkesilaos und von der Leistung Zenons, der (wie soeben schon gesagt) sich von Akademie und Peripatos nur in der Terminologie und nicht in den Sachen unterschied, gesprochen wurde, gelangen wir zu einer Übersicht über die Geschichte der Akademie von Arkesilaos bis zu Philon. Dies ist so ziemlich das Gegenteil von dem, was wir erwarten. Es wäre ja darauf angekommen, die Leistungen der dogmatischen Schulen in den vergangenen zwei Jahrhunderten herauszuarbeiten und nicht den Erfolg der aporetischen Akademie zu schildern. Cicero folgt hier ganz einer akademischen Vorlage. Überraschend ist die Bemerkung des Anfangs, Arkesilaos habe Mühe gehabt, sich durchzusetzen, und Lakydes sei sein einziger getreuer Schüler gewesen. Euandros und Hegesinos sind für uns bloße Namen, dann wird Karneades Scholarch (er lebte ca. 220–130 v. Chr.) und hat einen überwältigenden Erfolg. Fünf seiner Schüler werden mit Namen genannt; daß es unter diesen Meinungsverschiedenheiten gab, deutet „bene nosse" an und wird durch 78 bestätigt. Kleitomachos wird Nachfolger in der Schulleitung; von seinen Büchern werden nicht weniger als drei ausdrücklich zitiert (und von Cicero benützt 98, 102). Nachfolger des Kleitomachos ist Philon, dem ebenfalls ein Kompliment gemacht ist. Daß er zur Zeit des von Cicero erzählten Gespräches längst tot ist, wird angedeutet.

Die ganze Darstellung mündet also in ein Lob Philons ein und läßt zugleich eine Rivalität zwischen Karneades und Arkesilaos ahnen. Denn daß von Arkesilaos nur ein einziger Schüler erwähnt wird, von Karneades dagegen fünf, ist natürlich Absicht.

Zum ganzen Abschnitt wird man folgern müssen, daß Cicero hier eine Darstellung von akademischer Seite (etwa gar aus dem in 11 genannten Buch Philons selber?) zugrunde legt und sie, so gut es geht, zu einer Kritik an der aporetischen Akademie umfunktioniert. Daß dabei der Rückblick auf die Vorsokratiker dürftig ist und daß Fortschritte der dogmatischen Philosophie in der Periode zwischen den Vorsokratikern und Arkesilaos, dann in derjenigen zwischen Arkesilaos bis zur Gegenwart zwar behauptet, aber in keiner Weise belegt worden sind, ist bezeichnend. So mag auch der Vergleich der subversiven Tätigkeit des Arkesilaos mit derjenigen des Saturninus Cicero selber gehören. Cicero hat es auch sonst geliebt, sein Urteil über griechische Philosophen in römischen politischen Kategorien

auszudrücken; das nächste Beispiel ist 73, wo Kleanthes, Chrysippos usw. als Philosophen „quintae classis" bezeichnet werden.

17-18 Zwei Probleme stellen sich hier. Das erste ist das historische: der Stoiker Antipater von Tarsos, Schüler des Diogenes von Babylon und Lehrer des Panaitios (Cicero De div. 1,6) hat sich auf eine breite Auseinandersetzung mit Karneades eingelassen; einige Philosophen haben dies als sinnlos getadelt, andere ihm teilweise, wieder andere ihm vollständig recht gegeben. Antipater scheint jüngerer Zeitgenosse des Karneades gewesen, aber nach Diog. Laert. 4,64 noch vor diesem gestorben zu sein. Ob zu den anderen, die zu seinem Vorgehen Stellung genommen haben, Panaitios und/oder Poseidonios gehören, wissen wir nicht; dem Wortlaut nach ist es nicht einmal sicher, daß es Stoiker waren.

Dies führt auf das zweite Problem, die erstaunliche Übereinstimmung unseres Abschnittes mit dem epikureischen Text Ciceros De fin. 1,30-31. In beiden Fällen ist die Ausgangslage dieselbe: Für die Gegner Antipaters gilt es als evident, daß es ein Begreifen im stoischen Sinne gibt (also im Sinne der Definition Zenons SVF I,59, wie sie von 18 an mehrfach angeführt wird), und Evidentes beweisen zu wollen, ist ein Widerspruch in sich selber. Genauso gilt es für Epikur als evident, daß jedes Lebewesen Lust sucht und Schmerz meidet. Dies zu beweisen, wäre ebenso sinnlos, wie beweisen zu wollen, daß das Feuer brennt. Epikur stützt sich dabei auf die auch von Aristoteles vertretene These, daß jede Wahrnehmung als solche schlechthin unfehlbar und unwiderlegbar ist. Die Gegner Antipaters müssen sich darauf berufen haben, daß ohne ein unfehlbares Begreifen das Handeln des Menschen überhaupt nicht in Gang kommen könnte.

Doch so einfach ist die Lage nicht. Denn erstens kann man einer Tatsache nur dann eine unbedingte Evidenz zubilligen, wenn sie für alle Menschen gleichermaßen evident ist, was weder beim zenonischen Begriff des Begreifens noch bei der epikureischen These, daß alle Lebewesen nach der Lust streben, der Fall ist. Es ist also in beiden Fällen unvermeidlich, den Gegnern der Evidenz nachzuweisen, daß es sich um evidente Tatsachen handelt.

Zweitens gehört zum Menschen nicht nur das Betroffensein durch die Evidenz, sondern auch die Fähigkeit und der Anspruch, die Wirklichkeit logisch (also aristotelisch durch Definitionen, Dihäresen und Syllogismen) transparent zu machen. Denn zum unfehlbaren Wissen gelangt der Mensch auf zwei Wegen, durch die unmittelbare Evidenz und durch den zwingenden Beweis, und diese beiden Wege ergänzen einander. Also hat sowohl Antipater recht, wenn er Zenons

Lehre gegen Karneades durch Beweise zu stützen sucht, wie auch Epikur, der das Streben nach der Lust systematisch zu erläutern und zu begründen unternimmt.

Soweit ist alles klar. Doch wie ist eine solche Koinzidenz zwischen stoischer und epikureischer Doktrin überhaupt möglich, zumal da gerade diese beiden Schulen einander in der Regel als Todfeinde gegenüberstehen? Eine wirklich befriedigende Antwort gibt es nicht. Man könnte höchstens darauf hinweisen, daß Aristoteles als erster dem Begriff der Evidenz („Enargeia") jenes systematische Gewicht verliehen hat, das er in unsern Texten besitzt. Hat auch schon Aristoteles (oder sein Schüler Theophrast) eine Theorie darüber entwickelt, wieweit es zulässig sei, sich auf die Evidenz zu verlassen, und wieweit nicht? Einen Einfluß des Peripatos auf Epikur wird man ohne weiteres annehmen. Sollte andererseits schon Antipater wie dann sein Schüler Panaitios sich in großem Stile an Aristoteles angeschlossen haben, derart daß hypothetisch eine gemeinsame aristotelische Vorlage für Epikur wie für Antipater angesetzt werden dürfte?

18 Zusammen mit 11/12 und 69-71 ist dieser Text das vielleicht lehrreichste Beispiel des Stiles antiker philosophischer Polemik: (a) Antiochos wirft Philon vor, dieser vertrete eine These, die keiner seiner Vorgänger in der Akademie je vertreten habe, und behaupte gleichzeitig wider besseres Wissen, seine Lehre sei keine andere als die der gesamten akademischen Tradition; in Wahrheit habe er dem Druck der Kritik, die von allen Seiten an der Akademie geübt wurde, nicht standhalten können und sich darum auf den unhaltbaren Standpunkt zurückgezogen, der einzige Gegner der Akademie sei die Stoa; mit allen andern Schulen wäre demnach eine Verständigung möglich. (b) Der Anhänger Philons wirft Antiochos vor, dieser habe während vielen Jahren getreulich die Thesen seines Lehrers Philon vertreten, sei dann aber plötzlich abgefallen und habe erklärt, sein Ziel sei es, die Lehre der Alten Akademie zu erneuern, was wiederum nicht stimme: er habe sich zwar zum Schein unter den Schutz der Alten Akademie begeben, weil er die von allen Seiten gegen die Akademie Philons erhobene Kritik nicht mehr zu ertragen vermochte; was er dann aber tatsächlich vortrug, sei gar nicht die Lehre der Alten Akademie, sondern sei einfach, mit wenigen Abweichungen, die Lehre der Stoa; so verstehe man eigentlich nicht, warum er nicht in aller Form von der Akademie zur Stoa übergelaufen sei. Allerdings sei auch behauptet worden, Antiochos habe Philon darum im Stiche gelassen, weil er den Ehrgeiz gehabt habe, unter seinem Namen eine eigene Schule zu gründen (was ihm jedoch mißlungen sei).

Man sieht, wie die Hauptlinien der beiden Polemiken einander entsprechen. Jedem wird einerseits Charakterschwäche vorgeworfen (unter dem Druck von außen habe er die Überzeugungen, die er bisher vertreten habe, preisgegeben), andererseits Abfall vom eigenen Lehrer (Philon fällt ab von seiner Tradition, also konkret von seinem Lehrer Kleitomachos, Antiochos fällt ab von Philon). Der erste Punkt belegt, daß die Antike philosophische Entwicklungen und Wandlungen der Lehre im Laufe eines Lebens nur sehr selten hat gelten lassen; es gehört sich, daß man im Alter dasselbe vertritt, was man schon in seiner Jugend geglaubt hat. Konversionen fehlen zwar nicht ganz, sind annehmbar, wo es sich um die Bekehrung von einem weltlichen zu einem philosophischen Leben handelt, sonst aber grundsätzlich suspekt. Der zweite Punkt stellt das Problem der philosophischen Orthodoxie. Der Sache nach hat sich das Philosophieren einer Schule in dem Rahmen zu halten, den das Werk des Schulgründers abgesteckt hat; außerdem wird erwartet, daß der Schüler bei den Lehren seines Lehrers bleibt (daß Aristoteles von Platon, Chrysippos von Kleanthes abfiel, wurde übel vermerkt). Über die administrative Seite dieser Dinge wissen wir immer noch viel zuwenig: Wie wurde man Mitglied einer Schule? Welche Verpflichtungen nahm derjenige auf sich, der Mitglied wurde, und was geschah, wenn jemand diesen Verpflichtungen nicht nachkam? Konnte ein Mitglied förmlich ausgestoßen werden? Daß uns über derartige institutionalisierte Regeln nichts mitgeteilt wird, besagt nicht, daß es sie nicht gegeben hat. Treue zur Schultradition wurde sicher gefordert, vergleichbar etwa dem, was die Mysteriengemeinden, später die christlichen und gnostischen Gemeinden zu fordern pflegten.

Unser Text läßt auch die philosophische Substanz des Konfliktes erkennen. Platon hatte nach dem Vorbild des Parmenides eine Welt des unveränderlich mit sich selbst identischen Seienden, die nur dem Denken zugänglich ist, von unserer Welt der Erfahrung und der Wahrnehmungen unterschieden. In jener Welt ist alles ein für alle Male, was es ist, in unserer Welt geht alles ineinander über und wird unaufhörlich ein anderes. Nur von jener Welt kann zuverlässig Wahrheit ausgesagt werden, in unserer Welt sind wir auf das bloße Meinen beschränkt; vgl. vor allem Platons „Phaidon". Die Stoa hat die Lehre von den zwei Welten verworfen, aber an Platons Unterscheidung des Wissens und des Meinens festgehalten. Auch in der einen Welt gibt es Seiendes, das ein für alle Male unveränderlich und unverwechselbar ist, was es ist, und der Weise hat sich an das Wissen

von diesem Seienden zu halten. Nach Zenons auch bei Cicero vielfach wiederholter Definition entsteht ein begreifendes Wissen dort, wo ein Eindruck vorliegt, der unverwechselbar von einer Sache ausgeht und von keiner anderen ausgehen könnte (SVF I,59). Dagegen hat sich im Namen Platons die Akademie seit Arkesilaos gewandt. Sie bleibt bei der These Platons, daß es in unserer Welt der Erfahrung und Wahrnehmung ein Seiendes, das ein für alle Male ist, was es ist, nicht geben könne, d. h. daß auch keine unverwechselbaren Eindrücke, wie sie die Stoa fordert, zustande kommen werden. Wir haben uns damit abzufinden, daß in unserer Welt jeder Eindruck von diesem oder auch von einem anderen, ihm ähnlichen oder unähnlichen Gegenstand herrühren könnte; denn unsere Welt ist nach der Lehre Platons eine Welt des unaufhörlichen Werdens und nicht des Seins, und im Bereich des Werdens gibt es keine Wahrheiten, höchstens Wahrscheinlichkeiten.

Letzten Endes beansprucht die Stoa den platonischen Begriff des absoluten Wissens für unsere Erfahrungswelt, während die Akademie daran festhält, daß in unserer Welt ein absolutes Wissen ausgeschlossen ist; ob es eine andere Welt, die Welt des Seienden, und in ihr ein absolutes Wissen gibt, darüber äußert sich die Akademie nicht. Auch der Peripatos und Epikur lehnen Platons Zwei-Welten-Lehre ab, oder genauer: die Wissensweisen, die Platon auf zwei Welten verteilt hatte, verteilen sie auf zwei Stufen der Wirklichkeit in einer und derselben Welt. Bei Aristoteles steht das absolute (mathematische) Wissen von der göttlichen Welt der Gestirne, der supralunaren Welt, dem bloß wahrscheinlichen Wissen in unserer sublunaren Welt gegenüber; Epikur endlich unterscheidet ein absolutes Wissen von den Atomen und dem Leeren von dem relativen Wissen, dessen Gegenstand die Atomverbindungen sind. Gemeinsam ist Aristoteles und Epikur die (antiplatonische) These, daß die Sinneswahrnehmungen in dem ihnen eigentümlichen Bereich unfehlbar sind; alle Irrtümer entstehen nur durch die Interpretation des jeweils Wahrgenommenen.

Eine nicht ganz selbstverständliche Tatsache ist es schließlich, daß die Akademie von Arkesilaos an sich auf den Kampf gegen die Stoa konzentriert und nur beiläufig und mit spürbarer Rücksicht auch gegen Epikur und den Peripatos polemisiert hat.

Philon muß ausdrücklich erklärt haben, daß seine Kritik sich nur gegen die stoische Behauptung richte, ein absolutes Wissen (Wissen von einem Seienden, das ganz es selbst ist und nichts anderes) sei schon in unserer Erfahrungswelt erreichbar. Antiochos macht dage-

gen geltend, daß es eine andere Definition des Wissens als die stoische gar nicht geben könne; lehne man diese ab, so bleibe überhaupt keine Möglichkeit des Wissens übrig; was nicht Wissen sei, sei Nichtwissen. Der Gegner des Antiochos wiederum behauptet, wenn es kein absolutes Wissen gebe, so bleibe immerhin das wahrscheinliche Wissen übrig; was sich zur letzten Frage zuspitzt, ob man von wahrscheinlichem Wissen reden könne, ohne es zu einem wahren Wissen in Beziehung zu setzen. Gibt es ein Relatives ohne ein Absolutes? Der Akademiker vermag darauf nur zu antworten mit dem Hinweis entweder auf die „andere Welt" Platons oder auf die supralunare Welt des Aristoteles. Doch damit ist der Problemkreis unseres Dialoges schon überschritten.

19–22 Es folgt die systematische Prüfung der Zuverlässigkeit des menschlichen Wahrnehmens und Erkennens: (1) die Sinnesorgane, wie sie gegeben sind, (2) die Sinnesorgane, wie sie durch Einübung und Lernen entwickelt und verfeinert werden, (3) die interpretierende Bindung der Sinnesqualitäten an die Wesenheiten, die sie qualifizieren, (4) die Feststellung der Wesenheiten als solche, (5) die Verknüpfung von Qualitäten und Wesenheiten zu kohärenten Aussagen über die erfahrbare Wirklichkeit; (6) neben die Wahrnehmung tritt dann die Erinnerung, ohne die Philosophie, Wissenschaft und das Leben schlechthin nicht möglich sind, (7) endlich die „artes", die Technik und theoretische Wissenschaft zusammen umfassen.

Alle diese Fälle setzen nach Antiochos den Zugang zu unverwechselbaren, zuverlässig wahrnehmbaren und erkennbaren Realitäten voraus. Einzelnes: Klassische Sinnestäuschungen sind das im Wasser gebrochene Ruder und der in vielen Farben schillernde Hals der Taube; sie werden als unlösbare Probleme beiseite gelegt.

Die Abgrenzung von Epikur ist zu summarisch. Denn einerseits hält dieser daran fest, daß jede Wahrnehmung ihre evidente Unfehlbarkeit besitzt, doch kann andererseits von einer geglückten Wahrnehmung nur gesprochen werden, wenn bestimmte Voraussetzungen beachtet worden sind; und dies sind faktisch dieselben Voraussetzungen, die auch Antiochos annehmen muß: volle Aktionsfähigkeit des Sinnesorgans selber und Berücksichtigung der Distanz, Lage und Beleuchtung, in der sich der Gegenstand der Wahrnehmung befindet; vgl. dazu die umfangreiche Erörterung bei Sextus Adv. Log. 1,203–216. Alle Irrtümer gehen nicht den Wahrnehmungsakt selber an, sondern dessen Interpretation, die zuwenig mit den besonderen Voraussetzungen und Umständen rechnet.

Kulturgeschichtlich interessant sind die Bemerkungen über die

Kenner in der Malerei und in der Musik. Daß das Argument zweideutig ist, betont 86. Denn wenn die Sinnesorgane durch Übung entwickelt werden können, so wird man daraus folgern, daß sie so, wie sie uns von der Natur (oder einem Gotte) verliehen worden sind, gerade nicht so vollkommen sind, wie es wünschenswert wäre. Angespielt wird auf die „Antiope" des Pacuvius und die „Andromache" des Ennius, die erste Tragödie sicher, die zweite wahrscheinlich nach Euripides. Eine offene Frage ist es, ob Cicero an Ouvertüren zum ganzen Drama denkt oder an Arien, die den Tragödien entnommen waren und als „Konzertstücke" für sich vorgetragen wurden.

Schief ist bei der Behandlung des Tastsinns der Hinweis auf die Kyrenaiker. Was bewiesen werden soll, ist gegen Platon die Zuverlässigkeit der Sinnesorgane als solcher. Was aber Aristippos von Kyrene (im Anschluß an Protagoras) sagen will, ist gewissermaßen das Gegenteil: Was wir zuverlässig erfahren, ist nur und ausschließlich die Anzeige unserer Wahrnehmung über Warm/Kalt, Süß/Sauer usw., sonst nichts; darüber, was in der äußeren Welt diesen Anzeigen entspricht, wissen wir nichts. Außerdem lassen sich alle fünf Sinne auf den einen Tastsinn reduzieren, und ebenso alle Anzeigen aller Sinne auf das eine Paar Schmerz und Lust. Doch dies hat mit dem Beweisziel Ciceros an unserer Stelle kaum etwas zu tun.

Übermäßig knapp folgt der Aufstieg von der einzelnen Wahrnehmung zur Wesensdefinition; man kann vergleichen den Aufstieg bei Aristoteles Metaph. 980a27–981a12, angedeutet schon bei Platon Phaid. 96B.

Bei den „artes" werden schließlich unterschieden die theoretischen, vertreten durch die Geometrie, und die poietischen, also produzierenden Künste, für die die Musik angeführt wird.

23–25 Unübersichtlicher ist der Teil, der dem aristotelischen Schema gemäß (Topik 145a16, Metaph. 1025b25) auf die theoretische und erkennende Aktivität die praktische, also ethische Aktivität folgen läßt; begreiflich, da die ethischen und politischen Probleme Cicero selber am nächsten stehen und er, während er am „Catulus" und „Lucullus" arbeitete, auch schon die umfassende Darstellung von „De finibus" vorbereitete.

Immerhin überrascht es, daß das Wissen von den Tugenden sofort zuerst mit der Wissenschaft schlechthin, dann mit der Weisheit gleichgesetzt wird, ohne daß präzisiert würde, wie sich Wissenschaft („Episteme") und Weisheit („Sophia") voneinander abheben. Von beiden wird unwandelbare Beständigkeit gefordert (vgl. Aristoteles Nik. Eth. 1105a28–33), letztlich also die vollkommene Überein-

stimmung des Handelnden mit sich selbst, die für die gesamte antike Ethik zu den entscheidenden Merkmalen der Tugend überhaupt gehört (dazu etwa Aristoteles Nik. Eth. 1166a13–14 und SVF III,4; 12; 16 u. a.). Die Ethik als eine „Kunst des Lebens" („Téchne perì ton bíon") den übrigen Künsten („Téchnai") gegenüberzustellen, ist eine weit verbreitete Formel, angelegt schon bei Aristoteles a. O. 1097b24–30.

Beim drastischen Beispiel des Mannes, der um seiner Pflicht willen alle Qualen auf sich nimmt, denkt Cicero an M. Atilius Regulus, Konsul 267 und 256 v. Chr., der in der Gefangenschaft von den Karthagern zu Tode gefoltert worden sein soll, von ihm häufig erwähnt (Pro Sestio 127, Parad. Stoic. 16, dann De fin. 2,65 und 5,82; 88, Tusc. disp. 5,14, De nat. deor. 3,80, De off. 1,39 und 3,99 ff.), z. T. als ein römisches Gegenstück zum athenischen Sokrates. Dahinter steht freilich ein höchst ernsthaftes Problem, das auch Platons „Apologie des Sokrates" durchzieht: ist es möglich, das sokratische Nichtwissen und die ebenso sokratische Entschlossenheit, um der Gerechtigkeit willen den Tod auf sich zu nehmen, auf einen gemeinsamen Nenner zu bringen?

Von der Weisheit wird dreierlei gefordert: (a) daß sie sich selber als Weisheit begreift, (b) daß sie Richtlinien besitzt, denen sie folgt, (c) daß sie das höchste Gute kennt, auf das sich alles Handeln beziehen muß. Der letzte Satz entspricht De fin. 1,11; 29; 42; 2,5. Der vorangehende Satz wird gleich danach begründet auf eine Weise, die unmittelbar an De fin. 5,17 (vgl. 1,41 und 5,4) erinnert: Was das Streben und Handeln in Gang bringt, muß seinem Wesen nach erstrebenswert und außerdem der menschlichen Natur angepaßt sein. In De fin. folgt (nach Karneades) die Feststellung, daß nur drei Dinge dieser Forderung genügen; hier liegt der Akzent anders. Hier kommt es darauf an, daß der Mensch von diesen Richtlinien ein absolut sicheres Wissen besitzen müsse. Fehlt dieses Wissen, so kann überhaupt kein Handeln in Gang kommen.

26–27 Nun tritt die theoretische Vernunft („ratio", „Logos") in den Mittelpunkt. Sie bewährt sich im Suchen nach Wissen und ist ihrerseits der Ausgangspunkt des Suchens nach der Tugend und vollendet sich als Beweisgang. Denn die Vernunft ist es, die vom schon Begriffenen zu dem, was noch nicht begriffen ist, hinüber- und weiterführt. Voraussetzung ist auch da ein absolut sicheres Begreifen einer unverwechselbaren Wirklichkeit.

Über die „Philo-sophía" gelangt der Sprecher zur Weisheit („Sophía"), von der erst recht ein von jedem Zweifel freies und unanfecht-

bares Wissen gefordert wird. Der mehrdeutige griechische Begriff „Dogma" bedeutet, wie Ciceros Übersetzung „decretum", in erster Linie einen feststehenden politischen Beschluß und nur allmählich und zögernd auch feststehende philosophische Überzeugungen und Lehrsätze (zuerst bei Platon, dann bei Aristoteles und Epikur). So werden denn auch die ethischen und politischen Folgen angedeutet, die die Preisgabe solcher fester Überzeugungen nach sich zieht; dies wäre der Fall, wenn die Überzeugung sich nicht auf das sichere Wissen von unverwechselbaren Realitäten stützen könnte. Da scheint der Weg zu einem massiven Dogmatismus offen, der die Preisgabe des Dogmas geradezu als Verbrechen bezeichnen kann. Dann aber bleibt es auch geschichtlich wichtig, daß in unserem Dialog gerade nicht der Dogmatiker, sondern der Aporetiker das letzte Wort behält.

28–29 Nun wird ein sehr altes Problem wiederaufgenommen, das wir bis zu Platon und Demokrit verfolgen können. Eine klassische Formulierung liegt vor bei Platon Theait. 169E–171C: Wer behauptet, daß alle Meinungen aller Menschen wahr seien, muß auch zugestehen, daß die Meinung dessen, der behauptet, nicht alle Meinungen seien wahr, wahr ist.

Genau dasselbe gilt für die Behauptung, daß der Mensch nichts wissen und begreifen könne; wer dies behauptet, muß entweder für sich selber eine Ausnahme machen (er ist dann derjenige, der als einziger weiß, daß alle andern Menschen nichts wissen), oder er macht keine Ausnahme und gibt damit zu, daß er selber auch nichts weiß, also auch gar nicht wissen kann, ob alle anderen Menschen nichts wissen oder nicht.

Im „Catulus" muß Hortensius vom Akademiker eben dies gefordert haben: Der Weise müsse dies eine mit Sicherheit selbst begriffen haben, daß man nichts mit Sicherheit begreifen könne; er müsse also für sich in diesem einen Punkte eine Ausnahme beanspruchen.

Dies hat Antipater von Tarsos (vgl. 17) gegen Karneades geltend gemacht. Karneades repliziert: Wer erklärt, daß nichts begriffen werden könne, dürfe für sich selber keine Ausnahme machen, sondern müsse folgern, daß auch er selber nichts zu begreifen fähig sei (was dabei verschwiegen wird, ist, daß sich Karneades selber eine Rückzugslinie offengelassen hat, indem er erklärt, es gebe zwar kein begriffenes, wohl aber ein wahrscheinliches Wissen, und dieses müsse und könne genügen).

Darauf hat wiederum Antiochos geantwortet, allerdings ohne der These des Antipater wesentlich Neues beizufügen. Er geht von dem

soeben angeführten Begriff des Dogma aus und erweitert die Formel: Wenn weder ein zuverlässiges Erkennen der Wahrheit möglich sei noch ein ebenso zuverlässiges Erfassen des höchsten Guten, dann falle sowohl die theoretische wie auch die praktische Philosophie dahin. Doch wenn überhaupt philosophiert werden soll, dann muß zum mindesten ein einziger Punkt eines absoluten Wissens festgehalten werden. Andernfalls bleibt überhaupt nichts übrig.

30–31 Es folgt ein in sich geschlossener, systematischer Abriß der Anthropologie, wobei man schwanken könnte, ob auch er von Antiochos stammt. Der Sprecher zögert, da es sich hier nicht um evidente Wahrheiten handelt, sondern um abgelegene Dinge der Naturwissenschaft, die leicht bestritten werden können; er gibt auch zu verstehen, daß er nicht mehr als Stichworte zu liefern beabsichtigt. (1) Die handwerklich tätige Natur schafft den Menschen (das „quasi" zeigt, daß „artificium", „Techne", noch als ungewohnte Metapher empfunden wird). (2) Was sich den Sinnesorganen zeigt, bringt teils das Streben, teils den Willen zu verstehen in Gang. (3) Das, was sich zeigt, dient teils der Vernunft zum Handeln, teils wird es als Erinnerung thesauriert; aus der Zusammenordnung von Ähnlichem entstehen die Begriffe, dann das Beweisverfahren, das bis zur Weisheit hinaufführt.

Cicero hat mit dem Text einige Mühe gehabt, und manches bleibt etwas verworren: Inwiefern kann „mens" selber „sensus" genannt werden, was ist der Unterschied von „Ennoia" (schon bei Platon, aber erst im Hellenismus terminologisch fixiert) und „Prolepsis" (term. techn. bei Epikur), und was ist mit der „Menge unzähliger Dinge" gemeint?

Dann werden wieder Theorie und Praxis nebeneinander gestellt mit dem stoischen Schlüsselbegriff „Katálepsis", der, wie in 17, wörtlich mit „Comprehensio" übersetzt wird, was dann die modernen Sprachen (aus Cicero?) übernommen haben: „comprendre" und „be-greifen". Hübsch die Bemerkung, die „artes" könnten als zweite Sinnesorgane verstanden werden.

32–36 Kritik der Lehre der Akademie in ihren verschiedenen Varianten. (I) Ausgesondert werden diejenigen, für die alles schlechthin unwißbar, „ádelon" ist und die sich dafür auf Demokrit (VS 68 B 117) berufen, wie später nochmals 73. Die hintergründige Absicht ist da, den radikalen Agnostizismus Demokrits gegen den Dogmatismus Epikurs auszuspielen. (II) Andere unterscheiden das Unwißbare von dem, was unbegreifbar im stoischen Sinne ist. Das ist der wesentliche Punkt, auf dem schon im „Catulus" Cicero insistiert

haben muß: der Verzicht auf das absolute Wissen gemäß der zenonischen Definition (vgl. 18) schließt in keiner Weise aus, daß ein relatives Wissen möglich ist. Dies ist das Wahrscheinliche, „Pithanón", mit dem sich schon der Sophist Gorgias (vgl. Platon Gorg. 452E1–455A2) und Aristoteles in der praktischen Philosophie (Nik. Eth. 1098a4,1102b26,31,33) begnügt hatten, da eine zwingende beweisbare Richtigkeit mathematischen Typs im Felde des menschlichen Handelns von vornherein nicht zu haben ist (schon der Begriff der „Doxa" bei Parmenides VS 28B 1,30–32 und B19 weist in dieselbe Richtung). Die Stoa hält dem entgegen, teils daß es relativ Wahrscheinliches ohne eine Bindung an absolut Wahres nicht geben könne, teils daß es unmöglich ist, einer klaren Entscheidung zwischen Wahr und Falsch auszuweichen (so gibt es schon für Platon im Gorg. 454E3–4 u. a. nur die Alternative zwischen zwingend richtigem Wissen und Unwissenheit). Da wird auch die Kritik des Antiochos an der Position Philons greifbar: Man kann nicht den zenonischen Begriff des Wissens ablehnen und gleichzeitig andere Formen der Erkenntnis gelten lassen; wer die Formel Zenons ablehnt, für den bleibt überhaupt keine Erkenntnis mehr übrig. (III) Dies gilt auch der besonderen These des Karneades gegenüber, für den das Wahrscheinliche erst dann das Handeln zu orientieren vermag, wenn „nichts hindert" und den Eindruck vom Gegenstand stört. Damit gelangen wir in die Nähe des aristotelischen Begriffs der „ungehinderten Aktivität", „anempódistos enérgeia", die die Eudaimonía charakterisiert (Nik. Eth. 1153b9–17); doch auch für Antiochos sind die Sinneswahrnehmungen nur zuverlässig, wenn alle Hindernisse entfernt sind (19).

(IV) Auch die Distinktion von Evidenz („perspicuum", „enargés") und Begreifbarkeit im zenonischen Sinn sucht eine aristotelische These für die Akademie zu beanspruchen. Denn auch wenn die uns erhaltenen Texte nicht genügend Material liefern, darf man doch annehmen, daß Aristoteles als erster den Begriff der Evidenz als Ausgangspunkt aller wissenschaftlichen und philosophischen Arbeit terminologisch fixiert hat. Von ihm hat ihn Epikur übernommen, und auch die Akademie stützt sich hier auf ihn. Antiochos erklärt natürlich abermals, daß eine solche Distinktion unmöglich ist; außerhalb der zenonischen Definition des Begreifens kann es keine wie immer geartete Evidenz geben.

(V) kehrt zu (II) zurück und prüft den akademischen Begriff des Wahrscheinlichen. Annehmbar ist weder ein Wahrscheinliches, das unbesehen entgegennimmt, was sich gerade zeigt, noch ein sorgfältig

kontrolliertes Wahrscheinliches. Denn auch die sorgfältigste Kontrolle schließt die Möglichkeit nicht aus, daß eine Verwechslung im Sinne Zenons stattfindet und das, was sich zeigt, nicht das ist, als was es sich zeigt, sondern etwas anderes, jenem ähnliches.

So bleibt der ebenso fundamentale wie charakteristische Gegensatz: Die Akademie nimmt aristotelisch-hierarchisierend zwischen dem totalen Wissen und dem totalen Nichtwissen mehrere Stufen an und behauptet, daß unsere Erfahrungswelt weder ein totales Wissen noch ein totales Nichtwissen zuläßt, sondern eben nur die Zwischenstufen. Die Stoa und Antiochos bestehen auf einer ontologisch radikalen Alternative: Es gibt nur Wissen und Nichtwissen, Seiendes und Nichtseiendes und nichts drittes dazwischen.

37–39 Damit gilt das Problem des Begreifens („Katálepsis") als erledigt, und es folgt, der stoischen Doktrin gemäß, die Frage nach der Zustimmung zum Begriffenen („Synkatáthesis"). Diese Zustimmung hat im stoischen System einen privilegierten Platz, weil dem Menschen nur hier ein Raum freier Entscheidung offengelassen wird. Die Relation des Menschen zur äußeren Welt ist als solche strikt determiniert und seinem Willen vollkommen entzogen; es besteht aber die Freiheit, dieser Relation zuzustimmen und mit ihr sozusagen mitzuwirken oder die Mitwirkung zu verweigern. Was geschieht, geschieht ohne Zustimmung des Menschen; doch sein Verhältnis zum Geschehen kann eines der Teilnahme oder der Weigerung sein.

Wiederum wird erklärt, daß ein Handeln ohne Begreifen und ohne Zustimmung zum Begriffenen unmöglich ist.

So wie das Lebewesen überhaupt mit Notwendigkeit erstrebt, was seiner Natur gemäß ist (vgl. 24/25), so wird auch der Mensch dem als evident Begriffenen mit Notwendigkeit zustimmen.

Äußerst summarisch wird auch die Bildung der Begriffe, die Erinnerung und das Ganze der „artes" an die Zustimmung gebunden. Wichtiger ist die These, wer die Zustimmung verwerfe, nehme dem Menschen jede Möglichkeit freier Entscheidung, d.h. wie es keine Erkenntnis außerhalb der zenonischen Definition gibt, so gibt es auch keine freie Entscheidung außerhalb der Zustimmung zu dem im Sinne Zenons Begriffenen, und wenn keine solche freie Entscheidung, dann auch kein ethisch relevantes Handeln. Da zeigt sich ein strenger Dogmatismus, für den es sozusagen außerhalb der reinen Lehre kein Heil gibt; Peripatos und Epikur sind wesentlich läßlicher geblieben.

40–42 Es folgt, wie in 30–31, ein Auszug aus einer schulmäßig durchsystematisierten Darlegung der akademischen Doktrin.

(1) Allgemeine Bestimmung dessen, was sich zeigt („Phantasía")
und des Begreifbaren. (2) Wenn zwei Dinge sich so zeigen, daß sie
verwechselbar sind, kann nicht das eine begriffen werden und das
andere nicht. (3) Verwechselbar sind nicht nur zwei Dinge, die
miteinander völlig identisch sind, sondern auch solche, die sich nicht
klar voneinander unterscheiden. (4) Die entscheidende Folgerung:
(a) Von dem, was sich zeigt, ist das eine wahr, das andere falsch.
(b) Was falsch ist, kann nicht begriffen werden. (c) Alles, was wahr
ist, kann auch mit Falschem verwechselt werden. (d) Was verwechselbar ist, kann nicht begriffen werden; also: (e) Es kann überhaupt
nichts begriffen werden. – Die Pointe ist, daß die Stoa durchaus (a),
(b) und (d) annehmen kann, nicht aber (c) und (e).

(5) Demnach suchen die Akademiker zu beweisen einmal, daß
alles, was sich zeigt, teils wahr, teils falsch ist, und vor allem
zweitens, daß alles, was wahr ist, mit Falschem verwechselt werden
kann.

Der Beweis wird auf allen Ebenen geführt: von den Daten der
Sinneswahrnehmung bis zu den reinen Vernunftschlüssen. Überall
soll gezeigt werden, daß es nichts unverwechselbares Wahres, also
nichts Begreifbares gibt.

43–44 Sinnvoll schließt sich eine Kritik der methodisch-logischen
Prinzipien an, die die Akademiker bei ihren Beweisführungen benutzen. Es sind die klassischen Prinzipien der Definition („Horismós")
und der Aufgliederung („Diha*í*resis"), die nur brauchbar sind, wenn
mit ihrer Hilfe bestimmte Aussagen gemacht werden können. Zielt
eine Definition unterschiedslos auf die eine wie auf eine andere Sache,
so leistet sie nichts; zielt sie nur auf das eine und nicht auf das andere,
so impliziert dies, daß man die Sache zuverlässig begriffen hat.

Außerdem läuft es auf einen absurden Widerspruch hinaus, wenn
man mit einem Syllogismus, der nur schlüssig ist, wenn seine Komponenten begriffen sind, nachzuweisen sucht, daß nichts begriffen
werden kann. Jeder wissenschaftliche Beweisgang geht von Bekanntem aus, um das, was noch unbekannt ist, sichtbar zu machen (vgl.
dazu Anaxagoras VS 59 B 21 a); doch wenn es nichts evident Bekanntes gibt, ist das ganze Verfahren gegenstandslos. Endlich kann man
nicht gleichzeitig behaupten, daß es falsche, also vom Wahren unterscheidbare Eindrücke gebe, und gleichzeitig erklären, daß zwischen
wahren und falschen Eindrücken kein Unterschied bestehe. Entweder besteht ein Unterschied, oder es besteht keiner, aber nicht beides
zugleich. Diese Kritik trifft ihr Ziel allerdings nur, wenn in stoischer
Radikalität Verschiedenheit und Identität ohne Zwischenstufen ein-

ander gegenübergestellt werden; Verschiedenheit und Identität schließen einander aus, nicht aber Verschiedenheit und eine Ähnlichkeit, die groß genug ist, um Verwechslungen möglich zu machen.

45-46 Nun wird neu zu 17/18 zurückgegangen und nach der Evidenz gefragt, von der im Prinzip alles auszugehen hat. (1) Die Evidenz müßte eigentlich sich selbst genug sein und keiner Stützung bedürfen. (2) Da sie aber verdunkelt und bestritten werden kann, ist sie auf zusätzliche Sicherung angewiesen (vgl. 17). (3) Wie schon in 19, wird Epikur herangezogen, doch sein Satz, es kennzeichne den Weisen, daß er die Evidenz von der bloßen Meinung zu unterscheiden wisse, hilft nicht weiter, solange nicht konkret angegeben wird, an welcher Stelle die Evidenz aufhört und das bloße Meinen beginnt. (4) Von zwei Seiten wird die Evidenz in Frage gestellt: (a) durch die mangelnde Aufmerksamkeit des Beobachters selber, (b) durch die Verwirrung, die Fangfragen und Trugschlüsse anrichten können. Das ist die elementare Aufteilung in innere und äußere Fehlerquellen, wie sie in etwas anderem Sinne in 19 schon begegnete und wie sie vor allem Chrysippos seiner Aitiologie des ethisch verwerflichen Verhaltens zugrunde gelegt hat (SVF III, 228/229).

Man wird also in beiden Richtungen gerüstet sein müssen.

47-48 Unter diesem Gesichtspunkt wird nochmals die Lehre der Akademiker systematisch vorgeführt; doch hat hier Cicero zwei verschiedene Überlegungen durcheinandergebracht.

Die erste: Die Stoa selbst anerkennt, daß wir etwa im Traume Eindrücke zu erfahren glauben, die unwahr sind, aber uns wahrscheinlich vorkommen. Wenn dies möglich ist, so wird es auch möglich sein, daß bestimmte Eindrücke der Wahrheit sehr nahe kommen oder von ihr nur mit Mühe unterschieden werden können oder schließlich überhaupt ununterscheidbar sind.

Dies ist der Beweistyp des „Haufenschlusses", „Sorites", der überall dort eingesetzt werden kann, wo ein Kontinuum der Steigerung (der Größe, der Anzahl, der Ähnlichkeit) angenommen wird. In einem solchen Kontinuum ist es unmöglich, genau und einleuchtend den Punkt zu bezeichnen, an dem „das Kleine" in „das Große", das „Wenige" in das „Viele", schließlich das „Ähnliche" in das „Identische" umschlägt. Der Fortgang vom Kleineren zum Größeren, vom Ähnlichen zum Identischen verläuft fließend. Was hier anvisiert wird, ist die Inkommensurabilität einer Wirklichkeit, in der kontinuierlich eines in das andere übergeht, mit einer Rationalität, die nur mit eindeutig abgegrenzten Wesenheiten arbeiten kann. Abgegrenzt sind jedoch diese Wesenheiten (platonisch gesprochen)

nur als Idee, in der erfahrbaren Wirklichkeit verwischen sich ihre Konturen so sehr, daß nur Approximationen übrigbleiben, die ineinander übergehen. Denn wo ist konkret die Grenze, an der „das Kleine" in „das Große" umschlägt usw.?

Daß die Akademie, für die unsere Erfahrungswelt die Welt der parmenideischen Doxa und der unbegrenzten Bewegtheit ist und bleibt, diesen Beweistyp mit Vorliebe benutzt hat, ist verständlich.

Die zweite: Zittern und Erblassen vor Erregung kann genau gleich durch innere Ursachen (Angstvorstellungen) wie durch äußere Schrecknisse hervorgerufen werden; Inneres und Äußeres sind in ihrer Wirkung zum Verwechseln gleich (z. T. vgl. dazu Aristoteles De an. 403a16-25).

Gewissermaßen als letzten Trumpf spielt der Akademiker die Feststellung aus, daß auch der stoische Weise sich in bestimmten Situationen jeder Zustimmung enthält, weil er selber weiß, daß es keine zuverlässig unverwechselbaren Eindrücke gibt.

49-50 Der Einsatz dieses Abschnittes zeigt, daß Cicero mindestens für 47-48 wieder auf den Dialog „Sosos" des Antiochos zurückgegriffen hat, außerdem daß dieser Dialog sich auf mehrere Tage verteilte. Eine solche Konstruktion hat Cicero selber, soweit wir sehen, nur einmal gewagt, und zwar in der ersten Fassung von De re publica, wo nach Ep. Quint. fr. 3,5,1 das Gespräch auf nicht weniger als neun Tage aufgeteilt war (daß „Hortensius", „Catulus" und „Lucullus" an drei aufeinanderfolgenden Tagen ablaufen, ist ein etwas anderer Fall).

Die Widerlegung der Akademiker ist mindestens in 49-58 auch aus dem „Sosos" entnommen; Cicero gibt freilich nur die Hauptpunkte („Capita", „Kephálaia").

Wie zu erwarten, gilt der erste Gegenstoß dem Beweistyp des „Sorites". Von ihm war bisher offenbar noch gar nicht die Rede gewesen, so daß zunächst einmal dem römischen Leser der Name und der Charakter erläutert werden muß.

Bestritten wird zuerst die Legitimität des Verfahrens an sich. Dabei wird, wie schon in 47, nicht klar, wozu in dieser Frage die Gottheit bemüht wird. Daß der Mensch Eindrücke träumt, die er für wahrscheinlich hält, ist auch ohne die Intervention einer Gottheit eine Tatsache. Der griechische Text muß eine polemische Spitze gegen den stoischen Glauben an gottgesandte Träume, Orakelsprüche, Vogelzeichen und Eingeweidezeichen, die der Akademiker verwirft, enthalten haben. Doch Cicero hat so sehr gekürzt, daß der Zusammenhang dieser Dinge mit dem „Sorites" verlorengegangen

ist. Wichtig ist, daß der Sorites sich über das System der Gattungen der Lebewesen, der Sachen und der Qualitäten nicht einfach hinwegsetzen kann: der Wolf kann dem Hunde noch so ähnlich sein, er kann niemals dem Hunde so unverwechselbar gleich werden, daß er sich faktisch aus einem Wolf in einen Hund verwandelt. Desgleichen können Schön und Häßlich, Gut und Schlecht, Kunstvoll und Kunstlos einander zwar bis zur Verwechselbarkeit ähnlich, niemals aber miteinander völlig identisch werden, was bedeuten müßte, daß sie gleichzeitig ihre eigene Qualität behalten und die entgegengesetzte Qualität annehmen.

Der Akademiker wird allerdings erwidern, daß er dies niemals behauptet habe; der Nachweis der Verwechselbarkeit genüge, und den vom Gegner insinuierten Sprung von der Verwechselbarkeit zur Identität habe er niemals getan.

51–54 A In vergleichsweise großer Ausführlichkeit werden sodann die drei Standardfälle von Sinnestäuschungen diskutiert: Traumvorstellungen, Wahnvorstellungen bei Trunkenheit oder in Halluzinationen.

Generell gilt, daß solchen Vorstellungen die Evidenz mangelt und daß jedermann dies selber weiß, wie man schon im wachen Zustand Phantasievorstellungen als solche zu qualifizieren vermag.

I. Träume. Hier hat Cicero geschickt die zweifellos vorhandenen griechischen Belege durch römische ersetzt. Herangezogen sind drei Texte des römischen Klassikers Q. Ennius (239–169 v. Chr.). Begonnen wird mit einer Anspielung auf ein Gedicht der Sammlung „Saturae" (vgl. Lucilius und Horaz), in dem ein Gespräch zwischen ihm und seinem Freunde Ser. Sulpicius Galba (Praetor 187 v. Chr.) erzählt wurde. Daß das Gespräch etwas mit den Amtsgeschäften des Praetors in jenem Jahre zu tun hatte (vgl. Liv. 38,44–50 und 39,5,6), ist möglich, wenn auch unbeweisbar. Der zweite Text stammt aus dem Prolog seines historischen Epos „Annales", in dem er berichtet, wie ihm im Traume Homer erschienen sei und ihn angeredet habe (Frg. 5 Vahlen; aus demselben Zusammenhang auch das spätere Zitat in 88, Frg. 7 Vahlen). Der dritte Text endlich gehört dem pythagorisierend (?) philosophischen Gedicht „Epicharmus" an, das abermals mit einem Traum des Dichters begann, in dem vom Dasein und den Erlebnissen der Seele des Dichters nach dessen Tode die Rede gewesen sein muß. In allen solchen Fällen weiß jedermann den Traum von der Wirklichkeit wohl zu unterscheiden.

Eingewendet wird, daß uns das, was wir im Traume zu sehen glauben, genauso wirklich zu sein scheint wie das, was wir im

Wachen sehen, ein uraltes Problem, wie etwa Platon Theait. 158 B – E zeigt. Antiochos hat dies bestritten mit Argumenten, die Cicero weggelassen hat.

II. Für die Trunkenheit gilt dasselbe: die Wahnvorstellungen der Trunkenen sind als solche viel unsicherer als diejenigen der Nüchternen, und wenn der Betrunkene wieder nüchtern geworden ist, weiß er zwischen den verschiedenen Zuständen durchaus zu unterscheiden.

III. Auch für Halluzinationen gilt dasselbe, mit einem Beleg aus der Euripides nachgedichteten Tragödie „Alcmeo" des Ennius, aus der auch in 88–90 zitiert wird (Frg. 15 ed. Jocelyn).

Dem gegenüber verweist der Akademiker wiederum auf den Weisen, der in solchen Zuständen seine Zustimmung zurückhalten wird, weil er weiß, daß er da seine Wahnvorstellungen mit wirklichen Eindrücken verwechseln könnte. Antiochos gesteht dies nur soweit zu, als in einem solchen Falle die schon in 19 erwähnten Bedingungen nicht erfüllt sind.

Dann wird abermals ein innerer Widerspruch der Akademiker hervorgehoben. Wenn sie selber annehmen, daß der Weise (nur) zuweilen seine Zustimmung zurückhält, so impliziert dies, daß Verwechslungen eben nur zuweilen und unter besonderen Voraussetzungen zustande kommen und keineswegs immer und in jedem Falle.

Außerdem: Wer sich auf Träumende, Betrunkene und Wahnsinnige beruft, tut dies nur, weil deren Wahnvorstellungen sich von wirklichen Eindrücken unterscheiden, wodurch diese drei Fälle sich zu einer besonderen Gruppe zusammenschließen. Dann aber kann man nicht beweisen wollen, daß diese Sonderfälle die allgemeine Regel repräsentieren.

Sollten sie aber tatsächlich die allgemeine Regel repräsentieren, dann würde es unmöglich, einen Wahnsinnigen von einem normalen Menschen zu unterscheiden, bzw. ich könnte von mir selber nicht mehr wissen, ob ich wahnsinnig bin oder nicht.

54 B–58 Jenseits der Sonderfälle taucht nun das Problem der Ähnlichkeit überhaupt auf als ein Fundamentalproblem aller Ontologie: Wie läßt sich Ähnlichkeit bestimmen, ohne daß sie sich in einer radikalen Unverwechselbarkeit auflöst oder in einer radikalen Verwechselbarkeit alles in alles übergehen läßt?

Entscheidend ist dabei zuerst die Frage des Übergangs von Ähnlichkeit zu Verwechselbarkeit und von Verwechselbarkeit zu völliger Gleichheit/Identität.

Klassische Beispiele werden sofort berührt: menschliche Zwillinge, gleiche Hühnereier, Bienen, Siegelabdrücke im Wachs.

Rätselhaft bleibt die Berufung auf Demokrit und dessen Lehre, daß unter den zahllosen Welten, die er (nach dem Vorbild Anaximanders) annimmt, einige sind, die einander bis in jede Einzelheit ununterscheidbar gleichen; nimmt man diese These an (VS 68 A 81), so ist nicht einzusehen, warum es nicht allein schon in unserer Welt Dinge geben sollte, die einander ununterscheidbar gleich sind.

Eigentümlich ist zunächst Demokrits Lehre als solche. Dem Sinn der Atomistik kann nur die These entsprechen, daß es an Welten nicht nur unbegrenzt viele gibt, sondern auch, daß alle diese Welten unbegrenzt voneinander verschieden sind derart, daß die völlige Gleichheit zweier Welten nur als einer unter zahllosen besonderen Fällen verstanden werden kann. Es kommt hinzu, daß eine solche Lehre der stoischen Doktrin, wonach im Kreislauf alle Dinge sich unendlich oft wiederholen (SVF I 109 und II 623–626), auffallend nahekommt. Demokrit scheint eine Wiederholung nur im Raume anzunehmen, wo die Stoa von einer Wiederholung in der Zeit spricht.

Das weitere Problem ist dies, wie der Akademiker darauf kommt, gerade Demokrit für seine These als Kronzeugen zu beanspruchen, und wie umgekehrt der Gegner behaupten kann, Demokrit werde von der Akademie selbst verachtet; auch sein eigenes Urteil, das Demokrit von den „gebildeteren Naturphilosophen" distanziert, wirkt unangemessen; einen Mangel an Bildung und an enzyklopädischem Wissen kann man unter allen Vorsokratikern Demokrit am wenigsten vorwerfen. Im gesamten Œuvre Ciceros gibt es denn auch keine einzige andere Stelle, die sich ähnlich wegwerfend über Demokrit äußert; es genügt, auf unseren Dialog 14,73,118,121,125 zu verweisen. Sollte etwa der griechische Text, der Cicero vorlag, unter „Akademía" die Alte Akademie des Speusippos und Xenokrates verstanden haben? Ihr wäre vielleicht ein solches Urteil über Demokrit zuzutrauen, und Cicero mag, wie anderswo, zu grob gekürzt haben. Daß im Anfang von 56 möglicherweise mehrere Zeilen ausgefallen sind, kommt dazu.

Als römisches Beispiel werden die zwei Brüder P. und Q. Servilius Geminus genannt, von denen der eine, P. Servilius, als Konsul 252 und 248 (vgl. 84) und im ersten Punischen Kriege zusammen mit seinem Kollegen C. Aurelius Cotta eine ansehnliche Rolle spielte. Die beiden Zwillingsbrüder haben zweifellos als erste den Beinamen „Geminus" erhalten, und höchstwahrscheinlich hat Ennius (wenn

nicht schon Naevius) über sie und die Entstehung ihres Beinamens berichtet.

Hervorgehoben wird, daß auch die Stoa schwer unterscheidbare Ähnlichkeiten kennt; doch eine völlige Gleichheit der Verwechselbarkeit und Austauschbarkeit wird daraus nicht, schon weil erfahrungsgemäß die Gewohnheit („Synétheia") auch in schwierigen Fällen unterscheiden lehrt. Dazu das Beispiel, daß auf der Insel Delos, die bis zu ihrer Verwüstung im Mithridatischen Krieg (88 v. Chr.) und im Seeräuberkrieg (69 v. Chr.) ein Zentrum von Handel und Gewerbe im gesamten ägäischen Raume gewesen war und insbesondere ausgedehnte Hühnerfarmen besessen hatte, Hühnerzüchter vorhanden waren, die es durch Übung so weit gebracht hatten, daß sie jedes Hühnerei vom anderen zu unterscheiden vermochten.

Bis zur Unverständlichkeit gekürzt ist der letzte Teil von 58. Es wird ein Gegensatz statuiert zwischen dem besonderen Eindruck, den jeder Gegenstand in der Seele hinterläßt (der Vergleich des Wahrnehmens, Erkennens, Erinnerns mit der Prägung eines Zeichens auf einer Wachstafel erscheint schon bei Demokrit VS 68 A 135, 51/52, dann bei Platon Theait. 191 C–E), und dem allgemeinen „Eidos" – was ebenso Gestalt wie auch Art und Gattung bedeutet –, das der Eindruck repräsentiert. So kann etwa der einzelne Hund vom anderen Hund unterschieden werden und dennoch der Hund überhaupt vom Wolf überhaupt ununterscheidbar sein (vgl. 50). Für Antiochos kann es einen solchen Gegensatz nicht geben; was vom besonderen Eindruck gilt, gilt auch vom Begriff: entweder ist beides unterscheidbar oder keines.

59–60 Zwei Nachträge, die besonders wichtige Momente betreffen.

Der erste greift auf 32–36 zurück, die Behauptung des Wahrscheinlichen, dem man folgen wird, wenn kein Störendes die Probabilität beeinträchtigt. Mit Möglichkeiten der Störung hatte, wie 19 und 46 zeigen, auch Antiochos gerechnet: zuverlässige Wahrnehmung und Einsicht in die Evidenz kommen auch für ihn nur zustande, wenn bestimmte Bedingungen erfüllt sind.

Gegen das Wahrscheinliche überhaupt werden zwei Einwände erhoben, beide von Cicero auf eine einfache Frage reduziert: (1) die Abwesenheit von Störendem zu fordern ist absurd, wenn gerade die Akademiker mit einer entscheidenden Störung rechnen, die es unmöglich macht, Wahres von Falschem zu unterscheiden. (2) Wenn Wahr und Falsch miteinander zusammenfallen, hat der Begriff des Wahren selbst seinen Sinn verloren.

In diesem Falle bleibt nur der radikale Verzicht auf jede Zustimmung, also die „Epoché" des Urteils, an der Arkesilaos festgehalten hat. Er wird gegen Karneades ausgespielt, nachdem schon 33 angedeutet hatte, daß der Begriff des Wahrscheinlichen, das durch keine Störung in Frage gestellt wird, von Karneades ausgearbeitet wurde, also nicht die gemeinsame Lehre der gesamten Neuen Akademie darstellt.

Dazu wird präzisiert. Wenn nichts (im stoischen Sinne) begriffen werden kann, bleibt nur die „Epoché" übrig. Arkesilaos vertritt dies kompromißlos, Karneades dagegen gesteht zu, daß der Weise zuweilen dem Meinen, der „Doxa", nachgebe, was der Sprecher scharf zurückweist. Doch läßt sich mühelos ergänzen, daß Karneades dem Arkesilaos gar nicht hat widersprechen, sondern ihn vielmehr hat ergänzen wollen. Für die akademisch-platonische Tradition ist es unter allen Umständen untragbar, die stoische, unverwechselbar absolutes Wissen postulierende Definition (von der seit 18 alles ausgeht) in unserer Erfahrungswelt gelten zu lassen. Absolutes Wissen ist nur in der absoluten Welt möglich. Wir dagegen leben in der Welt der wechselnden Erfahrung, und da kann nur in einem Sinne das Wahrscheinliche, in einem anderen Sinne das Meinen, die „Doxa" herrschen, wie dies schon der platonische „Menon" zugestanden hatte. Die Stoa dagegen beansprucht für unsere Welt das absolute Wissen, kann und muß also sowohl auf das Wahrscheinliche wie auch auf das Meinen verzichten; sie behauptet, auch ohne dies auskommen zu können.

Der zweite Nachtrag (60) ist ganz anderer Art.

Hier erscheint die Formel, von der Cicero schon in 7/8 in eigenem Namen gesprochen hatte und die eine lange Vorgeschichte hat, die bis auf Parmenides VS 28 B 6,8–9, die sophistische Antilogik und auch auf einen Programmpunkt der peripatetischen Diskussionskunst zurückführt.

Die Frage ist hier die, ob, wie in der sophistischen Antilogik, die Aporie das letzte Wort bleibt, oder ob man Platon nachfolgt, der überzeugt war, durch eine dogmatische Dialektik (im Nachweis der Idee des Guten gipfelnd) die Aporetik der Antilogiker überwinden zu können.

Dies steht auch hier im Hintergrund. Denn was da als Geheimwissen deklariert wird, kann kaum etwas anderes sein als die platonische Dialektik. Dabei ist der Begriff des Geheimwissens und der Mysterien durchaus am Platze. Auf der einen Seite benutzt Platon selber die Terminologie der (eleusinischen) Mysterien oft genug, und auf der

anderen Seite gibt es in den Dialogen die bekannte Reihe der Verweise „nach außen", bei der wir allerdings nie ganz sicher sind, wieweit es sich um die bloße methodische Ausklammerung von Problemen handelt, die nicht „zum Thema gehören" oder wieweit in der Tat Dinge ausgesondert werden, die nicht in der Öffentlichkeit eines publizierten Buches, sondern nur im geschlossenen Kreis der Mit-Philosophierenden verhandelt werden sollen; da gelangen wir also zu der berühmt-berüchtigten „Ungeschriebenen Lehre" Platons, den „Ágrapha Dógmata".

Hier bleibt die Situation in der Schwebe, wenn erklärt wird, zur letzten Wahrheit dürfe man nicht durch die Autorität der Lehrer, sondern nur durch die eigene Vernunft gelangen. Der Gegensatz Autorität–Vernunft wird später in De nat. deor. 1,10 und 3,5 ff eine bedeutende Rolle spielen, doch hier dürfen wir wohl auch an die sokratische Maieutik erinnern, so wie sie Platon im Theait. 149 A–151 D erläutert hatte. Der Sinn der Maieutik ist ja der, daß der Partner sich nicht durch Sokrates belehren lassen, sondern die Wahrheit mit seiner eigenen Vernunft in sich selbst entdecken soll, wobei Sokrates nur Hebammendienste leistet.

Der Gegner der Akademie tut sich freilich leicht mit der boshaften Bemerkung, die Anhänger der akademischen Thesen seien selbst zu ihren evidentermaßen falschen Ansichten gar nicht durch die Vernunft, sondern nur durch die Autorität der Schulhäupter hingeführt worden. Die zweideutige Komplimente an Arkesilaos und Karneades weisen zurück auf 16/17.

61–62 Der Epilog scheint zunächst andeuten zu wollen, daß der ganze Text von 19–60 dem „Sosos" des Antiochos entnommen ist. Beweisbar ist es nicht, zu widerlegen ebensowenig. In jedem Falle muß man damit rechnen, daß das Werk des Antiochos mindestens vier- bis fünfmal so umfangreich war wie die vorliegende Darstellung des Lucullus, Cicero also massiv gekürzt haben muß. Er wird auch nach seiner Art umgestellt haben, so daß keine Aussicht besteht, den inneren Aufbau des Werkes rekonstruieren zu können.

In Alexandrien waren Lucullus und Antiochos im Jahre 86 gewesen. In Syrien war Antiochos abermals Begleiter des Lucullus, jedenfalls auch diesmal, um ihm diplomatisch behilflich zu sein. Um 67/66 v. Chr. muß er gestorben sein. Daß damals noch einmal von der Auseinandersetzung zwischen Antiochos und der Neuen Akademie die Rede war, werden wir als Erfindung Ciceros betrachten dürfen. Cicero hatte ein Interesse, die Erinnerungsfähigkeit des Lucullus nicht zu sehr zu strapazieren, und der Abstand zwischen 68

und 62/61, dem fiktiven Datum der ciceronischen Dialogtrias, war immerhin beträchtlich geringer, als es der Abstand zwischen 86 und 62/61 gewesen wäre. Zugleich konnten damit die Ausführungen des Antiochos sozusagen als „das letzte Wort" des Philosophen verstanden werden; wir jedenfalls werden folgern, daß Antiochos nach dem „Sosos" publizistisch nicht mehr auf seinen Konflikt mit Philon zurückgekommen ist.

Es folgen, geschickt angeschlossen, zwei „argumenta ad hominem" an die Adresse Ciceros. Den Spielregeln der römischen Gesellschaft gemäß kann sich Lucullus dies erlauben, da er „um einiges älter ist" als Cicero, geboren etwa um 110 v. Chr.

Das erste Argument erinnert an den Dialog „Hortensius" und berührt ein unzweifelhaft heikles Problem. Cicero hatte nicht nur in der großen Schlußrede des Dialogs ein leidenschaftliches Bekenntnis zum Philosophieren vorgetragen, ein Bekenntnis, das mit der behutsamen akademischen Aporetik nicht leicht zu vereinigen war (und daß in der „Apologie" Platons die Spannung zwischen dem nichtwissenden und dem um der Gerechtigkeit willen zum Tode bereiten Sokrates noch größer war, hilft uns nicht viel); er hatte außerdem, was gerade unsere Stelle ausdrücklich bezeugt, Hortensius bekehrt und ihn aus einem Gegner und Verächter der Philosophie in einen begeisterten Freund der Philosophie verwandelt, und zwar begreiflicherweise nicht der Aporetik Philons, sondern der dogmatischen Philosophie des Antiochos. Lucullus fragt mit einigem Recht, wie sich Cicero mit dem Widerspruch abfinden könne, der zwischen seiner Haltung im „Hortensius" und seiner Zustimmung zur Aporetik Philons bestehe. Beantwortet wird diese Frage niemals. Dabei wird noch der moderne Leser die Intensität etwa von Frg. 101/102 Str. des „Hortensius" und des Abschnittes 7–9 in unserem Dialog genau gleich stark und ergreifend empfinden; aber ob und wieweit Cicero beides zu einer Einheit hat zusammenschließen können, wird uns wohl nie ganz klar werden. Man wird ja auch beachten, daß Lucullus die Akademiker „vinclis astricti" nennt, in augenscheinlich von Cicero selbst bewußt so formulierter Replik auf seine Äußerung (8) über die anderen naiven Menschen, die „tenentur adstricti". Was der Akademiker als Freiheit des Fragens empfindet, sieht der Dogmatiker als Immobilisierung in einer ausweglosen Aporetik.

Diese wird kraß als dichteste Finsternis geschildert. Der Vergleich mit den Kimmeriern (Hom. Od. 11,14ff.), die man sich im höchsten Norden und in ewiger Nacht wohnen dachte, ist sicherlich nicht erst

Antiochos oder gar Cicero eingefallen. Die Stelle ist anspruchsvoll formuliert; von den drei Ursachen der ewigen Finsternis verrät die dritte bestimmte erdkundliche Kenntnisse, dazu die Angabe, daß die Kimmerier sich durch das Entzünden von Feuern immerhin einige Helligkeit zu verschaffen vermochten. Hat dies mit der Periegese des Pytheas von Massalia, der gegen Ende des 4. Jh. bis in den höchsten Norden hatte vordringen können, etwas zu tun? Die Lokalisierung der homerischen Kimmerier in Kampanien, die die Homer-Exegese vorgenommen hat, ist fernzuhalten.

Wenn man an der radikalen stoischen Alternative zwischen totalem Wissen und totaler Unwissenheit festhält, also für ein aristotelisches „mehr oder weniger" keinen Raum läßt, dann impliziert die totale Unwissenheit, auf die die Akademische Aporetik hinausläuft, in der Tat auch den totalen Verzicht auf jede Theorie und Praxis.

Das zweite Argument zielt auf Ciceros politische Tätigkeit bei der Aufdeckung der Catilinarischen Verschwörung im Jahre 63. Cicero hatte schon in seiner ersten Rede gegen Catilina (1,10) feierlich erklärt, es sei ihm alles, was die Verschwörer heimlich geplant hätten, auf das genaueste bekannt, was seine Gegner wiederum zu ironischen Bemerkungen veranlaßte (vgl. Ep. Att. 1,14,5 und Ep. Fam. 5,5,2, Or. pro Sulla 12). An unserer Stelle benutzt Cicero gerne die Gelegenheit, die Solidarität des Lucullus mit ihm in jener Zeit nachdrücklich in Erinnerung zu rufen.

Das Argument als solches wirkt einigermaßen primitiv. Die Selbstsicherheit, mit der der Politiker Cicero seine Informationen ausspielt, ist inkommensurabel mit der Aporetik, zu der er sich als Philosoph bekennt.

So hat er auch mit Absicht das gewichtige und gefährliche Argument an die erste, das vergleichsweise harmlose Argument an die zweite Stelle gesetzt und damit die Rede des Lucullus schließen lassen.

63 Die Reaktion unter den Freunden ist eminent römisch; nicht zu vergessen ist, daß im Kreise Catulus der älteste ist, Hortensius und Lucullus etwas jünger und wohl ungefähr gleich alt, Cicero der jüngste.

Cicero hat Hortensius als einen leidenschaftlich impulsiven Redner gekannt; so zeichnet er auch hier seine Reaktion. Daß Hortensius seit seiner Bekehrung zur Philosophie Anhänger des Antiochos war, hatte schon 10 angedeutet. Er kann es sich nun auch erlauben, Cicero aufzufordern, sich ebenfalls zur Lehre des Antiochos zu bekehren. Allerdings ist seine Autorität weit geringer als die des Lucullus, und

so läßt es Cicero denn auch offen, ob seine Aufforderung ernst gemeint ist oder nicht.

Entscheidend ist die Intervention des Catulus.

In unanfechtbarer römischer Liebenswürdigkeit beginnt er sowohl mit Komplimenten für Lucullus (der Leser wird sich nicht darüber täuschen, daß Cicero damit sein eigenes Lob singt) wie auch mit der Versicherung, es stehe Cicero natürlich völlig frei, seine philosophische Meinung zu ändern. Dann aber unterscheidet er die Autorität der Person des Lucullus von der Sache selbst. Was das erste angeht, so greift er die letzten Worte des Lucullus auf und spielt sie behutsam herunter: dieser habe ihn nur vor der Möglichkeit warnen wollen, daß ein Volkstribun in der Öffentlichkeit mit seiner philosophischen Überzeugung Unfug treibe; dies dürfe man nicht allzu ernst nehmen (vgl. etwa De fin. 4,74 über die stoischen Paradoxa). Anders steht es mit der Sache. Catulus, selbst schon vom Vater her Anhänger des Karneades, möchte, daß Cicero bei seiner Meinung bleibe. Tue er es nicht, so folge er allerdings nur dem Beispiel des Antiochos. Dies ist eine leichte Bosheit nicht gegen Lucullus, wohl aber gegen Antiochos, dessen Vorwürfen an die Adresse Philons, über die Lucullus in 11/12 und 18 berichtet hatte, damit der Boden entzogen wird; dies wird sich in Ciceros Rede 69 bestätigen.

Mit der Atmosphäre eines platonischen Dialoges hat dies nichts gemeinsam, schon weil das zuweilen etwas fatale Element der sokratischen Ironie und Selbstironie vollkommen fehlt; unter römischen Herren war für dergleichen kein Platz.

64–66 A Ciceros Rede nimmt die drei Punkte der Rede des Catulus auf: Kompliment an Lucullus, Festigkeit in der Sache, und was die Autorität der Person angeht, so steht nun der Autorität des Lucullus die ebenbürtige Autorität des Catulus gegenüber. In dieser entschiedenen Rücksicht auf Stand, Rang und Alter der Teilnehmer an einem Gespräch, wie sie im Athen der Sokratiker unvorstellbar wäre, manifestiert sich die Tatsache, daß das gesellschaftliche Klima in Rom immer ein aristokratisches gewesen und geblieben ist, im Gegensatz zur demokratischen Welt Athens, mögen auch die römischen Historiker sich alle Mühe gegeben haben, unter dem Druck des athenischen Vorbildes das Werden ihrer eigenen Res publica als eine Entwicklung zur Demokratie hin zu beschreiben.

Es folgt eine Verteidigung der philosophischen Position Ciceros, die das ergänzt, was schon in 7–9 gesagt war.

Was er ausschließt, ist einesteils die bloße Streitsucht (Stichwort „certare"), andernteils das, was wir modern wohl den Snobismus des

Nihilisten nennen würden. Die „ostentatio" wird einige Zeilen später erläutert als das naive Bedürfnis, sich selbst und die anderen zu „frustrari".

Er ist bereit, die Ernsthaftigkeit seines Bemühens, die Wahrheit zu finden, zu beschwören, und zwar mit dem rituell feierlichen Schwur, der bei wichtigen politischen Erklärungen üblich ist: dabei ist Iuppiter der „allgemeinste" Gott und die Di penates die „besonderen" Götter, denen Rom und die Römer anvertraut sind.

Der Freude, Wahrscheinliches gefunden zu haben, steht die Angst gegenüber, Unwahres für wahr zu halten. Wichtiger ist, daß Cicero scharf unterscheidet zwischen dem „Weisen", dem vollkommenen Menschen als Grenze, auf die hin der geschichtliche Mensch lebt und handelt, ohne sie je erreichen zu können, und sich selber, der über das Meinen, die „Doxa", nicht hinwegkommt; den Begriff des „Opinator" scheint Cicero selbst geschaffen zu haben.

Geschickt vergleicht er den Weisen mit dem perfekt sternkundigen Seemann, sich selbst mit dem Laien, der sich nur im allgemeinen zu orientieren vermag. Dies gibt ihm gleichzeitig die Gelegenheit, diskret auf sein Jugendwerk, die Übersetzung des Sterngedichtes des Aratos von Soloi ins Lateinische, aufmerksam zu machen. In Übersetzung zitiert und resümiert werden die Verse Arat 24–44 (sehr viel ausführlichere Zitate gibt Cicero De nat. deor. 2,104–114).

Daß die Phönikier sich an einem winzigen Stern im Sternbild des Wagens orientieren, hatte vor Aratos schon Kallimachos Frg. 191,52–55 Pfeiffer erzählt; dessen Gewährsmann war Maiandrios/Leandrios von Milet FGrHist 492 F 18. Zum Vergleich des Philosophierens mit einer Fahrt auf dem Meere s. zu 7 B–9 A (und Augustin De beata vita 1–3).

66 B–68 Exposition des Problems. Wer wie Cicero unweise ist, wird den äußeren Eindrücken zustimmen, auch wenn er sich bewußt ist, daß er im Sinne der Stoiker nichts zu begreifen vermag. Arkesilaos geht wie Zenon davon aus, daß die größte Leistung der Weisheit darin besteht, sich nicht täuschen zu lassen; da wirkt die These des platonischen Sokrates nach, daß die Alternative der Praxis nicht zwischen gutem und bösem Willen, sondern ausschließlich zwischen Wissen und Unwissenheit besteht, woraus folgt, daß Unwissenheit, Irrtum und Täuschung das einzige sind, was der Weise unter allen Umständen zu meiden hat. Unter derselben Voraussetzung ist das Meinen (Doxa) nichts anderes als das Nichtwissen.

Für Arkesilaos ergibt dies den radikalen Schluß: (1) Wenn der Weise überhaupt einem Eindruck zustimmt, muß er riskieren, daß er

zuweilen in ein bloßes Meinen abgleitet. (2) Der Weise wird jedoch niemals meinen. (3) Also wird er niemals zustimmen (vgl. zu diesem Schluß Sextus Adv. Log. 1,136/137).

Karneades dagegen nimmt (1) an, formuliert indessen (2) so, daß der Weise zuweilen zustimmen wird, nämlich dort, wo sich etwas Wahrscheinliches anbietet; also wird (3) der Weise auch gelegentlich meinen.

Die Stoa wiederum und Antiochos bestreiten (1). Sie bestehen darauf, daß der Weise zwar zustimmen, aber niemals meinen werde; denn er werde immer in der Lage sein, im Sinne der Definition Zenons (SVF I 59) Wahres vom Falschen zuverlässig und unfehlbar zu unterscheiden.

Cicero selber hält sich hier zunächst an Arkesilaos. Selbst wenn sich etwas im Sinne Zenons begreifen lassen sollte, kann die Gewohnheit dazu führen, daß man zustimmt, ohne begriffen zu haben, da es nie ganz ausgeschlossen ist, daß man Wahres und Falsches miteinander verwechselt. Also wird der Weise sich davor hüten, jemals zuzustimmen.

Sollte umgekehrt schlechthin nichts begreifbar sein und gleichzeitig gelten, daß der Weise niemals meinen wird, so ergibt es sich, daß der Weise auch, und vor allem in diesem Falle, niemals zustimmen wird.

Es bleibt demnach nur die Alternative, daß der Weise entweder niemals zustimmen oder daß er zuweilen meinen wird.

Der Stoiker wird beides ablehnen, da er daran glaubt, daß ein Begreifen und absolutes Wissen möglich ist.

Es liegen also drei markant verschiedene Positionen vor.

Für die Stoa gibt es auch in der empirischen Welt ein absolutes Wissen. Arkesilaos als Platoniker erklärt dies für unmöglich; daß er eine andere Welt angenommen hat, in der das absolute Wissen (also platonisch das Ideenwissen) zustande kommt, ist zu vermuten, aber nicht bezeugt.

Karneades übernimmt die These des Arkesilaos, ergänzt sie aber um die Frage, wie sich der Weise in der empirischen Welt, in der er lebt wie alle anderen Menschen, verhalten wird. Er muß handeln, wird also das doppelte Risiko auf sich nehmen, sich für das bloß Wahrscheinliche zu entscheiden und sich mit Meinungen (Doxai) zu begnügen und kein unmögliches Wissen (Episteme) zu suchen.

69–71 Aufgenommen wird die persönliche Polemik zwischen Antiochos und Philon, von der schon in 11/12 und 18 die Rede war. Hier hören wir den Standpunkt des Anhängers von Philon.

Erst im Alter ist Antiochos von Philon abgefallen (die in der Polemik häufige boshafte Charakterisierung als „Spätbelehrter", „Opsimathés" wirkt hier ein); nachdem er zuerst Bücher im Sinne Philons geschrieben hatte, schrieb er später gegen Philon. Er hat sich demnach erst spät von der Richtigkeit der zenonischen Definition des Wissens überzeugen lassen. Das führt zur Frage, warum er trotz dieser Konversion in der Akademie geblieben und nicht zur Stoa übergegangen ist. Vollends bösartig ist die dreifache Insinuation, er habe erstens erst dann eine eigene Theorie entwickelt, nachdem er persönlich Zuhörer gewonnen hatte, und habe zweitens gehofft, mit diesen Zuhörern eine eigene Schule der Antiocheer gründen zu können; drittens endlich wird vermutet, er habe die vielen Angriffe auf die akademische Aporetik nicht ausgehalten und sich in den Schutz der Alten Akademie geflüchtet. Dies ist das genaue Gegenstück zur Verdächtigung Philons in 18.

Dazu kommt als drastisches Beispiel der Fall des Dionysios aus Herakleia, der als Schüler Zenons begonnen hatte (SVF 1,422-434) und dann zu Epikur (oder zu den Kyrenaikern) überging. Als Ursache des Wandels nennt Cicero De fin. 5,94 eine Augenkrankheit, Tusc. disp. 2,60 ein Nierenleiden. Hier ist die Pointe die, daß Antiochos, solange er Anhänger Philons war, aus diesem Fall gefolgert hatte, selbst ein Schüler Zenons habe das absolute Wissen gemäß der Definition Zenons nicht erlangen können; später ist Antiochos selber der komplementäre Fall geworden und hat erst im Alter die Definition Zenons angenommen. In beiden Fällen wird ein Mangel an philosophischer Kohärenz konstatiert, der die Ernsthaftigkeit des Philosophierens hier und dort in Frage stellt.

Sonderbar ist, daß die um Objektivität bemühte späthellenistische Doxographie sowohl die Polemik des Antiochos gegen Philon wie auch diejenige Philons gegen Antiochos berücksichtigt hat: Sie hat Philon zum Begründer einer neuen, der vierten Akademie gemacht (Platons Akademie ist die erste, die des Arkesilaos die zweite und die des Karneades die dritte) und ebenso Antiochos zum Begründer einer fünften Akademie (Sextus Pyrrh. Hyp. 1,220, Eusebios Praep. Ev. 14,4,16, Ps.-Galenos Hist. Phil. Kap. 3). Darüber, welches Schicksal diese Schule des Antiochos hatte, erfahren wir bezeichnenderweise nichts mehr, abgesehen von dem Einfluß, den Antiochos und seine Lehre auf eine Anzahl von Römern hatte: außer Cicero und Lucullus noch M. Iunius Brutus (über Aristos, den Bruder des Antiochos, Cic. Acad. 1,12, De fin. 5,8), M. Pupius Piso Calpurnianus (Cic. De fin. 5,6 und 8), Q. Lucilius Balbus (Cic. De nat. deor. 1,16), M. Te-

rentius Varro (Cic. Ep. Att. 13,12,3; 13,16,1; 13,19,3; Ep. Fam. 9,8,1). Im übrigen ist uns die Geschichte der Akademie vom Tode Ciceros an bis zur ersten Hälfte des 3. Jhd. n. Chr. völlig unbekannt; von den platonisierenden Schriftstellern, unter denen Plutarch, Apuleius und Maximos von Tyros die bedeutendsten sind, steht keiner in einer Beziehung zur Akademie als Institution.

72–76 A In der Sache selbst wendet sich Cicero zunächst gegen den Vorwurf, die akademische Aporetik beanspruche mißbräuchlich die Autorität der alten Philosophen für sich (13–15). Der Gegner hatte Empedokles, Anaxagoras, Demokrit, Parmenides, Xenophanes, Platon und Sokrates zitiert. Hier haben wir eine im ganzen reichere und im einzelnen genauere Liste:

(1) Zu Anaxagoras wird das Paradoxon angeführt, daß der Schnee schwarz sei. Die Begründung liefert erst 100. Da für Anaxagoras (anders als für Demokrit) sämtliche Sinnesqualitäten selbst unveränderlich seiend sind und das Wasser für ihn schwarz ist, so muß auch der Schnee, der aus dem Wasser entsteht, gegen allen Augenschein schwarz sein (VS 59 B 97; schon Aristoteles registriert dies Top. 105a7 als eine Behauptung, die so absurd ist, daß die bloße Wahrnehmung genügt, um sie zu widerlegen). Daraus wird gefolgert, daß auf die Sinneswahrnehmungen kein Verlaß ist. Ausdrücklich wird bestritten, daß Anaxagoras ein Sophist gewesen sei, insofern beachtenswert, als wir wissen, daß der Sokratiker Aischines den Anaxagoras tatsächlich als Sophisten bezeichnet und angegriffen hat (vgl. VS 59 A 22, dazu A 2 und A 17).

(2) Bei Demokrit soll augenscheinlich der Kontrast zwischen seinem höchst anspruchsvollen systematisch-philosophischen Programm und seiner radikalen Aporetik hervorgehoben werden. Zitiert wird der Anfang seines Hauptwerkes (VS 68 B 165, vollständiger bei Sextus Adv. Log. 1,265), der den Eindruck erweckt, polemisch gegen die Sophistik gerichtet zu sein: Wo die Sophistik erklärte, sich für den Menschen und die menschliche Praxis zu interessieren und nicht für den Kosmos, behauptet Demokrit das Gegenteil: Über das All wolle er reden, über den Menschen zu sprechen sei überflüssig. Dem steht die Aporetik gegenüber, bei Cicero letztlich aus denselben Texten abgeleitet, die Sextus Adv. Log. 1,135–139 in derselben Absicht anführt. „Tenebricosus" ist Übersetzung von „Skoteinós" (vgl. VS 68 B 11), wo denn die Nacht-Tag-Metaphorik des Parmenides (VS 28 B 1) nachwirkt.

Charakteristisch ist das in einer römischen politischen Formel (vgl. 125) ausgedrückte Lob Demokrits, der rücksichtslos gegen die Stoi-

ker Kleanthes und Chrysippos ausgespielt wird. Ist Karneades die Vorlage gewesen?

(3) Eine Rarität ist das Zitat aus Metrodoros von Chios, dessen Lehren wir im übrigen fast nur (indirekt) durch Theophrast kennen (VS 70 B 1). Hier haben wir einen radikalen Agnostizismus, der der Widerlegung durch die „Peritrope" entgeht (vgl. 17/18), aber auch in irgendeiner Beziehung zur Aporetik des platonischen Sokrates zu stehen scheint. Nach Cicero Acad. 1,45 hat Arkesilaos den Satz Metrodors geradezu im Hinblick auf Sokrates interpretiert und übernommen. Wie damit wiederum das angebliche Apophthegma Demokrits in Gnomol. Vatic. Sternb. Nr. 743 (VS 68 B 304) zusammenhängt, ist hier nicht zu verfolgen.

(4) Die Notiz über Empedokles präzisiert, was 14 schon gesagt war: Er begnüge sich damit, die Unzuverlässigkeit der Sinnesorgane festzustellen, was auf eine Demokrit gegenüber eng begrenzte Aporetik hinausläuft. Daß damit die Verse VS 31 B 2 gemeint sind, ist wahrscheinlich, aber nicht sicher.

(5) Gegen den anerkannt großen Dichter Empedokles werden Parmenides und Xenophanes gestellt, Xenophanes wohl mit VS 21 B 34; ob bei Parmenides VS 28 B 6 gemeint ist, ist zweifelhaft. Der Satz „increpant – adrogantiam quasi irati" scheint auf eine direkte Apostrophierung der Menschen hinzuweisen, also in der Art wie Empedokles VS 31 B 124,136,141.

(6) Bei Sokrates liegt natürlich Platons Apol. 21 B–E zugrunde; was die in 15 erwähnte Ironie angeht, so wird nicht ungeschickt repliziert, daß, selbst wenn Sokrates persönlich sein dogmatisches Wissen durch Ironie verdeckt haben sollte, es für Platon keinen Grund gab, diese Ironie mitzumachen und damit seine eigene durch viele Dialoge hindurchlaufende Aporetik zu entwerten. Gerade das platonische Nichtwissen haben wir also ernstzunehmen.

Zu den Klassikern treten die in 13–17 nicht erwähnten jüngeren Philosophen hinzu. Es sind zunächst drei Anhänger der megarischen Sokratik.

(7) Stilpon aus Megara, von Cicero nur noch in De fato 10 erwähnt. Über seine hier gemeinte Lehre vgl. Stilpon Frg. 26–30 ed. Giannantoni.

(8) Alexeinos von Elis, bei Cicero nur hier, zu seiner Lehre Frg. 8–12 ed. Giannantoni.

(9) Diodoros Kronos, der bedeutendste unter den dreien, vgl. Frg. 4–31 ed. Giannantoni. Dazu bei Cicero selber De fato 12,13,17, Ep. Fam. 9,4 und Luc. 143. Merkwürdigerweise fehlt Eubulides von

Milet, der bei Diog. Laert. 2,108 als der Erfinder der sogenannten Fangschlüsse, bei Cicero „Sophismata", gilt.

Später werden die zwei berühmtesten dieser Schlüsse aufgeführt und diskutiert, der schon in 49/50 erwähnte „Sorites" in 92–94, der „Lügner" in 95, dazu 147, doch ohne Nennung ihrer Herkunft.

(10) Perfid ist die Mobilisierung Chrysippos' selber gegen seine Stoa. Ansatzpunkt sind die zwei umfangreichen Werke „Gegen die Gewohnheit" und „Für die Gewohnheit" („Katà tes Synetheías" und „Hypèr tes Synetheías"), beide im Schriftenkatalog (SVF II 13–18) erwähnt und beide von Cicero hier und in 87 und von Plutarch De Stoic. repugn. 1036C,E,1037A gegen die Stoa ausgespielt. Doch genügen die Andeutungen nicht, um zu erkennen, was Chrysippos zu diesem „in utramque partem disputare" veranlaßt hat. In derselben Weise muß er überdies sowohl gegen wie auch für die Glaubwürdigkeit der Sinneswahrnehmungen geschrieben haben; Buchtitel können wir hier nicht nennen. Die Folgerung ist leicht zu ziehen, daß nämlich Chrysippos selber in diesem Bereich nicht mit unverwechselbaren Eindrücken und Evidenzen rechnet.

(11) Auf die Kyrenaiker hatte sich schon Lucullus 20/21 berufen; dort diente der Rückzug der Kyrenaiker auf die „innere Berührung" („Endon Haphé") zum Beweis, daß sie unter allen Umständen Lust und Schmerz eindeutig voneinander unterschieden haben, also mit unverwechselbaren Eindrücken rechneten. Hier dagegen dient dieselbe These dem entgegengesetzten Zweck: Wenn nur die „innere Berührung" wahrnehmbar ist, so impliziert dies, daß wir uns auf die Eindrücke, die den Sinnesorganen zukommen, nicht verlassen können und daß wir über den Ursprung solcher Eindrücke nichts wissen (dazu Aristippos Frg. 209 Giannantoni).

Im ganzen scheint es so zu sein, daß die akademische Liste 72–76A die ursprüngliche ist und aus ihr die wesentlich dürftigere Gegenliste 13–15 herausentwickelt worden ist.

76B–78 wendet sich zu dem besonderen Vorwurf gegen Arkesilaos, dieser habe die zu seiner Zeit auf das beste organisierte Philosophie zugrunde richten wollen (15/16).

Um zu zeigen, daß schon Arkesilaos, wie dann Cicero selber (65/66), den ernsthaftesten Willen gehabt habe, die Wahrheit zu finden, wird nun seine These (vgl. 67) Punkt für Punkt entwickelt:

(1) Neu ist die These Zenons, daß (a) der Mensch überhaupt ohne Doxa sein könne und (b) der Weise ohne Doxa sein müsse; d. h. die Notwendigkeit der Annahme einer parmenideischen Welt der Doxa wird grundsätzlich bestritten.

(2) Ein Problem entsteht, wenn angenommen wird, (a) der Weise dürfe keine Doxa haben und (b), er könne kein Wissen haben.

(3) Für Zenon fällt das Problem dahin, da der Weise Wissen haben kann, also in einer Welt der Alétheia leben und auf die Doxa mühelos verzichten kann.

(4) Die Frage ist, was als Wissen erkennbar sei, worauf Zenon mit seiner Definition des unverwechselbaren Eindrucks antwortet.

(5) Die Gegenfrage ist, ob es Eindrücke gibt, die verwechselbar sind.

(6) Konsequenterweise erklärt Zenon, wo verwechselbare Eindrücke vorliegen, sei kein begreifendes Wissen möglich; denn dann bestehe kein erkennbarer Unterschied zwischen Wahr und Falsch. Soweit ist Arkesilaos mit Zenon einig.

(7) Alles entscheidend ist jedoch die Behauptung des Arkesilaos, es gebe überhaupt keinen Eindruck, der nicht verwechselbar sei. Er hält also, wie Platon, an der Notwendigkeit der Annahme einer parmenideischen Welt der Doxa, in der keine Alétheia zu erreichen ist, strikt fest.

(8) Ein anderes Problem ist es, wenn (2) bestritten, also angenommen wird, der Weise (a) könne zwar kein Wissen, dürfe jedoch (b) Doxa haben; damit wird der Tatsache Rechnung getragen, daß auch der Weise in der Welt der Doxa leben muß (und daß er, solange er in ihr lebt, zu keiner Alétheia zu gelangen vermag). Hier freilich besteht die Kontroverse, ob Karneades dies ernsthaft behauptet (und damit über Arkesilaos hinausgegangen ist) oder es nur experimentierend durchgespielt hat. Die Interpretation des Kleitomachos bleibt damit näher bei Arkesilaos als diejenige Philons, die eine erhebliche Abweichung des Karneades von Arkesilaos konstatiert (vgl. auch 59 und 67).

Ist im Sinne des Arkesilaos das begreifende Erkennen unmöglich und die Doxa unerlaubt, so folgt daraus, daß der Weise niemals zustimmen wird. Gegen Zenon muß also die Unmöglichkeit des begreifenden Erkennens bewiesen werden.

79–82 Auf dieses Beweisziel wird nun losgesteuert.

Erste Frage: die Zuverlässigkeit der Sinnesorgane, die schon Cicero selber im „Catulus" bestritten, dann Lucullus in 19–21 A verteidigt hatte. Über die klassischen Sinnestäuschungen, das im Wasser gebrochene Ruder und die schillernden Farben am Hals der Taube kann nicht so leicht hinweggegangen werden. Der Gegner zieht sich, wie schon in 19, auf die Position zurück, daß er keineswegs, wie Epikur, jeden Sinneseindruck für schlechthin unfehlbar

halte, auch wenn er weitgehend mit ihm übereinstimmt. (Der Text ist hier an mehreren Stellen zerstört und nicht sicher wiederherstellbar.)

Timagoras steht für die allgemeine epikureische Lehre, daß alle sogenannten Sinnestäuschungen nicht den Sinnesorganen, sondern dem bloßen Meinen, also der ungenügenden Berücksichtigung der Begleitumstände anzulasten seien.

Wenn aber schon Täuschungen angenommen werden, bleibt das Problem, wie man sie von wahren Eindrücken unterscheiden kann.

Dann wird frontal angegriffen: Es ist einfach nicht wahr, daß die Sinnesorgane so gut arbeiten, wie man sich nur wünschen kann. Wir gelangen zu reichlich banalen Beispielen. Unsere Sehkraft ist sehr begrenzt; diejenige einiger Vögel ist weit größer, diejenige der Fische weit geringer; der Hinweis auf die Fische führt zu einer interessanten Überlegung. Wie das Sehen der Fische durch das umgebende Wasser behindert wird, so dasjenige der Menschen durch die Luft, die in der Nähe des Erdbodens dunstig ist. Dies indiziert ein Weltbild, wie es in De nat. deor. 2,17–18 skizziert wird: Je näher wir dem Erdboden (und der Meeresoberfläche) kommen, desto dichter und unreiner ist die Luft; je größer die Entfernung von der Erdoberfläche ist, desto reiner und dann auch für Geist und Sinne anregender wird die Luft. So besitzen also die im obersten Bereich wohnenden Lebewesen eine unvergleichliche Erkenntniskraft, und dies sind dann die Götter (vgl. dazu auch Platon „Phaidon" 109 A–111 C).

Zu der Schwäche unseres Sehvermögens treten seine Irrtümer. Ein erster Fall ist einfach und gestattet eine hübsche Aktualisierung: Das bewegte Schiff scheint zu ruhen, die ruhende Villa am Strande scheint sich, vom Schiff aus gesehen, zu bewegen. Der zweite Fall ist spektakulär: uns zeigt sich die Sonne winzig klein, doch nach der Berechnung der Astronomen ist sie mehr als achtzehn Mal größer als die Erde. Epikur hält sich an den Augenschein und nennt die Sonne etwas größer oder kleiner, als sie sich uns zeigt. Die Stelle ist doppelt eigentümlich. Die Bestimmung der Größe der Sonne muß in irgendeinem Zusammenhang stehen mit der These des alten Anaximander von Milet, wonach der Durchmesser der Sonnenbahn 27mal der Erddurchmesser ist, derjenige der Mondbahn 18mal, derjenige der sonstigen Gestirne 9mal. Die Gruppierung der Gestirnwelt ist da noch ganz archaisch, und die Zahlen beziehen sich auf etwas anderes als bei Cicero (VS 12 A 11,21,22). Dennoch ist es höchst überraschend, daß noch Ciceros Astronomen an der rein spekulativen Zahlenfolge 9-18-27 festgehalten haben (wobei auch Hesiod Theog. 722 eine Rolle gespielt haben dürfte). Diese Kontinuität zu

erklären, ist nicht ganz einfach. – Außerdem haben wir natürlich die Bemerkung über Epikur. Daß Epikurs Formel einen prinzipiellen Zweifel an den Theorien der Astronomie demonstrieren will, ist unbestreitbar (vgl. Lucr. 5,564ff.). Es bleibt die Frage, wie man die Übereinstimmung mit Heraklit VS 22 B 3 interpretieren soll und ob Epikur tatsächlich nur schockieren wollte oder seinerseits eine Theorie in Bereitschaft hielt, die die unermeßliche Ausstrahlung eines kleinen Körpers zu erklären versuchte.

Allgemein anerkannt ist sodann der Gegensatz zwischen dem scheinbaren Stillstand und der faktischen ungeheuren Geschwindigkeit der Sonne (vgl. De nat. deor. 1,24). Cicero kennt allerdings die Theorie, die die Sonne ruhen und die Erde mit größter Geschwindigkeit kreisen läßt (123).

83 Es folgt abermals eine schematische Darstellung des entscheidenden Problems in vier Punkten: (1) Es gibt falsche Eindrücke. (2) Solche falschen Eindrücke können nicht begriffen werden. (3) Wo verschiedene Eindrücke einander verwechselbar ähnlich sind, ist es ausgeschlossen, daß die einen von ihnen begriffen werden können, die anderen nicht. (4) Es gibt keinen einzigen wahren Eindruck, neben dem nicht ein anderer Eindruck verwechselbar ähnlich steht, was nach (3) besagt, daß keiner der beiden Eindrücke zuverlässig begriffen werden kann.

Die beiden hypothetischen Aussagen (2) und (3) können von jedermann angenommen werden, nicht aber die apodiktischen Aussagen (1) und (4). (1) wird von Epikur verworfen, der (ähnlich wie Aristoteles) an der unbedingten Zuverlässigkeit aller Sinneswahrnehmungen festhält, weil ohne diese unangreifbar sichere Basis kein Erkennen überhaupt möglich wäre. (4) ist der Streitpunkt zwischen der Neuen Akademie und der Stoa. Dabei ist die These, daß es (in der Welt unserer Erfahrung) keinen unverwechselbaren Eindruck geben kann, letzten Endes platonisch, während die Stoa das Experiment gewagt hat, das, was Platon nur für die Welt des reinen Seienden, also der Ideen, hatte gelten lassen, auch für die Welt unserer Erfahrung in Anspruch zu nehmen derart, daß eine gesonderte Welt des reinen Seienden überflüssig wird.

84–86 A Nun werden empirische Beweise für die universale Verwechselbarkeit beigebracht.

Das erste Beispiel ist ein römisches (schon 56 erwähnt) und wird ein griechisches verdrängt haben: Die Zwillinge P. und Q. Servilius Geminus (P. Servilius war 252 und 248 v. Chr. Konsul) waren einander so ähnlich, daß sie stets verwechselt wurden. War aber eine solche

Verwechslung grundsätzlich möglich, so verbleibt keine Garantie, daß nicht auch C. Aurelius Cotta (Konsul 252 und 248 v. Chr.) mit seinem Amtskollegen hätte verwechselt werden können. Es herrscht das Prinzip, daß ein Irrtum, der einmal möglich ist, überall und immer möglich ist. Man kann fragen, woher Cicero diesen Fall, der in die Zeit des Ersten Punischen Krieges gehört, kennt, um so mehr, als aller Wahrscheinlichkeit nach jene erstaunliche Ähnlichkeit auch politische Folgen gehabt haben dürfte. Hat Cato davon erzählt? Oder Ennius?

Der Stoiker wendet ein, daß es in der Wirklichkeit eine derart totale Ähnlichkeit gar nicht geben könne. Der Akademiker repliziert geschickt, es komme nicht darauf an, wie die Wirklichkeit an sich selbst sei, sondern darauf, wie sie sich uns zeigt. Zeigt sie sich uns auch nur einmal als ununterscheidbar, so wird alles ununterscheidbar. Davon abgesehen hindert nichts anzunehmen, daß zwei Dinge auch in der Wirklichkeit einander völlig gleich sind. Doch da bricht Cicero ab. Anscheinend hat er für diese ontologisch überaus folgenreiche These Beweise zur Verfügung; sie sind ihm aber wohl zu kompliziert und zu weitläufig, und so geht er über sie hinweg.

Auf die Ähnlichkeit unter Menschen folgt die Ähnlichkeit unter Gegenständen: Lysippos hätte unter gleichbleibenden Bedingungen beliebig viele (untereinander ununterscheidbar ähnliche) Porträts Alexanders d. Gr. aus Bronze anfertigen können (vgl. Val. Max. 8,11 ext. 2 und Plin. nat. hist. 7,125, wonach Lysippos der einzige Künstler war, dem Alexander erlaubte, ihn in Bronze zu porträtieren). Banaler ist das zweite Beispiel der beliebig vielen und völlig ununterscheidbaren Siegelabdrucke in Wachs.

Das Beispiel von der Hühnerfarm auf Delos hatte schon Lucullus/ Antiochos in 57–58 gebracht. Wie es gegen ihn verwendet werden konnte, deutet das nächste Beispiel an: Wenn nur Spezialisten überhaupt fähig sind, die Eier zu unterscheiden, dann zeigt dies, wie nahe wir damit der totalen Ununterscheidbarkeit kommen.

86B–87A Es folgt die ausdrückliche Widerlegung zweier Argumente des Lucullus. Gegen das erste (20) wird geltend gemacht, die Tatsache, daß nur der Fachmann in der Lage sei, eine Arie zu identifizieren und ein Gemälde richtig zu würdigen, beweise genügend, daß die Gefahr der Verwechslung allgegenwärtig sei. Ungleich gewichtiger ist die Polemik gegen 30, also gegen die stoische (aber schon durch Xenophon Mem. 1,4,5–6 vorbereitete) Lehre, daß die Natur den Menschen wie ein Kunstwerk aufgebaut habe. Der Akademiker bestreitet rundweg, daß es eine derart kunstvoll planende

Kraft gebe; und die Fragen, die er stellt, bestärken den Eindruck, daß hier vollständig im Sinne Epikurs polemisiert wird. Es sind fünf Fragen: wie hat man sich dieses Herstellen zu denken, wo, wann, warum und wie hat es stattgefunden? Die Nähe zur Polemik des Epikureers gegen Platon in De nat. deor. 1,19 ist unverkennbar. Hier wie dort dringt der Gegner darauf, daß der Vorgang des Verfertigens und Herstellens, sei es des Kosmos oder des Menschen, anschaulich gemacht werde – was faktisch unmöglich ist. Daß Karneades und Epikur mit nahezu denselben Argumenten gegen die stoische Physik gekämpft haben, läßt sich an De nat. deor. immer wieder zeigen.

Dann bricht Cicero wieder ab und verweist auf eine spätere Behandlung, 116–128. Ironisch dramatisierend bemerkt er, er tue dies dem Lucullus zuliebe, was sich auf 55 beziehen muß. Es liegt auch daran, daß sich Cicero ungerne auf die Physik einläßt, weniger, weil ihm dies Gebiet zu kompliziert wäre, als vielmehr darum, weil er als Akademiker und Sokratiker (und als Römer) überzeugt ist, es sei da von vornherein unmöglich, zu sicheren Erkenntnissen zu gelangen.

87B–90 Mit einer allgemeinen Feststellung wird neu begonnen. Offenbar hat Chrysippos das sophistisch-aristotelische „in utramque partem disputare" für seine eigene Doktrin auszunutzen unternommen und in diesem Sinne Bücher geschrieben gegen die Wahrnehmung und gegen die Evidenz (κατὰ αἰσθήσεως καὶ ἐναργείας), gegen die Gewohnheit und die Vernunft (κατὰ συνηθείας καὶ λόγου); in anderen Büchern hat er dann genau diese Thesen zu widerlegen unternommen. Das war schon in 75 erwähnt und wird hier wiederholt. Bestätigt wird dies teils durch den Schriftenkatalog bei Diog. Laert. 7,198, der hintereinander sechs Bücher κατὰ τῆς συνηθείας und sieben Bücher ὑπὲρ τῆς συνηθείας aufführt, teils durch einige Hinweise Plutarchs De Stoic. repugn. 1036C–1037A, der, wie unsere Stelle bei Cicero (beides aus Karneades) konstatiert, daß die Verteidigung schwächer ausgefallen sei als die Kritik. Zu folgern, daß sich Karneades diese eigentümliche Lage für seine kompromißlose Polemik gegen Chrysippos zunutze gemacht hat, lag nahe.

Was wir nicht klar sehen, ist der innere Zusammenhang mit den nachfolgenden Ausführungen, die die Wahnvorstellungen der Träumenden, der Betrunkenen und der Halluzinierenden angehen, von denen auch schon in 52–54 die Rede gewesen war. Der Stoiker führt aus, daß in allen drei Fällen der Mensch, wenn er wach oder nüchtern geworden ist oder seine gesunden Sinne zurückgekehrt sind, selbst-

verständlich weiß, daß das, was er zuvor zu sehen oder zu hören geglaubt hat, nichtig ist. Der Akademiker wendet ein (vergleichbar mit 84-85), es komme nicht darauf an, wie man nachträglich das beurteilt, was einem sich gezeigt hat, sondern wie man sich verhielt in dem Augenblick, in dem sich jenes zeigte; und da ist es evident, daß man Wirkliches und bloß Vermeintes zu unterscheiden nicht in der Lage war. Wiederum gilt: Wenn ein Eindruck einmal (unter welchen Umständen auch immer) sich als vollständig ununterscheidbar erwies, besteht keinerlei Garantie, daß sich dies nicht immer und überall wiederholt.

Dazu wird fast ausschließlich mit Beispielen aus der Dichtung gearbeitet (z. T. denselben wie in 51-53): aus der Einleitung der Annales des Ennius (Frg. 5 und 7 Vahlen), aus dem „Alcmeo" desselben Ennius, wo der vom Wahnsinn ergriffene Alkmeon spricht (vermutlich Bearbeitung einer der Alkmeon-Tragödien des Euripides Frg. 65 ff. N.), aus der „Iliona" des Pacuvius, deren griechisches Vorbild wir nicht kennen (der schlafenden Iliona erscheint die Gestalt ihres getöteten Sohnes Polydoros und fleht sie an, ihm ein schickliches Begräbnis zu verschaffen; so die antiken Kommentare zu Cicero Or. pro Sestio 126 und zu Horaz Serm. 2,3,60). Es folgt ein Zitat aus dem „Aias" des Ennius (nach Sophokles?), in welchem der wahnsinnig gewordene Aias Odysseus vor sich zu sehen glaubt (vollständiger bei Cicero De oratore 3,162; vgl. Trag. Rom Frgg. ed. Ribbeck p. 280; nichts bei Jocelyn, The tragedies of Ennius 1967), schließlich Euripides, Herakles (den erst Seneca lateinisch bearbeitet hat).

Eingelegt ist ein einziges historisches Beispiel, der wahnsinnige Sempronius Tuditanus, der nach Cicero, Or. Phil. 3,16 und Val. Max. 7,8,1 tragisch kostümiert auf dem Forum Geld unter die Leute zu werfen pflegte; das Beispiel paßt freilich nicht, sofern wir nirgends hören, daß Tuditanus auch lichte Augenblicke gehabt hätte oder von seinem Wahnsinn geheilt worden wäre. Er war Schwager des Catulus.

91-98 A Von den Sinneseindrücken gelangen wir zu den weit gewichtigeren Fehlleistungen der Vernunft.

An der Dialektik wird zunächst ihre Nutzlosigkeit nachgewiesen; denn zuständig ist sie nur für die ihr eigentümlichen Operationen. Negativ: sie leistet nichts im Felde der Artes liberales, von denen Geometrie, Grammatik und Musiktheorie aufgezählt werden; ebenso wenig kompetent ist sie in den beiden Zweigen der Philosophie, Physik (zu der hier die Frage nach der Größe der Sonne

gerechnet wird; in 82 und 116 ist sie die Sache der Mathematiker) und Ethik. Positiv: sie vermag nur die besonderen Aufgaben der Logik zu bewältigen, unter denen drei Gruppen aufgeführt werden (a) das hypothetische Urteil (coniunctio συνημμένον ἀξίωμα) und das dilemmatische Urteil (diiunctio διεζευγμένον ἀξίωμα, vgl. SVF 2,21), dann (b) die mehrdeutigen Aussagen und (c) Folgerichtigkeit und Widersprüchlichkeit mehrerer Aussagen. Doch mit diesem dürftigen Programm ist der Philosophie nicht gedient.

Dies ist ein allgemeiner Angriff auf die stoische Dialektik, der mit der unmittelbar anstehenden Frage nach der Unterscheidbarkeit und Ununterscheidbarkeit von Wirklichkeiten und Eindrücken nichts zu tun hat. Ganz anders steht es mit dem Problem des Sorites, von dem schon Lucullus 49/50 gesprochen hatte. Der Vorwurf, daß der Sorites jede Erkenntnis unmöglich mache, weil er (platonisierend) nachweist, daß in der Welt unserer Erfahrung von keinem Gegenstand gesagt werden kann, er sei eindeutig und unverwechselbar das, was er ist, trifft nicht den Akademiker (der den Sorites bloß verwendet), sondern die Wirklichkeit selber, die als eine unbegrenzt fluktuierende anders gar nicht beschrieben werden kann. Der Ausweg Chrysipps, daß man an einem bestimmten Punkte innehält und die Antwort auf die Frage, an welchem Punkte das Viel oder Wenig, das Groß oder Klein beginnt, einfach verweigert, ist reine Willkür. Entweder weiß er, wo dieser Grenzpunkt ist, warum verweigert er dann die Antwort? Oder er weiß es nicht und antwortet deshalb nicht; dann gesteht er zu, daß es eine Zone gibt, in der Viel und Wenig, Groß und Klein nicht zuverlässig voneinander unterschieden werden können. Abermals gilt der Grundsatz: wenn nur in einem einzigen Falle die Ununterscheidbarkeit anerkannt ist, muß gefolgert werden, daß auch in allen anderen Fällen mit derselben Ununterscheidbarkeit gerechnet werden muß.

Zweifellos hat Karneades hier ein prinzipiell unwiderlegliches Argument verwendet. Sextus Emp. Adv. Phys. 1,139–190 zeigt, daß Karneades den größten Teil seiner Widerlegung der stoischen Theologie mit dem Sorites bestritten hat.

95–98 geht zu dem klassischen Vexierschluß über: „Wenn du erklärst, daß du lügst und damit die Wahrheit sagst, lügst du dann, oder sagst du die Wahrheit?" Formuliert wurde dieser Schluß schon in der Sophistenzeit, angedeutet bei Platon Euthyd. 286 C ff., bei Diog. Laert. 2,108 auf den Megariker Eubulides zurückgeführt, dann als ein schwieriges Problem kurz erwähnt von Aristoteles Soph. El. 180 b 2–7. So hat es denn auch Chrysipp als ein unlösbares

Problem abgeschoben, was Karneades sofort zum Gegenschlag benutzte: Wenn es in diesem Falle unmöglich ist, zwischen Wahr und Falsch zu unterscheiden, warum sollte dies dann nicht auch in allen anderen Fällen unmöglich sein?

Bezeichnenderweise scheut sich Karneades in 97 auch nicht, Epikur als Bundesgenossen gegen die Stoa einzusetzen. Für die Stoa hat die dilemmatische Aussage: „Hermarchos (der von Epikur selbst designierte Nachfolger in der Schulleitung) wird morgen entweder leben oder nicht leben" den Charakter der Notwendigkeit und einer seit Ewigkeit feststehenden Determination; Epikur erklärt dem gegenüber, daß eine solche Aussage weder wahr noch falsch ist und erst recht keinerlei Notwendigkeit beanspruchen kann (vgl. Frg. 376 Us.), womit abermals für Karneades zugestanden ist, was er sucht: Wenn auch nur bei einer einzigen Aussage nicht entschieden werden kann, ob sie wahr oder falsch ist bzw. zwischen Wahr und Falsch keine Unterscheidung möglich ist, warum sollte dies nicht auch für alle anderen Aussagen zutreffen?

98 B–102 A Von diesen glanzlosen Subtilitäten erholt sich Cicero bei einem übersichtlichen und einfachen Bericht über den Inhalt eines Buches, in welchem Kleitomachos die Lehre des Karneades dargestellt hatte. Das Buch wird – selten bei Cicero – genau zitiert: Vier Bücher περὶ ἐποχῆς συγκαταθέσεων, und zwar begnügt sich Cicero mit dem ersten Buch.

Fundamental ist die Unterscheidung zweier Alternativen: (a) Wo es sich um Begreifbares und Nicht-Begreifbares handelt, ist nachzuweisen, daß es weder auf der Ebene der Sinneseindrücke noch auf derjenigen der Vernunft Begreifbares im Sinne der Stoa gibt. (b) Spricht man dagegen von Glaubwürdig-Wahrscheinlichem und Unglaubwürdig-Unwahrscheinlichem, so findet sich in der Tat beides. Griechisch: καταληπτόν ist nichts, πιθανόν dagegen vieles. Denn selbst der Weise muß sich im täglichen Leben mit Wahrscheinlichkeiten begnügen; das Beispiel von der Reise, bei der es immer nur wahrscheinlich ist, daß man ans Ziel gelangen wird, erinnert an das, was der platonische Sokrates im „Menon" über die δόξα bemerkt (97 A ff.). Es handelt sich also keineswegs darum, dem, was sich zeigt, den Glauben zu versagen: Wenn Anaxagoras erklärt hat, der Satz des Parmenides, daß kein Seiendes aus einem Nichtseienden entstehen könne, zwinge zu der Folgerung, der Schnee sei schwarz, da das Wasser, aus dem er entstehe, schwarz sei, und zwar sei der Schnee nicht nur schwarz, sondern zeige sich auch uns gegen allen Augenschein als schwarz, so sei der Weise des Karneades durch

nichts verpflichtet, einer solchen die Sinneswahrnehmung überhaupt destruierenden These zuzustimmen; alle Wahrscheinlichkeit spreche dafür, daß der Schnee weiß sei (zu Anaxagoras vgl. oben 72 und VS 59 A 97). An die Wahrscheinlichkeiten wird der akademische Weise sich halten wie alle anderen Menschen auch; dazu der vielzitierte Vers der Odyssee 19,163.

Dann wird, wie schon in 97, Epikur gegen die Stoa mobilisiert. Verbindet man den Satz Epikurs: „Wenn auch nur ein einziger Sinneseindruck falsch ist, kann überhaupt nichts begriffen werden" (der Sache nach Epikurs Kyriai Doxai Nr. 23,24 entsprechend) mit dem Satz der Stoa, daß es falsche Sinneseindrücke gibt, so ist die These des Karneades bewiesen. Die Stoa verwirft allerdings den Satz Epikurs, während wir schon bemerkten, daß Karneades mehrfach mit eben diesem Prinzip operiert: Wenn die Ununterscheidbarkeit zweier Eindrücke auch nur ein einziges Mal evident ist, so genügt dies zur Annahme, daß alles ununterscheidbar ist.

Diese Ununterscheidbarkeit schließt zwar das Begreifen im stoischen Sinne völlig aus, nicht aber das Konstatieren von Wahrscheinlichkeiten. Der Bericht über Kleitomachos schließt mit einem Protest gegen die Unterstellung des Antiochos, wer nichts für begreifbar halte, verurteile den Menschen dazu, gewissermaßen blind und taub zu sein.

102 B–105 A Es folgt ein kurzer Auszug aus einem zweiten Buch des Kleitomachos, besonders interessant darum, weil der Adressat kein anderer war als der berühmte Dichter der Saturae, C. Lucilius (der denn auch in seiner ersten Satura, dem „Deorum concilium" den Gott Neptun über ein Problem reden läßt, das so schwierig sei, daß „nicht einmal Karneades es lösen könnte, falls ihn der Orcus wieder an die Oberwelt entließe", (V. 31 Marx). Wir erfahren sofort, daß Kleitomachos ein zweites Buch gleichen Inhalts an L. Marcius Censorinus gerichtet hat, Konsul des Jahres 149 v. Chr.; es ist eine eigentümliche Koinzidenz, daß Kleitomachos anerkanntermaßen Karthager war (vgl. 98), Censorinus aber Konsul war in dem Jahre, in dem der dritte Punische Krieg begann, der mit der Zerstörung Karthagos endete. (In Tusc. disp. 3,54 kennt Cicero eine Trostschrift, die wiederum Kleitomachos nach der Zerstörung seiner Vaterstadt, natürlich auf griechisch, an seine Mitbürger gerichtet hat, die in die Gefangenschaft geraten waren; er selbst ist nicht als Gefangener, sondern wohl schon wesentlich früher nach Rom gekommen.)

Hier greifen wir das planmäßige Bemühen des griechischen Phi-

losophen, in der gebildeten römischen Gesellschaft für seine Lehre Propaganda zu machen. Allzu anspruchsvoll werden die beiden Bücher nicht gewesen sein, und die Worte „prima institutio" dürften στοιχείωσις wiedergeben; andererseits konnten sie auf Zustimmung rechnen in einer Gesellschaft, die dem oft provokativen Dogmatismus der anderen Schulen mit Mißtrauen gegenüberstand. Man nimmt umgekehrt gerne an, daß ein Mann wie Panaitios zum mindesten im Namen einer temperierten Stoa dieser Propaganda entgegenzuwirken suchte.

Für die Akademie sind die Wirklichkeiten so weit verschieden, daß ihre Eindrücke glaubwürdig oder unglaubwürdig sein können; dies bleibt unter allen Umständen bestehen, hat aber nichts mit der stoischen Begreifbarkeit zu tun. Alle Sinneswahrnehmungen können glaubwürdig sein, doch begreifbar im Sinne der Unverwechselbarkeit ist keine einzige. Die Zurückhaltung des Urteils gilt demnach rückhaltlos dem stoischen Begriff der Zustimmung gegenüber; sie schließt aber nicht im geringsten aus, daß wir einen Eindruck als glaubwürdig anerkennen, einen andern als unglaubwürdig verwerfen. Dazu tritt die wichtige Präzisierung, daß glaubwürdig derjenige Eindruck ist, dessen Glaubwürdigkeit nicht durch hindernde Umstände beeinträchtigt ist (vgl. 33). Da werden also Randbedingungen geltend gemacht, nicht anders als dies Epikur Frg. 247 Us. getan hat und wie sie für seine Zwecke auch Antiochos (19) eingeführt hatte. Es liegt in der Natur der Sache, daß weder der Anspruch auf totale Zuverlässigkeit noch derjenige auf Probabilität ohne den Vorbehalt des ἀνεμπόδιστον festgehalten werden kann (vgl. Aristoteles Nik. Eth. 1153b9ff.!).

Daß die Akademie des Karneades-Kleitomachos mit diesem Verzicht auf eine dogmatische Gewißheit im Sinne der Stoa zugunsten einer der „condition humaine" angemesseneren Probabilität dem Mißtrauen der Römer der griechischen Spekulation gegenüber entgegenkam, darf noch einmal vermerkt werden; allerdings ist auch noch einmal in Erinnerung zu rufen, daß die Zurückhaltung der Akademie strikte die Aussagen über *unsere* Welt der Wahrnehmung und Erfahrung betrifft und insofern sich auf Platon stützen kann; wiewiet der Vorbehalt der Akademie zugunsten der anderen Welt Platons in Rechnung gestellt werden muß, wissen wir nicht.

105 B–107 A Mit einer Würdigung der Probabilität, die nicht zufällig an Ciceros Äußerungen in der Vorrede (8) erinnert, beginnt die weitere Polemik gegen die Thesen des Lucullus-Antiochos.

Von der Evidenz ist zunächst die Rede (zuerst in 17, dann in 34).

Daß die Evidenz entfällt, hindert nicht, daß die Glaubwürdigkeit der Wahrnehmungen erhalten bleibt, und Cicero exemplifiziert glücklich mit dem von der Sonne beschienenen Meere, wie es von der Villa aus zu sehen ist.

Nichtig ist auch der Verweis auf das Gedächtnis; denn die Behauptung, man könne sich nur an das erinnern, was man zuverlässig begriffen habe (vgl. 22), ist offensichtlich absurd. Dabei wird zweimal mit Epikureern exemplifiziert: Polyainos, der sich an die gesamte Geometrie erinnert, auch nachdem ihm Epikur klargemacht hatte, daß sie falsch sei (vgl. De fin. 1,20), und Seiron, der Zeitgenosse Ciceros, der sich an alle Lehren Epikurs erinnert, obschon wir zu wissen glauben, daß sie falsch sind (vgl. De fin. 2,119).

Wie schon in 22 folgt der Hinweis auf die Künste. Da hat Cicero massiv gekürzt. Unter „Künsten" („artes") können erstens die Wissenschaften begriffen werden, die zumeist mit bloßen Vermutungen arbeiten, oder zweitens die bildenden Künste, die sich von vornherein einfach an das halten, was sich ihnen zeigt; bei diesen wird die Frage nach Wahr und Falsch gegenstandslos.

107 B-111 Die Diskussion um das Erkenntnisproblem im engsten Sinne geht hier zu Ende. Sie konzentriert sich ausdrücklich auf zwei Thesen der Stoa: I. Kein Mensch kann sein Leben lang konsequent jede Zustimmung zu einem Eindruck verweigern. II. Für den, der die Zustimmung in dieser Weise verweigert, wird jedes Handeln unmöglich (denn wo die Aporie radikal ist, können nur willkürliche, unbegründbare Entscheidungen gefällt werden).

Die Widerlegung der ersten These sucht die Stoa in ihrem eigenen Bereiche zu schlagen. Wenn schon der Stoiker Panaitios (zum Urteil über ihn vgl. De fin. 4,79) der Mantik, die nach der Lehre der stoischen Orthodoxie begriffenes und begreifbares Wissen liefert, seine Zustimmung verweigert, um so mehr Recht wird der Weise haben, in allen andern Situationen seine Zustimmung zu verweigern; und wenn schon Chrysippos der Beweismethode des Sorites seine Zustimmung verweigert (vgl. 92-94), warum sollte eine solche Weigerung dem Weisen nicht erlaubt sein? Es bleibt ihm ja die Freiheit, sich an das Glaubwürdige zu halten, falls nichts Hinderndes dazwischentritt.

Angedeutet wird das stoische System der Mantik in seinen vier Arten: die etruskische Eingeweideschau, die Vogelschau, die Orakelstätten, die Träume und die Vorhersagen. Daß Panaitios an alledem zweifelte, ist bemerkenswert (vgl. De div. 1,6; 12; 2,87-97;

sowie Diog. Laert. 7,149), besonders wenn man bedenkt, daß er zur Hauptsache für römische Leser geschrieben hat.

In Stichworten wird zuerst die stoische Lehre angedeutet: Das, was sich mir zeigt, ergibt zusammen mit meiner Zustimmung die Wahrnehmung; daraus folgt das Erstreben (ὁρμή) und aus diesem das Handeln (πρᾶξις); wo bestritten wird, daß es ein unverwechselbar sich Zeigendes gibt, dem zugestimmt werden kann, da kann es auch kein Handeln geben (vgl. SVF 2,72–74).

Der Akademiker trumpft auf. Nach Karneades-Kleitomachos besteht das gewaltigste Handeln im Widerstand gegen das, was sich zeigt und unverwechselbar zu sein behauptet, und im Verweigern der Zustimmung; seltsam der pompöse Vergleich mit den Heldentaten des Herakles. Davon abgesehen hindert nichts, sich handelnd an das Glaubwürdige, soweit es unbedenklich ist, zu halten. Wie schon in 100, ist es nicht schwer zu zeigen, daß sich auch der Weise in vielen Situationen des Lebens mit dem Glaubwürdigen/Wahrscheinlichen begnügen muß.

Es folgt eine Auseinandersetzung mit dem Argument der περιτροπή, das Lucullus in 17, dann in 28–29 zur Sprache gebracht hatte. Es ist nicht wahr, daß derjenige, der die Überzeugung hat (decretum = δόγμα; vgl. 27), es könne nichts im Sinne der Stoa unverwechselbar begriffen werden, zum mindesten diese eine Überzeugung als begriffen erklären müsse. Zweifellos kann ohne Überzeugungen weder der Weise noch sonst ein Mensch leben, aber da handelt es sich um Überzeugungen, die auf der Glaubwürdigkeit/Wahrscheinlichkeit aufgebaut sind; und um eine solche Überzeugung handelt es sich auch in diesem Falle bei der These, es könne keine unverwechselbaren Überzeugungen geben. Die περιτροπή findet also nicht statt.

Noch einmal wird scharf hervorgehoben, daß das schlechthin Unwißbare mit dem Wahrscheinlichen/Unwahrscheinlichen nicht zusammengeworfen werden darf. Im Felde des Wahrscheinlichen sind praktische wie theoretische Entscheidungen durchaus möglich.

Als abschließende Pointe hat sich Cicero den Einwand des Antiochos gegen Philon aufgespart, es sei ein Widerspruch (a) zu behaupten, es gebe verwechselbare, also falsche, also von wahren unterscheidbare Eindrücke, und (b) zu erklären, wahre und falsche Eindrücke seien voneinander nicht zu unterscheiden (vgl. 44). Der Akademiker repliziert abermals, der Widerspruch komme nur zustande, wenn man unter Wahr im Sinne der Stoa das radikal Unverwechselbare verstehe; bleibe man im Bereich des Wahrscheinlichen, so hindere nichts anzunehmen, daß es (a) Wahrscheinliches und

Unwahrscheinliches gibt, aber auch, daß (b) zwischen dem Wahrscheinlichen und Unwahrscheinlichen niemals so eindeutig und scharf unterschieden werden könne, wie es die Stoa fordere.

So bleibt die Stoa (überspitzt gesagt) bis zum Schluß im Bereich der parmenideischen Aletheia und des radikalen Gegensatzes zwischen Seiendem-Wahrem und Nichtseiendem-Vermeintem, während die Akademie unsere Erfahrungswelt mit der parmenideischen Doxa gleichsetzt, in welcher das Seiende und das Nichtseiende unaufhörlich und bald mehr, bald weniger ineinander übergehen.

Damit ist ein starker Einschnitt erreicht, und wir erkennen einigermaßen die Gliederung, der Cicero bis dahin in seiner Rede gefolgt ist: 65–68 grundsätzliche Erklärung Ciceros über sich selbst und die von ihm vertretene Lehre; 69–71 über Antiochos; 72–78 das Ergebnis der bisherigen Problemgeschichte; 79–90 Problematik der Sinneswahrnehmungen; 91–98 Fragwürdigkeit der Dialektik; 98–105 die Lehre der Akademie, wie sie Kleitomachos dargestellt hat; 105–111 abschließende Widerlegung der Einwände des Lucullus-Antiochos und Explikation der akademischen Lehre.

112–113 Als Überleitung zum letzten Hauptabschnitt wird nun der Stoa die Lehre des Peripatos gegenübergestellt: mit diesem könne sich der Akademiker einigen. Denn wenn der Peripatetiker erklärt, die Sinneseindrücke könnten begriffen werden, oder daß auch der Weise sich zuweilen mit bloßen Meinungen begnügen werde, so hat der Akademiker kaum etwas einzuwenden. Alles geht glatt, sobald man sich von dem ominösen stoischen Zusatz der Unverwechselbarkeit des Begriffenen frei gemacht hat. Einen solchen Zusatz kennt weder der alte Peripatos noch die alte Akademie, sondern erst Antiochos (er muß mit dem leicht verächtlichen „minores" gemeint sein). Cicero gibt sich selbst als Freund, der es nicht verstehen kann, daß ein so gebildeter und scharfsinniger Mann die Tradition, der er verpflichtet war, so leichtfertig hat preisgeben können. Sowohl die These von der Unverwechselbarkeit als auch das damit zusammenhängende Postulat, daß der Weise niemals sich bloßen Meinungen überlassen dürfe, ist eine reine Erfindung Zenons. Dabei hat Zenon paradoxerweise recht. Denn man kann das Begreifen auf die Unverwechselbarkeit festlegen und dann behaupten, daß der Weise sich daran zu halten habe und an nichts anderes. Die Schwierigkeit ist bloß, daß es ein solches Begreifen in der Wirklichkeit gar nicht gibt, und damit wird alles hinfällig.

114–115 Es beginnt nun der Angriff des Akademikers von einer ganz neuen Seite: die sozusagen sokratische Energie, mit der die Stoa

vor der Unwissenheit und dem vorschnell unüberlegten Urteilen warnt, steht in einem krassen Gegensatz zu der massiven Selbstsicherheit, mit der die Stoa ein durchgeformtes und endgültiges System der Physik, Ethik und Logik anbietet. Anmaßend ist sowohl der Anspruch, daß in diesem weitläufigen System alles unerschütterlich wahr sei, wie auch die Annahme, daß dieses System unter den zahlreichen Systemen, die es gibt, das einzige sei, das die Wahrheit lehre. Dagegen wird man sich im Namen des Peripatos zu wehren haben (geschickt hebt Cicero wie später in De fin. 4,6; 61; 5,14 hervor, daß das peripatetische System das einzige sei, das dem Politiker und dem Staatsmann etwas zu bieten habe), aber auch im Namen Epikurs, wobei wiederum im Sinne von De fin. 1,65 auf die warmherzige Freundschaftlichkeit der Epikureer hingewiesen wird. Es gibt überdies die orthodoxe Stoa, die die Formeln des Antiochos völlig ablehnt: hier könnte man abermals im Sinne von De fin. 3,10ff. an Cato denken, der gegen die späteren Kompromisse die strenge Stoa Chrysipps vertreten hat, doch Cicero nennt seinen Hausgenossen Diodotos, von dem wir nur hier erfahren, daß Cicero ihn schon in seiner Jugend gekannt und wohl etwas später in sein Haus aufgenommen hat; zur Zeit der Abfassung des Dialoges (45) dürfte er schon seit längerer Zeit tot sein, doch in der supponierten Zeit (62) lebte er noch.

Allen diesen anderen Observanzen gegenüber zu behaupten, man sei der einzige Besitzer der Wahrheit, ist für Cicero ein starkes Stück (er geht darüber hinweg, daß jedenfalls die Epikureer denselben Ausschließlichkeitsanspruch erhoben haben; vgl. De fin. 1,14). Die Lage wird nicht besser dadurch, daß der Stoiker erklärt, dieses umfassende und unfehlbare Wissen besitze nur der Weise (vgl. 66). Dagegen kann mit Recht bemerkt werden, es sei immerhin der gegenwärtige reale Stoiker, der dieses System vertritt und erläutert – was zu der uralten Frage führt, wie denn ein Nichtweiser die Weisheit zu verstehen und darzulegen fähig sei. Die Stelle ist darum interessant, weil sie einen der schwachen Punkte aller hellenistischen Konstruktionen des Weisen (um von Aristoteles zu schweigen) berührt: Wie ist es dem Philosophen, der sich selber nie als „Weisen" verstanden hat (vgl. immerhin Epikur in De fin. 2,12) überhaupt möglich, Einsichten zu verkünden, die nach seiner eigenen Behauptung nur die Einsichten des Weisen sein können? Da wirkt, wie schon in 9, ein Satz ein, der nach einer anekdotischen Überlieferung bald Xenophanes, bald Empedokles gehört: „Nur der Weise vermag den Weisen zu erkennen" (Diog. Laert. 9,20; Gnomol. Vatic. Sternb.

Nr. 283). Das Problem ist in gewisser Weise unlösbar, und so beeilt sich Cicero, rasch darüber hinwegzugehen.

116–117 Die Dreiteilung der Philosophie wird hier als Gemeingut der meisten Schulen bezeichnet; in den Acad. 1,19 wird sie Platon zugeschrieben, in De fin. 5,8 Xenokrates. Der Befund ist eigentümlich insofern, als die Dialoge Platons diese Einteilung nicht kennen, dagegen Aristoteles Top. 105b20–25 sie deutlich als schon bekannt voraussetzt und anführt; sollte sie etwa in einem der platonischen „Agrapha" entwickelt worden sein? Die Reihenfolge schwankt außerordentlich (Acad. 1,5–6 hat Logik-Physik-Ethik, Acad. 1,19–32 ordnet Ethik-Physik-Logik, um nur dies zu nennen). Hier wird mit der Physik begonnen, offensichtlich, weil hier die Kritik am leichtesten war und sich auf die gesamte sokratische Tradition berufen konnte. Brutal wird erklärt, daß auf diesem Felde ein sicheres Wissen nicht zu gewinnen ist, dann aber geschickt argumentiert: selbst wenn man den Mathematikern zugestehe, daß ihre Definitionen (genannt wird die klassische Reihe Punkt–Linie–Fläche) und Beweise zwingend richtig sind, so folge daraus keineswegs, daß die Anwendung dieser Wissenschaft auf die Realitäten der Astronomie zu zwingend richtigen Ergebnissen führt; 82 hatte erwähnt, daß die Mathematiker errechnet hätten, die Sonne sei 18mal größer als die Erde. Der Weise wird dies erst annehmen, nachdem ihm Archimedes als der größte aller Mathematiker die Schlüssigkeit des Beweisganges Punkt für Punkt nachgewiesen haben wird; impliziert ist, daß dies unmöglich sei.

Cicero nennt Archimedes nicht allzu häufig. Er kennt ihn nur flüchtig und aus zweiter Hand (vermutlich durch Poseidonios), weiß aber, daß sein Ruhm als scharfsinnigster aller Mathematiker unangreifbar ist. Dennoch ist er überzeugt, daß auch und gerade die zur äußersten Perfektion ausgebildete theoretische Geometrie im Raume der Gestirne nichts auszurichten vermag. Wenn hier Karneades spricht, so ist einmal mehr Epikur sein Bundesgenosse; und wenn wir nach den Argumenten Epikurs gegen die Geometrie fragen (vgl. 106), so sehen wir uns auf Protagoras verwiesen, der nach Aristoteles Metaph. 997b34–998a6 betont hatte, die theoretischen Konstruktionen der Geometrie hätten mit der empirischen Wirklichkeit der Körperdinge im sublunaren wie im supralunaren Raume nichts zu tun: die wirklichen Bewegungen der Himmelskörper sind nicht die, die der Theoretiker errechnet. Dies dürfte auch hier gemeint sein. Die theoretische Geometrie eines Archimedes ist nicht falsch, aber unbrauchbar (vgl. z. T. 91 über die Dialektik).

Die nächste Folgerung hat „sokratischen" Stil: Wenn schon die strengste aller Methoden zu keinem sicheren Ergebnis führt, was soll man erst von den anderen, weniger strengen Methoden denken?

Dann aber wird abrupt in eine ganz andere Überlegung eingebogen: Selbst wenn man den Naturphilosophen vertrauen wollte, bliebe immer noch die Frage, welchem unter ihnen? Wir gelangen zum Dissensus philosophorum, dem alten Einwand gegen alle Philosophie, der schon Xen. Mem. 1,1,14 geläufig ist (Isokr. Or. 10,2–3 ist etwas anders). Er erhält eine ganz neue Dynamik von dem Augenblick an, in dem Theophrasts umfassende Zusammenstellung der Lehren der Vorsokratiker ihren systematischen Bezugspunkt verliert: denn Theophrast hatte in seinem großen Werk φυσικῶν δόξαι zeigen wollen, daß alle Lehren der Früheren zur Lehre des Peripatos als der Vollendung der Naturphilosophie hin konvergieren; wenn sich jedoch die Lehre des Peripatos nicht mehr als Vollendung, sondern nur als eine Lehre unter zahllosen anderen erweist, so bleibt vom Buche Theophrasts nur noch eine riesige Liste von Behauptungen übrig, unter denen jede genauso wahr oder unwahr ist wie alle übrigen.

An diesem Punkte stehen wir hier. Welche unter all den angebotenen Thesen wird man wählen? Der Weise wird da in genau derselben Verlegenheit sein wie der Unweise.

Dies soll nun an einem bestimmten Problem, der Frage nach dem Ursprung aller Dinge, demonstriert werden.

118 Es folgt eine Liste, die, wie die vergleichbare anspruchsvollere Liste De nat. deor. 1,25–29, durch mehrere Zwischenglieder hindurch auf Theophrast zurückgeht. Es sind 13 Namen, die genannt werden. Die Abfolge der ersten vier steht seit Theophrast fest; dann haben wir Paare: Xenophanes und Parmenides gehören zusammen wie Leukippos und Demokrit; Empedokles wird schon von Platon reichlich gewaltsam mit Heraklit zusammengestellt, und die Alte Akademie schließlich hat Platon an die Pythagoreer angeschlossen. Einigermaßen isoliert ist nur Melissos, der der Sache nach mit Parmenides zu verbinden gewesen wäre.

Problemlos sind die Stichwörter bei Thales (zu seiner Stellung im Kreis der Sieben Weisen vgl. Diog. Laert. 1,28–33; bemerkenswert anders ist die Notiz in De nat. deor. 1,25) und bei Anaximander (VS 12 A 13). Bei Anaximenes (VS 13 A 9) wird ausdrücklich die Unbegrenztheit der Luft der Begrenztheit/Bestimmtheit der Dinge, die aus ihr entstehen, gegenübergestellt. Die Lehre von den vier Elementen, auf die hier angespielt wird, ist faktisch erst seit Empedokles

bezeugt. Bei Anaxagoras (VS 59 A 49) tritt der unbegrenzten Hyle der göttliche Nous gegenüber. Die Hyle wird zu den für Anaxagoras charakteristischen unsichtbar kleinen Homoiomeriai (von Cicero mißverständlich als „particulae similes inter se" übersetzt). Sie sind zunächst alle miteinander vermengt, doch ordnet sie dann der Nous, indem er das Ungleiche voneinander sondert. Dies entspricht teilweise VS 59 B 1,2 und 12, auch wenn es auffällt, daß der Bericht bei Cicero den Nous die Dinge nicht in Bewegung setzen, sondern nur ordnen läßt. In De nat. deor. 1,26 wird ausschließlich gegen den anaxagoreischen Begriff des reinen, körperlosen Nous polemisiert.

Unklar ist, woher Cicero weiß, daß Xenophanes „ein wenig älter" war als Anaxagoras (VS 21 A 4 und A 34). Der Bericht folgt der schon bei Aristoteles faßbaren Tradition, die die Naturphilosophie und die Theologie des Xenophanes miteinander vermischte.

Daß wir über die Ontologie des Parmenides nichts erfahren, ist nicht merkwürdig. Zur Physik hat schon Aristoteles nur das gerechnet, was Parmenides als Doxa vorgetragen hatte und wo in der Tat der Kosmos sich aus Feuer und Erde aufbaute (vgl. VS 28 A 35 und 24). Im Sinne des Aristoteles und Theophrast gilt sodann Leukippos als der Archeget der Atomistik (VS 67 A 11); Demokrit hat die Lehre nur weiterentwickelt. Daß Cicero nicht näher auf sie eingeht, ist erstaunlich; spielt da die Rücksicht auf De fin. 1,17 eine Rolle? Übermäßig knapp sind auch die Notizen über Empedokles und Heraklit. Bei Melissos kommt die eleatische Ontologie doch zum Zuge (VS 30 A 9).

Was über Platon gesagt wird, geht, wie zu erwarten, auf den „Timaios" zurück. Der Demiurg erschafft aus der Hyle, die zu jeder Gestaltung fähig ist („in se omnia recipiens" übersetzt πανδεχές Tim. 51 A), den Kosmos; und dieser, wiewohl geschaffen, wird nach dem Willen des Demiurgen ewig dauern. Dies steht dem „Timaios" wesentlich näher als die breite Darlegung Acad. 1,24–29, die eine Gesamtsynthese der altakademischen und der peripatetischen Lehre bieten will. Die Pythagoreer werden zwar (gegen die Chronologie) unmittelbar nach Platon erwähnt, doch irgendeine Beziehung zwischen ihrer Zahlenlehre und den Thesen Platons wird nicht hergestellt. Ist es Cicero, der über alle Maßen vereinfacht hat, um rasch voranzukommen?

Diese Liste genügt schon, um die Frage nach 117 energisch zu wiederholen. Welche der angebotenen Doktrinen wird der Weise für sich wählen? Und wenn er eine wählt, so besagt dies, daß er alle anderen verwirft.

119–120 Nun wird die Polemik hart und lebendig. Der stoische Weise wird erklären müssen, daß er die Lehre, die er gewählt haben wird, genauso begriffen hat (im Sinne von SVF I,59 ?) wie irgendein banales Phänomen; und damit wird nun die stoische Kosmologie selber ironisiert: Der Kosmos besitzt „Sophia" und „Nous"; merkwürdig und wichtig ist die Andeutung, daß dieser Nous „sich selbst und den Kosmos" geschaffen hat (SVF II,92; als stoisch scheint dieses Theorem sonst nicht belegt zu sein). Dieser Nous regiert den Kosmos, doch der Kosmos selber ist voll von Göttern, da eine „animalis intelligentia" (φρόνησις ζωική?) durch alles hindurchläuft.

Dennoch geht dieser Kosmos in der Ekpyrosis zugrunde. Im Hintergrund steht da der mit Platons These sozusagen komplementäre Widerspruch: Bei Platon ist der Kosmos geschaffen und doch ewig. In der Stoa ist der Kosmos ein göttlich vollkommenes Wesen und geht dennoch unter.

Der Akademiker kann dies für wahrscheinlich halten, niemals aber für wahr und begreifbar, wie dies der Stoiker will.

Doch nicht darauf, sondern auf den Dissens kommt es an.

Den Gegensatz zwischen dem pedantischen, strengste Wissenschaftlichkeit proklamierenden Stil der Stoa und der weltmännisch glanzvollen Diktion des Aristoteles hat Cicero nirgends so prägnant formuliert wie in der nun folgenden Wendung, die denn auch berühmt geblieben ist. Nicht nur Amm. Marc. 27,4,8 zitiert sie, sondern (was nahezu singulär ist) auch der Grieche Plutarch in seiner Biographie Ciceros 24,5. Dabei ist es vollkommen evident, daß sich dieses Urteil auf keine der uns erhaltenen Pragmatien beziehen kann. Es gilt den Dialogen des Aristoteles, und in diesem Falle mit der größten Wahrscheinlichkeit dem programmatischen, drei Bücher umfassenden Dialog „Peri philosophias". Paradox ist es, daß trotz diesem enkomiastischen Urteil dieser Dialog wie auch alle übrigen bis auf wenige dürftige Zitate untergegangen ist. Dies kann nur auf den erbitterten Kampf zurückgeführt werden, den von der ciceronischen Zeit an der Peripatos und der Platonismus gegeneinander geführt haben. Es ist der Peripatos, der, die Tendenzen des Hellenismus aufnehmend, gegen die dichterische Unverbindlichkeit der Dialoge Platons den wissenschaftlichen Charakter der aristotelischen Philosophie ausgespielt und damit die Dialoge, die Aristoteles selbst geschrieben hatte, preisgegeben hat. Schließlich waren auch – trotz dem Urteil Ciceros – die Dialoge des Aristoteles als Kunstwerke denjenigen Platons nicht gewachsen, während umgekehrt den oft schwerverständlichen (vgl. „Hortensius" Frg. 56 Str.), aber strikte

wissenschaftlichen Pragmatien des Aristoteles Platon nichts Ebenbürtiges gegenüberzustellen vermochte; denn der Vortrag „Über das Gute", den Platon gehalten und den die Schüler publiziert und kommentiert hatten, war und blieb eine Kuriosität für Spezialisten.

An unserer Stelle tritt zum Gegensatz zwischen der Stoa (gemeint ist Chrysippos) und Aristoteles im Stile derjenige in der Sache. Der Vergänglichkeit des stoischen tritt die Ewigkeit des aristotelischen Kosmos gegenüber. Da haben wir es in der Tat mit einer der markantesten Sonderlehren des Peripatos zu tun. Cicero scheint sorgfältig zu berichten (daß er selber den Dialog in der Hand gehabt hat, ist nicht sehr wahrscheinlich). Begründet wird zuerst die Unentstandenheit des Kosmos mit einem Argument, das demjenigen, das Epikur bei Cicero De nat. deor. 1,21 (vgl. Lucr. 5,169-175) gegen Stoa und Platon anführt, erstaunlich ähnlich ist; nur handelt es sich bei Epikur um die Herstellung der Welt durch einen Schöpfer, bei Aristoteles um die Entstehung der Welt überhaupt. Das Sachproblem ist in beiden Fällen dasselbe: Nachdem während einer ganzen Ewigkeit keine Welt existiert hat, ist (a) weder ein Grund zu erkennen, warum sie plötzlich hätte entstehen bzw. geschaffen werden sollen, und kann auch (b) nicht angegeben werden, warum sie gerade zu dem Zeitpunkt X und nicht ebensogut zu einem beliebigen anderen Zeitpunkt entstanden sein soll. Auch in De coelo hat Aristoteles dies gegen Platon geltend gemacht (283a11-12). Philosophisch besagt dies, daß nur zwei Möglichkeiten bestehen: die Welt existiert entweder seit jeher, so daß das Problem dahinfällt, oder ihre Existenz ist radikal kontingent, eine Annahme, gegen die zwar Epikur nichts einzuwenden hat, die aber für Platon, Aristoteles und die Stoa gleichermaßen untragbar ist.

Zur Unentstandenheit tritt die Unvergänglichkeit. Der gegenwärtige Kosmos ist derart vollkommen ausgestattet, daß (a) weder eine Kraft ihn zerstören könnte noch (b) die Zeit, die alles verbraucht (dazu Aristoteles Physik 221 a30-b7), ihm etwas anzuhaben vermag. Epikur, der den Kosmos nicht nur für kontingent, sondern auch für durch und durch unvollkommen hält, hat da kein Problem, während die Stoa alle Mühe gehabt hat zu begründen, warum ein durch die Vorsehung aufs beste eingerichteter Kosmos dennoch eines Tages in der Ekpyrosis untergehen wird.

In der Alternative zwischen der Stoa und Aristoteles wird der Stoiker sich dogmatisch entscheiden müssen, während der Akademiker die Frage offenlassen kann.

Locker angehängt werden zwei weitere Bedenken gegen die Kos-

KOMMENTAR ZU LUCULLUS 435

mologie der Stoa. Beide sind letzten Endes epikureisch: (a) Wenn der Kosmos für die Menschen geschaffen worden ist (vgl. De nat. deor. 1,23), warum ist dann der Mensch solchen Bedrohungen durch die Tiere und die Natur ausgesetzt? (b) Soll man annehmen, daß Gott pedantisch und kleinlich wie ein Kunsthandwerker alles bis ins einzelne ausgearbeitet hat? Die beiden Argumente ergänzen einander. Der Kosmos ist (a) entweder allzu unvollkommen, oder, wenn er (b) vollkommen ist, so ist es eine Vollkommenheit, die der Gottheit unwürdig ist. Beide Argumente gehen auf Karneades zurück. Das beweist für das erste Plutarch Frg. 193 Sandb., und für das zweite darf man annehmen, daß es in dem verlorenen Stück De nat. deor. 3,65 zur Sprache kam. Zu Myrmekides (3. Jhd. v. Chr.?), der winzige Spielzeuge zu fabrizieren verstand, vgl. Plut. Mor. 1083 E, Plin. Nat. hist. 7,85 und 36,43, Ael. Var. hist. 1,17, Varro Ling. Lat. 7,1 und 9,108. Der Gedanke, man dürfe der Gottheit nicht zumuten, sich um jede Kleinigkeit zu kümmern, ist allerdings gerade stoisch, vgl. De nat. deor. 2,167; 3,86; 90–93.

121 Grundsätzlich steht der These der Stoa, daß der Kosmos ein Werk der Gottheit sei, diejenige des Straton gegenüber (vgl. De fin. 5,13 und Acad. 1,33), die die Gottheit durch die Natur ersetzt (Frg. 32 Wehrli, vgl. De nat. deor. 1,35). Bei ihm greift die Gottheit genausowenig wie der unbewegte Beweger des Aristoteles in die Entstehung und die Bewegung des Kosmos ein. Die Natur, noch bei Aristoteles selber in einer nicht ganz klaren Relation zur Gottheit stehend, wird hier völlig autonom und leistet das, was man der Gottheit nicht mehr zuschreiben will. Bemerkenswert ist die scharfe Abgrenzung von Demokrits Atomismus (VS 68 A 80; seinen eigenen Zeitgenossen Epikur scheint Straton nicht zu berücksichtigen). Sie schließt freilich nicht aus, daß die ironische, ganz stark an Epikur erinnernde Anmerkung Ciceros nicht auch auf Demokrit zielt; denn daß es die Absicht des Atomismus ist, die Menschen von der Furcht zu befreien, muß auch schon Demokrit gesagt haben (De fin. 5,87 spricht geradezu von der ἀθαμβίη und dem „animus terrore liber"). Da ist Epikur tatsächlich schon vorweggenommen (vgl. auch De nat. deor. 1,54).

Cicero seinerseits wahrt die Distanz von Straton hier wie von der Stoa dort.

122–124 Von Demokrit ist wohl auch noch die nächste Wendung angeregt, alles sei in so tiefes Dunkel gehüllt, daß wir nichts zu unterscheiden und zu erkennen vermögen (vgl. 73).

Damit verläßt Cicero die Frage nach dem Ursprung der Welt und

geht zum Menschen über und zwar zum Wissen von Körper und Seele. Was über den Körper zu sagen war, hat er ganz stark verkürzt; er wollte wohl nicht auf physiologische Einzelheiten eingehen, die ihm teils zu kompliziert waren, teils ihn als unästhetisch schockierten. So begnügt er sich mit einem Hinweis auf die Leistungen der Anatomie, über die ein repräsentatives Werk in den sechs Büchern „Anatomía" des Aristoteles vorlag. Allerdings lehrt unsere überaus wichtige Stelle, daß über den Wert anatomischer Befunde die Meinungen geteilt waren. Die Schule der Empiriker, die sich programmatisch von den Dogmatikern unterschied (gegründet im 3. Jhd. v. Chr. von Philinos von Kos), rechnete ausdrücklich mit der Möglichkeit, daß gerade durch das Bloßlegen die inneren Organe des Menschen sich alterieren, also in ihrem normalen Zustand und ihrer normalen Funktion gar nicht beobachtet werden können; es ist ein Gesichtspunkt, den wir als überraschend modern empfinden.

Einzelheiten hat Cicero weggelassen bzw. verdrängt durch einen Überblick über kontroverse Probleme der Kosmologie, auch dies von der Sache her ein ungewöhnlich wichtiger Abschnitt.

Das erste Problem ist das Ruhen der Erde im Weltall. Da stehen sich zwei Theorien gegenüber. Für die erste ist die Erde (sozusagen wie ein Baum) in der unendlichen Tiefe verwurzelt, für die zweite schwebt sie im unverrückbaren Gleichgewicht in der Mitte der Weltkugel. Die erste ist die des Xenophanes (VS 21 A 47; vgl. 21 B 28 und Empedokles 31 B 39), die zweite diejenige Anaximanders (VS 12 A 26; vgl. aber auch 28 A 44 und Platon Phaid. 108 E–109 A). Wohl mit Absicht wird eine besonders primitive einer besonders subtilen Ansicht gegenübergestellt.

Als zweites figuriert eine Lehre des Xenophanes: der Mond sei wie eine zweite Erde gestaltet und von Menschen bewohnt. Doch hier liegt ein ärgerliches Problem vor. Nach dürftigen Andeutungen der Doxographie hat Xenophanes den Mond als eine feurige Wolke gesehen, die sich immer wieder entzündet und verlischt (VS 21 A 43). Mit Ciceros Mitteilung (vgl. VS 21 A 47) ist dies völlig unvereinbar. So ist es eine alte Vermutung, daß Cicero hier Xenophanes und Anaxagoras verwechselt habe. In der Tat wird die seltsame These, der Mond sei bewohnt, auf Anaxagoras zurückgeführt (VS 59 A 1,8 und A 76,77); was wir nicht sicher wissen, ist, ob dies nur eine spätere Ausdeutung des schwierigen Frg. 59 B 4 ist, das Simplicius zitiert, ohne es auf den Mond zu beziehen. In dem Zitat ist in der Tat von der Wahrscheinlichkeit die Rede, daß es „auch anderswo" Menschen, Städte, bebaute Äcker, Sonne und Mond gebe. Die Interpretation

darf sich die Sache nicht zu einfach machen; denn undurchsichtig bleibt die Lage in jedem Falle. Daß Cicero da ein Versehen unterlaufen sei, nimmt man höchst ungerne an; und was Xenophanes betrifft, so muß mit der Möglichkeit gerechnet werden, daß er manche Dinge in seinem theologischen Gedicht anders behandelt hat als in seiner Naturphilosophie. Bei Anaxagoras wiederum ist es, abgesehen von der Exegese von VS 59 B 4, störend, daß er die Sonne als einen glühenden Steinklumpen (die Bezeichnung als μύδρος διάπυρος VS 59 A 1 u. a. geht zweifellos auf ihn selber zurück, ist also Zitat) und zwar „um ein Vielfaches größer als die Peloponnes" (VS 59 A 1,8 und A 72), also immerhin wesentlich kleiner als unsere gesamte Oikumene, verstanden hat, den Mond dagegen als eine zweite bewohnte Erde. Eine überzeugende Lösung des Problems hat sich bis jetzt noch nicht finden lassen.

Ein drittes Problem hat auch seine Tücken. Da wird der Stoa die Lehre von den Antipoden zugeschrieben – eine Lehre, die ihrerseits die Kugelgestalt der Erde und die Aufteilung der Erdoberfläche in fünf Zonen voraussetzt. Nun erklärt Diog. Laert. 3,24 ausdrücklich, Platon habe den Begriff der ἀντίποδες in die Philosophie eingeführt; bestätigt wird dies durch Tim. 63 A. Sollte auch da ein Mißverständnis vorliegen (und sollte aus diesem Grunde der Abschnitt nicht in SVF II, 646 ff. aufgenommen worden sein)? Auch in diesem Falle wird man einen solchen Ausweg erst wählen, wenn überhaupt keine andere Möglichkeit der Erklärung besteht. Man könnte indessen vermuten, daß Platon gegenüber, der nur ganz knapp auf die Sache zu sprechen kommt, die Stoa sich die Lebensform der Antipoden weitläufig ausgemalt hat; dann wirkt die Vorstellung, es gebe Antipoden, genau so abenteuerlich wie die vorangehende Behauptung, der Mond sei bewohnt.

Offen bleiben soll die Hypothese, der Abschnitt gehe auf den Timaios-Kommentar des Poseidonios zurück. Beachtenswert ist immerhin, daß zum vierten Problem ausdrücklich der platonische „Timaios" zitiert wird derart, daß man vermuten könnte, auch dieses Stück entstamme zunächst einem Kommentar zum Tim. 40 B; vgl. Plutarch Mor. 1006 C.

Singulär ist die Nennung Theophrasts, als einzige Stelle, an der bei Cicero auf Theophrasts „Physikōn Doxai" (Frg. 18 Diels) verwiesen wird. Es ist eine mit Recht hochberühmte Stelle. Denn sie hat dem europäischen Westen einen ersten Anstoß gegeben, die geozentrische Kosmologie des Ptolemaios zuerst in Frage zu stellen, dann zu destruieren.

Genannt wird für die revolutionäre These, daß der gesamte supralunare Raum unbewegt sei und nur die Erde sich bewege, Hiketas von Syrakus. Er begegnet uns nur noch zweimal, bei Diog. Laert. 8,85, wo mit ihm Philolaos in Konkurrenz steht, und bei Aet. 3,9,1–2, wo präzisiert wird, Hiketas habe neben der (bewegten) Erde noch eine Gegenerde, „Antichthon", (die sich ebenfalls bewegt) angenommen.

Dazu tritt Aet. 3,13,3, wonach die These, die Erde sei in Bewegung, auf Herakleides vom Pontos und auf den Pythagoreer Ekphantos zurückgehe. Herakleides (Frg. 104 Wehrli) ist uns als Verfasser zahlreicher phantasievoller Dialoge bekannt; über Ekphantos haben wir einige Notizen, die ihn zur Hauptsache als pythagoreischen Atomisten charakterisieren (VS Nr. 51). Ein Zusammenhang zwischen diesem Atomismus und der Erdbewegung wird nicht hergestellt.

Es bleibt eine äußerst verführerische Hypothese, daß das Problem der Erdbewegung, das die ganze ältere Kosmologie auf den Kopf stellte, in einem Dialog des Herakleides diskutiert wurde und daß zum mindesten Hiketas der späteren Zeit (und schon Theophrast) nur als Dialogfigur des Herakleides bekannt war. Weiter kommen wir nicht. Es hat sich denn auch die These, daß der gesamte supralunare Raum unbewegt und nur die Erde bewegt sei, in der Antike nie durchsetzen können, auch wenn der große Astronom Aristarchos von Samos sie mit Sympathie aufgenommen hat (dazu Kleanthes SVF I,500).

Das Stichwort „Sonne" leitet über zum fünften dieser Probleme. Wir kennen es schon. Es ist Epikurs provozierende Erklärung über die Größe der Sonne, die schon in 82 zur Sprache kam. Der Text ist hier lückenhaft, der Sinn völlig klar. Epikur macht sich über die mathematische Astronomie platonischen Typs lustig, während umgekehrt die gelehrten Astronomen mit Verachtung von Epikurs Mangel an allgemeiner Bildung sprechen.

Da ist es weise, meint Cicero, sich an Sokrates zu halten, der mit solcher Naturphilosophie nichts zu tun haben wollte, und an den dissidenten Stoiker Ariston von Chios, der in dieser Hinsicht der entschiedene Erbe des Sokrates ist (SVF I,351–355).

Nach dieser langen Parenthese kehren wir zum Menschen zurück. Der Einsatz hat „sokratischen" Stil: Wenn wir schon nicht wissen, welches die Beschaffenheit der Muskeln und der Adern ist (die wir doch dank den Eingriffen der Anatomie sichtbar vor uns haben), um wieviel schwieriger wird es sein, etwas über die Seele auszusagen, die wir nicht zu sehen vermögen.

Es folgt in lockerer Reihenfolge eine Liste von drei Fragen. Der Sache nach wäre zuerst zu fragen, ob so etwas wie die Seele überhaupt existiert, dann (falls sie existiert), was sie ihrer Natur nach ist, und endlich, wo im menschlichen Körper sie sitzt.

Zur ersten Frage wird die radikale These Dikaiarchs genannt (Frg. 5–12 Wehrli); stark vereinfacht könnte man sie eine Synthese der in Platons „Phaidon" 85 E–86 D von Simmias vorgetragenen Lehre von der Seele als Prinzip des Gleichgewichts von Warm–Kalt, Feucht–Trocken und der aristotelischen These, daß die Seele als „Entelechie des Körpers" ebenso an den Körper gebunden sei wie der Körper an sie (De an. 2,1–2) interpretieren. So oder so besitzt die Seele keine autonome Wesenheit.

Es folgt die zweite Frage, ob die Seele, wenn sie doch eine Wesenheit besitzt, einfach oder mehrteilig ist.

Für die Einfachheit optieren vier Doktrinen: Die Seele ist (1) Feuer (wozu Aristoteles De an. 405a13 Demokrit zitiert; andere Texte nennen Heraklit) oder (2) Luft (Aristoteles De an. 405a21 erwähnt neben anderen Diogenes von Apollonia) oder (3) Blut; da führt Aristoteles De an. 405b5–7 merkwürdigerweise nur Kritias an, obschon die Doxographie hier zumeist Empedokles zitiert (VS 31 B 105). Eine Sonderstellung hat (4) Xenokrates, der platonische und „pythagoreische" Elemente miteinander zu kombinieren suchte und damit auf die absonderliche Bestimmung geriet, die Seele sei „eine sich selbst bewegende Zahl" (Frg. 165–212 Isn.-Par.; unsere Stelle Frg. 201). Den Leser des platonischen „Phaidon" befremdet es etwas, daß Cicero (nach anderen) unbeschwert erklärt, man wisse kaum, was man sich unter einer unkörperlichen Seele eigentlich vorzustellen habe.

Dabei hätte man nicht nur mit Platons „Phaidon" zu rechnen, sondern auch mit der Seelenlehre der „Politeia", die nun als Beispiel einer mehrteiligen Seele von Cicero angeführt wird. Die drei Teile sind bekannt (nicht gerade glücklich wird das platonische θυμοειδές mit „ira" übersetzt), desgleichen, daß sie ihren Sitz in verschiedenen Regionen des menschlichen Körpers haben; doch pflegen die Interpreten anzunehmen, daß auch diese platonische Seele unkörperlich ist (vgl. auch Acad. 1,39). Passend mit der Frage geschlossen wird, ob die Seele sterblich oder unsterblich sei; die doxographischen Angaben dazu hat Cicero weggelassen.

Der ganze knappe Abschnitt hängt auf das engste mit zwei, allerdings wesentlich ausführlicheren Kapiteln der Tusc. disp. zusammen: 1,18–22, dann 1,24; auch im späteren Verlauf kommt Tusc.

disp. 1 immer wieder auf diese Lehren zurück. So wird man annehmen, daß Cicero, als er den „Lucullus" schrieb, bereits daran war, das Material für das erste Tusculanenbuch zusammenzustellen. Vielleicht dürfen wir sogar noch einen Schritt weitergehen. Die Frage nach der Existenz und dem Wesen der Seele muß der Sache nach schon in der verlorenen „Consolatio" wie auch im verlorenen „Hortensius" mindestens berührt worden sein: in der „Consolatio" hat Cicero ausdrücklich vom Ursprung der menschlichen Seele gesprochen, wie das Zitat in Tusc. disp. 1,65-66 zeigt. In der abschließenden Rede im „Hortensius" hat sich Cicero zwar an die einfache Alternative der platonischen „Apologie" 40E-41C gehalten (entweder friedliches Verlöschen der Seele oder seliges Weiterleben), wie Frg. 102 Str. zeigt (vgl. auch Augustin Ep. 104,3); doch daß dies nur die letzte Folgerung aus einer ausdifferenzierten Diskussion verschiedener Theorien über das Wesen der Seele war, ist zum mindesten nicht unwahrscheinlich.

Der Stoiker ist gezwungen, sich dogmatisch für eine dieser Theorien zu entscheiden, während für den Akademiker nicht einmal die größere Wahrscheinlichkeit übrigbleibt: so groß ist die Gleichgewichtigkeit (ἰσοσθένεια) der einander gegenüberstehenden Argumente.

125-126 Demgegenüber wird der Stoiker fordern, daß der Akademiker wenigstens einer der angebotenen Thesen den Vorzug gebe.

Wenn Cicero daraufhin Demokrit wählt, so hängt dies einmal daran, daß in der Tradition, der er durchwegs folgt (Akademie? Peripatos?), Demokrit regelmäßig gegen Epikur ausgespielt wird, und sodann auch daran, daß er, wie Epikur, eine der Stoa radikal entgegengesetzte Doktrin vertritt. Das leise selbstironische Kompliment an Demokrit verstehen wir nicht völlig; es genügt nicht, auf 73,75,147 oder De fin. 5,75 zu verweisen. Dramatisch ist wesentlich, daß der Stoiker zuerst Cicero zu einer Konzession auffordert und dann gerade gegen diese Konzession massiv polemisiert.

Die Polemik hebt sehr scharf fünf Punkte hervor: (1) Die Annahme eines leeren Raumes, ohne den keine Bewegung stattfinden könne, ist verkehrt. Der Einwand des Stoikers ist im Texte lückenhaft (eine sichere Ergänzung ist nicht möglich), entspricht aber in der Sache der ausführlichen Argumentation des Aristoteles Phys. 4,6-9. (2) Die Annahme der Atome (in De fin. 1,17 wird der griechische Begriff übersetzt und erläutert, was hier nicht nötig zu sein scheint) scheitert daran, daß nicht erklärt werden kann, wie aus Körperchen, die keine Sinnesqualitäten besitzen (weder Farbe noch Geschmack usw.), eine Welt entstehen kann, die alle diese Qualitäten

besitzt; der (in sich sinnvolle) Einwand scheint anderswo kaum belegt zu sein. (3) Die vollkommene Geordnetheit des Kosmos setzt einen planenden Geist voraus (vgl. De fin. 1,20). (4) Überflüssig ist (a) die Annahme unzähliger anderer Welten neben, vor und nach unserer Welt und erst recht (b) die schon in 55 erwähnte These, daß einige dieser Welten voneinander verschieden, andere dagegen einander vollkommen gleich seien derart, daß man annehmen müsse, die gegenwärtige Diskussion spiele sich auf die gleiche Weise an gleichen Orten in unzähligen anderen Welten ab. Ich bemerkte schon, wie merkwürdig nahe diese These einer stoischen Doktrin (SVF I,109 und II,623-626) zu kommen scheint. Hier soll sich die These offenbar durch ihre Absurdität selbst widerlegen. (5) Alles Wahrnehmen im wachen oder im schlafenden Zustand erfolgt durch das Eindringen von Bildern (De fin. 1,21 ergänzt teils durch die Beigabe des griechischen Wortes εἴδωλα, teils durch die Mitteilung, daß nicht nur das Wahrnehmen, sondern auch das Denken durch diese Bilder zustande kommt). Dies gilt als besonders absurd, so daß der Stoiker sich wundert, daß der Partner solchen Unsinn glaubt; woraus Cicero folgert, daß es der Stoa nicht daran liegt, daß man irgendeine These, sondern nur, daß man *ihr* Dogma annehme.

Dies führt zum Gegenangriff. Drei stoische Doktrinen werden summarisch verworfen (Mantik, Heimarmene, Konstruktion des Kosmos durch eine planende Gottheit), und nicht nur dies: die Stoiker selber sind in wichtigen Punkten uneinig. Genannt wird allerdings nur ein einziges Theorem. Für Zenon ist der Aether Gott (SVF I,154. Ist „mente praeditus" Übersetzung von νοερός?), für Kleanthes dagegen die Sonne (SVF I,499). Hat er gegen Zenon polemisiert? Der Unterschied ist jedenfalls gering; beide Thesen ließen sich auch aus Aristoteles ableiten.

Der Hinweis auf die Sonne (schön belebend wie schon in 125 die szenische Aktualisierung) führt zu einer grundsätzlichen Kritik: Die Stoa glaubt ganz genau zu wissen, wie groß die Sonne ist (dazu 82 der Hinweis auf die Berechnungen der Mathematiker); Cicero bestreitet, daß es überhaupt möglich sei, so genau zu messen. Es ist derselbe Einwand, den er in De rep. 1,15 Scipio gegen Panaitios erheben läßt (was freilich nicht hindert, daß wenig später 1,21-25 enthusiastisch über die astronomischen Leistungen eines Archimedes, dann des C. Sulpicius Gallus berichtet wird). Man mag den Einwand spezifisch römisch nennen; doch könnte er auch aus der Schule Epikurs kommen. Jedenfalls nimmt Cicero für die Akademie die größere Bescheidenheit in Anspruch.

127–128A Passenderweise schließt Cicero mit einem Lob der Naturphilosophie, das die scharfe Kritik, die 116–126 beherrschte, neutralisieren soll. Die Betrachtung der Natur ist die Nahrung der Seele; mit dem „quasi" wird die Metapher, die das griechische τροφὴ ψυχῆς übersetzt, entschuldigt. Im griechischen Denken ist die Vorstellung, daß das Wissen die Nahrung der Seele ist, seit Platons Protag. 313 Cff., Xenokrates Frg. 203–204 Isn.-Par. u. a. geläufig. Daneben steht der Gedanke, daß die Einsicht in die Dimensionen des Kosmos dem Menschen dazu verhilft, die irdischen Angelegenheiten zu verachten. Dergleichen sagt wiederum schon Platon Theait. 174 E, Rep. 486 AB und findet seine klassische Formulierung bei Cicero, De rep. 6,20–25; manches spricht dafür, daß jedenfalls schon Anaxagoras und Demokrit sich ähnlich geäußert haben. Daß damit die kosmologische Forschung auch vom Standpunkt sokratischer Ethik gerechtfertigt werden konnte, kommt dazu.

Einschränkend wirkt dagegen die Bemerkung, die Arbeit an bedeutenden, aber auch abgelegenen Problemen verschaffe „Oblectatio". Dies ist der Gegenbegriff zu „Utilitas" und soll auch hier so verstanden werden: Naturphilosophie ist eine edle Beschäftigung für ruhige Stunden, doch nützlich für das Leben ist erst die Ethik, die nun von 128 B an zur Sprache kommen soll (vgl. Hort. Frg. 18 Str., De off. 2,6, auch Tusc. disp. 2,10).

Dann biegt Cicero zurück zu dem im gegenwärtigen Kontext entscheidenden Gedanken: das Entdecken des Wahrscheinlichen ist alles, was man fordern kann und wünschen soll.

128 B–132 A Eingeführt wird die Ethik mit einer methodischen Überlegung. Wenn die Stoa sich darauf versteift, die abgelegensten und fragwürdigsten kosmologischen und theologischen Thesen mit derselben dogmatischen Sicherheit zu verfechten wie die Grundsätze der Ethik, deren wir jeden Tag bedürfen, so zieht ihre manifeste Unglaubwürdigkeit im ersten Falle dieselbe Unglaubwürdigkeit im zweiten Falle nach sich. Noch einmal geht es um die Berechnung der Dimensionen der Sonne (vgl. 82,116,126). Da es für die Stoa nur eine Weise des Begreifens gibt, so folgt daraus, daß es, wenn wir kein begreifendes Wissen von den Dimensionen der Sonne haben können, überhaupt kein begreifendes Wissen gibt.

Nun aber gilt es, den Zielpunkt unseres ethischen Handelns festzulegen. Das erste, was zu konstatieren ist, ist hier wie schon in 117 der „Dissensus philosophorum". Freilich ist es hier nicht Theophrast, der das Belegmaterial liefern kann. Aus Gründen, die wir nicht ganz durchschauen, ist eine „Geschichte der ethischen Sy-

steme" als Gegenstück zu Theophrasts „Geschichte der naturphilosophischen Systeme" nie geschrieben worden. Einigen Ersatz bietet ein Schema, das Cicero durch Philon wie durch Antiochos kennengelernt hat und das wir im Hinblick auf De fin. 5,16–23 (wo es am ausführlichsten vorgetragen wird) „Divisio Carneadea" nennen können. Es ist Karneades, der versucht hat, eine erschöpfende Übersicht über sämtliche nicht nur geschichtlich nachweisbaren, sondern grundsätzlich möglichen ethischen Thesen auszuarbeiten. Dieses Schema hat Cicero an nahezu zwanzig Stellen benutzt, und so liegt es auch hier zugrunde, natürlich in freier Umformung Ciceros.

Er beginnt mit den drei Doktrinen, von denen jedenfalls Karneades behauptet, sie seien zwar interessant, aber endgültig widerlegt und abgetan, so daß man sich mit ihnen nicht mehr auseinanderzusetzen brauche: Erillos von Chalkedon (SVF I,413), Ariston von Chios (SVF I,362) und Pyrrhon von Elis (Diog. Laert. 9,61–108), dessen Lehre zwar der Stoa keineswegs nahestand, die aber systematisch als eine Radikalisierung der Position Aristons aufgefaßt werden konnte.

Diese drei werden als Gruppe in De fin. öfters genannt; ein Vergleich der Stellen, der hier nicht anzustellen ist, würde zeigen, daß unserm Text und De fin. dasselbe Material zugrunde liegt, doch so, daß sich die Aussagen gegenseitig ergänzen. So sind etwa für Erillos die Informationen reicher in De fin., während umgekehrt das Stichwort ἀδιαφορία für Ariston (SVF I,362) und ἀπάθεια für Pyrrhon nur an unserer Stelle ausdrücklich aufgeführt werden. Cicero hat die Dialoge planmäßig aufeinander abgestimmt.

Aus einer anderen Vorlage eingeschaltet ist die Notiz über die Eleaten und Megariker, zu der sich in De fin. kein Gegenstück findet; sie hat auch mit der Divisio Carneadea nichts zu tun. Nahezu singulär ist die Verknüpfung des Eukleides mit den drei Eleaten (Frg. 31 Giannant.). Auch seine Abhängigkeit von Platon wird nur an dieser Stelle behauptet; für die sonstige Tradition scheint er vielmehr älter als Platon zu sein (vgl. Eukleides Frg. 5 Giannant.). Menedemos wiederum gilt in der gesamten Tradition als Schüler des Sokratikers Phaidon, den Cicero nicht erwähnt; Zeugnisse über die Lehre des Menedemos besitzen wir nur verschwindend wenige (unser Abschnitt: Frg. 17 Giannant.). Cicero hat dieses bemerkenswerte Stück eingelegt offenbar im Hinblick auf die behauptete Beziehung des Eukleides zu Platon, des Menedemos zu Erillos.

Es folgt die Liste derjenigen Lehren, die zur Zeit des Karneades noch aktuell waren. Die Beziehungen zu De fin. sind durchwegs außerordentlich eng.

(A) Die Lust als Ziel des Handelns haben (1) Aristippos, (2) Epikur angenommen. Worin die Differenzen zwischen beiden bestanden, erfahren wir aus De fin. 1,23; 26 und bes. 2,34–35: Aristippos ist konsequenter als Epikur, weil für ihn die erste Regung des Säuglings prinzipiell mit dem Lebensziel des Erwachsenen übereinstimmt, was bei Epikur nicht der Fall ist.

(B) Eine Verbindung von Lust und Tugend hat Kalliphon gelehrt, den wir nur durch Cicero und aus der Divisio Carneadea kennen. Welcher Zeit und vor allem welcher Schule er angehörte, wissen wir nicht; unsere Stelle zwingt zur Folgerung, daß er jedenfalls kein Peripatetiker war.

(C) Die Schmerzlosigkeit allein ist für Hieronymos von Rhodos das Ziel des Handelns (Frg. 9 c Wehrli). Diodoros von Tyros hat diese Schmerzlosigkeit mit der Tugend verknüpft. Auch über ihn sind wir fast nur durch Cicero informiert (Frg. 4 g Wehrli). Aus dem wenigen, was wir sonst wissen, erfahren wir, daß er Nachfolger des Kritolaos in der Leitung des Peripatos gewesen ist (Kritolaos Frg. 4 Wehrli); er muß also Zeitgenosse des Karneades selbst gewesen sein.

(D) Für die durch Polemon vertretene Alte Akademie einerseits und für Aristoteles und Theophrast andererseits (nur dieser kann mit der Wendung „eiusque amici" gemeint sein) ist das Lebensziel das Ganze aus der Tugend und den ursprünglich naturgemäßen Gütern. Dies ist eine hellenistische Umformulierung dessen, was sonst die „Drei-Güter-Lehre" heißt, also der Gesamtheit der seelischen, körperlichen und gesellschaftlichen Güter. Antiochos hat sich vor allem auf Polemon berufen (vgl. De fin. 5,13). Es ist jedoch bezeichnend, daß wir über die Lehren Polemons, des letzten Schulhauptes der Alten Akademie, fast nichts wissen, das meiste wiederum aus Cicero. Es ist ausschließlich Antiochos gewesen, der ihn zur Zentralfigur in seiner Konstruktion der Geschichte der Akademie, des Peripatos und der Stoa hochstilisiert hat. Die spätere Doxographie hat diese Konstruktion nicht angenommen.

(E) Karneades hat sich mit den ersten naturgemäßen Gütern begnügt, also mit den körperlichen und gesellschaftlichen Gütern ohne die Tugend als das seelische Gut. Der Grund wird nicht nur, wie unsere Stelle behauptet, der Kampf gegen das stoische Tugendpathos gewesen sein, sondern die Erwägung, daß es nur diese Güter sind, die der Mensch spontan und von Geburt an anstrebt; daß Karneades damit epikureischen Thesen nahe kam, ist ihm vielleicht nicht unwillkommen gewesen.

KOMMENTAR ZU LUCULLUS 445

(F) Es folgt als letztes die stoische Lehre Zenons(SVF 1,181), der das tugendhafte aus dem naturgemäßen Leben hervorgehen ließ. Was damit gemeint ist, klärt sich einigermaßen in De fin. 3,16–22.

Beachten wir, daß in dieser Liste Aristippos am Anfang, Zenon am Ende steht, so werden wir folgern, daß hier Antiochos das Material des Karneades in seinem Sinne umdisponiert hat: Aristippos und Epikur als Vertreter der verächtlichsten, Zenon als Schöpfer der sublimsten Ethik. Im Sinne des Karneades war dies sicherlich nicht, und auch Cicero bemüht sich an unserer Stelle deutlich, dieser ihm unerwünschten Tendenz des Antiochos entgegenzuwirken.

Der letzte Satz, der das vollkommen Gute dem vollkommen Schlechten gegenüberstellt, weist in gewisser Weise voraus auf das allgemeine Programm von De fin. (vgl. bes. De fin. 1,11–12). Daß die Durchführung in De fin. dem nur teilweise entspricht, sofern zwar von den „Fines bonorum" sehr viel, von den „Fines malorum" dagegen nur selten die Rede ist, ist ein anderes Problem, das uns hier nichts angeht.

132 B Ähnlich wie in 125 sieht sich nun Cicero aufgefordert, unter den angebotenen Lehren zu wählen. Entschieden weist er diesmal die Insinuation zurück, es gelte bloß „irgend etwas" zu wählen. Er zieht sich auf die von Karneades aus gesehen entscheidende Alternative zurück: Entweder die Stoa oder die Lehre der Alten Akademie und des Peripatos – dies nicht ohne eine Spitze gegen Antiochos, der sich für einen Akademiker ausgibt, aber in Wahrheit Stoiker ist. Daß es eine unausweichliche Alternative ist, behauptet Cicero hier ebenso kategorisch wie in De fin. 3,10 ff. der orthodoxe Stoiker Cato: Wer sich an Polemon hält, muß Zenons Lehre verwerfen und umgekehrt; da ist es das weiseste, keinem von beiden zuzustimmen (dies muß der Sinn des verstümmelten letzten Satzes sein).

133–138 A Nun wird Antiochos gegen sich selber ins Feld geführt. Denn einige Lehren der Stoa lehnt sogar er ab, was bedeutet: Auch er muß zugeben, daß die Stoiker Dinge behaupten, die sie im Sinne ihrer eigenen Definition nicht zuverlässig begriffen haben.

Aufgeführt werden zwei wichtige Punkte.

(I) Für die stoische Ethik, für die das Gute eine reine, nicht quantitierbare Qualität ist, kann es weder bei den guten noch bei den schlechten Taten ein quantitatives Mehr oder Weniger geben (dazu De fin. 4,74–77 und SVF I,224–225 und III,531). Cicero kann das nicht annehmen, obschon bzw. gerade weil er zugibt, daß die Gründe für diese These genau dasselbe Gewicht haben wie die Gründe dagegen (vgl. 124); er wird also, wie immer er sich entscheidet, einen Fehler begehen (dazu die Anspielung auf 27).

(II) Für Zenon führt die Tugend allein zur Eudaimonia (SVF I,187), während Antiochos vermittelnd eine „Vita beata", die sich mit der Tugend begnügen kann, von einer „Vita beatissima" unterscheidet, bei der zur Tugend auch noch die körperlichen und die gesellschaftlichen Güter dazukommen (Diskussion darüber in De fin. 5,77–95). Für Cicero haben beide Unrecht: Zenon verlangt zuviel vom Menschen, und wer, wie Theophrast (Anspielung auf Theophrasts Buch „Peri Eudaimonias", das in De fin. 5,77 und 86 ff. ausdrücklich zitiert wird), die Eudaimonia an alle drei Güterklassen bindet, gibt damit zu, daß es nicht in seiner Macht steht, diese Eudaimonia zu erlangen. So scheint auch da keine Entscheidung möglich zu sein, obschon sie im Hinblick auf das menschliche Leben notwendig wäre.

Den Punkten, in denen Antiochos und Zenon uneinig sind, stehen andere gegenüber, in denen sie einig sind, die aber Cicero unmöglich annehmen kann.

(I) Für den Stoiker sind die Affekte bloße Verirrungen der Vernunft, die schonungslos bekämpft werden müssen (vgl. Zenon SVF I,205–215, De fin. 3,35). Die klassische, schon durch die Sophistik des 5. Jhd. v. Chr. geschaffene Liste der vier Affekte wird genannt. Cicero zieht sofort die äußersten Konsequenzen: Man darf sich also weder für sein Vaterland ängstigen noch über seinen Untergang trauern (ähnlich De fin. 4,22). Zenon muß diese Konsequenzen annehmen, Antiochos tut es ebenfalls, obschon er es nicht müßte. Und vor allem: die Alte Akademie hat niemals die Vernichtung der Affekte, sondern immer nur deren Mäßigung gefordert. Dies ist die Lehre der μετριοπάθεια, die in Tusc. disp. 4,38–46 ausführlich und kritisch dargestellt wird und dort als Lehre der Peripatetiker (doch wohl Theophrasts) gilt. Hier dagegen beruft er sich auf die Trostschrift des Akademikers Krantor, freilich nur kurz: die vorausgesetzte Szenerie erlaubt ihm nicht, darauf hinzuweisen, daß er selbst wenige Monate zuvor das Büchlein Krantors zugrunde gelegt hat, als er den Tod seiner Tochter Tullia durch die Abfassung seiner „Consolatio ad se ipsum" zu überwinden hoffte (vgl. Plin. nat. hist. praef. 22 und Hieron. Epist. 60,5). Statt dessen erwähnt er, daß Panaitios, als er an Aelius Tubero, den Neffen des Scipio Africanus minor, anläßlich des plötzlichen Todes seines Onkels (129 v. Chr.) eine Trostschrift richtete, nachdrücklich auf das Buch Krantors verwiesen hatte (vgl. De fin. 4,23). Da hatte Panaitios gegen die stoische Orthodoxie betont, daß ein maßvolles Trauern der Natur wie der Würde des Menschen angemessen sei.

Rasch werden sodann vier Affekte genannt. Daß man den Zorn als „fortitudinis cotem" gelten ließ, bemerkt auch Tusc. disp. 4,43. Die Härte, zu der sich Antiochos bekennt („atrocitas", ein ungewöhnlich starker Ausdruck) hat also mit der Alten Akademie nichts zu tun.

(II) Es folgen die stoischen Paradoxa im engsten Sinne. Auch davon, daß er selber im Frühjahr 47 einen Essay über diese Paradoxa geschrieben hatte, kann Cicero im gegenwärtigen Kontext nichts sagen. Schon dort hatte er hervorgehoben, daß diese Paradoxa eigentlich sokratisch seien – was freilich nicht hindert, sie hier, dann in De fin. 4,74–77 (vgl. 3,75) als absurde Übertreibungen abzufertigen; mögen sie sokratisch sein (gedacht ist u. a. an den platonischen „Gorgias"), so sind sie doch weder vom Akademiker Xenokrates noch von Aristoteles, dem Begründer des Peripatos, übernommen worden. Dabei wird überraschend angedeutet, daß es neben der historisch tendenziösen („vultis"!) Konstruktion des Antiochos (Xenokrates und Aristoteles hätten de facto dasselbe gelehrt) auch eine ganz andere Auffassung gab, die zwischen den Lehren des Xenokrates und denjenigen des Aristoteles einen unüberbrückbaren Gegensatz konstatierte.

Dann werden fünf solcher Paradoxa (lateinisch sonderbarerweise mit „Mirabilia" übersetzt) aufgezählt: Der Weise allein ist König, reich, schön, frei und ein Bürger (sehr ähnlich De fin. 3,75). Es verwundert nicht, daß Cicero vor allem die politischen Implikationen ausbeutet. Der geschichtliche Staat mit all seinen Einrichtungen ist von diesen Paradoxa her gesehen nichtig; anders gesagt: das einzige, was die Stoa gelten lassen kann, ist eine „civitas sapientium", und damit geraten wir unmittelbar in die Nähe jener „Politeia", die Zenon geschrieben hat in der evidenten Absicht, Platons „Politeia" zu übertrumpfen (vgl. SVF I,222,226,266). Wenn die Gesetzgebungen Lykurgs und Solons angeführt werden, so zeigt dies nicht nur, daß Cicero einer griechischen Vorlage folgt, sondern läßt auch vermuten, daß Zenon selber seinen vollkommenen Staat ausdrücklich von den Unternehmungen der beiden griechischen Gesetzgeber abgegrenzt hat (das summarische Urteil Plutarchs SVF I,261 hat demgegenüber kein Gewicht). Dem römischen Staatsmann Lucullus zuzumuten, daß er dergleichen Paradoxa Zenons und des Antiochos zu verteidigen habe, ist ein starkes Stück.

Charmant, wenn auch etwas witzlos erzählt, ist die Anekdote, die Kleitomachos berichtet (und möglicherweise als Begleiter des Karneades im Jahre 155 v. Chr. selbst miterlebt) hat. Die Anekdote ist wichtig weniger um ihrer selbst willen als vielmehr, weil sie die

Hypothese gestattet, der gesamte Bericht über die Vorträge, die Karneades damals in Rom gehalten hat und der fragmentarisch und in ciceronischer Umgestaltung in De rep. Buch 3 vorliegt, könne auf Kleitomachos zurückgeführt werden. Beachtenswert ist die sorgfältige Berücksichtigung der Einzelheiten. Als bekannt vorausgesetzt wird der Anlaß des Aufenthalts: Athen lag im Streit mit seiner Nachbarstadt Oropos und suchte einen günstigen Entscheid des römischen Senats dadurch zu erwirken, daß man die Häupter der drei Philosophenschulen: der Akademie (Karneades), des Peripatos (Kritolaos) und der Stoa (Diogenes) als Gesandte nach Rom schickte (ob der Scholarch der Epikureer übergangen wurde oder absichtsvoll verzichtete, wissen wir nicht). Datiert ist das Ereignis von Cicero selber auf das Jahr 155 v. Chr., und die Anekdote fällt in den Augenblick, da die athenischen Gesandten auf dem Kapitol vor dem Juppitertempel darauf warten, zur Senatssitzung vorgelassen zu werden; vermutlich war der Praetor A. Albinus ihr offizieller Begleiter. Albinus läßt sich indirekt mit Lucullus verknüpfen (er ist 151 v. Chr. mit L. Licinius Lucullus zusammen Konsul gewesen), und es wird auch seine Bildung hervorgehoben; er hat eine Römische Geschichte auf griechisch (also für griechische Leser) verfaßt; die wenigen Belege in FGrHist 812, darunter Cicero Brut. 81 und Ep. Att. 13,32,3, woraus hervorgeht, er habe (offenbar als Dank für sein Werk) auf dem Isthmos von Korinth eine Statue erhalten. Unsere Stelle freilich setzt voraus, daß er über die Lehrdifferenzen der griechischen Philosophenschulen kaum informiert war; sonst hätte er nicht den Akademiker Karneades mit dem Stoiker Diogenes verwechselt. Doch ist vielleicht die Pointe im Bericht Ciceros verlorengegangen.

Cicero liegt es nur daran, zu wiederholen, daß dergleichen Paradoxa dem Xenokrates wie dem Aristoteles ganz fremd gewesen seien (bei Aristoteles würden wir dies auch ohne Ciceros Versicherung annehmen, bei Xenokrates wohl nicht, vgl. Diog. Laert. 4,6-11). Ebenfalls aus 132 wiederholt ist die giftige Bemerkung, Antiochos sei, abgesehen von einigen dahergestotterten Reminiszenzen aus der Alten Akademie (der Text ist wohl lückenhaft), ein reiner Stoiker gewesen.

138B-141 Nun wird ein Schema Chrysipps genannt (SVF III,21), das an die Divisio Carneadea erinnert, aber anders gemeint ist. Für ihn gibt es als mögliches bzw. vertretbares Lebensziel nur die Tugend hier, die Lust dort; was daneben behauptet wird (Schmerzlosigkeit und die ursprünglichen Güter der Natur) sind für ihn nur Varianten einer Ethik der Lust. Konkret besagt dies, daß nur die Ethik der Stoa,

ihr gegenüber die Ethik Epikurs und zwischen beiden die Ethik Kalliphons (vgl. 131) diskussionswürdig seien. Eliminiert man Kalliphon, so bleiben nur zwei Thesen übrig, wie dies De fin. 2,44 (SVF III,22) erklärt.

Zu diesem Schema nimmt nun Cicero Stellung.

Am probabelsten erscheint ihm das Telos der Alten Akademie im Sinne von 131; das entspricht dem Aufbau von De fin., dessen letztes Buch eben diese Lehre als die einzige der Wirklichkeit des Menschen angemessene vorführt. Es verbleibt jedoch die Attraktivität der Lust hier, der Tugend dort. Der Vorwurf gegen beide wird in De fin. 4,36 wiederholt: Für Epikur ist der Mensch wie ein Körper ohne Seele, für Zenon wie eine Seele ohne Körper. Die letzte mögliche These ist diejenige Kalliphons, von der wir nur hier erfahren, daß Karneades sie nachdrücklich verteidigt habe (da sie immerhin mit derjenigen der Alten Akademie einigermaßen zur Deckung gebracht werden konnte).

Wieder wird wie in 137 Kleitomachos zitiert. Karneades hat die Aporetik ergänzt durch eine Methode, die sich nicht scheut, vorübergehend beliebige fremde Thesen zu vertreten, damit die Diskussion in Gang kommt. Es ist eine Methode, die schon in Platons „Politeia" 358 B ff. vorgebildet ist und auch Ciceros De rep. 3 beherrscht.

Bemerkenswert ist die Formel, Tugend und Lust zu kombinieren bedeute, Mensch und Tier zu kombinieren. Die Formel kehrt in De off. 3,119 wieder mit ausdrücklicher Nennung Kalliphons und des Deinomachos (dieser nicht im Luc., wohl aber in De fin. 5,21 als Gesinnungsgenosse Kalliphons erwähnt). Dazu tritt nun Augustin Contra Iul. Pelag. 5,50, der unterstellt, der Gegner halte sich an die Lehre des Deinomachos, von der vornehme Philosophen erklärt hätten, sie sei wie die Fabelfigur der Skylla eine Mischung aus Mensch und Tier. Dieser Vergleich mit der Skylla ist aus Poseidonios bezeugt (Frg. 449 Theiler), dort ohne Hinweis auf Kalliphon und Deinomachos; und daß sich Poseidonios noch für jene beiden Philosophen interessiert hätte, ist wenig wahrscheinlich. Der Vergleich wird also älter sein, und vor allem: Der Pelagianer Iulianus wird ihn aus Cicero haben, also entweder aus dem vierten Buch der „Academici libri" oder aus dem „Hortensius". Falls schon unsere Stelle den mythologischen Vergleich voraussetzt, kommt nur der „Hortensius" in Frage.

So kehrt Cicero zur reinen Alternative Lust–Tugend zurück. Doch eine Entscheidung ist nicht möglich, da jede These ihre guten Gründe hat. Hier ist besonders deutlich dasselbe Material benutzt

wie in De fin.; so bes. zu vergleichen 2,99; 3,70. Dies ist allerdings eine Polemik gegen Epikur, die in ihrer groben Unsachlichkeit nicht auf Karneades, sondern auf Poseidonios zurückgehen dürfte. Zu den epikureischen Gegenargumenten s. De fin. 2,48–49; 1,30 (auch Epikur Kyr. Dox. 23).

Vor der Alternative steht auch Lucullus. Doch er hält seine Entscheidung für unangreifbar (Cicero häuft sechs Begriffe auf), für Cicero dagegen ist mehr als eine Wahrscheinlichkeit nicht zu erreichen.

Unerwartet endet der Abschnitt mit einem Hieb gegen die Dialektik (vgl. 91–98), der das dritte und letzte Kapitel eröffnen soll.

142–146 Die Auseinandersetzung mit der Logik beginnt sofort mit dem Dissensus philosophorum, für den zunächst zweimal zwei Theorien zitiert werden:

(1) Protagoras (nicht in VS), entspricht Platon Theait. 152Aff, ohne daraus entnommen zu sein: die Identität von εἶναι und φαίνεσθαι ist für seine Lehre konstitutiv.

(2) Kyrenaiker, wie schon in 20 und 76 (Aristippos Frg. 209 Giannant.). Ihre Lehre wird neben diejenige des Protagoras gestellt, weil sie als deren Radikalisierung interpretiert werden konnte. Ein evidentes φαινόμενον ist nur die affektive Bewegung im Innern des Menschen selbst.

(3) Epikur mit einer singulären Notiz (Frg. 245 Us.), die aber den sonstigen Zeugnissen entspricht. Die Zweistufigkeit von Wahrnehmen und Denken: De fin. 1,29–31; beides ist auf Lust und Schmerz als ihren ursprünglichen Gegenstand zu beziehen (vgl. Frg. 260 Us.). Von einer polemischen Tendenz ist (gegen Usener) nichts zu bemerken.

(4) Der Gegenpol zu Epikur ist Platon, für den ein Kriterium der Wahrheit nur im reinen Denken gefunden werden kann, vgl. dazu De fin. 4,42. Aus dem Dissens wird hier unerwartet nicht die Unmöglichkeit einer Entscheidung gefolgert, sondern vielmehr konstatiert, daß Antiochos sich ebensowenig an eine dieser Lehren hält wie an die Lehren der von ihm anerkannten Koryphäen Xenokrates und Aristoteles (vgl. 136,137). Von Xenokrates wird in ungewöhnlicher Weise ein Buchtitel zitiert: περὶ λέξεως (nicht bei Isn.-Par.). Wir müssen folgern, daß Ciceros Vorlage nicht nur darlegte, inwiefern gerade dieses Buch die Abweichungen des Antiochos von Xenokrates sichtbar machte, sondern daß Entsprechendes bei Aristoteles vermerkt werden konnte. Bei Aristoteles hat Cicero nicht bloß die Argumenta-

tion, sondern zweifellos auch einen Buchtitel (den wir nicht erraten können) weggelassen. Einmal mehr wird, diesmal für die Logik, behauptet, Antiochos habe sich völlig an Chrysipp (der ja die stoische Logik geschaffen hat) angeschlossen. Möglicherweise gab die Vorlage auch da präzise Belege.

An den ersten Vorwurf, Antiochos habe die Tradition der Akademie preisgegeben, schließt sich der zweite, die Autoritäten, denen er folge, seien selbst untereinander uneinig (vgl. 126). Drei Fälle werden angedeutet: (a) Über das Kriterium der Wahrheit (dazu 96) die Differenzen zwischen den Megarikern Diodoros, Philon (vgl. Diodoros Frg. 23 Giannant.) und dem Stoiker Chrysippos (SVF II,285); (b) Der Abfall Chrysipps von seinem eigenen Lehrer Kleanthes (vgl. Diog. Laert. 7,179); die Erläuterungen, worin der Sache nach dieser Abfall bestand, hat Cicero weggelassen. (c) Meinungsverschiedenheiten zwischen den beiden stoischen Landsleuten und Enkelschülern Chrysipps Antipater und Archedemos aus Tarsos (SVF III Antipater von Tarsos Frg. 25). Auch da waren wohl die subtilen dialektischen Probleme, um die es sich handelte, ausführlich dargestellt worden. Damit mochte sich Cicero an dieser Stelle nicht plagen und hat alles gestrichen.

Es folgt der Epilog des Ganzen.

Geschickt wird der Vorwurf des Lucullus 13-14 aufgenommen und gegen ihn gekehrt: Die Dogmatiker benehmen sich wie Volkstribunen, die eine Volksversammlung einberufen, bei der das Erscheinen aller Bürger obligatorisch ist, um zu erzwingen, daß bestimmte bindende Beschlüsse gefaßt werden. So hofft Lucullus, das Publikum gegen die Weigerung der Akademie, sich eine Entscheidung aufzwingen zu lassen, mobilisieren zu können. Doch das Manöver wird sich gegen ihn wenden.

Cicero wird gegen Zenon und Antiochos erstens die Paradoxa allgemein ausspielen (vgl. 136-137), zweitens im besonderen die Behauptung, daß nur der Weise wahrhaft wissend sein könne. Was das stoische Begreifen meint, wird mit einem Zitat aus Zenon illustriert (SVF 1,66; vgl. De fin. 2,17 = SVF 1,75; daß Zenon metaphorische Erläuterungen seiner Thesen liebte, notiert De nat. deor. 2,22). Ein solches Begreifen kommt aber ausschließlich dem Weisen zu, scheint also für den geschichtlichen Menschen unerreichbar zu sein. Die Bemerkung, die Stoiker pflegten sich darüber nicht zu äußern, ist eine Revanche für die Äußerungen des Lucullus 60. Überdies hatte Lucullus selber erklärt (22), ohne ein Begreifen gebe es keine Künste; also gibt es nach der eigenen Doktrin der Stoa keine

Künste, da keiner der Künstler beanspruchen kann, ein Weiser zu sein. Die Erklärung der Akademie wiederum, daß es zwar kein Wahres, wohl aber Wahrscheinliches gebe, nimmt die Stoa nicht an. Die klassischen Künstler jedoch (dieselbe Liste in De fin. 2,115) sind durchaus befriedigt, wenn man ihnen bloß ein menschliches, also ein wahrscheinliches Wissen zugesteht.

Passend und eindrucksvoll schließt Cicero mit einem Hinweis auf alte römische Formeln: (1) Man schwört „ex animi sententia". (2) Behaftet kann einer nur werden, „si sciens falleret". (3) Wer ein Zeugnis ablegt, spricht nur von „arbitrari". (4) Ein römisches Gerichtsurteil stellt nicht fest, was die Wahrheit ist, sondern nur „ut videtur". Ungriechisch ist daran in der Tat nicht allein die Wichtigkeit der feststehenden Formeln überhaupt, sondern auch die Behutsamkeit, die konsequent die Möglichkeit offenläßt, daß die Wirklichkeit anders ist, als wir meinen. Damit ist auch in gewisser Weise der Insinuation des Lucullus (62), Cicero habe als Konsul behauptet, er wisse alles ganz genau, die Spitze abgebrochen. Politische Rhetorik ist eben eines, der Ernst der menschlichen Realitäten ein anderes (vgl. auch 63). Daß der Römer diesen Gegensatz stärker empfunden hat als der Grieche, darf man wohl annehmen.

147–148 Nun mahnt Cicero zum Aufbruch, wiederum, wie schon früher, mit schönem Hinweis auf die Szenerie am Golfe von Neapel.

Nur ein letztes Urteil kann er sich nicht unterlassen: hier die großen philosophischen Probleme des Dissensus philosophorum, der seinen guten Grund darin hat, daß wir als Menschen weder in die Geheimnisse der Natur eindringen, noch uns in der Ethik über Gut und Schlecht verständigen können, dort die kleinlichen Fragen nach den Täuschungen der Sinne und nach den Irrwegen der Dialektik. Platonischer Stil ist es, daß die Diskussion weitergeführt werden soll und kann; doch es besteht kein Zweifel darüber, an welche Probleme man sich in Zukunft halten werde.

Lucullus antwortet liebenswürdig und lädt zu weiteren Gesprächen auf seinem Tusculanum ein. Catulus schließt sich an die Lehre des Karneades an, die schon sein Vater vertreten hatte (also strenggenommen nicht diejenige Philons, zu der sich Cicero bekennt) und von der im Dialog in 59,67,78 und 112 die Rede gewesen war.

Als letzter und jüngster unter den Freunden (nächst Cicero selber) wird Hortensius befragt, von dem wir längst wissen (vgl. 10), daß er wie Lucullus für Antiochos optiert. Er antwortet mit einem Wortspiel. „Tollendum" meint zunächst und im Sinne des Sprechers, daß wir die Anker lichten und damit das Gespräch abbrechen sollen. Es

kann aber auch im Sinne der akademischen Zurückhaltung des Urteils verstanden werden, also im Sinne einer Zustimmung zu Cicero (von der ernsthaft allerdings nicht die Rede sein kann).

Entschieden wird nichts. Es bleibt bei einem Gleichgewicht der Meinungen (Lucullus und Hortensius gegen Catulus und Cicero), mit einem kleinen, nur spielerisch angedeuteten Vorsprung für Cicero, begreiflich: denn was Cicero hier vorgetragen hat, ist die Doktrin, an der er, unbeirrbar, durch alle seine späteren Schriften hindurch bis ans Ende seines Lebens festgehalten hat.

Kommentar zu den
Akademischen Untersuchungen I

1–3 A Das Vorgespräch exponiert knapp den Ort und die Zeit des Dialoges sowie das geistige Klima, in dem sich das Gespräch abwickeln wird. Cicero befindet sich auf seiner Villa bei Cumae; daß sein engster Freund Atticus bei ihm zu Gast ist, bedarf keiner weiteren Begründung.

Die Villa Varros ist offenbar derjenigen Ciceros benachbart, und Cicero so gut wie Varro bemüht sich, dem anderen so liebenswürdig wie möglich entgegenzukommen.

Atticus spielt im erhaltenen Dialog selber nur eine sehr bescheidene Rolle. Cicero zieht ihn bei, offenbar zunächst in der Absicht, die Diskussion nicht ausschließlich auf ein reines Tête-à-tête zwischen sich und Varro zu beschränken. Das Problem bleibt freilich als solches teilweise bestehen: Es ist eine etwas peinliche Vorstellung, daß durch ganze vier Bücher hindurch nur Cicero und Varro miteinander konfrontiert sind; doch nichts weist darauf hin, daß Cicero in einem der späteren Bücher noch eine weitere Person hätte intervenieren lassen. Der Dialog findet in der Zeit der Diktatur Caesars statt und nach dem Tode der Tochter Tullia (11). Cicero weilt offenbar schon seit längerer Zeit auf seiner Villa (2), zweifellos um der drückenden politischen Atmosphäre in Rom zu entgehen. Varro ist weit weniger exponiert als Cicero; so kann ihn dieser in aller Unbefangenheit bitten, die neuesten Informationen mitzuteilen.

Doch Atticus biegt das Gespräch sofort ab und fragt Varro nach dessen schriftstellerischen Plänen. Wir befinden uns damals im Sommer 45 v. Chr., und Cicero hat natürlich gewußt, daß gerade damals Varro mit der Ausarbeitung seines großen, ihm selber gewidmeten Werkes De lingua Latina in nicht weniger als fünfundzwanzig Büchern beschäftigt war; die Arbeit muß damals schon ziemlich fortgeschritten gewesen sein, da Cicero die Vollendung noch vor seinem Tode im Dezember 43 erlebt hat. Über den Fortgang des Werkes hat ihn freilich nicht Varro selber orientiert, sondern ein gemeinsamer jüngerer Freund, L. Scribonius Libo (Konsul im Jahre 34 v. Chr.).

Einzelne Züge römischer Höflichkeit beleben die Szenerie. Varro ist, wie Cicero selber, kein Stadtrömer, steht an politischem Rang

unter Cicero (er hat es nie weiter als bis zum Praetor gebracht), ist aber (geb. 116 v. Chr.) zehn Jahre älter als dieser. Dem entspricht das Verhalten beider. Cicero will ihm sofort einen Besuch machen, Varro kommt wenig später auf denselben Gedanken, sie begegnen einander nahe bei der Villa Varros, und das Gespräch spielt sich schließlich nicht auf der Villa Ciceros, sondern auf derjenigen Varros ab. Bezeichnend ist auch, wie Cicero knapp und behutsam nach dem Fortgang des ihm dedizierten Werkes fragt.

3 B–12 Sinnvoll schließt sich an die Andeutungen über De lingua Latina die Frage, warum sich Varro noch nie schriftstellerisch der Philosophie zugewandt habe; sofort betont Cicero, daß Varro philosophisch gebildet ist und daß der Umgang mit der Philosophie weit wichtiger ist als alles andere, womit man sich befassen könnte. Er scheut sich also nicht anzudeuten, daß alles, was Varro bisher geleistet hat (im Jahre 45 hat er schon ein überaus umfangreiches literarisches Œuvre vollendet), von geringerer Bedeutung ist als das, was man von ihm erwarten dürfte. Damit ist Varro zur Stellungnahme gezwungen, und wir erhalten eine ausführliche Erörterung des Problems, das Cicero noch in späteren Schriften immer wieder beschäftigt hat: die Stellung der Philosophie in Rom. Varro beginnt (a) mit der These, daß die griechisch gebildeten Römer auf Philosophie in lateinischer Sprache nicht angewiesen seien und die Ungebildeten sich ohnehin dafür nicht interessierten. Zu ergänzen ist (b) ein Einwand: Es gibt schon philosophische Werke auf Lateinisch. Es sind die Werke der römischen Epikureer. Anscheinend ohne die Anwesenheit des Epikureers Atticus zu berücksichtigen, benutzt Varro die Gelegenheit, die Dürftigkeit der epikureischen Philosophie mit derjenigen Philosophie zu konfrontieren, zu der er sich selber bekennt und die teilweise dem Stoiker Zenon, teilweise der Alten Akademie verpflichtet ist. Cicero lag es daran, Varro sofort nicht nur als Kenner der Philosophie zu charakterisieren, sondern auch den Leser ahnen zu lassen, in welcher philosophischen Richtung Varro später argumentieren wird.

Die Abfolge der einzelnen Punkte ist schulmäßig: Logik, Physik, Ethik (anders 19 und 35: Ethik, Physik, Logik). Die Kritik an Epikur entspricht De fin. 1,17–26. Auf den Vorwurf der Banalität der Sache wie der Diktion folgt derjenige, daß Epikur sich um die Methode der (vor allem platonischen, dann auch aristotelischen) Logik nicht kümmert, nicht aus Verständnislosigkeit, sondern in bewußter Ablehnung. Seine Physik verwirft die Wirkursache und begnügt sich mit der Materialursache, den beliebig umherwirbelnden Atomen; der

Begriff der Atome wird durch „corpuscula", griechisch „σωμάτια" erläutert. Bei der Ethik bleibt es bei der Feststellung, daß für Epikur das Lebensziel des Menschen mit demjenigen des Herdenviehs identisch sei, eine grob polemische Vereinfachung, die den epikureischen Unterschied zwischen der bewegten Lust (die auch dem Tiere zukommt) und der ruhenden Lust (die nur der Mensch kennt) absichtlich ignoriert.

Der Gegner Epikurs hält sich in der Logik an die Gesetze der Dialektik; in der Physik berücksichtigt er sowohl die Wirkursache wie auch die Materialursache, und gegen die Zufälligkeit der epikureischen Kosmogonie wird auf die Geometrie verwiesen (vgl. De fin. 5,9). Bei der Ethik wird unterschieden zwischen der These des Stoikers Zenon, daß gut nur das Edle sein könne (dazu eine boshafte Anspielung auf das von Cicero viel zitierte Frg. 67 Us. Epikurs aus dessen Schrift „Peri Telous"), und derjenigen der Alten Akademie, über die hier nichts gesagt wird, weil sie in 19–23 ausführlich dargelegt werden soll. Insistiert wird nur darauf, daß sie mit der These der Stoa nicht identisch ist (dazu aus Antiochos von Askalon De fin. 5,72). Damit bekennt sich Varro selber als Anhänger der Alten Akademie im Sinne des Antiochos.

Auf die These (a), Philosophie auf lateinisch sei nutzlos, und den Nachweis (b), daß Varro persönlich über die Philosophie überhaupt bestens informiert ist, folgt (c) der Schluß, daß Varro für sich persönlich die Philosophie hochschätzt, seine Freunde dagegen auf die Bücher der Griechen verweist. Der Wert der Philosophie ist ein doppelter: Hilfe bei der Lebensführung (gedacht ist an die Ethik und an den stoischen Begriff der ὁμολογία; vgl. De fin. 3,21–22) und geistiger Genuß (was von der Physik herkommt, die als reine Theorie Lust verschafft); dazu im ganzen Hortensius Frg. 18 Str. Zitiert wird Platon, Tim. 47B, ein berühmter Satz, bei Cicero auch Legg. 1,58; Tusc. disp. 1,64; Lael. 47; Cato 40; De off. 2,5; Ep. fam. 15,4,16.

Alledem stellt (d) Varro seine eigene Leistung gegenüber, in der er keine Vorgänger hat außer L. Aelius Stilo Praeconinus (etwa 150–70 v. Chr.), der als erster die altlateinische Literatur (Carmina Saliaria, Komödien des Plautus) in hellenistischer Manier kommentiert hatte. Soweit dabei an ein bestimmtes Werk Varros gedacht ist, können es nur die gleich nachher erwähnten, Caesar als Pontifex gewidmeten 41 Bücher der „Antiquitates rerum humanarum et divinarum" sein, das für alle spätere Zeit repräsentative Werk über die gesamte frührömische Kultur (Frgg. der Ant. rer. div. ed. Cardauns 1976).

Demgegenüber betont er endlich (e), daß überdies in seinen frühe-

ren und bisherigen Büchern die Philosophie öfters zur Sprache komme. Zitiert werden ausdrücklich die Saturae Menippeae als „vetera", also etwa zwischen 70 und 60 v. Chr. verfaßt, sehr umfangreich (150 Einzeltitel mit zahlreichen, oft schwer deutbaren Fragmenten) dann (2) die Laudationes, wohl mit den vielfach bezeugten Logistorici identisch, Dialogen überwiegend philosophischen Inhalts, in denen bedeutende Römer der jüngsten Vergangenheit als Protagonisten auftraten, schließlich (3) die soeben erwähnten „Antiquitates", bei denen offenbar jedem einzelnen Buch (?) ein philosophisches Prooemium vorausgeschickt war. Nimmt man das in 2–3 gemeinte „De lingua Latina" dazu, so sind damit alle Hauptwerke Varros genannt. Sie scheinen sich bis zum Beginn des 5. Jh. n. Chr. erhalten zu haben.

Cicero repliziert zunächst mit einem ausführlichen Lob der „Antiquitates", die dem Römer seine eigene vergangene und gegenwärtige Kultur erschlossen haben. Ergänzend folgen Anspielungen auf die Werke (4) „De poetis" und (5) „De poematis", schließlich (6) auf eigene Dichtungen Varros; gemeint ist wohl, daß er sich in allen von den Griechen bereitgestellten Gattungen (Epos, Lyrik, Drama) versucht habe. Näheres wissen wir darüber nicht.

Es folgt eine Stellungnahme zum letzten Abschnitt der Darlegungen Varros. Was dieser an Philosophie bisher geleistet hat, ist zuwenig, und die im ersten Abschnitt gegebene Begründung lehnt Cicero ab.

Die kurze Rechtfertigung der Philosophie in lateinischer Sprache tritt neben De fin. 1,4–5. Ausdrücklich entsprechen hier den drei römischen Klassikern der Tragödie die drei griechischen Klassiker. Zu den Dichtern kommen die Redner, von denen es in ciceronischer Zeit zwei „Schulen" gibt, je nachdem, ob Demosthenes (wie für Cicero selber) oder Hypereides als Vorbild dient.

Als Gegenstück zum Abschnitt (c) bei Varro spricht nun Cicero von seinem eigenen Verhältnis zur Philosophie, das ein viel stärker engagiertes ist. Die einzelnen Punkte sind wichtig: (1) Solange ihn der Staat in Anspruch nahm, hat er der Philosophie nur seine spärliche Freizeit gewidmet. (2) Jetzt ist die Lage doppelt verändert: dem Schmerz über den Tod der Tochter setzt er ironisch die „Befreiung" von den politischen Verpflichtungen gegenüber. Da wird für Cicero die Philosophie, anders als für Varro, einerseits Arznei für die Seele (der Philosoph als Arzt nicht bei Platon und Aristoteles, wohl aber vor allem bei Epikur [etwa Frg. 220,221 Us.]); andererseits erhält der Begriff des geistigen Genusses (oblectatio – delectatio)

einen völlig anderen Sinn, wo Cicero nun überreichlich Muße hat und sich die Frage stellt, womit diese (erzwungene) Muße am besten ausgefüllt werden kann. So werden (3) zugunsten der Philosophie vier Argumente angeführt: (a) die Schicklichkeit für das Alter; dazu Hortensius Frg. 12 Str.; (b) die Philosophie ist der persönlichen Leistung Ciceros am angemessensten; dazu De fin. 1,1 und 11; (c) die Bildung der Römer zu befördern ist ein würdiges Ziel; dazu De fin. 1,10; endlich (d) kennt er keine bessere Beschäftigung; dazu De fin. 5,56 und bes. Tusc. disp. 2,1; De divin. 2,6.

Mit der letzten Bemerkung kontrastiert scharf, daß unter ganz anderen Voraussetzungen Brutus sich intensiv um die Philosophie in lateinischer Sprache bemüht, dazu De fin. 1,8.

Dieser Hinweis dient gleichzeitig geschickt als Überleitung zur Sache selbst: Brutus gehört derselben philosophischen Richtung an wie Varro. Dieser hat noch Antiochos selber (gest. 67 v. Chr.) gehört, der sehr viel jüngere Brutus (geb. um 80 v. Chr.) den Bruder des Antiochos, Aristos, der nach 67 Haupt der platonischen Akademie in Athen wurde.

13–14 Varro nimmt die Mahnung Ciceros liebenswürdig, aber flüchtig zur Kenntnis und stellt nun die entscheidende Frage: Warum ist Cicero nicht bei der Alten, sondern bei der Neuen Akademie? Aus „relictam" könnte man folgern und hat man gefolgert, daß Cicero selber ursprünglich Anhänger der Alten Akademie des Antiochos war und erst nachträglich zur Neuen Akademie überging. Diese Folgerung ist unzulässig: De fin. 5 berichtet von einer Diskussion des Jahres 78 v. Chr., die durchgehend voraussetzt, Cicero sei damals schon Anhänger der Neuen Akademie gewesen. Seine wesentliche Begegnung mit der Philosophie war die Begegnung mit Philon von Larissa etwa um 84–83 v. Chr. (wenn nicht noch früher) in Rom, und Philon ist er bis an sein Lebensende treu geblieben. Hier formuliert Cicero einfach um der Pointe willen: Antiochos ist anerkanntermaßen und während langer Jahre (Luc. 69–71) Philosoph der Neuen Akademie gewesen und hat ihr dann plötzlich den Rücken gekehrt und versucht, die Alte Akademie zu erneuern. Wechsel der Schulzugehörigkeit ist in der Antike grundsätzlich suspekt: Antiochos hat dies gewagt und sich damit der Kritik und dem Spott der Zeitgenossen ausgesetzt; hätte Cicero, dem als Römer die „fides" noch weit mehr bedeutete als einem Griechen, ähnliches riskiert, so wüßten wir es. Unsere Stelle reicht nicht aus, dies zu vermuten. Doch in den Worten Varros liegt ein Vorwurf.

Cicero repliziert zunächst ironisch mit einem Gemeinplatz (er ist

ja auch Zeitgenosse jener Dichter, die sich ausdrücklich als „die Modernen" – „Neoteroi" – bezeichnet haben), dann mit einem Hinweis auf Philon: Er hat persönlich die Vorlesung aus einem Buche angehört, in dem Philon bestritt, daß es zwei Akademien gebe. Das Buch kann eine Antwort auf den im Luc. 11 ff. erwähnten und benutzten „Sosos" des Antiochos gewesen sein. Es wird geltend gemacht haben, daß Philons Definition des Erkennens mit derjenigen der Alten Akademie und des Peripatos übereinstimme und daß Platon die von ihm verworfene, aber von Antiochos angenommene Definition der Stoiker genauso abgelehnt hätte wie er selber.

Gegen Philon hat dann wieder Antiochos geschrieben; wir erhalten ein Bild von dem erbitterten Schulstreit, der mit dafür verantwortlich wurde, daß nach der Zeit Ciceros die harmonisierenden und klassizistischen Tendenzen in der Philosophie immer stärker wurden, weil man des Streites, an dem noch Cicero selber rückhaltlos partizipiert, überdrüssig war.

Etwas abrupt schlägt nun Cicero vor, Varro solle über die Lehre der Alten Akademie berichten; flüchtig motiviert er dies damit, daß ihm selber diese Lehre fremd geworden sei. Vom römischen Standpunkt aus ist es sodann ein leichter Regiefehler, daß Cicero zum Sitzen auffordert, obwohl er jünger ist als Varro und obschon wir uns nicht in Ciceros Villa, sondern in derjenigen Varros befinden.

Varro ist einverstanden (daß er müde ist, sagte schon 1), desgleichen Atticus, von dem wir erfahren, daß den folgenden Ausführungen die Gedanken (also ein Buch) des Antiochos zugrunde liegen.

15–18 Ein erster Abschnitt betrifft die Geschichte der Alten Akademie in ihren drei Etappen: (a) Sokrates, (b) Platon, (c) die Schüler Platons.

Im Porträt des Sokrates äußert sich (ohne daß Cicero dies thematisiert) die innere Spannung, die schon Platons „Apologie des Sokrates" beherrscht. Es geht voran die schon von Aristoteles Metaph. 987b1–4 vorausgesetzte These, mit Sokrates habe die Naturphilosophie aufgehört und die Ethik begonnen (vgl. Tusc. disp. 5,10). Doch mit dem Lob der Tugend und der Mahnung zur Tugend kontrastiert eigentümlich die Aporetik, die immer nur die Meinungen anderer widerlegt, selber aber nur weiß, daß sie nichts weiß.

Daß Sokrates auf diese Weise nicht nur bei Platon, sondern auch bei den andern Sokratikern dargestellt war, deutet der Schluß an. Auffallend sind die Äußerungen über Platon. Gleich am Anfang scheint ein Gegensatz angedeutet zu sein zwischen Speusippos, der familienrechtlich der „Erbe" der Philosophie Platons ist, und Xeno-

krates und Aristoteles, die „die Schüler" sind (daß schon früh gegen Speusippos polemisiert wurde, zeigen Diog. Laert. 4,1–5 und Ael. var. hist. 3,19). Gleichzeitig wird auffallend stark betont, daß Xenokrates und Aristoteles in der Lehre völlig übereinstimmten und daß der Umstand, daß Aristoteles im Lykeion, Xenokrates in der Akademie lehrte, nicht mehr als eine äußere Arbeitsteilung anzeigt. Diese These des Antiochos wendet sich gegen eine ganz andere (und geschichtlich glaubhaftere) These, wonach Aristoteles im Unfrieden von der Akademie schied und mit seinem Auszug ausdrücklich seinen Widerspruch gegen die Lehren Platons, des Speusippos und des Xenokrates signalisiert hat, was in 33 denn auch angedeutet wird.

Desgleichen erklärt schließlich Varro, Xenokrates wie Aristoteles hätten ein vollständiges dogmatisches System der Philosophie aufgebaut, was zwar den Intentionen Platons entsprochen habe, aber sich in einem krassen Gegensatz zur sokratischen Aporetik befand. Ergänzend teilt dazu De fin. 5,87 mit, bei Platon selber gehe die Dogmatik, die Sokrates verworfen habe, auf den Einfluß der Pythagoreer zurück. Auch Aristoteles hat mit Sokrates und den Pythagoreern als den beiden Ursprüngen des platonischen Philosophierens gerechnet; manches weist darauf hin, daß der weitere Schritt, die Pythagoreer offen gegen Sokrates auszuspielen, von Aristoxenos von Tarent (Frg. 51–68 Wehrli) vollzogen worden ist.

Das besondere Lob für Aristoteles wird man auf dessen Naturphilosophie zu beziehen haben (vgl. De fin. 5,9–10), die Übereinstimmung zwischen Peripatos und Akademie in der Ethik gilt vor allem für die Drei-Güter-Lehre (vgl. 22).

Die Entschuldigung Varros erinnert daran, daß wir uns nicht in der Unterrichtsstunde eines Philosophen befinden, sondern in einem Gespräch unter gleichmäßig gebildeten römischen Herren. Das urspr. griechische Sprichwort auch De or. 2,233 und Ep. ad fam. 9,18,3.

19–23 Die Ethik der Alten Akademie.

Die klassische Dreiteilung der Philosophie wird hier auf Platon selber zurückgeführt; in De fin. 4,4 gilt sie nur als älter als Zenon, und Sextus Emp. Adv. log. 1,16 schreibt sie ausdrücklich dem Xenokrates zu (Xenokrates Frg. 82 Isn.-Par.; dazu noch Aristoteles Top. 105b19–25 und die sonderbare Stelle Diog. Laert. 3,56).

(a) Durchaus unplatonisch wird in einem ersten Abschnitt die Natur dreimal als die Richtschnur und Quelle allen ethischen Verhaltens bezeichnet. Eine solche Verwurzelung der Ethik nicht in der Ontologie, sondern in der Biologie wird man am ehesten Aristoteles,

vor allem aber Theophrast zutrauen; von ihm mag sie Polemon übernommen haben.

Als naturgemäß gilt denn auch die Gliederung in drei Güterklassen: Seele, Körper und „äußere Güter", hier „vita" als Lebensform (gr. βίος) genannt; gemeint sind die gesellschaftlichen Güter: Reichtum, Ansehen, Macht, Freunde.

(b) Die Vorzüge des Körpers werden durchschematisiert: für den ganzen Körper gilt die schon in der Sophistenzeit fixierte Trias von Gesundheit (ὑγίεια), Kraft (ἰσχύς) und Schönheit (κάλλος), beim einzelnen folgen auf die Aktionsfähigkeit der Sinnesorgane noch zweimal zwei Vorzüge. Wie De fin. 4 zeigt, spielt der Rang aller dieser Vorzüge in der Auseinandersetzung mit der Stoa eine wesentliche Rolle.

(c) Auch für die Güter der Seele bleibt es bei einem reinen Schema. Wenn es ausschließlich auf die Fähigkeit ankommt, die Tugend zu erkennen, so heißt dies, daß nur das Feld der Praxis, nicht aber dasjenige der Theorie berücksichtigt werden soll. Unterschieden werden sodann die naturgegebenen und die als Ethos angeeigneten Fähigkeiten, und bei den zweiten das, was die (irrationale) Einübung, und das, was die (rationale) Belehrung leistet. Dies alles ist im Prinzip aristotelisch (vgl. Nik. Eth. 1098a3–5 und 1103a3–10; weitgehend übereinstimmend auch De fin. 5,36). Sehr wichtig ist weiterhin die Distinktion zwischen dem Fortschritt und der Vollendung in der Tugend. De fin. 5 zeigt, wie energisch der Peripatos daran festhält, daß eine Entwicklung und ein allmähliches Fortschreiten zur Tugend hin möglich ist (vgl. Diog. Laert. 7,127). Den Begriff des Fortschrittes (προκοπή) hat die Stoa nachträglich vom Peripatos übernommen.

(d) In den Abschnitt über die äußeren Güter hat vermutlich Cicero selber nicht sehr geschickt den Hinweis auf den Weltstaat und die Gemeinschaft aller Menschen untereinander eingelegt. Er unterbricht das, was über das Verhältnis der äußeren Güter zum höchsten Gute, also zur Tugend, zu sagen war. Die äußeren Dinge sind das, worin sich die Tugend bewährt (virtutis usus = χρῆσις ἀρετῆς; vgl. Aristoteles Pol. 1328a38, 1332a9 u. a.); die äußeren Vorzüge, unter denen vier genannt werden, dienen dazu, das höchste Gut zu mehren oder zu bewahren.

(e) Unbestimmbar bleibt der Ursprung der Drei-Güter-Lehre als solcher. Daß der Peripatos sie zuerst thematisiert hat, wird man annehmen, doch gilt sie schon für Aristoteles Nik. Eth. 1098b12–18 als eine alte und allgemein anerkannte Lehre, und auch Platon setzt

sie an mehreren Stellen als bekannt voraus. Der nächste Satz nuanciert: Von dem, was die Natur von vornherein begehrt (die körperlichen und die äußeren Güter), ist unterschieden das, was sich erst allmählich entwickelt, die seelischen Güter; gegen den (stoischen) Einwand, daß wir über die körperlichen und die äußeren Güter nicht frei verfügen können, wird erwidert, daß immerhin das Bedeutendste erreicht werden kann, also die Tugend. Ergänzt wird dies schließlich durch die ausdrücklich für Antiochos bezeugte Distinktion zwischen der einfachen und der optimalen Glückseligkeit: jene in der Tugend allein, diese in allen drei Güterklassen (vgl. De fin. 5,71 und 81).

(f) Auch der Epilog verrät das Bemühen des Antiochos, die Alte Akademie und die Stoa einander so nahe wie möglich zu rücken. So ist hier das „officium" das καθῆκον der Stoa (etwa De fin. 3,20), die Selbsterhaltung und der richtige Umgang mit dem, was die Natur von vornherein begehrt. Dazu gehört auch die scharfe Ablehnung der Lust (gegen Epikur) und das Lob heldenhafter Taten. Die Erwähnung der drei zusammengehörigen Begriffe Freundschaft hier, Gerechtigkeit und Billigkeit dort, ist ebenso ein ungeschickter Einschub Ciceros wie in 21 die Anspielung auf den Weltstaat. In der Vorlage war zweifellos der Freundschaft und dem Bereich des Politischen ein eigener Abschnitt gewidmet.

Wieweit die Lehre von der Gemeinschaft aller Menschen untereinander (vgl. Aristoteles Nik. Eth. 1155a21–22 und die Anekdote Diog. Laert. 5,21) und vom Weltstaate (De fin. 3,64, De rep. 1,19 und De legg. 1,23, wo vom gemeinsamen Staat der Götter und Menschen die Rede ist, ist etwas anderes und vermutlich nicht stoisch) thematisch der Alten Akademie und/oder dem Peripatos gehört, läßt sich nicht mehr feststellen.

24–29 Die Übersicht über die Physik knüpft an 6 an.

(a) Die Natur ist aufgeteilt in die wirkende/gestaltende Kraft und die gestaltete Materie, aristotelisch die Bewegungsursache und die Materialursache. Wie sodann bei Aristoteles in anderem Kontext Form und Materie unlösbar miteinander verbunden sind derart, daß weder die Form ohne die Materie noch die Materie ohne die Form zu existieren vermag, so sind hier das Gestaltende und das Gestaltbare unlösbar miteinander verbunden. Es gibt weder ein Gestaltendes, das nicht schon immer die Materie gestaltet hätte, noch ein Gestaltbares, das nicht schon gestaltet wäre. Denn ohne das Gestaltende würde die Materie (in nichts?) zerfallen, und ohne die Materie hätte das Gestaltende keinen Ort, wäre nirgends und insofern nichts (dazu Platon Tim. 52B).

(b) Aus beiden zusammen entsteht der determinierte, qualifizierte Körper. Cicero spricht hier freilich nicht von Qualifiziertem (griechisch ποιόν), sondern von Qualität (griechisch ποιότης); und daß dies, trotz den Schwierigkeiten, die entstehen, kein Versehen Ciceros sein kann, zeigt seine Anmerkung über den von ihm neu geschaffenen Begriff „qualitas" (dazu Platon Theait. 182 A!).

(c) Dies führt zu einem Exkurs über die Einbürgerung griechischer Fachbegriffe in das Lateinische, dazu De fin. 3,5 u. a. Das Problem der Fachsprache als solcher ist durch die massenhafte Neuschöpfung von philosophischen Begriffen durch Zenon aktuell geworden; hier wie in De fin. a. a. O. ist die Feststellung interessant, daß mehrere solche Begriffe sich im Lateinischen schon so eingebürgert haben, daß sie nicht mehr als Fremdwörter empfunden werden. Unsere Liste hat von den 6 Beispielen bei De fin. nur 3 (philosophia, rhetorica, dialectica), dazu aber noch physica. Beide Stellen setzen voraus, daß diese Wörter schon seit langer Zeit bei römischen Autoren im Gebrauch sind. Dabei ist es nicht leicht zu sagen, wer diese Autoren gewesen sein können; im 3. und 2. Jhd. v. Chr. ist für unser Wissen die Auswahl nicht groß: Cato? Ennius? Wahrscheinlich hat Varro irgendwo in den „Antiquitates" davon gesprochen und aus seiner Kenntnis der frühen lateinischen Literatur Belege beigebracht.

(d) Primäre und abgeleitete Qualitäten werden unterschieden. Jene sind von einer Gestalt und einfach, diese verschiedenartig und vielgestaltig (griechisch μονοειδής und ἁπλοῦς gegen πολυειδής und συνθετός). Primär sind die vier Elemente (daß „aer" ursprünglich ein griechisches Fremdwort ist, sagt auch De nat. deor. 2,91 und bestätigt Ennius Annales Buch 2 Frg. 2 [V. 148] und Epicharmus Frg. 7 [V. 54–55] Vahlen²). Abgeleitet sind Tiere und Pflanzen.

(e) Einzelheiten: Von den vier Elementen sind zwei die gestaltenden (Luft und Feuer), zwei die gestaltbaren (Wasser, Erde). Aristoteles ergänzt die Reihe durch ein fünftes Element, aus dem die Gestirne ebenso wie der Geist bestehen; so auch Tusc. disp. 1,22; 41; 65, De fin. 4,12. Bei Aristoteles ist bes. in De coelo Buch 1 vom kreisbewegten ersten Element, das den supralunaren Raum erfüllt, ausführlich die Rede; doch wird es in den uns erhaltenen Pragmatien weder „das fünfte Element" (Quinta essentia erst seit der Spätantike) genannt noch gehört der Geist („Nous") diesem Element an. Doch nichts hindert, daß etwa der verlorene Dialog „Eudemos" diese Lehre vorgetragen hat.

(f) Nun wird nochmals die Materie charakterisiert: sie ist das Substrat von allem, ohne Gestalt und ohne Qualität, unbegrenzt

gestaltbar und veränderbar ebenso wie unbegrenzt teilbar (gegen Epikur De fin. 1,20).

(g) Was mit dem letzten Satz von 27 gesagt werden soll, ist rätselhaft; Cicero hat da zu stark gekürzt. Man ist versucht, „intervalla" als leeren Raum zu verstehen, doch dann wären wir beim κενόν der Atomisten, das von der Akademie wie von Aristoteles abgelehnt wird. Für Aristoteles sind gerade auch die Intervalla zwischen den festen Körpern mit Körperlichkeit angefüllt.

Schwierig ist auch das nächste. Die Qualität (ποιότης) gilt hier als eine unaufhörlich in beliebiger Bewegung befindliche Kraft, die ihrerseits die Materie in Qualifiziertes (ποιά) verwandelt. Alles Qualifizierte hängt als ein Kontinuum (συνεχές) miteinander zusammen und bildet auf diese Weise den einen Kosmos; außerhalb dieses Kosmos gibt es weder eine unqualifizierte Materie noch einen qualifizierten Körper, also auch keinen leeren Raum, wie die Stoa gegen Akademie und Peripatos angenommen hatte.

(h) Vom Kosmos und seinen Teilen gelangen wir zu der Kraft, die den Kosmos zusammenhält. Sie heißt zunächst „die wahrnehmungsfähige Natur" (also φύσις αἰσθητική). Der eigentümliche Begriff scheint stoisch zu sein und den quasi-personalen Charakter der Natur/Physis hervorheben zu wollen (vgl. De nat. deor. 2,75 und 85). Diese wird identifiziert mit der „ratio perfecta", also dem λόγος τέλειος, der zugleich als eine unzerstörbare Kraft beschrieben wird; er wiederum ist die Weltseele („animus mundi" gibt ψυχὴ κόσμου wieder), dann Geist („Nous") und Weisheit („Sophia") und schließlich Gott. Cicero hat sich hier damit begnügt, die Stichworte aufzureihen, ohne auf die systematische Begründung jeder einzelnen Aussage, die es zweifellos gegeben haben muß, einzugehen. So entsteht nicht nur der Eindruck eines zügellosen Synkretismus, sondern wir haben auch keine Möglichkeit, zu unterscheiden, was an dieser Liste akademisch/peripatetisch und was stoisch ist. Man wird schon im Hinblick auf De fin. 4,11 nicht allzu rasch die ganze Reihe als stoisch bezeichnen dürfen.

(i) Das Werk dieser Gottheit ist die Verwaltung (offenbar soll das allzu stoische Wort „Providentia" gemieden werden; und „procurare" entstammt ganz der römischen Amtssprache) zunächst der supralunaren Welt, dann auch der Menschenwelt.

Drei weitere untereinander zusammenhängende Identifikationen bilden den Abschluß: „necessitas" ist ἀνάγκη, das im Text ausgefallene Wort muß εἱμαρμένη entsprechen, endlich „fortuna" (τύχη), die jedoch kein echter Zufall ist, sondern nur uns als Zufall erscheint,

weil wir die Ursachen der Erscheinungen nicht kennen. (Die Formel ist vorsokratisch s. VS 59 Anaxagoras, A 66 und Aristoteles Phys. 196b5–7).

Daß Aristoteles mit ἀνάγκη und τύχη gerechnet hat, zeigt u. a. Nik. Eth. 1112a31–33. Von einer εἱμαρμένη spricht er nirgends in den erhaltenen Pragmatien, doch stellt immerhin Alexander v. Aphrodisias in seinem Essay De fato der stoischen εἱμαρμένη eine peripatetische Lehre von der εἱμαρμένη gegenüber (vgl. auch Cicero De fato 39). Klarheit ist bisher nicht zu erreichen. Man wird sich nur hüten, der Stoa unbesehen mehr zu geben, als ihr nach den zuverlässigen Zeugnissen tatsächlich zukommt.

30–32 Als dritter Teil der Philosophie wird zur Hauptsache die Erkenntnistheorie und nur knapp die Logik im Sinne des aristotelischen Organon behandelt.

Alle Erkenntnis geht von den Sinneswahrnehmungen aus, doch an sich selber sind diese unfähig, über Wahr und Falsch zu urteilen. Dies leistet allein der Geist, da es wirkliche Erkenntnis, wie schon Platons „Phaidon" (bes. 75 A) lehrt, nur vom unveränderlich mit sich selbst Identischen, also von der Idee, geben kann. Die Sinnesorgane vermögen ihre Gegenstände nicht zureichend zu erfassen, weil diese entweder viel zu klein sind (vgl. die Homöomerien des Anaxagoras und die Atome Demokrits) oder derart in ununterbrochener Bewegung, daß sie niemals mit sich selbst identisch sind (wofür zweifellos Heraklit in Anspruch genommen worden ist).

So wird die der Sinneswahrnehmung zugeordnete Meinung (δόξα) dem Wissen (ἐπιστήμη) gegenübergestellt, das ausschließlich mit den Vernunftbegriffen und den Vernunftgründen arbeitet.

Flüchtig wird dann auf die logischen Methoden eingegangen: Definition, Etymologie, Syllogismus.

Den Schluß bildet die Gegenüberstellung der (aristotelischen) Dialektik als Technik der zwingenden Schlußfolgerungen und der Rhetorik, deren Sache nicht das Beweisen in Rede und Gegenrede ist, sondern das Kontinuum des Überredens (πείθειν gegen διδάσκειν, schon seit Plat. Gorg. 452 E – 453 A). Vgl. dazu noch De fin. 2,17.

Nicht alle Teile dieses Abschnitts lassen sich mit Texten Platons und des Aristoteles belegen; umgekehrt besteht nirgends ein zwingender Grund, stoischen Einfluß anzunehmen.

Damit ist die Lehre, von der die Diskussion ausgehen soll, exponiert. Ein merkwürdiger Widerspruch besteht darin, daß in 19–32 zweimal ausdrücklich auf Aristoteles (26) und den Peripatos (22) hingewiesen wird, obschon Varro erst in 33–34 von dem späteren

Schicksal der ursprünglichen Lehre spricht und dabei in aller Form zwischen Aristoteles und Theophrast, die die Lehre in wesentlichen Punkten modifizieren, und den Akademikern von Speusippos an bis zu Polemon, die der Lehre Platons treu bleiben, unterscheidet. Es zeigt sich also unerwartet, daß von einer einheitlichen Doktrin der Akademie und des Peripatos, wie sie in 18,22 und noch in 33 implicite behauptet wird, gar keine Rede sein kann. Bei der platonischen Orthodoxie bleiben nur die Akademiker, während die beiden Koryphäen des Peripatos (ganz zu schweigen von Straton, vgl. De fin. 5,13) von ihr abfallen. Da werden zwei verschiedene Traditionen miteinander kombiniert, es sei denn, daß Antiochos selber das Unmögliche versucht und beides behauptet hat: einmal die völlige Übereinstimmung zwischen Akademie und Peripatos und zum andern, daß Aristoteles und Theophrast Platons Lehre in zwei entscheidenden Punkten preisgegeben haben, wobei schon der Wortlaut von 33 andeutet, daß der Sprechende, also doch wohl Antiochos, die Position des Aristoteles billigt, diejenige Theophrasts dagegen ablehnt.

Davon abgesehen können wir kaum die Frage beantworten, wieweit Antiochos die Darstellung in 19–32 seinen Absichten gemäß retouchiert hat. Wir müssen uns mit der Formel begnügen, daß er im System Platons alles weggelassen haben dürfte, was mit der Lehre der Stoa unvereinbar gewesen wäre, aber auch an Stoischem nichts aufgenommen hat, was sich nicht irgendwie in die Lehre Platons hätte integrieren lassen.

Was nun Aristoteles preisgegeben hat, ist die platonische Ideenlehre; für uns ergibt sich dies vor allem aus dem ersten Buch der Metaphysik, für Antiochos wie für Cicero selber dürften teils der umfangreiche Dialog „Über die Philosophie", teils auch die Schrift „Über die Ideen" die Belege geliefert haben. Spürbar ironisch wird die einzigartige Bedeutung charakterisiert, die die Ideenlehre für Platon besaß. Platon selber ist freilich in seinen Dialogen vorsichtig gewesen und hat nur zögernd für die Welt der Ideen Göttlichkeit beansprucht. Vergleichbar mit unserer Stelle ist De fin. 4,42 (aus Karneades?), wo die Kritik auch auf Platons Ideenlehre zielt, ohne sie ausdrücklich zu nennen.

Bei Theophrast begegnen wir einer Konfiguration, die dem Bericht des Aristoteles über Eudoxos von Knidos erstaunlich nahekommt (Nik. Eth. 1172b9–18). In beiden Fällen handelt es sich um einen Philosophen, der ethisch bedenkliche Ansichten vertreten hat; doch die Untadeligkeit des Charakters garantiert, daß sie beide dies nicht in subversiver Gesinnung getan haben.

Der Vorwurf gegen Theophrast zielt genau auf 22 Ende: Wenn es als platonische und akademische Orthodoxie gilt, daß die Eudaimonia überhaupt auf der Tugend allein beruht, ihr allerdings die vollkommene Eudaimonia vorgeordnet ist, die sich aller drei Güterklassen erfreut, so hat Theophrast erklärt, schon die Eudaimonia überhaupt sei für die Tugend allein, also ohne die zwei unteren Güterklassen, unerreichbar, d. h. Krankheit, Armut u. dgl. würden jede Eudaimonia unmöglich machen. De fin. 5,12; 77; 85; dazu Tusc. disp. 5,24; 85 zeigen, daß diese These in dem Buche „Peri Eudaimonias" vorgetragen war. Dieses Buch, das mit ziemlicher Sicherheit Cicero selber in der Hand gehabt hat, liegt auch De fin. 5,24–70 zugrunde.

Wenn nachher von den Peripatetikern nur noch Straton erwähnt wird, dagegen die ganze Reihe der Häupter der Akademie bis auf Polemon, so darf man vermuten, daß in unserem Text ursprünglich auch die ganze Liste der Peripatetiker bis auf Diodoros angeführt wurde, so wie wir sie in De fin. 5,13-14 besitzen. Dann wäre allerdings der Gegensatz zwischen der Heterodoxie des Peripatos und der Orthodoxie der Akademie noch krasser sichtbar geworden, und so weit wollte Cicero in unserem Kontext offenbar nicht gehen.

Neben Peripatos und Akademie tritt schließlich Zenon. Daß er seinem Mitschüler Arkesilaos an Alter wie an Subtilität des Philosophierens überlegen ist, wird ebenso betont, wie daß seine Lehre nicht einen Abfall von der platonischen Orthodoxie bedeutete, sondern nur eine Korrektur. Diese Korrektur, die also nicht als Abfall bezeichnet werden darf wie beim Peripatos, soll nun dargestellt werden.

35–42 Bemerkenswert am Bericht über die Lehren Zenons ist einmal, daß der Abschnitt über die Physik (39) viel kürzer ist als die beiden anderen Teile, und sodann, daß man den ersten Teil (35–39), auch wenn er weitgehend nur Stichworte aufreiht, doch als die beste Zusammenfassung der altstoischen Ethik bezeichnen darf, die wir besitzen.

Begonnen wird mit einer energischen Polemik gegen die in 33 skizzierte Position Theophrasts. Der Weichlichkeit Theophrasts wird die Härte Zenons gegenübergestellt und zwar in einer sorgfältig aufgebauten Dihärese: (a) Die Eudaimonia beruht ausschließlich auf der Tugend, und dies bedeutet, daß es nur ein Gutes gibt, das „Edle" (καλόν); es ergänzt sich leicht: und nur ein Übel, das „Schändliche" (αἰσχρόν). Dies ist der Satz, der die Reihe der Paradoxa in Ciceros Paradoxa Stoicorum eröffnet und der in De fin. 3/4 im Mittelpunkt

der Diskussion steht. (b) Was weder gut noch übel ist, teilt sich auf in solches, was naturgemäß, und solches, was naturwidrig, und schließlich solches, was weder das eine noch das andere ist. (c) Was naturgemäß ist, teilt sich auf in Wünschbares und Schätzbares und solches, was das Gegenteil davon ist, und abermals solches, was weder das eine noch das andere ist. (d) Unter dem, was wünschbar und schätzbar ist, gibt es solches, das in höherem Grade, und anderes, das in geringerem Grade wünschbar und schätzbar ist. Jenes ist das Vorzuziehende, dieses das Zurückzustellende.

Damit ist schon eine ganze Reihe eigentümlich stoischer Begriffe aufgeführt, die strenggenommen der Erläuterung bedurft hätten; in De fin. 3,20 und 3,50–52 werden sie denn auch zusammen mit ihren griechischen Entsprechungen expliziert. Hier vereinfacht Cicero aufs äußerste und läßt dies alles weg. Statt dessen folgt unerwartet das zuerst von Karneades, dann von Antiochos formulierte kritische Urteil, Zenon habe nicht die Sachen, sondern nur die Terminologie geändert, ein Urteil, das zur Not vertretbar ist, wenn man die ursprüngliche (aristotelische) Fassung der Drei-Güter-Lehre bedenkt, jedoch keinesfalls der Fassung Theophrasts gegenüber. So besteht denn auch zwischen der Polemik Zenons, mit der der Abschnitt begann, und unserer Bemerkung über die Terminologie ein empfindlicher Widerspruch; Zenons Protest gegen Theophrast ist mehr als ein nur terminologisches Problem. Cicero hat da übermäßig gekürzt. Zum Abschluß handelt es sich um den Gegensatz zwischen der schlechthin vollkommenen und der schlechthin verwerflichen Tat (also κατόρθωμα und ἁμάρτημα; vgl. De fin. 3,24; 4,15) und zwischen ihnen beiden um die pflichtgemäße Tat (das καθῆκον, vgl. De fin. 3,58–59). Daß die pflichtgemäße Tat dasselbe ist wie zuvor in der Dihärese das Wünschbare und Schätzbare und dann das Vorzuziehende, wird nicht gesagt. Erst recht fehlt der Nachweis, daß das, was die Stoa pflichtgemäß nennt, bloß ein anderer Name ist für das, was bei Aristoteles die zwei unteren Güterklassen sind.

Dann wird neu eingesetzt (38) in einer Liste von Stichworten, die nun gerade den Gegensatz zwischen Zenon und „den Früheren" herausarbeiten: (1) Wenn die Früheren unterschieden zwischen Tugenden der Vernunft (vgl. Aristoteles Nik. Eth. 1103a3–10), Tugenden der Natur (1144b1ff.) und Tugenden des Charakters, also den eigentümlich ethischen Tugenden (1103a18ff.), so gibt es für Zenon nur die Tugend der Vernunft; der für Aristoteles entscheidend wichtige Unterschied zwischen rational lehrbaren und irrational

durch Einübung anzueignenden Tugenden existiert für Zenon nicht.
(2) Bei den Früheren können die Tugenden voneinander getrennt
werden (d. h. ein Mensch kann gerecht, aber feige sein u. ä.), bei
Zenon sind sie alle unauflöslich aneinander gebunden (dazu Diog.
Laert. 5,31 gegen die ἀντακολουθία der Tugenden und umgekehrt
Diog. Laert. 7,125; dem kommt allerdings auch Aristoteles nahe:
vgl. Nik. Eth. 1144b30–1145a1. Gehört etwa die ausdrückliche
Bestreitung der Unzertrennbarkeit der Tugenden erst Theophrast
an?). (3) Bei den Früheren kommt es nicht auf das Besitzen, sondern
auf das Ausüben der Tugend an (dazu Aristoteles Nik. Eth.
1098b31–1099a7); bei Zenon zählt umgekehrt nicht der Erfolg einer
Tat, sondern ausschließlich die Gesinnung, in der sie unternommen
wird, also nicht das Ausüben, sondern nur das Besitzen. (4) Wo die
Früheren annehmen, daß die Eudaimonia und mit ihr die Tugend
im äußersten Falle verlorengehen kann (Nik. Eth. 1101a8–13; vermutlich
hat auch da erst Theophrast auf diesem Punkt insistiert), hat
der stoische Weise die Tugend ein für alle Male; das vollkommene
Gute ist für Aristoteles δυσαφαίρετον, a. a. O. 1095b26, für Zenon
und schon für den Kyniker Antisthenes ἀναφαίρετον; vgl. Diog.
Laert. 6,12 und 7,127. (5) Für die Früheren gehören die vier Affekte
zur Natur des Menschen und müssen gebändigt, aber nicht ausgerottet
werden, für Zenon sind sie Krankheiten, von denen der Weise
völlig frei sein muß (dazu Diog. Laert. 5,31 und Cicero Tusc. disp.
4,38–46 über die μετριοπάθεια des Peripatos und Diog. Laert.
7,110–117 über die ἀπάθεια der Stoa). Die Frage, wie das griechische
πάθος zu übersetzen sei, diskutiert De fin. 3,35. (6) ergänzt (5):
die Früheren verstehen Vernunft und Begierde als verschiedene Teile
der Seele (im Hintergrund steht die platonische Dreiteilung der
Seele), für Zenon geht alles von der Vernunft aus, und alle Affekte
sind das Ergebnis irriger Meinungen.

Daß alle Affekte ihren Ursprung in einer ungehemmten Zügellosigkeit
haben (griechisch also ἄμετρος ἀκολασία), wird ziemlich
unvermittelt nachgetragen; dasselbe auch in Tusc. disp. 4,22. Implicite
wird damit die für Aristoteles wichtige Unterscheidung von
ἀκράτεια (Handeln wider besseres Wissen) und ἀκολασία (Perversion
der Vernunft selber) verworfen.

Der Zusammenhang dieses Abschnittes mit 19–23 ist sehr locker,
faßbar nur zwischen (1) der zenonischen Liste und 20. Zenon scheint
sich eben weniger gegen die Lehre der „Früheren" insgesamt, also
von Platon zu Polemon, gewandt zu haben als vielmehr gegen die
z. T. radikalen Formulierungen Theophrasts. Doch gerade da wer-

den wir noch einmal konstatieren, daß die Differenzen sich keineswegs auf terminologische Subtilitäten reduzieren lassen, wie Karneades und Antiochos zu zeigen sich bemüht haben.

In der Physik (39 B) begnügt sich Cicero mit zwei Punkten. (a) Der erste ist schon in 26 vorbereitet. Das fünfte Element des Aristoteles wird abgelehnt; die Substanz nicht nur der Vernunft, sondern auch der Sinnesorgane ist das Feuer. Bezeichnenderweise ist von der Substanz der Gestirne nicht die Rede; da ist Zenon wohl oder übel gezwungen, zwei oder mehr Arten des Feuers anzunehmen; vgl. dazu auch Xen. Mem. 4,7,6-7. Cicero will sich nicht auf umständliche Erläuterungen einlassen und läßt die Frage nach der Natur der Gestirne einfach weg. Vgl. noch De fin. 4,12. (b) Überraschend knapp wird auch der nächste überaus wichtige Punkt erledigt: der Gegensatz zwischen dem Bewirkenden und dem Bewirkbaren wird aus der Lehre der Früheren übernommen (24), doch dann gefolgert, daß nur Körperliches Wirkung ausüben oder Wirkung erfahren könne. Damit wird vor allem die Unkörperlichkeit der Seele, die Xenokrates gelehrt hatte (Tusc. disp. 1,20; Luc. 124 und Frg. 165-212 ed. Isn.-Par.), bestritten, doch weitere Konsequenzen zieht Zenon an dieser Stelle nicht. Letzten Endes haben die beiden Punkte dieses Abschnittes nur die Absicht, die Seelenlehre (a) des Aristoteles, (b) des Xenokrates abzuweisen. Auf die platonische Dreiteilung der Seele wurde im letzten Stück des vorangehenden Abschnittes flüchtig angespielt. Diese Dürftigkeit überrascht insofern, als in 24-29 sehr ausführlich von der Physik der Akademie und des Peripatos die Rede gewesen war. Dabei hat Zenon gerade da ein weitläufiges eigenes System aufgebaut (vgl. SVF I,85-177). Mag sein, daß Cicero die wichtigsten Punkte seiner Darstellung dem zweiten Buch De nat. deor. vorbehalten wollte.

Etwas ausführlicher kommt schließlich die Erkenntnistheorie und Logik zur Sprache, also diejenige Doktrin, mit der sich nachher die ganze Diskussion der Academica befassen wird (40-42). Im Blick darauf wird sofort unterstrichen, daß Zenon sehr viel geneuert hat – obschon in 43 abermals versichert wird, Zenons Lehre sei nicht neu, sondern lediglich eine Verbesserung der Lehre der Früheren (vgl. 35). Cicero hat den Widerspruch zwischen diesen Äußerungen einfach stehenlassen.

Was nun vorgeführt wird, ist der Prozeß, der vom Sinneseindruck bis zum unumstößlich sicheren Wissen hinaufführt.

Der Ausgangspunkt ist (1) sozusagen die Umsetzung des Anstoßes, der von der äußeren Welt herkommt, in etwas, das sich uns zeigt

und das „Sich uns Zeigende" ist. Den griechischen Begriff φαντασία übersetzt Cicero mit „visum", recht geschickt insofern, als damit sofort der Akzent auf das gelegt wird, was sich mir zeigt und was ich als ein sich mir Zeigendes wahrnehme. Dieser erste Vorgang läuft von Natur und ohne unser bewußtes Zutun ab. Von ihm hebt sich (2) dasjenige ab, worüber wir frei verfügen, nämlich die Zustimmung zu dem, was sich uns zeigt (griechisch συγκατάθεσις; vgl. Luc. 37–39). Diese Zustimmung kann wohlbegründet und mit Recht oder voreilig und irrtümlich erfolgen. Eine Zustimmung geschieht dann mit Recht, wenn (3) das, was sich zeigt, als zuverlässig anerkannt und damit begriffen werden kann. Wir gelangen zu dem entscheidenden Begriff des Begreifbaren (καταληπτόν) und des Begreifens (καταλαμβάνειν). Vorgeschlagen wird die Übersetzung „Comprehendibile", der Atticus (der schon weiß, worum es sich handelt), sofort zustimmt. Hervorgehoben wird, daß es eine Metapher ist: das Bild der Hand, die zupackend einen Gegenstand ergreift, schwebt vor (vgl. Luc. 145). Das lateinische Wort „comprehendere" hält diese Bildhaftigkeit fest, desgleichen noch das deutsche (seit wann belegte?) Wort „be-greifen".

Befremdlich wirkt zunächst der folgende Punkt (4): Was auf diese Weise, von dem Sinneseindruck ausgehend, „begriffen" ist, ist selbst eine Sinneswahrnehmung. Dazu hat man zu bedenken, daß für Zenon alles Wirkende und Bewirkbare körperlich ist (39). Mit der ihm eigenen Konsequenz folgert Zenon daraus, daß alles Wahrnehmung sein muß; gibt es keine Wirklichkeit außer dem Körper, so gibt es auch keine Erkenntnisweise außer der Wahrnehmung im weitesten Sinne. Zenon hat damit zwei Aporien überspielt, die weder Platon noch Aristoteles hatten überwinden können: Einmal, wie Unkörperliches auf Körperliches einwirken könne, und zweitens, wie in einem und demselben Menschen Körperliches und Unkörperliches (σῶμα; ψυχή, νοῦς) koexistieren können, ohne daß der Mensch in zwei heterogene Teile zerfällt.

Liegt endlich (5) ein Begriffenes von der Art vor, daß es nicht in Zweifel gezogen werden kann, so sind wir beim Wissen (ἐπιστήμη); wird dagegen etwas als begriffen behandelt, was in Wirklichkeit nicht zweifelsfrei begriffen ist, so entsteht die bloße Meinung.

Das Begreifen als solches ist freilich weder Wissen noch Unwissenheit; es wird Wissen erst, wenn es sich auf zuverlässige Merkmale an dem, was sich zeigt, stützt. Da ist der Ort jener Definition des sicheren Begreifens, das dann stattfindet, wenn das, was sich zeigt, unverwechselbar mit sich selbst identisch ist (SVF I, 59); die Diskus-

sion im „Lucullus" zeigt, daß die gesamte Polemik der Neuen Akademie gegen die Stoa genau diese Definition angegriffen hat.

Als Anhang folgt eine philosophisch ungewöhnlich implikationsreiche Erklärung: Wenn vorausgesetzt wird, daß die Sinnesorgane zuverlässig arbeiten, so besagt dies nicht, daß das, was sich uns zeigt, alles ist, was sich an einem Gegenstand zeigen und von uns begriffen werden könnte. Begriffen wird nicht alles, was von der *Sache* her begreifbar sein könnte, wohl aber alles, was *wir* mit unserem Organ zu begreifen fähig sind; dies wiederum reicht indessen aus, um die Unverwechselbarkeit des Eindruckes sicherzustellen und ein Begreifen zu konstituieren, das so zuverlässig ist, daß darauf ein Wissen und eine Wissenschaft aufbauen kann. Vgl. dazu Sextus Pyrrh. hyp. 1,94 und 97.

Etwas unbeholfen weist Cicero darauf hin, daß es sich nicht nur um das Festhalten der Grundbegriffe handelt, sondern auch um ihre Kombination zu wissenschaftlichen Schlußfolgerungen; gemeint ist offenbar dasselbe wie in Luc. 21.

Wie endlich das Wissen selber eine Tugend ist, so ist umgekehrt der Irrtum und die Unwissenheit eine Schlechtigkeit. Wissen und Meinen sind also nicht nur fachmännische und dilettantische Anwendungen einer rationalen Apparatur, sondern sie qualifizieren den Menschen ethisch und im ganzen; vgl. dazu De fin. 3,72.

Der Abschluß überrascht abermals. Der Leser mußte (mit Recht) den Eindruck haben, daß auch und gerade die Erkenntnislehre Zenons etwas ganz Neues und von der Akademie und Peripatos grundsätzlich Abweichendes ist; und nun wird erklärt, es handle sich nur um kleine Meinungsverschiedenheiten und Korrekturen der älteren Lehre. Cicero versucht augenscheinlich aus seiner Kenntnis der Problemlage sowohl dem Anspruch der orthodoxen Stoa auf philosophische Originalität (den in De fin. 3 Cato mit aller Entschiedenheit vertritt) wie auch dem Interesse des Antiochos an einem Ausgleich zwischen den drei Schulen Akademie, Peripatos und Stoa soweit wie nur irgend möglich entgegenzukommen, auch um den Preis einiger empfindlich störender Unstimmigkeiten.

43–46 Cicero beglückwünscht Varro zur Knappheit und zur Klarheit seines Exposés über ein System, über dessen Kompliziertheit und Schwerverständlichkeit in De fin. 3 und 4 immer wieder gesprochen wird (vgl. etwa 4,1–2). Varro seinerseits fordert Cicero auf, die Gründe anzugeben, die Arkesilaos veranlaßt hätten, von der Tradition abzufallen; diskret, aber deutlich wird die Treue Zenons der

Tradition gegenüber von der unverantwortlichen Neuerungssucht des Arkesilaos abgehoben.

So ist es denn auch Ciceros erstes Anliegen, Arkesilaos in Schutz zu nehmen. Es ist durchaus nicht der bloße Ehrgeiz, der ihn zu seiner These geführt hat, sondern gerade umgekehrt die Treue zu einer höchst achtbaren Tradition des Nichtwissens angesichts der Tatsache, daß die Wahrheit unseren menschlichen Möglichkeiten (genannt werden die Schwäche der Sinnesorgane und der Vernunft und die Kürze des Lebens) unzugänglich bleibt.

Eine Liste von Autoritäten wird angeführt, weitgehend dieselbe, die schon in Luc. 14 und 72–75 mobilisiert worden war. Aus gutem Grund steht Sokrates an der Spitze, nicht nur weil er anerkanntermaßen der gemeinsame Archeget von Akademie und Peripatos ist und weil Varro selber ausdrücklich die Aporetik des Sokrates vom Dogmatismus Platons abgegrenzt hatte (15–17), sondern weil in der Tat bei Sokrates (jedenfalls dem Sokrates Platons und der Sokratiker) das Nichtwissen radikal geworden ist, während es sich bei den Vorsokratikern von Parmenides bis Demokrit immer nur um einen begrenzten Bereich handelt, der dem Menschen entzogen bleibt. Bei Empedokles liegt VS 31 B 2 zugrunde, bei Anaxagoras wird man wohl an VS 59 B 21 zu denken haben; bei Demokrit entspricht VS 68 B 117.

Arkesilaos übertrumpft noch Sokrates: für ihn weiß der Mensch nicht einmal, daß er nichts weiß, was insofern sonderbar ist, als im Luc. 73 diese Übersteigerung der sokratischen Aporetik ausdrücklich dem Metrodor aus Chios, Schüler Demokrits (VS 70 B 1), zugeschrieben wird. Da bleiben einige unlösbare Rätsel: Daß Arkesilaos nicht etwa Sokrates überbieten, sondern Metrodors These wiederholen wollte, ist denkbar unwahrscheinlich; nicht recht wahrscheinlich ist es auch, daß Metrodor seinerseits schon Sokrates habe übertrumpfen wollen, es sei denn, man habe eine Beziehung zu den angeblichen Äußerungen Demokrits über Sokrates anzunehmen (VS 68 A 1,36; vgl. Tusc. disp. 5,104).

Scharf wird nun die Position des Arkesilaos selber umrissen. Weil wir uns weder auf die Sinnesorgane noch auf die Vernunft verlassen können, ist jedes Lehren, Festhalten und Zustimmen unerlaubt. Es bleibt nur die strikteste Zurückhaltung des Urteils; das schlimmste ist das voreilige Zustimmen zu einer Aussage, die entweder geradezu auf einem Irrtum oder doch auf mangelnder Kenntnis beruht.

Es ist eine in sich geschlossene Position. Sie gewinnt ihr volles Gewicht allerdings erst, wenn man sie auf dem Hintergrund der Lehre Platons sieht. Der Gegenstand unseres Nichtwissens ist die

erfahrbare Welt, letzten Endes diejenige, die bei Parmenides die Welt der Doxa ist. In dieser Welt ist alles in ununterbrochener Bewegung und geht alles in alles über. Da ist kein Wissen möglich, und der totalen Aporetik des Arkesilaos würde unter diesem Gesichtspunkt Platon so gut wie Parmenides zustimmen. Stillschweigend vorbehalten bleibt die Relation des Geistes zu der „anderen" Welt, der Welt des reinen Seienden, in welcher alles ein für alle Male ist, was es ist, also mit sich selbst unveränderlich und unverwechselbar identisch.

Die Stoa hat es gewagt, einerseits den Satz anzunehmen, daß ein Wissen nur von einem unverwechselbar mit sich selbst identischen Gegenstand möglich ist, und andererseits die Lehre des Parmenides und des Platon von den zwei Welten abzulehnen. Für sie findet sich also das unverwechselbar mit sich selbst Identische und insofern zuverlässig Wißbare schon in der für uns erfahrbaren Welt, in der wir leben; wir bedürfen also einer zweiten Welt gar nicht.

Genau dagegen wendet sich Arkesilaos und bleibt damit faktisch Platoniker. Daß in unserer Welt ein zuverlässiges Wissen möglich sei, bestreitet er genauso wie Platon; allerdings läßt er die Frage offen, ob es eine andere Welt gibt, die unveränderlich seiend und damit zuverlässig wißbar ist. Darüber äußert er sich nicht, vielleicht in der Absicht, auf diese Weise noch über Platon hinweg an Sokrates anknüpfen zu können.

Zu einem gewissen Grade unabhängig von dieser totalen Aporetik ist der zweite von Cicero erwähnte Punkt: Arkesilaos nimmt das sokratische Widerlegen wieder auf und destruiert jede dogmatische Position so weit, daß sichtbar wird, wie es zu jeder These eine gleichgewichtige Gegenthese gibt; von der Einsicht in die Gleichgewichtigkeit jeder These und Gegenthese ist es nur noch ein kleiner Schritt zu der Haltung, die weder der These noch der Gegenthese zuzustimmen bereit ist.

Dies ist, exakt formuliert, die Tradition nicht der sokratischen Aporetik, sondern der von Platon als sophistisch denunzierten Antilogik; diese läßt sich immerhin auch von Parmenides ableiten, da für den in der Welt der Doxa lebenden Menschen „Sein und Nichtsein sowohl dasselbe ist wie auch nicht dasselbe" derart, daß jedem Ja ein Nein gleichgewichtig gegenübersteht (VS 28 B 6). Die Rolle der Antilogik bei Protagoras haben wir hier nicht zu untersuchen; das Verfechten von Thesen und Gegenthesen als Methode hat auch Aristoteles empfohlen. Der Gewinn aus einer solchen Methode kann verschieden formuliert werden. Für Arkesilaos ist es die strengste Zurückhaltung jedem dogmatischen Urteil gegenüber. Die spätere

Akademie des Karneades und des Philon, der Cicero immer wieder folgt, formuliert anders. Da wird die Methode, unablässig Thesen und Gegenthesen gegeneinander abzuwägen, zum einzigen Weg, auf dem sich vielleicht einmal etwas zeigen mag, was der Wahrheit nahe kommt.

Cicero nimmt in 46 dies alles schon für die Alte Akademie Platons in Anspruch. Der Hinweis Varros in 17, Platon sei von der Aporetik des Sokrates zu einem systematischen Dogmatismus übergegangen, wird ignoriert; es ist ja in der Tat auch bei platonischen Dialogen wie etwa dem „Phaidon" oder dem „Timaios" durchaus nicht leicht festzulegen, wo die Aporetik endet und die Dogmatik beginnt.

Schikanös will Cicero indessen nicht sein. Wenn der Gegner zwischen Alter und Neuer Akademie unterscheiden will, so mag er es tun. Auf was es ihm ankommt, ist, die Position des Karneades (und wohl auch des Philon) herauszuarbeiten, zu der er sich selber bekennt, dann wohl auch zu erläutern, inwiefern die harte Reaktion der Neuen Akademie auf den Dogmatismus der Stoa berechtigt und notwendig war.

Doch da bricht der Text ab, mitten in einem Satz; es muß also im Archetypus aller unserer Handschriften durch einen Zufall der größte Teil des Textes untergegangen sein; Augustin hat noch die gesamten vier Bücher der „Academici libri" in der Hand gehabt.

Der letzte erhaltene Satz ist ein Lob des Karneades, seines Wissens ebenso wie der Faszination, die von seinem Vortrag ausgegangen sein muß. Gelehrt hat Karneades bis zum Ende seines Lebens in der Akademie in Athen (vgl. De fin. 5,4). In Athen hat Cicero selber den Epikureer Zenon gehört (vgl. De fin. 1,16), und dieser wird ihm im Jahre 78 aus der Erinnerung berichtet haben, wie rund fünfzig Jahre früher der Vortrag des Karneades auf ihn gewirkt hatte. Er hatte also als Epikureer die Vorlesungen des Karneades besucht, obschon zwischen der Lehre Epikurs und derjenigen der Neuen Akademie kaum irgendwelche Berührungspunkte bestanden; wir stellen nun umgekehrt fest, daß Karneades gegen die Stoa wesentlich aggressiver polemisiert hat als gegen Epikur.

Wie der Dialog szenisch weiterverlief, wissen wir nicht. Weder die zahlreichen Anspielungen bei Augustin noch die wenigen sonstigen Zitate geben einen Anhaltspunkt. Varro hat zweifellos die Lehre der Neuen Akademie vom Standpunkt des Antiochos aus angegriffen, Cicero sie verteidigt, anscheinend in wiederholter Rede und Gegenrede. Schematisch dürfen wir annehmen, daß Cicero in den ersten

beiden Büchern den „Catulus", im dritten und vierten Buch den „Lucullus" umgearbeitet hat. In der Sache wird er nur sehr wenig geändert haben. Ob und wieweit er versucht hat, den eher spröden Stoff szenisch aufzulockern, und wieviel da aus der immerhin recht interessanten Person Varros herauszuholen war, wissen wir nicht; und schließlich nimmt man, wie schon gesagt, ungerne an, daß Atticus der ganzen, durch vier Bücher sich hinziehenden Untersuchung als stummer Zuhörer assistiert hätte. Mag sein, daß eine erneute sorgfältige Interpretation aller einschlägigen Stellen bei Augustin da etwas weiterhelfen könnte.

Konkordanz zu den Fragmenten des Hortensius

Neue Numerierung	Plasberg	Müller	Ruch	Grilli
1	p 8	6	–	–
2	p 8	2	–	Test.
3	–	3	–	Test.
4	–	4	–	Test.
5	–	1	–	Test.
6	–	5	–	cf. 94 (= XXI)
7	–	7	–	Test.
8	p 10	9	–	Test.
9	p 10	10	–	Test.
10	p 20–22	8	–	Test./cf. 17 G.
11	p 82, 4	62	78	20
12	p 20, 1	57	1	57
13	p 46, 2	38	44	45
14	p 54	24	56a	91
15	p 25	88	7	7
16	p 82, 2	21	54	inc. sedis I
17	p 49	75	46	46
18	–	42	51	55
19	p 20, 2	47	2	17
20	p 24, 1	16	4	1
21	p 24, 2	18	6	3
22	p 26, 1	19	8	18
23	p 24, 2	17	5	2
24	p 26, 2	20	9	5
25	p 46, 1	44	43	50
26	p 28, 5	11	15	11
27	p 29, 2	27	17	14
28	p 29, 1	26	16	13
29	p 29, 3	25	18	15
30	p 30, 1	61	19	16
31	p 30, 2	46	20	23

Neue Numerierung	Plasberg	Müller	Ruch	Grilli
32	p 45, 3	49	42	39
33	p 35, 2	31	10	6
34	p 31	14	24	21
35	p 28, 2	48	12	8
36	p 83, 1	93	41	38
37	p 43, 2	28	38	34
38	p 50	82	50	49
39	p 66, 4	79	76	71
40	p 66, 1	76	73	67/68
41	p 34	22	22	18
42	p 67, 1	78	74	69
43	p 66, 3	77	75	70
44	p 68, 2	80	81	86
45	p 67, 3	73	71	75
46	p 67, 2	92	72	74
47	p 68, 3	91	82	87
48	p 48	43	47	42
49	p 41, 2	12	32	54
50	p 56, 1	–	p 121	93
51	p 38, 1	63	39	33
52	p 43, 3	32	25	52
53	p 82, 3	34	26	44
54	p 36, 2	30	27	25
55	p 41, 1	56	23	27
56	p 36, 1	29	29	43
57	p 45, 2	41	40	37
58	p 53, 1	66	53	56
59	p 38, 2	99	28	24
60	p 40, 2	55	31	26
61	p 41, 4	58	34	28
62	p 47, 1	40	48	47
63	p 83, 2	94	37	31
64	p 47, 2	103	p 109	48
65	p 45, 1	33	58	96
66	p 70, 1	83	83	101
67	p 42	52	35	29
68	p 43, 1	60	36	32
69	p 56, 2	36	59	58

KONKORDANZ ZU DEN FRAGMENTEN

Neue Numerierung	Plasberg	Müller	Ruch	Grilli
70	p 57, 2	39	60	59 a
71	p 53, 2	37	66	40
72	p 53, 3	84	55	60
73	p 73, 3	85	89	98
74	p 68, 1	74	80	85
75	p 60, 1	70	61	64
76	p 60, 2	71	62	65
77	p 55	51	57	90
78	p 54	23	56 b	92
79	p 46, 3	90	45	35
80	p 73, 2	72	88	97
81	p 73, 1	68	63	66
82	p 28, 4	89	14	9
83	p 83, 4	102	79	114 cf. X.
84	p 67, 4	81	77	84
85	p 74, 2	64	91	104
86	p 70, 2	65	84	102
87	p 22	86	3	inc. sed. II.
88	p 77, 1	96	86	113
89	p 82, 1	15	52	inc. sed. III.
90	p 74, 1	67	90	99
91	p 81	101	95	107
92	p 40, 1	100	30	51
93	p 41, 3	59	33	30
94	p 61	87	65	78
95	p 63, 1	35 c/a	67 c/a	80/81
96	p 47, 3	13	49	79
97	p 76	53	69	83
98	p 63, 2	54	68	82
99	p 77, 2	95	85	112
100	p 74, 3	69	70	105
101	p 75	50	92	110
102	p 79	97	93	115
103	p 35	45	21	19

NAMENVERZEICHNIS

Hortensius

Wichtige Eigennamen, die nicht im Wortlaut der Fragmente des Hortensius vorkommen, sind mit * bezeichnet.

Ariston von Chios (ca. 320–260 v. Chr.), Schüler des Zenon, des Gründers der Stoa, aber an ethischem Radikalismus seinen Lehrer noch übertreffend, darum von der stoischen Orthodoxie abgelehnt.

Aristoteles von Stageira (384–322 v. Chr.), bedeutendster Schüler Platons, Gründer des Peripatos, Verfasser zahlreicher Schriften, die Naturphilosophie, Ethik, Politik und die (besonders schwierige, aber auch einflußreiche) Logik betreffend.

Aurelius Augustinus* (354–430 n. Chr.), philosophisch, theologisch und schriftstellerisch die überragende Gestalt der lateinischen Literatur der späteren Antike. Entscheidende Impulse verdankt er Cicero; seine frühen Dialoge (Contra Academicos, De beata vita, De ordine u. a.) sind eine ununterbrochene Auseinandersetzung mit Ciceros philosophischen Schriften vom »Hortensius« an.

Brutus* s. M. Iunius Brutus

Cato* s. M. Porcius Cato Censorius

Cicero, M. Tullius (106–43 v. Chr.), im „Hortensius" ist mehrfach von seinen eigenen Werken die Rede: Rede pro Roscio Amerino aus dem Jahre 80 v. Chr., Rede pro Cornelio aus dem Jahre 62. In Frg. 59 eine Anspielung auf De oratore 1, 44.

M. Considius, reicher Geschäftsmann und befreundet mit Licinius Crassus (s. d.), der ihn in einem Prozeß um die Fischereirechte am Lucrinersee (nahe bei Puteoli) im Jahre 91 v. Chr. verteidigt hat.

P. Cornelius Scipio Aemilianus (Africanus minor) (ca. 184–129 v. Chr.), Sieger über Karthago und Numantia, bei Cicero Mittelpunkt eines Kreises griechisch gebildeter Römer.

Deinomachos, griechischer Philosoph wohl des 2. Jhd. v. Chr., vermutlich Peripatetiker, und fast ausschließlich durch Cicero bekannt.

Demokritos von Abdera (ca. 480–400 v. Chr.), letzter bedeutender Vertreter der Naturphilosophie der sog. Vorsokratiker, enzyklo-

pädische Gelehrsamkeit mit einer klar durchdachten atomistischen Ontologie verbindend. Angeregt durch ihn ist Epikur, doch hat sich die Schule Demokrits gegen den Druck der Epikureer anscheinend noch lange, wenn auch mit Mühe, behaupten können.

Q. Ennius aus Rudiae (239–169 v. Chr.), größter Dichter der römischen Republik; Cicero hat vor allem sein historisches Epos „Annales" und seine Tragödien geschätzt. Aus welcher (mit dem Trojanischen Krieg zusammenhängenden) Tragödie die Verse des Neoptolemos stammen, die Cicero in De orat. 2, 156, De rep. 1, 30 und Tusc. disp. 2, 1, vielleicht auch im „Hortensius", zitiert, wissen wir nicht.

Ephoros von Kyme (ca. 400–330 v. Chr.), Historiker, verfaßt als erster eine überaus einflußreiche und viel benutzte Universalgeschichte (Fragmente bei F. Jacoby, Fragmente der griech. Historiker Nr. 70).

Epikuros von Athen (341–270 v. Chr.), Philosoph und Schulgründer; schafft unter Benutzung von Anregungen durch Demokrit, aber auch Aristoteles, ein umfassendes System, dessen Mischung aus Dogmatismus, Skepsis, Humanität und Eingängigkeit in Rom seit der Mitte des 2. Jhd. v. Chr. weiteste Sympathien fand.

Herodotos von Halikarnassos (ca. 490–425 v. Chr.), der erste griechische Historiker, dessen auf die Taten und Leiden der großen Persönlichkeiten konzentriertes Werk klassisch geblieben ist.

M. Iunius Brutus* (ca. 85–42 v. Chr.), enger Freund und philosophischer Gesprächspartner Ciceros, von Cicero auch politisch unterstützt bis über die Ermordung Caesars hinaus; zu spät bemerkte Cicero, daß Brutus zwar zu einer spektakulären Tat fähig war, nicht aber dazu, aus der Tat die staatspolitischen Konsequenzen zu ziehen.

Karneades von Kyrene (ca. 214–129 v. Chr.), größter Vertreter der „Neuen Akademie", mit unerschöpflichem Scharfsinn bemüht, den harten, unsokratischen Dogmatismus vor allem der Stoa zu bekämpfen. Wenn nach Chrysippos die Stoa gezwungen wurde, ihre Dialektik zugunsten eines flexibleren, weltoffeneren Philosophierens preiszugeben, so ist dies sein Werk; sein Einfluß auch auf Ciceros Denken ist überaus groß gewesen.

L. Licinius Crassus (ca. 140–70 v. Chr.), römischer Redner, nicht sicher identifizierbar. Daß er mit dem berühmten Redner, von dem Cicero in De orat. spricht, identisch wäre, ist unwahrscheinlich; ihn mit dem Triumvirn des Jahres 60/59 v. Chr. zu identifizieren ist ausgeschlossen.

L. Licinius Murena (ca. 105–55 v. Chr.), Konsul des Jahres 62 v. Chr., Freund Ciceros.

C. Lucilius Hirrius (od. Hirrus) (ca. 100–40 v. Chr.), uns nur als einer der reichsten und unternehmungsfreudigsten Geschäftsleute seiner Zeit bekannt.

L. Marcius Philippus (ca. 100–40 v. Chr.), reicher und gewandter römischer Politiker, Konsul 56 v. Chr.

Nikomachos von Tyros, in Ciceros Dialog als Freund des Hortensius erwähnt, sonst unbekannt.

Panaitios von Rhodos (ca. 180–100 v. Chr.), Stoiker, der als erster eine Synthese zwischen stoischen, platonischen und aristotelischen Doktrinen versuchte, als erster auch in Rom für ein römisches Publikum schrieb. Cicero hat in De officiis ein charakteristisches Werk des P. bearbeitet.

Platon von Athen (427–348 v. Chr.), anerkannt größter griechischer Philosoph, dessen in der Form entschieden unsystematisches Werk bis auf die Zeit Ciceros hinab zumeist indirekt und durch die Systeme anderer hindurch seinen Einfluß ausgeübt hat. Den Dialog „Timaios", der vielfach als das philosophische Hauptwerk Platons galt, hat Cicero z. T. übersetzt.

M. Porcius Cato Censorius (234–149 v. Chr.), neben Ennius die repräsentativste Gestalt der Literatur der römischen Republik im 2. Jhd. v. Chr. Aus seinem Geschichtswerk („Origines") wird Cicero einen großen Teil seiner historischen Angaben geschöpft haben; als Politiker und Redner war er weitgehend Ciceros bewundertes Vorbild.

Poseidonios von Apameia (ca. 135–50 v. Chr.), unter den stoischen Zeitgenossen Ciceros der bedeutendste, der erste Stoiker, der bewußt das Gewicht der Philosophie von Logik und Ethik auf Naturphilosophie und Historiographie verschob. Sein Einfluß auf Cicero ist vielfältig, im einzelnen freilich schwer zu fassen (Fragmentsammlung von W. Theiler 1982).

Philistos von Syrakus (ca. 410–356 v. Chr.), bedeutender, bsd. seines Stiles wegen gerühmter Historiker der Geschichte Siziliens seiner Zeit (Fragmente bei F. Jacoby, Fragmente der griech. Historiker Nr. 556).

Romulus, sagenhafter erster König Roms, nach der maßgebenden antiken Zählung regierte er 753–716 v. Chr., wichtig für das römische Geschichtsverständnis bsd. im Vergleich zu den Griechen.

Sergius Orata, reicher Gutsbesitzer und Lebenskünstler, Cicero

bekannt vor allem durch einen Prozeß zwischen ihm und Considius (s. d.) über Fischereirechte im Lucrinersee (nahe bei Puteoli); Ciceros Angaben scheinen ganz aus der Prozeßrede des L. Licinius Crassus aus dem Jahre 91 v. Chr. zu stammen.

Sokrates von Athen (470–399 v. Chr.), zum Urbild alles wahren Philosophierens stilisiert in den Dialogen der „Sokratiker", also bsd. Platon, dann Aischines, Xenophon u. a.

Thales von Milet (ca. 620–560 v. Chr.), Archeget der griechischen Naturphilosophie; sein Buch, das vom Wasser sprach, auf dem die Erde aufruht, ist früh verlorengegangen und uns nur durch spärliche, schwer deutbare Zitate faßbar.

Theopompos von Chios (ca. 380–325 v. Chr.), einer der klassischen griechischen Historiker, dem eifernden Moralismus der Kyniker nahestehend, einflußreich bsd. was die Geschichte Philipps II. von Makedonien betrifft (die Fragmente bei F. Jacoby, Fragmente der griech. Historiker Nr. 115).

Thukydides von Athen (ca. 460–400 v. Chr.), neben Herodot und als Herodots Rivale der größte der griechischen Historiker, weniger auf die einzelnen Persönlichkeiten als auf die ihren eigenen Gesetzen folgenden geschichtlichen Entwicklungen im ganzen achtend. In Ciceros Zeit hat ihn vor allem Sallust als Vorbild in Anspruch genommen.

Lucullus/Academici libri

L. Accius (ca. 150–90 v. Chr.), letzter der in einem Kanon zusammengefaßten drei großen Tragiker der röm. Republik.

L. Aelius Stilo Praeconinus (ca. 150–70 v. Chr.), erster bedeutender lateinischer Grammatiker und Literaturhistoriker, Herausgeber der Komödien des Plautus.

Aischylos von Athen (525–456 v. Chr.), erster der großen Tragiker Athens; eine Auswahl von sieben Tragödien erhalten. Daß Cicero ihn selber gelesen hat, ist unwahrscheinlich.

Q. Aelius Tubero (ca. 160–90 v. Chr.), Neffe des Scipio Africanus Minor, Schüler des Stoikers Panaitios, doch mehr als dieser der Vertreter einer kompromißlos strengen Stoa.

Akademie, urspr. Heiligtum eines kaum bekannten Heros Hekademos im W. außerhalb der Mauern Athens. Von Platon erworben und zum Sitz seiner Philosophenschule ausgestaltet. Akademiker (nicht Platoniker) haben sich die Schulhäupter von Arkesilaos bis

Philon genannt. Der „Alten Akademie" (Platon bis Polemon) tritt die „Neue Akademie" (Arkesilaos bis Philon) gegenüber.

Alexeinos von Elis (ca. 330–270 v. Chr.), der Philosophenschule des Eukleides von Megara angehörend, Vertreter einer radikalen ontologischen Sokratik.

C. Amafinius (ca. 160–90 v. Chr.), römischer Epikureer, hat auch über epikureische Philosophie geschrieben, von Cicero verachtet und bewußt ignoriert.

Anaxagoras von Klazomenai (ca. 500–425 v. Chr.), Vorsokratiker, der als erster die Welt nicht von selbst entstehen, sondern durch einen ordnenden Gott („Nous") gelenkt werden ließ.

Anaximander von Milet (ca. 600–520 v. Chr.), erster und kühnster Schöpfer einer spekulativen Kosmologie; sein Buch noch von Aristoteles und Theophrast benutzt.

Anaximenes von Milet (ca. 570–500 v. Chr.), Vorsokratiker, der die gesamte Wirklichkeit auf Verdichtungen und Verdünnungen von Luft zurückführte.

Antiochos von Askalon (ca. 130–68 v. Chr.), versuchte gegen Karneades und Philon eine dogmatische Philosophie als Synthese platonischer, aristotelischer und stoischer Gedanken neu aufzubauen; Lehrer Ciceros, Varros u. a.

Antipater von Tarsos (ca. 200–130 v. Chr.), Stoiker der von Chrysippos abweichenden, eine Annäherung an Platon und Aristoteles suchenden Richtung des Panaitios und Poseidonios.

L. Appuleius Saturninus (ca. 150–75 v. Chr.), römischer Politiker, Volkstribun 103 und 100 v. Chr., Vorkämpfer für eine Mehrung der Kompetenzen des Volkstribunats und der Volksversammlung.

Aratos von Soloi (ca. 310–230 v. Chr.), bedeutender hellenistischer Dichter, Verfasser eines von Cicero übersetzten astronomischen Lehrgedichts.

Arkesilaos von Pitane (ca. 315–260 v. Chr.), Erneuerer der platonischen Schule im Sinne der sokratischen Aporetik, Gegner bsd. des stoischen Dogmatismus, Gründer der „Neuen Akademie".

Archedemos von Tarsos (ca. 200–130 v. Chr.), Stoiker, dem Antipater v. Tarsos nahestehend.

Archimedes von Syrakus (287–212 v. Chr.), größter antiker Mathematiker; mehrere Werke von ihm erhalten, dem Cicero nur durch Vermittlung des Poseidonios bekannt.

Aristippos von Kyrene (ca. 435–360 v. Chr.), Sokratiker, Vertreter der später von Epikur ausgebauten ontologischen Hedonik.

Ariston von Alexandreia (ca. 130–60 v. Chr.), Peripatetiker, Freund des Antiochos von Askalon, sonst kaum bekannt.

Ariston von Chios (ca. 330–270 v. Chr.), bedeutendster Schüler des Zenon von Kition, diesen aber an Radikalismus seiner Ethik übertreffend.

Aristoteles von Stageira (384–322 v. Chr.), bedeutendster Schüler Platons, gründet um 335 v. Chr. eine eigene Schule, den Peripatos, bekämpft vor allem Platons Ideenlehre, Verfasser einer Reihe (nahezu verlorener) Dialoge und einer großen Zahl von Abhandlungen naturwissenschaftlichen, ethischen, politischen und logischen Inhalts.

C. Aurelius Cotta, Konsul 252 und 248 v. Chr..

P. Avianus, sonst unbekannter Freund Ciceros um 62 v. Chr.

L. Cassius Longinus Ravilla, römischer Magistrat, Volkstribun 137, Konsul 125 v. Chr.

Charmadas (ca. 150–80 v. Chr.), Philosoph der Akademie und Schüler des Karneades.

Chrysippos von Soloi (ca. 280–210 v. Chr.), Stoiker und Vollender des philosophischen Systems der alten Stoa, mit Schwerpunkt auf Ontologie, Psychologie, Ethik und Dialektik (Logik).

M. Claudius Marcellus, röm. Konsul 155 v. Chr.

P. Cornelius Scipio Aemilianus Africanus Minor (ca. 184–129 v. Chr.), Konsul 147, 134 v. Chr. Zerstörer von Karthago und Numantia, Censor 142 v. Chr. Inspektionsreise im Osten 139 v. Chr. Freund des Panaitios, stirbt 129 v. Chr. unter unaufgeklärten Umständen.

P. Cornelius Scipio Nasica Corculum, röm. Konsul 155 v. Chr..

Dardanos (ca. 150–100 v. Chr.), Stoiker.

Demokritos von Abdera (ca. 480–400 v. Chr.), Vorsokratiker, Schöpfer des letzten großen naturphilosophischen Systems vor Platon. Seine Lehre bekämpft von Aristoteles, aufgenommen und umgestaltet von Epikur. Die Zeit Ciceros hat öfters Demokrit gegen Epikur ausgespielt.

Demosthenes von Athen (384–322 v. Chr.), im Urteil der Antike der letzte und größte attische Redner, Vorbild Ciceros in seinen „Philippicae orationes", die den Reden des D. gegen Philipp II. von Makedonien nachgebildet sind.

Dikaiarchos von Messene (ca. 340–270 v. Chr.), Schüler des Aristoteles mit Interesse bsd. für Anthropologie und griechische Kulturgeschichte.

Dion von Alexandreia, Akademiker und Freund des Antiochos von Askalon um 86 v. Chr.

Diodoros Kronos (ca. 350–280 v. Chr.), der Schule des Eukleides von Megara angehörend, bsd. mit Ontologie und Logik beschäftigt.

Diodoros von Tyros (ca. 160–90 v. Chr.), Peripatetiker, von Interesse vor allem seine Ablehnung der Rhetorik als philosophischer Disziplin.

Diodotos (ca. 130–59 v. Chr.), Stoiker, Lehrer Ciceros, in dessen Haus er in Rom wohnte, sonst kaum bekannt.

Diogenes von Babylon (ca. 230–150 v. Chr.), Stoiker, Leiter der Schule nach Zenon von Tarsos; wieweit er noch an der altstoischen Orthodoxie des Chrysippos festhielt, wissen wir nicht. Neben Karneades und Kritolaos Leiter der athenischen Philosophengesandtschaft in Rom 156/155 v. Chr.

Dionysios von Herakleia am Pontos (ca. 320–260 v. Chr.), Schüler Zenons von Kition, später von der Stoa zur Schule Epikurs übergetreten.

Eleaten, Gruppe von Philosophen des frühen 5. Jhd., die als Schüler des Parmenides ihren Sitz in Elea (Süditalien nahe bei Paestum) hatte.

Empedokles von Akragas (ca. 500–430 v. Chr.), Vorsokratiker, von Parmenides und z. T. von den Pythagoreern beeinflußt, als Persönlichkeit wie als Verfasser zweier philosophischer Lehrgedichte (der eindrucksvollsten ihrer Art, die wir aus der Antike besitzen) berühmt, noch in der Spätantike (nicht von Cicero) gelesen.

Q. Ennius aus Rudiae (239–169 v. Chr.), größter und einflußreichster Dichter der römischen Republik, von Cicero hoch geschätzt; Verfasser von Tragödien, „Saturae" und bsd. der „Annales", römische Geschichte in der Form eines Epos in 18 Büchern, für die Ausbildung des römischen Sendungsbewußtseins vielleicht entscheidend. Daneben Übersetzer eines Lehrgedichts des Epicharmos und seltsamerweise der „Heiligen Geschichte" des Euhemeros von Messene.

Epicharmos von Syrakus (?; ca. 520–460), Verfasser zahlreicher kurzer realistischer sketch-artiger Dramen, dazu eines Lehrgedichtes, das Ennius übersetzte.

Epikuros von Athen (341–270 v. Chr.), Gründer der nach ihm benannten Philosophenschule, Verfasser ethischer und höchst anspruchsvoller naturphilosophischer Schriften, die den klassischen Atomismus darstellten; berühmt war sein in zahlreichen Briefen sich zeigendes pädagogisch-psychologisches Geschick.

NAMENVERZEICHNIS 487

Erillos (Herillos) von Chalkedon (ca. 330–270 v. Chr.), Schüler Zenons von Kition, der aber anders und „sokratischer" als Zenon als das Ziel allen Handelns das Wissen bezeichnete.

Euandros (ca. 270–200 v. Chr.), dritter Nachfolger des Arkesilaos in der Leitung der „Neuen Akademie".

Eukleides von Megara (ca. 440–370 v. Chr.), Sokratesschüler, versucht sokratische Ethik und parmenideische Ontologie in einer Synthese zu vereinigen, Gründer der Schule der Megariker.

Euripides von Athen (485–406 v. Chr.), letzter, fruchtbarster und einflußreichster der großen attischen Tragiker. Von seinen 75 Dramen sind 19 erhalten. Cicero hat mindestens eine Auswahl daraus selber gelesen, einiges zitiert („Herakles").

C. Fannius (ca. 160–100 v. Chr.), römischer Politiker (Konsul 122 v. Chr.) und Geschichtsschreiber.

C. Flaminius (ca. 265–217 v. Chr.), vielfach tätiger römischer Politiker (Konsul 223 und 217 v. Chr.), fällt in der Schlacht am Trasimenischen See gegen Hannibal; vorgeworfen wurde ihm die offene Mißachtung alter Kultvorschriften.

Hagnon (ca. 170–100 v. Chr.), Akademiker und Schüler des Karneades.

Hegesinos (ca. 240–170 v. Chr.), Akademiker, Lehrer und Vorgänger des Karneades in der Leitung der Akademie.

Herakleitos von Ephesos (ca. 550–480 v. Chr.), Vorsokratiker, berühmt sowohl für seinen Tiefsinn wie auch für die orakelhafte Dunkelheit seiner Lehrsätze, noch in der Spätantike (nicht von Cicero) gelesen und geschätzt.

Herakleitos von Tyros (ca. 130–70 v. Chr.), Akademiker, Schüler des Kleitomachos und Philon, Freund und philosophischer Gegner des Antiochos von Askalon.

Hermarchos von Mytilene (ca. 320–250 v. Chr.), Freund Epikurs und dessen Nachfolger in der Leitung der Schule.

Hiketas von Syrakus (ca. 500–430 v. Chr.), Pythagoreer. Ob die ihm von Theophrast an zugeschriebene bemerkenswerte Kosmologie wirklich von ihm stammt oder nur in einem Dialog des 4. Jhd. ihm in den Mund gelegt wurde, wissen wir nicht.

Hieronymos von Rhodos (ca. 280–200 v. Chr.), Peripatetiker, scheint, bestimmten Anregungen des Aristoteles und Theophrast folgend, versucht zu haben, zwischen dem Peripatos und der Lehre Epikurs zu vermitteln.

Q. Hortensius Hortalus (ca. 110–50 v. Chr.), römischer Redner,

Rivale und Freund Ciceros, Titelfigur im Dialog „Hortensius", Dialogteilnehmer im „Catulus" und „Lucullus".

Hypereides von Athen (390–322 v. Chr.), attischer Redner und Politiker, versucht, wie Demosthenes, gegen Philipp II. von Makedonien die Unabhängigkeit Athens zu retten, von den Makedonen 322 v. Chr. hingerichtet, als Redner von Cicero geschätzt.

M. Iunius Brutus (ca. 85–42 v. Chr.), als röm. Politiker Anhänger der Senatspartei, als Philosoph Schüler des Antiochos von Askalon, engster philosophischer Freund Ciceros, der ihm mehrere Schriften widmete, ihn auch zur Titelfigur seines Dialoges „Brutus" machte. Cicero begrüßte auch die Ermordung des Diktators Caesar durch Brutus am 15.3.44, sah aber auch bald, daß Brutus die Kraft fehlte, den Staat im Sinne des Senatsregimes zu reorganisieren. Nach seiner Niederlage bei Philippi (Nov. 42) gegen Antonius nahm sich Brutus das Leben.

Kalliphon (ca. 200–120 v. Chr.?), Philosoph unbekannter Schule, der die „Tugend" im Sinne der Stoa mit der „Lust" im Sinne Epikurs zu vereinigen suchte, in diesem Sinne von Karneades in seinem problemgeschichtlichen Schema (De fin. 5, 16 ff.) berücksichtigt.

Karneades von Kyrene (ca. 214–129 v. Chr.), Akademiker und Vollender der gegen den stoischen Dogmatismus gerichteten sokratischen Aporetik der „Neuen Akademie", Gegner vor allem des Chrysippos; seines polemischen Scharfsinnes wegen ebenso bewundert wie gefürchtet, Mitglied der athenischen Philosophengesandtschaft in Rom 156/155 v. Chr.

Kleanthes von Assos (ca. 320–240 v. Chr.), getreuester Schüler des Zenon von Kition und dessen Nachfolger in der Leitung der stoischen Schule.

Kleitomachos von Karthago (ca. 190–100 v. Chr.), Akademiker, bedeutendster Schüler des Karneades, dessen Vorträge er publizierte, und Nachfolger des Karneades in der Leitung der Schule. Mehrere seiner Schriften sind römischen Freunden und Lesern gewidmet.

Krantor von Soloi (ca. 330–260 v. Chr.), letzter Leiter der „Alten Akademie" vor Arkesilaos, Verfasser einer Trostschrift im Geiste des Platonischen „Phaidon", die Cicero ausgiebig benutzt hat.

Krates von Tarsos (ca. 320–260 v. Chr.), nur bekannt als einer der letzten Vertreter der „Alten Akademie" neben Polemon und Krantor.

Kyrenaiker, Anhänger der Lehre des Aristippos von Kyrene, Vertre-

ter einer hedonistischen Ontologie in mehreren Varianten; ob es diese Gruppe als Philosophenschule noch zur Zeit Ciceros gab, wissen wir nicht.

Lakydes von Kyrene (ca. 290–220 v. Chr.), Akademiker, Schüler des Arkesilaos und dessen Nachfolger in der Schulleitung, als Philosoph bedeutungslos.

P. Licinius Crassus Mucianus (ca. 170–100 v. Chr.), römischer Politiker, Konsul 131.

L. Licinius Lucullus (ca. 160–90 v. Chr.), Vater des L. Licinius Lucullus, Konsul 74 v. Chr. und des M. Terentius Varro Lucullus, Konsul 73 v. Chr.

L. Licinius Lucullus (ca. 115–55 v. Chr.), römischer Politiker und Feldherr, Lebenskünstler mit griech. Bildung. Titelfigur in Ciceros „Lucullus", Dialogteilnehmer im „Hortensius" und „Catulus", Schützling des Diktators Sulla, Freund Ciceros, Gönner des Antiochos von Askalon und Feind des Pompeius (wohl auch Caesars).

L. Licinius Murena (ca. 105–55 v. Chr.), römischer Politiker, mehrfach führend am Kriege gegen Mithridates vom Pontos beteiligt. 62 v. Chr. Konsul.

C. Lucilius (ca. 180–100 v. Chr.), neben Q. Ennius der größte Dichter der römischen Republik, Schöpfer der Kunstform der „Satura", Satire (vgl. Horaz) als dichterisch souveräner Diskussion der verschiedensten Probleme des Lebens und der Gesellschaft mit z. T. sehr scharfen Angriffen auf röm. Zeitgenossen; philosophisch mit der „Neuen Akademie" des Karneades und Kleitomachos sympathisierend.

Q. Lutatius Catulus (ca. 150–90 v. Chr.), römischer Politiker (Konsul 102 v. Chr.) und Anhänger des Akademikers Karneades.

Q. Lutatius Catulus (ca. 120–60 v. Chr.), Sohn des vorangehenden Catulus, bedeutender römischer Politiker (Konsul 78 v. Chr.), gefördert durch den Diktator Sulla, verfeindet mit Pompeius und Caesar, Freund Ciceros, bei dem er Titelfigur des Dialogs „Catulus" ist und Dialogteilnehmer im „Hortensius" und „Lucullus".

Lykurgos von Sparta, sagenhafter Schöpfer der spartanischen Staatsordnung, möglicherweise dem 8. Jhd. v. Chr. angehörend, seit dem 5. Jhd. als Gegenbild des athenischen Gesetzgebers Solon verstanden.

Lysippos von Sikyon (ca. 370–300 v. Chr.), berühmter Bildhauer, von dem noch in Ciceros Zeit zahlreiche Werke erhalten waren.

M'. Manilius (ca. 200–130 v. Chr.), römischer Politiker (Konsul 149 v. Chr.) und angesehener Jurist.

L. Marcius Censorinus (ca. 200–130 v. Chr.), Konsul 149 v. Chr. Ihm hat der Akademiker Kleitomachos eine seiner Schriften gewidmet.

C. Marius aus Arpinum (ca. 160–86 v. Chr.), genialisch erfolgreicher römischer Feldherr und maßlos ehrgeiziger Politiker (Konsul 107, 104, 103, 102, 101, 100, 86 v. Chr.), Landsmann Ciceros und von diesem als Kriegsheld bewundert, als Politiker entschieden abgelehnt. Die „heldische Seite" des M. hat Cicero selber in einem Epos verherrlicht.

Megariker, Anhänger der ontologischen Sokratik des Eukleides von Megara, im 4. Jhd. v. Chr. vielfach tätig und bsd. von Aristoteles bekämpft. Wie lange die Schule später noch bestanden hat, wissen wir nicht.

Melanthios von Rhodos (ca. 160–100 v. Chr.), Akademiker und Schüler des Karneades.

Melissos von Samos (ca. 480–410 v. Chr.), Schüler des Parmenides von Elea, dessen Ontologie er in einem bedeutenden und einflußreichen Buch weiterbildete.

Menedemos von Eretria (ca. 330–265 v. Chr.), zuerst Anhänger der Schule von Megara, dann Begründer einer eigenen eretrischen Philosophenschule, auch als Politiker tätig. Von seiner Lehre ist nur wenig bekannt.

Menippos von Gadara (ca. 300–230 v. Chr.), vielseitiger philosophischer Literat kynischer Richtung, interessant bsd. als Vorbild für Varros „Saturae Menippeae", später für Lukian.

Metrodoros von Chios (ca. 450–380), Schüler Demokrits, der bsd. die aporetische Seite des Atomismus weiterentwickelte.

Metrodoros von Stratonikeia (ca. 160–100 v. Chr.), Akademiker und Schüler des Karneades, sonst kaum bekannt.

Mithridates (VI.), König des pontischen Reiches (ca. 132–63 v. Chr.), genialer Heerführer und Organisator, der in mehreren Anläufen versuchte, den Bereich des östl. Mittelmeeres von der römischen Herrschaft zu befreien, von den Römern erst durch Pompeius besiegt; dazu auch in griechischem Sinne hochgebildet.

Mnesarchos (ca. 150–100 v. Chr.), Stoiker.

P. Mucius Scaevola (ca. 190–110 v. Chr.), röm. Konsul 133 v. Chr.

Myrmekides (ca. 300–220 v. Chr.?), wohl der frühhellenistischen Zeit angehörender Verfertiger von spielzeugartigen Miniaturkunstwerken.

M. Pacuvius aus Brundisium (ca. 220–150 v. Chr.), Neffe des Dichters Ennius, der zweite im Kanon der römischen Tragiker, scheint nur wenige, aber anspruchsvoll ausgearbeitete Tragödien verfaßt zu haben, auch von Cicero geschätzt.

Panaitios von Rhodos (ca. 180–110 v. Chr.), konstruiert als erster Stoiker nach Chrysippos eine Synthese aus platonischen, stoischen und bsd. aristotelischen Lehren und schreibt als erster ausdrücklich für ein römisches Publikum; Freund des jüngeren Scipio, des C. Laelius u. a.; Cicero hat ihn geschätzt und eines seiner Werke in „De officiis" bearbeitet.

Parmenides von Elea (ca. 520–450 v. Chr.), Vorsokratiker; von seiner Ontologie, die er in einem z. T. erhaltenen Gedicht darlegte, hängt direkt oder indirekt alle spätere griechische Philosophie ab.

Peripatetiker, Anhänger der Lehre des Aristoteles und Theophrast. Der Name soll daher entstanden sein, daß diese Philosophen sich nicht ex cathedra belehren ließen, sondern in den Wandelhallen des athenischen Gymnasion Lykeion auf und ab spazierend diskutierten.

Pheidias von Athen (ca. 500–430 v. Chr.), größter griechischer Bildhauer, Schöpfer vor allem der Athena-Statue auf der Akropolis in Athen und der Zeus-Statue in Olympia, Freund des Perikles.

Philon von Larissa (ca. 150–80 v. Chr.), Akademiker, der die radikale Aporetik seines Lehrers Karneades zu begrenzen suchte, lebte seit 88 v. Chr. in Rom, Lehrer Ciceros, der ihm sein Leben lang treu geblieben ist; sein Gegner wurde sein Nachfolger in der Leitung der Akademie, Antiochos von Askalon.

Philon von Athen (ca. 300–230 v. Chr.), Schüler des Megarikers Diodoros Kronos.

Platon von Athen (427–347 v. Chr.), bedeutendster sokratischer und griech. Philosoph überhaupt, der einzige, dessen Werke (23 sicher echte Dialoge, darunter der Dialog „Über den Staat" in 10, und „Über die Gesetze" in 12 Büchern) sich vollständig erhalten haben. Trotz allgemeiner Hochschätzung ist über die Zeit Ciceros hinaus (der einige Dialoge z. T. übersetzt hat) sein Einfluß nur dort direkt greifbar, wo seine Lehre nachträglich schulmäßig systematisiert wurde.

Polemon von Athen (ca. 340–270 v. Chr.), Leiter der platonischen Schule nach Xenokrates, letzter Vertreter des dogmatischen Platonismus der Alten Akademie, angeblich sowohl Lehrer des Zenon

wie des Arkesilaos, doch trotz öfterer Erwähnungen bei Cicero völlig schattenhaft.

Polyainos von Lampsakos (ca. 310–250 v. Chr.), Mathematiker, dann von Epikur zur Philosophie bekehrt, neben Metrodoros und Hermarchos einer der bedeutendsten Epikureer der ersten Generation.

Polykleitos von Argos (ca. 470–410 v. Chr.), klassischer Bildhauer, dessen Werke (wie zahlreiche Kopien beweisen) sich auch bei den Römern ciceronischer Zeit größter Beliebtheit erfreuten.

Q. *Pompeius* (ca. 190–110 v. Chr.), römischer Politiker, Konsul 141 v. Chr.

T. *Pomponius* Atticus (110–32 v. Chr.), nächster persönlicher Freund Ciceros (dessen Briefe an ihn erhalten sind), Bewunderer Athens (daher sein Beiname) und der griechischen Kultur, entschiedener Anhänger Epikurs, darum grundsätzlich auf jede politische Tätigkeit verzichtend und eben dadurch diplomatisch überlegener Ratgeber Ciceros, den er lange überlebte.

M. *Porcius* Cato Censorius (234–149 v. Chr.), überragender Politiker (Konsul 195 v. Chr.), Redner (79 Reden bezeugt) und Historiker („Origines", Darstellung der Entwicklung Roms bis auf seine Gegenwart) der römischen Republik, von Cicero vielfach als Vorbild empfunden und verehrt.

A. *Postumius Albinus* (ca. 190–120 v. Chr.), angesehener römischer Politiker (Konsul 151 v. Chr.), Verfasser eines Geschichtswerkes in griechischer Sprache.

Protagoras von Abdera (ca. 490–410 v. Chr.), bedeutendster griechischer Sophist, Schöpfer einer einflußreichen Synthese von politischer und ethischer Praxis mit der Ontologie des Parmenides, Freund des Perikles.

Pyrrhon von Elis (ca. 350–270 v. Chr.), suchte als Philosoph die sokratische Aporetik und Lebensform zu übertrumpfen. Aufgezeichnet hat seine Lehren sein Schüler Timon von Phleius; neu belebt wurde die Richtung nach der Zeit Ciceros durch die Schule der Skeptiker/Pyrrhoneer.

Pythagoreer, Anhänger des Pythagoras aus Samos (6. Jh. v. Chr.), dessen Person und dessen Lehre so frühzeitig von Legenden und Spekulationen aller Art überwuchert wurden, daß sich immer wieder die verschiedensten Richtungen auf ihn berufen konnten. Zu Ciceros Zeit gibt es kaum mehr Pythagoreer, doch in der Kaiserzeit läuft die Erneuerung des dogmatischen Platonismus mit derjenigen des Pythagoreertums vielfach zusammen.

Rabirius (ca. 160–90 v. Chr.?), römischer Epikureer, hat wie C. Amafinius über epikureische Philosophie geschrieben, von Cicero verachtet und bewußt ignoriert.

L. Scribonius Libo (ca. 80–30 v. Chr.), römischer Politiker (Konsul 34 v. Chr.); obwohl Anhänger und Vertrauensmann des Cn. und Sextus Pompeius, befreundet mit Cicero und Varro.

Ti. Sempronius Gracchus (170–133 v. Chr.), Volkstribun 133 v. Chr., wollte durch Radikalmaßnahmen die sozialen Spannungen in Rom beseitigen, erbittert bekämpft durch die Senatspartei, noch von Cicero als gefährlicher Revolutionär beurteilt.

Sempronius Tuditanus (ca. 150–90 v. Chr.), Angehöriger einer angesehenen römischen Politikerfamilie, von Cicero als geistesgestört geschildert.

Servilius Geminus, Zwillingspaar in der Mitte des 3. Jhd. v. Chr.; der eine, P. Servilius Geminus, war Konsul 252 und 248 v. Chr. Beide dem Cicero entweder durch Catos „Origines" oder durch die „Annales" des Ennius bekannt.

Siron von Neapolis (ca. 110–40 v. Chr.), Epikureer neben dem ungleich bekannteren Philodemos von Gadara; Cicero wird beide persönlich gekannt haben. Siron wurde im Alter angeblich noch Lehrer des Dichters Vergil.

Sokrates von Athen (470–399 v. Chr.), Archeget eines Philosophierens, das nicht durch Bücher belehren, sondern im Gespräch erziehen will. Sein Leben und Sterben wird in der reichen sokratischen Literatur zum Urbild philosophischer Existenz überhaupt. Seine Aporetik wird von manchen Sokratikern, dann von der „Neuen Akademie" aufgenommen und weiterentwickelt.

Solon von Athen (ca. 640–560 v. Chr.), Gesetzgeber Athens, der selbst in Gedichten die Absicht seiner Gesetzgebung erläuterte und begründete. An seinem Werk hat sich alle spätere Innenpolitik Athens orientiert.

Sophokles von Athen (497–406 v. Chr.), zweiter der drei großen Tragiker Athens, hat im „König Oedipus" die anerkannt vollkommenste Tragödie geschaffen. Von seinen 123 Dramen sind nur eine Auswahl von sieben Tragödien ganz erhalten. Wie weit Cicero das Œuvre des Sophokles persönlich gekannt hat, ist nicht festzustellen.

Speusippos von Athen (ca. 400–339 v. Chr.), Neffe und Nachfolger Platons in der Leitung der Akademie, hat vor allem eine enge Beziehung des Platonismus mit dem Pythagoreertum behauptet.

Stilpon von Megara (ca. 360–300 v. Chr.), als Enkelschüler des

Eukleides sokratische Ethik und Aporetik mit eleatischer Ontologie verknüpfend, eindrucksvoll auch als Persönlichkeit.

Stoiker, Anhänger der durch Zenon von Kition, dann bsd. durch Kleanthes und Chrysippos repräsentierten, dann durch Panaitios und Poseidonios umgestalteten Lehre, in der Ontologie und Kosmologie, kompromißlos strenge Tugendethik und Logik (Dialektik) den Mittelpunkt bildeten. In Ciceros Zeit wird die Ethik bewundert, die Dialektik bekämpft, beides an Breitenwirkung hinter den lebensnäheren Schulen Epikurs und des Peripatos zurückstehend. Der Name kommt von einer öffentlichen Wandelhalle in Athen („Stoa Poikile"), in der Zenon zu dozieren pflegte.

Straton von Lampsakos (ca. 320–269 v. Chr.), Schulhaupt des Peripatos nach Theophrast, konzentrierte seine Arbeit fast ganz auf Naturphilosophie und Naturwissenschaft, darum „der Physiker" genannt, in einigem mit Epikur sympathisierend.

Ser. Sulpicius Galba (ca. 240–170 v. Chr.), römischer Politiker, Freund des Dichters Ennius.

M. Terentius Varro (116–27 v. Chr.), größter enzyklopädischer Gelehrter Roms der ciceronischen Zeit, Titel von 74 z. T. umfangreichen Werken bekannt, erhalten nur drei Bücher „Über den Landbau" und ein Teil der Bücher „Über die lateinische Sprache"; am bedeutendsten und einflußreichsten waren die 41 Bücher der „Antiquitates rerum humanarum et divinarum", eine umfassende Gesamtdarstellung der alten römischen Kultur im politischen, gesellschaftlichen und religiösen Bereich. Daneben stehen die Saturae Menippeae, lebhafte Diskussion aktueller Probleme und Personen in der Form von z. T. skurrilen Sketches. Politisch ist er sehr wenig hervorgetreten, Cicero hat ihn geachtet und zu seinen Freunden gezählt; mit dem geistigen Stil Varros hat er schwerlich sympathisiert.

Thales von Milet (ca. 640–560 v. Chr.), gilt schon im 5. Jhd. v. Chr. als der Begründer der griechischen Naturphilosophie, obschon von seiner Kosmologie nur wenige, schwer deutbare Spuren erhalten geblieben sind.

Themistokles von Athen (ca. 525–460 v. Chr.), größter athenischer Staatsmann und Feldherr der Zeit der Perserkriege, Sieger bei Salamis (480); später von den Athenern verbannt, endet sein Leben unter dem Schutz des Perserkönigs Artaxerxes I.

Theophrastos von Eresos (ca. 371–287), Schüler, Mitarbeiter, dann Nachfolger des Aristoteles in der Leitung des Peripatos, distanziert sich stark vom spekulativen Dogmatismus der Akademie und

pflegt bsd. die Naturwissenschaften (Botanik, Hydrologie), daneben die Ethik und Staatstheorie. Für die spätere Zeit ist er neben Aristoteles der maßgebende Vertreter des Peripatos überhaupt, auch von Cicero sehr geschätzt.

Timagoras (ca. 300–240 v. Chr.), wenig bekannter Epikureer der ersten Generation nach Epikur.

P. Valerius Publicola (ca. 550–490 v. Chr.?), nach der römischen Geschichtskonstruktion zusammen mit M. Iunius Brutus derjenige, der das Königtum in Rom stürzte und die „Demokratie" (daher „Publicola") einrichtete, möglicherweise eine in politischer Absicht rein erfundene Figur.

Xenokrates von Chalkedon (ca. 400–315 v. Chr.), Schüler und zweiter Nachfolger Platons in der Leitung der Akademie, mit stark theologischen Interessen, Platons Lehre z. T. zum geschlossenen spekulativen System ausformend.

Xenophanes von Kolophon (570–475 v. Chr.), Dichter und Philosoph, bedeutend durch seine spiritualistische und monotheistische Theologie; lebte im Alter in Elea in Unteritalien und wurde dort Vorläufer des Parmenides und seiner Schule, später von den Megarikern als Archeget für sich beansprucht.

Zenon von Elea (ca. 480–420 v. Chr.), Schüler des Parmenides von Elea, dessen Ontologie er dialektisch näher begründete und kommentierte.

Zenon von Athen (180–90 v. Chr.), Epikureer und bewundernder Hörer des Karneades in Athen.

Zenon von Kition (334–263 v. Chr.), Begründer der stoischen Philosophie und der Philosophenschule der Stoa; schuf eine viele Tendenzen zusammenfassende universale philosophische Theologie und eine rigorose Tugendethik, in der sokratische und bsd. kynische und platonische Elemente mit eleatischer Ontologie zusammenliefen. Seine Methode ist eine gegen die aristotelische Logik entwickelte starre Dialektik.

Zeuxis von Herakleia (ca. 450–380 v. Chr.), erster griechischer Maler, der dauernd berühmt blieb und dessen Gemälde sich wohl noch lange erhalten haben; suchte einen raffinierten, auch einschmeichelnden Realismus. Wohl schon vor Cicero als Klassiker der bildenden Kunst neben Pheidias und Polykleitos gestellt.

Literaturhinweise

Texte

Hortensius, Hg. L. Straume-Zimmermann, 1976
Academicorum reliquiae cum Lucullo. Hg. O. Plasberg, 1922 (1980)
Academica. Hg. J. S. Reis, 1886 (1966)

Allgemeine Textsammlungen

Doxographi Graeci. Hg. H. Diels, 1879 (1929)
Die Fragmente der Vorsokratiker. Hg. H. Diels und W. Kranz, 5. Aufl. 1934/1937 (= VS)
Die Schule des Aristoteles, Fragmente. Hg. F. Wehrli, 1944–1959
Epicurea. Hg. H. Usener, 1887
G. Arrighetti, Epicuro opere. 1964
M. Isnardi-Parente, Epicuro opere. 2. ed. 1983
Stoicorum veterum fragmenta. Hg. I. ab Arnim, 1905/1924 (= SVF)
Diogenes Laertius. Hg. H. S. Long, 1964
Poseidonios. Hg. W. Theiler, 1982
Poseidonios. Hg. I. G. Kidd, 1972/1988
Panaitios. Hg. M. van Straaten, 2 ed. 1952

Allgemeine Literatur zu Ciceros Philosophica

C. Becker, Cicero. Reallexikon f. Antike u. Christentum, 3, 1957
E. Becker, Technik und Szenerie des ciceronischen Dialoges. 1938
P. Boyancé, Cicéron et son œuvre philosophique. Revue ét. Lat. 14, 1936
K. Bringmann, Untersuchungen zum späten Cicero. 1971
K. Büchner, Das neue Cicerobild. 1971
M. Fuhrmann, Cicero und die römische Republik. 1989
W. Görler, Untersuchungen zu Ciceros Philosophie. 1974
J. Graff, Ciceros Selbstauffassung. 1963
S. Häfner, Die literarischen Pläne Ciceros. 1928

R. Hirzel, Untersuchungen zu Ciceros philosophischen Schriften. 1877/1883
R. Hirzel, Der Dialog. 1895
H. J. Krämer, Platonismus und hellenistische Philosophie. 1971
W. Kroll, Die Kultur der ciceronischen Zeit. 1933
A. A. Long, Hellenistic philosophy. 1974
A. Michel, Rhétorique et philosophie chez Cicéron. 1960
R. Philippson, Cicero, philosophische Schriften. RE II,13, 1939
G. Radke, Cicero, ein Mensch seiner Zeit. 1968
W. Süss, Cicero, eine Einführung in seine philosophischen Schriften. 1966

Literatur zum „Hortensius"

I. Düring, Aristotle's Protrepticus. 1961
O. Gigon, Die Szenerie des ciceronischen Hortensius. Philologus 106, 1962
A. Grilli, Hortensius, Ed. comment. 1962
O. Plasberg, De M. Tulli Ciceronis Hortensio dialogo. 1892
J. Stroux, Augustinus und Ciceros Hortensius nach dem Zeugnis des Manichäers Secundinus. Festschr. R. Reitzenstein 1931
B. R. Voss, Tusculanum oder Neapolitanum? Hermes 94, 1966
L. Zimmermann, Das Große Jahr bei Cicero. Mus. Helv. 30, 1973

Literatur zu »Lucullus« und »Academici libri«

V. E. Alfieri, Atomos Idea. 1953
H. von Arnim, Karneades. RE 20, 1919
H. von Arnim, Kleitomachos. RE 11, 1922
E. Bréhier, Chrysippe. 1910
V. Brochard, Les sceptiques Grecs. 2. éd. 1932
W. Burkert, Cicero als Platoniker und Skeptiker. Gymnasium 72, 1965
J. J. Duhot, La conception Stoicienne de la causalité. 1989
K. von Fritz, Philon von Larissa. RE 38, 1938
O. Gigon, Zur Geschichte der sog. Neuen Akademie. Mus. Helv. 1, 1944
J. Glucker, Antiochus and the late Academy, 1978
A. Goedeckemeyer, Die Geschichte des griech. Skeptizismus. 1905

V. Goldschmidt, Le système Stoicien et l'idée de temps. 4. éd. 1979

M. Y. Henry, The relation of Dogmatism and Scepticism in the philosophical treatises of Cicero. 1925

Cl. Imbert, Les stoiciens et leur logique. 1978

G. Luck, Der Akademiker Antiochos. 1953

M. Pohlenz, Die Stoa. 2. Aufl. 1959

V. Schütz, Astheneia Physeos. 1964

G. Striker, Epicurus on the truth of sense impressions. Arch. Gesch. Phil. 59, 1977

H. Steckel, Epikuros. RE Suppl. 11, 1968

G. Watson, The Stoic theory of knowledge. 1966

A. Weische, Cicero und die Neue Akademie. 1961

N. W. De Witt, Epicurus „Peri phantasias". Trans. Am. Philol. Ass., 70, 1939

N. W. De Witt, Epicurus: all sensations are true. Trans. Am. Philol. Ass. 74, 1943